Jahrbuch
des Landesarchivs Berlin
2024

BERLIN
in Geschichte und Gegenwart

Jahrbuch
des Landesarchivs Berlin
2024

Herausgegeben vom
Landesarchiv Berlin

im
Gebr. Mann Verlag

Redaktion:
Dr. Mareike Vennen und Dr. Diana Stört

Redaktionsausschuss:
Dr. Michael Bienert (Stiftung Ernst-Reuter-Archiv)
Dr. Werner Breunig (Landesarchiv Berlin)
Sven Kriese (Landesarchiv Berlin)
Dr. Christiane Schuchard (Landesarchiv Berlin)
Dr. Diana Stört (Landesarchiv Berlin)
Dr. Mareike Vennen (Landesarchiv Berlin)

Bibliografische Information der Deutschen Nationalbibliothek
Die Deutsche Nationalbibliothek verzeichnet diese Publikation
in der Deutschen Nationalbibliografie;
detaillierte bibliografische Daten sind im Internet über http://dnb.dnb.de abrufbar.

Gebr. Mann Verlag
Berliner Straße 53
10713 Berlin
info@reimer-verlag.de

© 2025 Gebr. Mann Verlag · Berlin
www.gebrmannverlag.de

Alle Rechte, insbesondere das Recht der Vervielfältigung und Verbreitung sowie der Übersetzung, vorbehalten. Kein Teil des Werkes darf in irgendeiner Form durch Fotokopie, Mikrofilm, CD-ROM usw. ohne schriftliche Genehmigung des Verlages reproduziert oder unter Verwendung elektronischer Systeme verarbeitet, vervielfältigt oder verbreitet werden. Bezüglich Fotokopien verweisen wir nachdrücklich auf §§ 53, 54 UrhG.

Gedruckt auf säurefreiem Papier, das die US-ANSI-NORM über Haltbarkeit erfüllt.

Satz: Gebr. Mann Verlag · Berlin
Bildbearbeitung: Ute Langbein
Umschlagbild: Das Brandenburger Tor in Berlin-Mitte, 2023
Gestaltung: Jürgen Stockmeier (†)

Schrift: Times Ten
Papier: 135 g/m² Magno Matt
Druck und Verarbeitung: druckhaus köthen GmbH & Co. KG

Printed in Germany

ISBN 978-3-7861-2932-5

Inhalt

Sven Kriese
Vorwort   7

Bernd W. Seiler
Das „Rütli"-Heim von Friedrich Eggers   9
Von einem prominenten Außenseiter im preußischen Berlin

Dagmar Jank
Das gesellschaftliche Engagement der Schriftstellerin Franziska Mann
(1859–1927)   33

Christof Rieber
„Solange ich eine Stimme habe, muss ich mich äußern" (Juli 1932)   55
Albert Einsteins politisches Engagement in Berlin 1914 bis 1932/33 (Erster Teil)

Sascha Steger
Johannes Stumm, die preußische politische Polizei in der Weimarer
Republik und der Kampf gegen die NS-Bewegung   71

Jutta Fischer
Familie Hepner und der Lunapark   101
Osteuropäisch-jüdische Einwanderer in Berlin 1921–1935

Michael Haben
50.000 Wohnungen in Berlin abgerissen?   125
Anmerkungen zur Umsetzung der Neugestaltung Berlins durch die
Nationalsozialisten

Maik Schmerbauch
Berlin als Kosmonautenstadt?   141
Zwischen Begeisterung, Propaganda und Staatssicherheit: Drei Besuche von
Kosmonauten der Sowjetunion in der Stadt Berlin und in der DDR von 1961
bis 1965

Julia Bärnighausen
Bürokratien des Kunsthandels 159
Aktenlesen im Landesarchiv Berlin

Björn Bürger
Entwicklung der archivischen Behördenberatung im Landesarchiv Berlin 181
Ein Rückblick

Mareike Vennen
Berlin-Chronik 2023 201

Rosanna Dorn & Eileen Klingner
Das Theaterjahr 2023 261
Premieren der Berliner Bühnen

Personenverzeichnis 309

Bildnachweis 313

Autorinnen und Autoren 317

Sven Kriese

Vorwort

Vor Ihnen liegt der neue Band von *Berlin in Geschichte und Gegenwart. Jahrbuch des Landesarchivs Berlin* für das Jahr 2024. In dieser Ausgabe begegnen Ihnen einige Neuerungen, eine davon sehen Sie bereits in der Titelei: In Zukunft fungiert das Landesarchiv Berlin als Herausgeber des Jahrbuchs. Wir wollen damit das Jahrbuch als zentrales wissenschaftliches Publikationsorgan des Landesarchivs mit stadtgeschichtlichem Schwerpunkt als Teil unserer kontinuierlich weiterentwickelten Kommunikationsstrategie betonen. Ähnliches gilt für die monografischen Veröffentlichungen, die das Landesarchiv in seiner Schriftenreihe weiterhin herausgibt. Zusätzlich planen wir neue Publikationsformate, die sich flexibel an die Rahmenbedingungen und Kommunikationskanäle des 21. Jahrhunderts anpassen. Neben unseren Veröffentlichungen wollen wir zudem vermehrt partizipative Vermittlungsformate zur Demokratieförderung entwickeln. Beide Bereiche, Forschung und Vermittlung, werden in unserer zukünftigen Kommunikationsstrategie Schwerpunkte bilden – in analogen und in digitalen Formaten.

Diese Stoßrichtung gilt auch für die künftige Gesamtausrichtung des Hauses, denn unsere archivischen Kernaufgaben wandeln sich derzeit stark und unser Aufgabenkanon erweitert sich deutlich: Um das Landesarchiv Berlin im digitalen Wandel gut zu positionieren, muss es selbst wesentlich digitaler werden. Nachdem wir derzeit die Einführung der digitalen Akte und den produktiven Einstieg in die digitale Langzeitarchivierung umsetzen, wollen wir im Folgejahr ein neues Archivinformationssystem einführen. In diesem Kontext entwickeln wir in den nächsten Jahren auch die digitale Nutzung in einem ‚Virtuellen Lesesaal' weiter.

Eine umfassende Neugestaltung des Jahrbuchs ist für die Ausgabe 2026 geplant. Zwei weitere Änderungen betreffen bereits den vorliegenden Band: Es freut uns sehr, dass die Berliner Theaterchronik, die auf eine langjährige Tradition zurückblicken kann, in Kürze online verfügbar sein wird. Die gedruckte Premierenübersicht in unserem Jahrbuch wird somit in Zukunft entfallen, da das durchsuchbare Online-Angebot auf der Website des Landesarchivs wesentlich besser zugängliche Recherchewege bietet. Außerdem werden wir den bislang im Jahrbuch veröffentlichten Jahresbericht, der über die Aktivitäten des Landesarchivs informiert, zukünftig ebenfalls in anderer Form publizieren.

Personell können wir für das Jahrbuch 2024 wieder auf einen exzellent besetzten, leicht veränderten Redaktionsausschuss setzen. Zunächst danke ich an dieser Stelle Reimer Hansen und Heinz Reif für ihre wertvolle und arbeitsintensive Mitarbeit in den vergangenen Jahrzehnten und begrüße zugleich neben Mareike Vennen als weitere neue Mitglieder Diana Stört und Michael Bienert. Werner Breunig und Christiane Schuchard bleiben dankenswerterweise Mitglieder des Redaktionsausschusses, was für den Wissenstransfer ausgesprochen wichtig ist. Danken möchte ich vor allen anderen jedoch meinem Amtsvorgänger Uwe Schaper, der das Jahrbuch seit 2006 (mit)herausgegeben hat. Seinem Vorbild folgend werde ich als neuer Direktor des Landesarchivs Berlin ebenfalls aktiv im Radaktionsausschuss des Jahrbuchs mitwirken.

Ich wünsche Ihnen eine anregende Lektüre und freue mich, wenn Sie uns weiter begleiten.

Bernd W. Seiler

Das „Rütli"-Heim von Friedrich Eggers

Von einem prominenten Außenseiter im preußischen Berlin

Als der umtriebige, in Berlin weithin bekannte Kunsthistoriker Friedrich Eggers im August 1872 mit nur 52 Jahren plötzlich verstarb, war man weniger wohl erschüttert als bestürzt. Eine „Bauchfellentzündung" hatte nach nur fünf Tagen sein Leben beendet. Bei aller Aufmerksamkeit, die er mit seinem *Deutschen Kunstblatt* gefunden hatte, bei aller Beliebtheit auch seiner kunstgeschichtlichen Vorlesungen hatte ihn immer auch etwas Fragliches umgeben, überbetont, übereifrig und übergefällig, wie man ihn wahrnahm. Da er nicht verheiratet und stets von jungen Männern umgeben gewesen war, lag es nahe, ihn für homosexuell zu halten, so wenig darüber gesprochen oder etwas in dieser Art je ruchbar geworden war. Zu der Trauerfeier im Hof seines Wohnhauses – der Leichnam wurde in seine Heimatstadt Rostock überführt – fanden sich zwar mehrere Dutzend Personen ein, doch nur der Hilfsprediger Ernst Dryander (1843–1922), der Eggers von einer gemeinsamen Reise her kannte, ergriff das Wort. Wäre Theodor Fontane nicht gewesen, der von dieser Feier und ebenso noch von mehreren postumen Veröffentlichungen Eggers'scher Werke in der *Vossischen Zeitung* berichtete,[1] wäre über den Kreis seiner Schüler hinaus von seinem Ableben nicht groß Notiz genommen worden.[2]

Der wichtigste Anker seiner Berliner Existenz war für Eggers der „Rütli" gewesen – Eigenbezeichnung „das" Rütli –, eine 1852 gegründete, halb spaßhafte, mit Schillers Rütlischwur aus *Wilhelm Tell* kokettierende Künstler-Vereinigung, die ein Ableger des größeren *Tunnels über der Spree* und so etwas wie dessen Elite war. Der Kreis bestand auch nicht nur aus „Dichtern", sondern es gehörte der Maler Adolph Menzel dazu, aber auch Juristen, ein Architekt, ein Offizier, höhere Beamte, weniger die Profession als die Ambition hatte die Männer zusammengeführt. Anfangs wurde man dem Anspruch

---

1 Dr. Friedrich Eggers †, in: Vossische Zeitung vom 17. August 1872. Fontane besprach in der *Vossischen Zeitung* zwischen 1874 und 1887 auch noch eine Ausgabe der Gedichte von Eggers, seine plattdeutschen Dichtungen, seine Biografie des Bildhauers Christian Daniel Rauch sowie die von Karl Eggers, dem Bruder, noch verfassten weiteren Bände der Rauch-Biografie. Alle Texte in: Roland Berbig (Hg.), Theodor Fontane und Friedrich Eggers. Der Briefwechsel (= Schriften der Theodor Fontane Gesellschaft, Bd. 2), Berlin, New York 1997, S. 375–400.

2 Die Annahme, es habe nach Eggers' Tod „zahlreiche Würdigungen in Zeitschriften und Zeitungen" gegeben, wie Berbig schreibt, trifft nicht zu. Ebd., S. 4. Außer dem Artikel Fontanes und der durch ihn vermittelten „Erinnerung an Professor Dr. Friedrich Eggers" von Heinrich Seidel in der *Vossischen Zeitung* vom 3. November 1872 ist nur noch in der *Kunstchronik*, einem Beiblatt der *Zeitschrift für Bildende Kunst*, eine längere Würdigung nachzuweisen, siehe *Kunstchronik* 8 (1872), Nr. 1, Sp. 1–7, Nr. 2, Sp. 24–26. Einen kurzen Nachruf, der wortgleich durch mehrere Zeitungen ging, brachte am 15. August 1872 auch die Augsburger *Allgemeine Zeitung*.

auch gerecht. Man rief ein „Literaturblatt" ins Leben und brachte mehrere Bände eines „Belletristischen Jahrbuchs" heraus. Doch mit den Jahren wurde aus dem lockeren Bund immer mehr nur ein privater Gesprächskreis. Man traf sich einmal die Woche reihum in den Wohnungen und erörterte bei Kaffee und Zigarren, was es aus eigenen Arbeiten mitzuteilen oder allgemein in Kunst und Kultur Neues gab. Manchmal kamen an die zehn, manchmal auch nur drei Teilnehmer zusammen, und nach dem Tagungspensum am Frühabend von Fünf bis Acht stießen mitunter die Frauen hinzu und es wurde gemeinsam gegessen.

War der Rütli für die meisten Beteiligten mithin nur eine Geselligkeit unter anderen, so bedeutete er für Eggers mehr. Da er weder eine Familie noch eigentlich einen Beruf hatte, bildete er für ihn das Zentrum seiner gesellschaftlichen Anbindung. Trotz eines Doktortitels, den er nach einem langen kunstwissenschaftlichen Studium erworben hatte, gelang es ihm bis über das vierzigste Lebensjahr hinaus nicht, eine Anstellung zu finden. Während sein älterer Bruder und sechs jüngere Geschwister nach und nach beruflich Fuß fassten, konnte er nur mit Privatstunden, Zeitungsartikeln und gelegentlichen wissenschaftlichen Hilfsarbeiten etwas verdienen. „Ich hab's versäumt, bei der richtigen Zeit einzuhaken, um mitgenommen zu werden", stellt er 1860 selbstkritisch fest,[3] zu spät aber eigentlich, um daran aus eigenen Kräften noch etwas ändern zu können. So tat er alles, den Rütli am Leben zu erhalten. Wann immer die Reihenfolge bei den Treffen nicht eingehalten werden konnte, sprang er ein, hielt auch fest, worüber gesprochen worden war, regte die Aufnahme neuer Mitglieder an und machte sich jedes, wirklich jedes Anliegen zu eigen, das zur Sprache kam. Auf diese Weise wurde er zwar nicht der geistige, aber doch der organisatorische Mittelpunkt des Kreises und seine Wohnung zu dessen meistgenutztem Treffpunkt.

Diese Wohnung befand sich seit 1861 in einem Hinterhaus der Hirschelstraße 9, der heutigen Stresemannstraße südlich des Potsdamer Platzes.[4] Sie lag im dritten Stock eines turmähnlichen Hauses, in das man über „glatte und steile Steinwendeltreppen" förmlich „hinaufgeschraubt" wurde, wie Heinrich Seidel (1842–1906) festhielt.[5] Die Wohnungen selbst waren aber gut. Da jede Etage aus nur einer Wohnung bestand, hatten sie Fenster nach allen Seiten, dazu auch schon ein Bad mit WC, und zumal die oberste einen freien Ausblick „auf die vielen grünen Wipfel großer Gärten", die sich hinter den Häusern des betreffenden Straßenvierecks erstreckten. Den geräumigen Balkon, eine angesetzte Eisenplattform, pflegte Eggers aufwändig zu bepflanzen und „Sommer für Sommer einen kleinen Blumenflor" auf ihm anzulegen.[6]

---

3   Friedrich Eggers, Wochenzettel vom 12.03.1860. Die von 1860 bis 1872 gesammelten „Wochenzettel" befinden sich im Stadtarchiv Rostock (Archiv der Hansestadt Rostock, Familiennachlaß Eggers Nr. 1.4.7.48, Sign. 1.4.7.49-61) und sind auch im Internet zugänglich, https://www.stadtarchiv-rostock.findbuch.net/ (letzter Zugriff: 10.02.2025).

4   Eggers wohnte schon von 1858 bis 1860 in Nr. 10 der Hirschelstraße, danach Victoriastraße 4, bevor er im April 1861 in die Hirschelstraße 9 zog. Von 1868 an hieß die Straße Königgrätzer Straße und die Hausnummer 9 bekam wegen eines zusätzlichen Anfangsstücks die Nummer 20.

5   Heinrich Seidel, Eine Sperlingsgeschichte (1880), in: ders.: Gesammelte Schriften, Bd. 1, Leipzig 1898, S. 345–358.

6   Heinrich Seidel, Eine Erinnerung an Professor Dr. Friedrich Eggers, in: Vossische Zeitung vom 3. November 1872.

Dass sich Eggers diese Wohnung und den zu ihr gehörenden Lebensstil leisten konnte, verdankte er seiner Rostocker Familie. Sie gewährte ihm, teils in geschwisterlicher Großzügigkeit, teils aus seinem Erbanspruch immer wieder Zuschüsse, mit denen er auf einen Jahresetat von etwa eintausend Reichstalern kam.[7] Fontane mit seinen vier Kindern konnte – zum Vergleich – über kaum mehr als das Doppelte dieser Summe verfügen, doch er war ja auch nur der Sohn eines armen Apothekers und nicht der Spross eines hanseatischen Handelshauses. Von dem Geld bezahlte Eggers zwei Haushälterinnen, eine ältere Witwe, Tante Randow genannt, und eine bei ihr lebende Nichte. Regelmäßig beschäftigte er aber auch eine Scheuerfrau, ferner einen Mann zum Holz- und Trinkwasserholen, da aus der Leitung nur Spreewasser kam, sowie einen Mann zum Schuheputzen und für Botengänge. Für alle zusätzlichen Ausgaben jedoch, zumal für seine Reisen, musste er bei seinen Geschwistern um Sonderzahlungen einkommen. Das gab hin und wieder auch Ärger, da sie natürlich verhindern wollten, dass sie ihn schließlich aus ihrem eigenen Erbteil würden unterstützen müssen.

Dieser spezielle Familienanschluss – bei einem insgesamt aber herzlichen Verhältnis – dürfte der Grund gewesen sein, dass sich Eggers von 1858 an bei seinen Geschwistern wöchentlich mit einem Rundbrief meldete, in dem er von seinem Leben in Berlin Rechenschaft gab. Nahezu 15 Jahre lang hat er diese „Wochenzettel" verschickt, und sie haben sich zu einem Konvolut von annähernd 3.000 Seiten angehäuft. Man erfährt darin weit mehr von ihm, als die Empfänger je gewünscht haben, sofern sie es denn überhaupt einmal wünschten. Immer wieder nämlich muss Eggers beklagen, dass seine „Zettel" nicht gelesen werden oder dass man sie mit sarkastischen Randbemerkungen weiterreicht. Nur höchst selten aber werden sie, wie es eigentlich seine Idee war, von den Geschwistern ergänzt. So wurde aus dem von ihm angestrebten Gespräch ein bis in seine letzten Lebenstage reichender Monolog. Von dessen Wert allerdings war Eggers je länger je mehr überzeugt. Seine Wochenzettel seien „an die Stelle des *Deutschen Kunstblatts* getreten", schreibt er im Dezember 1863, sieht sie also wie eine spätere Veröffentlichung an. Entsprechend nennt er einmal von einem Seekadetten, der volltrunkenen bei ihm abgeliefert worden war, bewusst den Namen nicht, da der junge Mann „sonst tüchtig und brav" sei und sich am nächsten Morgen in aller Form entschuldigt habe.[8] Nur werde man seinen Zetteln, „diesem vielgeschmähten und vernachlässigten Institut", wohl erst nach seinem Tod Gerechtigkeit widerfahren lassen.[9]

Von Seiten der Familie bestand die Fürsorge für ihn, neben dem Geld, hauptsächlich darin, ihn zu einer Heirat zu bewegen. Man wusste natürlich, wie er auf seine Mitmenschen wirkte und welchen Vorbehalten er deshalb ausgesetzt war. Es geschehe „zum 2973sten Mal", bemerkt Eggers 1861, dass ihm von der Verwandtschaft eine Heirat nahe-

---

7 Der Betrag lässt sich nur nach anderen Angaben schätzen. 1860 wurde Eggers von seinem Bruder Karl Eggers und dessen Frau ein jährlicher Zuschuss von 800 Talern zur Abfassung eines Werkes zur neueren Kunstgeschichte gewährt, aber auch aus dem Grundbesitz standen ihm Erbanteile zu. Nähere Auskünfte dazu finden sich in den „Wochenzetteln" nicht, da die Geschwister das nicht wünschten. Vgl. Marianne Beese, Die Familie Eggers, Lübeck 2019, S. 790 u. a. Nach der Umstellung von 1871 waren 1.000 Taler 3.000 Mark, heute etwa das Zwanzigfache in Euro.
8 Friedrich Eggers, Wochenzettel vom 08.03.1869.
9 Friedrich Eggers, Wochenzettel vom 23.10.1869.

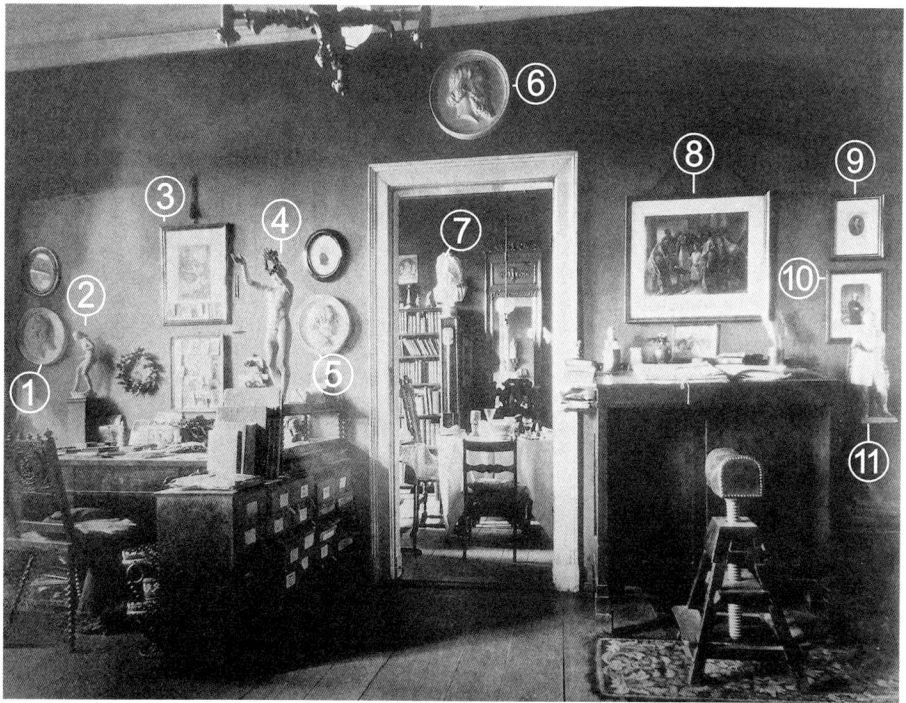

Abb. 1 Der Arbeitsplatzteil des Wohnzimmers mit dem Durchgang zum Esszimmer.
Links die Fenster- und Balkonfront nach Südwesten.
(Die Einzelobjekte erklärt der Anhang).

gelegt werde, wann werde das endlich aufhören. Wenn schon aber dieser Schritt, so ein andermal, dann müsste seine Schwägerin Mathilde ihm die Frau aussuchen: „Nur aus Deinen Händen will ich eine Gattin entgegennehmen." Eigentlich jedoch, so wiederum 1863, sei er zum Heiraten zu alt, in seinen Jahren könne man nur noch „in Ergebung abwarten, ob man geheiratet wird". Als er wenig später allerdings wahrnimmt, dass eine Witwe, der er Privatstunden erteilt, mehr an ihm als an der Kunstgeschichte interessiert ist, bereitet ihm das eine „sehr unbehagliche Stimmung". Sein Bruder Karl (1826–1900), der sie kannte, bemerkt dazu am Rand: „Sie ist ihm bloß zu alt – nämlich 36 Jahre", womit er den 43-jährigen Eggers natürlich ärgern, von dem wahren Grund aber wohl auch ablenken will.[10] Fontane war da mutiger, wenn er Eggers schon zum 36. Geburtstag schreibt: „Eine Frau wünsch' ich Dir nicht mehr und empfehle Dir, in Stunden wo Du schwankst den *Michel Angelo* von Paul Heyse zu lesen".[11] Für hintersinnig sollte man das aber nicht halten – gemeint war zweifellos nur die Kunstliebe Michelangelos.

10 Friedrich Eggers, Wochenzettel vom 08.11.1860, 12.09.1861, 31.05. und 13.07.1863.
11 Theodor Fontane an Friedrich Eggers am 24.11.1855, in: Berbig, Theodor Fontane und Friedrich Eggers. Der Briefwechsel, Nr. 42. Der Hinweis auf Paul Heyse meint dessen Versnovelle *Michelangelo Buonarotti* von 1852.

Eggers blieb mithin Junggeselle, und seinem Heim in der Hirschelstraße sah man das auch an. Vollgestellt mit Kunstgegenständen und Andenken aller Art glich es eher einer Ausstellung als einer Wohnung. Die Wände hingen voller „Kupferstiche und Photographien nach den berühmtesten Gemälden der Welt", es gab „einige Dutzend Gipsabgüsse nach der Antike, ... Reliefs, Statuetten, Bildermappen, Schnitzwerke, künstlerische Geräte" sowie gerahmte Porträts in einer Menge, dass man Mühe hatte, „sich zwischen diesen tausend schönheitsfrohen Hindernissen gefahrlos hindurchzuwinden".[12] Alles schien jedoch mit Bedacht angeordnet und aufeinander bezogen, sodass man auf einen kalkulierten Gesamteindruck schließen und ihn in der fast schon rituellen Nutzung der verschiedenen Sitzplätze durch Eggers bestätigt finden konnte. Das Ganze wirkte auch nicht unwohnlich, wie jedenfalls seine jungen Freunde befanden, sondern es ergab sich „ein stilles Behagen in diesen Räumen von selber".[13]

Wegen ihrer Besonderheit wurde die Einrichtung in den Tagen nach Eggers' Tod fotografiert, zwei großformatige Aufnahmen, die von dem Rütli-Mitglied Moritz Lazarus (1824–1903) aufbewahrt und von seinen Erben 1925 der Universitätsbibliothek Berlin überlassen wurden.[14] Unverständlicherweise werden sie pauschal den „sechziger Jahren" zugeschrieben, obwohl sie doch einen Zustand zeigen, in dem Eggers selbst seine Wohnung niemals aufgenommen hätte. Eine hingeworfene Decke, Stapel von Papier, die Tische voller Geschirr, alles so unaufgeräumt, als wenn der Besitzer nur eben nach draußen gegangen wäre. Keine Frage deshalb, dass die Aufnahmen dem Abschied von dieser Wohnung galten, also in den wenigen Augusttagen 1872 entstanden sind, als nach Eggers' Tod die Einrichtung noch unverändert vorhanden war.

Was man den Fotografien nicht entnimmt, was aber an dem Eindruck der Räume beteiligt war, das war ihre Atmosphäre, das in ihnen herrschende Klima. Als der Kunsthistoriker Anton Springer (1825–1891) als junger Mann nach Berlin kam, entschloss er sich auch zu einem Besuch bei Eggers, der damals – 1852 – noch im südlichen Teil der Friedrichstraße wohnte. Zunächst glaubte er beim Betreten der Wohnung, schreibt Springer,

> ... an einen Irrtum in der Adresse. Ich wurde in ein Damenboudoir geführt, in welchem es stark nach feinsten Parfüms duftete. Zierliche Blumenständer, ein glänzender Vogelkäfig, auf Tischen goldgeränderte Bücher, der Schreibtisch auf das säuberlichste geordnet, trafen mein Auge. Freilich als Eggers eintrat, in eleganter Haustracht, jedes Wort abgemessen, jede Bewegung abgerundet, da merkte ich, daß Stube und Bewohner trefflich zusammen passen. Wir wechselten einige höfliche Redensarten und damit hatte die Begegnung ein Ende.[15]

Das zierlich Aufgeräumte könnte sich Eggers, von den Wohnungsbildern der Hirschelstraße zu schließen, mit den Jahren abgewöhnt haben; den Duft – bevorzugt Lavendel – bemerkten aber auch die Besucher dort. Für Springers Erinnerung von „kalter, raffiniert

---

12 Adolf Wilbrandt, Fridolins heimliche Ehe [1875], 3. Auflage, Stuttgart 1899, 1. Buch, S. 9.
13 Seidel, Sperlingsgeschichte, S. 348.
14 Moritz Lazarus, Lebenserinnerungen, Berlin 1906, S. 591. Dass er die Aufnahmen auch veranlasst hat, schreibt Lazarus nicht.
15 Anton Springer, Aus meinem Leben, Berlin 1892, S. 196f.

Abb. 2 *Die Gegenseite des Zimmers mit dem Wohnbereich und der an eine Gasleitung angeschlossenen Deckenlampe.*

getarnter Bloßstellung" zu sprechen, ist deshalb unangebracht.[16] Den 1891 längst vergessenen Eggers noch bloßzustellen hatte Springer keinen Grund. Sicherlich hat er nur wiedergegeben, was sein Eindruck war, und dieser Eindruck passt gut zu dem an Eggers immer wieder bemerkten umfassenden Bedürfnis nach „Schönheit":

Merkwürdig ist, dass Fontane sich nie zu dieser Wohnung geäußert hat, obwohl er doch zu ihren ganz regelmäßigen Besuchern zählte. Seit Oktober 1863 wohnte er ebenfalls in der Hirschelstraße, in der Nummer 14 und damit nur fünf Häuser weiter aufwärts als Eggers.[17] Fast neun Jahre hat er so benachbart zu ihm gelebt und sich ungezählte Male bei ihm eingefunden. Es gab nicht nur die regelmäßigen Rütli-Treffen, bei denen

---

16 Marie Ursula Riemann-Reyher, Friedrich Eggers und Menzel, in: Jahrbuch der Berliner Museen 41 (1999), Beiheft: Adolph Menzel im Labyrinth der Wahrnehmung, Berlin 2002, S. 245–271, hier S. 249. Einige der auf den Fotos des Eggers-Zimmers zu sehenden Kunstwerke werden in diesem Aufsatz bereits bestimmt, und auch die Fotos selbst sind von dort übernommen. Ein besonderer Dank gilt der Konservatorin Astrid Nielsen, die mir den Eggers-Nachlass in den Dresdner Staatlichen Kunstsammlungen zugänglich gemacht und an der Identifizierung der Objekte mitgewirkt hat.

17 Alle Berliner Straßen zählten damals die Häuser rechts mit eins beginnend aufwärts bis zum Ende und dann links weiter wieder zum Anfang zurück.

Abb. 3 *Fontane 1897 an seinem Schreibtisch mit dem hier verdeutlichten Bildschmuck: Friedrich der Große, Menzels „Tafelrunde in Sanssouci", Wilhelm Lübke und Prinz Heinrich (v.l.n.r).*

Eggers – wie auch Fontane – etwa alle sechs Wochen an der Reihe war, es kam auch zu Besuchen oder Stippvisiten aus anderen Gründen. Man suchte sich gegenseitig zu Geburtstagen auf oder schaute zur Mitteilung von Neuigkeiten vorbei. Für den 23. Juli 1865 notiert Eggers, dass neben den Fontanes noch vier weitere „Rütlionen" bei ihm waren, „sich Alle selber eingeladen habend", und man gemeinsam gesungen und Texte von Fritz Reuter gelesen habe.[18]

Wenn Fontane gleichwohl nie auf die Wohnung zu sprechen kommt, auch in seinen Erinnerungen an Eggers in *Von Zwanzig bis Dreißig* nicht, so vermutlich, weil er sich nur abträglich über sie hätte äußern mögen. Selbst bei der Wohnungsbeschreibung von Heinrich Seidel noch, die er zitiert, lässt er das Nähere zur Ausstattung weg.[19] So karg und allein zweckmäßig, wie er selbst eingerichtet war, konnten die Eggers-Räume für ihn nur bedeuten, dass es hier nicht um Arbeit und Anstrengung ging, sondern hauptsächlich darum, sich bei der Arbeit zu gefallen. Oft genug hat er Eggers auch vorgehalten, dass er sich viel mehr Mühe geben müsste, um etwas Taugliches hervorzubringen, die meisten

---

18 Friedrich Eggers, Wochenzettel vom 23.07.1865.
19 Theodor Fontane, Von Zwanzig bis Dreißig, 2. Auflage, Berlin 1898, Werkteil: Der Tunnel über der Spree, 3. Kapitel, S. 291–332.

seiner „Reimereien" könnten höheren Ansprüchen nicht genügen. Später, nach Eggers' Tod, urteilt er sogar, dass dieser überhaupt nur „ein gebildeter Durchschnittsmensch" gewesen sei, „ein ganz kleines Talent", dem nur in wenigen glücklichen Momenten ein paar Sachen gelungen seien.[20]

So kritisch beurteilten ihn die meisten des Kreises jedoch nicht, oder richtiger: Es kam ihnen auf sein dichterisches Können nicht an. Zumal die Jüngeren schätzten Eggers als aufgeweckten, unkonventionellen Gesprächspartner, der sich freimütiger über alle möglichen Gesellschaftszustände äußerte, als es gemeinhin der Fall war. Überdies war der Umgang mit ihm ausgesprochen bequem. Tante Randow ließ die jungen Männer auch eintreten, wenn Eggers nicht zu Hause war, sodass sie sich oft zu mehreren dort einfanden und dafür sorgten, dass bei ihm immer „etwas los" war. In den späteren Jahren wurde der Mittagstisch auch ohne angesagte Gäste stets schon für sechs gedeckt, und es kam vor, dass ihm, wenn er eintraf, jemand vorgestellt wurde, den er noch gar nicht kannte. Selbst wenn er arbeiten musste, kamen und gingen die Besucher, wie es ihnen gefiel, und er zog sich in eine ruhige Ecke oder in ein anderes Zimmer zurück.

Bei der großen, ja übergroßen Zahl seiner Freunde – Fontane nennt einmal abfällig 200[21] – scheint es schwierig, Unterschiede zu machen, doch die Bildnisse in seiner Wohnung zeigen besondere Sympathien schon an. Der älteste unter denen, die ihm über Jahre nahestanden, war Wilhelm Lübke (1826–1893), später ein namhafter Kunsthistoriker. Das Medaillon über der Tür (Nr. 6) zeigt ihn mit Ende Zwanzig, als er Eggers maßgeblich bei der Herausgabe des *Deutsches Kunstblattes* unterstützte. Die wöchentlich erscheinende kleine Zeitschrift ging durch die Hände dreier Verlage und kam ohne idealistische Mithilfe nicht aus. „So lange ich in Berlin blieb", schreibt Lübke in seinen *Lebenserinnerungen*, „standen wir in ununterbrochenem freundschaftlichen Verkehr. Unsere Besuche auf den Ausstellungen, in den Künstlerwerkstätten, unsere Mahlzeiten und Erholungen, Alles hatten wir gemeinsam."[22] Mit seiner Berufung nach Zürich im Jahr 1861 endet diese Periode, doch Lübke besuchte den Berliner Kreis weiterhin und blieb zumal mit Fontane bis zu seinem Lebensende in Verbindung. Nach Eggers' Tod übernahm deshalb dieser das Medaillon und hängte es in sein Arbeitszimmer in der Potsdamer Straße 134c.[23]

Bis zuletzt mit Eggers eng verbunden war der zehn Jahre jüngere Richard Lucae (1829–1877), dessen Medaillon links über dem Schreibtisch (Nr. 1) zu sehen ist. Der Apothekersohn Lucae – „Luhze" gesprochen, weil Fontane den Namen auf „Konfuze", „in nuce" und ähnliche Wörter reimt[24] – war als junger Architekt in den Rütli aufgenommen worden und bekam dort wegen seiner Beleibtheit den Namen „Dick". Als Anekdoten-

---

20   Theodor Fontane an Emilie Fontane am 5. April 1880, in: Gotthard Erler/Therese Erler (Hg.), Emilie und Theodor Fontane: Der Ehebriefwechsel (= Große Brandenburger Ausgabe. Briefe, Bd. 3), Berlin 1998, Nr. 562.

21   Theodor Fontane an Wilhelm und Henriette von Merckel am 13. Januar 1857, in: Gotthard Erler (Hg.): Die Fontanes und die Merckels. Ein Familienbriefwechsel 1850–1870, Bd. 1, Berlin, Weimar 1987, S. 127.

22   Wilhelm Lübke, Lebenserinnerungen, Berlin 1893 (1. Auflage 1891), S. 159.

23   Bernd W. Seiler, Aufklärung zu einem Medaillon, in: Fontane Blätter 113 (2022), S. 140–146.

24   Theodor Fontane, Toast auf Richard Lucae zum 12. April 1860, in: ders., Gedichte, Bd. 3, 2. Auflage, Berlin 1995, S. 109.

erzähler und Imitator und überhaupt wegen seiner Weltkenntnis war er aber bei allen gern gesehen. Bei Eggers rückte er sogar mit seinen Arbeiten an, da er, gleichfalls Junggeselle, eine Tante Randow bei sich zu Hause nicht hatte. Von ihm entworfene Bauten gibt es noch heute, das Frankfurter Opernhaus, die Auferstehungskirche in Kattowitz, die von ihm mit betreute Berliner St. Michael-Kirche am Luisenufer sowie verschiedene Villen und Landhäuser.

Rechts neben dem Pulttisch ist auf einer Fotografie (Nr. 10) der Historiker Franz Kugler (1808–1858) zu erkennen, von Eggers hoch verehrt, weil er in ihm einen überlegenen Geist sah, von dem er sich zugleich ernst genommen fühlte. Noch mit Ende Zwanzig hatte er geklagt, dass es ihm an einem Bekanntenkreis mangle, „in welchem ich der Jüngste und Kleinste bin, damit ich etwas vor mir habe, wonach ich ringen kann."[25] In Kugler fand er einen solchen Mann, anerkannt nicht nur als Gelehrter, Dichter und Schriftsteller, sondern auch einflussreich als Kunstreferent im preußischen Kultusministerium. Allgemein betrauert starb Kugler jedoch schon 1858, im heutigen Berlin noch durch eine „Kuglerstraße" und ein Ehrengrab auf dem Schöneberger Matthäi-Kirchhof im Gedächtnis behalten.

Geliebt wie keinen sonst hat Eggers aber den jungen Mann, der auf dem Bild darüber (Nr. 9) zu sehen ist: Adolph Wilbrandt (1837–1911). Er lernte den Sohn eines Rostocker Germanisten, bei dem er auch studiert hatte, als 20-Jährigen kennen und machte ihn umgehend zum Mitherausgeber seines *Kunstblattes*. Faktisch hieß das freilich nur, dass er ihm die Liquidation des stets unterfinanzierten und kränkelnden Unternehmens zuschob, zu der er sich selber nicht entschließen konnte. Dem persönlichen Verhältnis schadete das jedoch nicht. Als Wilbrandt 1862 von München her nach Berlin zurückkehrte, nahm er ihn als Untermieter bei sich auf. Zimmer an Schüler und Studenten vermietete er schon seit einigen Jahren. Nicht nur konnte er so seine Mietkosten senken, er sah in der Betreuung der jungen Männer – meist aus dem heimatlichen Familienkreis – auch eine Erziehungsaufgabe. Ihre Versorgung oblag der Witwe Randow, die er ja ohnehin angestellt hatte.

Zu dem 18 Jahre jüngeren Wilbrandt, bald ein erfolgreicher Schriftsteller und später Direktor des Wiener Burgtheaters, entwickelte sich trotz des Altersunterschieds ein enges freundschaftliches Verhältnis. Im Sommer 1861 reiste er mit ihm drei Monate durch Böhmen, Österreich und Süddeutschland und traf ihn fortan regelmäßig auch bei Weihnachts- und Osteraufenthalten in Rostock. Wann immer Wilbrandt nach Berlin kam, wohnte er bei ihm und Eggers seinerseits besuchte ihn in München. Ein letztes Mal für mehrere Tage beherbergte er ihn im Juni 1869 und bedauerte nachträglich, die knappe gemeinsame Zeit mit dem Besuch alberner Theaterstücke vertan zu haben.[26]

Erstaunlich offen bekennt er aber, wie sehr er an „Adi" hängt. Beim Abschied von ihm sei er bis zum Ende des Bahnsteigs neben dem Zug hergelaufen, berichtet er, schildert seine Unruhe, wenn der Freund später als angekündigt eintrifft, gedenkt seiner Geburtstage oder gar der Jahrestage gemeinsamer Spaziergänge und spricht in allem von ihm wie von einem Geliebten. Solche Empfindungen jedoch erwiderte Wilbrandt nicht. Fast

---

25 Friedrich Eggers, Tagebuch von Juli 1839 bis Juli 1864, Archiv der Hansestadt Rostock, Familiennachlaß Eggers Nr. 1.4.7.48, Eintrag vom 27. November 1847.
26 Friedrich Eggers, Wochenzettel vom 14.06.1869.

wie eine Unart hält Eggers fest, dass er sich nach Frauen umsieht, mit Servierinnen anbändelt oder heimliche Verabredungen hat, wenn sie gemeinsam unterwegs sind.[27] Man mag sich wundern, dass die Familie bei so viel Offenheit seine Veranlagung nicht zur Kenntnis nahm, sondern ihn weiterhin zum Heiraten drängte, doch es herrschte damals noch die Ansicht vor, dass sich Männer eine Männer-Vorliebe auch abgewöhnen könnten, wenn sie nur erst an die richtige Frau gerieten.

Wegen seines in dieser Hinsicht empfundenen Abstands war Wilbrandt nach Eggers' Tod auch unbefangen genug, den Freund literarisch zu porträtieren. *Fridolins heimliche Ehe* heißt sein 1875 erschienener Roman, ein Schlüsselwerk der unerschrockensten Art, der das Milieu in der Hirschelstraße in amüsanter Farbigkeit schildert. Wilbrandt hatte nach eigenem Bekenntnis schon Eggers selbst gegenüber erklärt, ihn einmal zum Mittelpunkt eines „Lustspiels" zu machen, mit seinem theatralischen Auftreten, dem Sich-Gefallen in seinen Gewohnheiten, mit „allerlei Weiblichem", das ihn kennzeichnete, wie etwa der Vorliebe für Damenhandtaschen, und eben auch seiner Neigung, junge Männer „väterlich zu bemuttern".[28] Wenn der Roman heute als der „erste ‚schwule' Roman der deutschen Literatur" bezeichnet wird,[29] ist das dennoch nicht ganz richtig. Eigentlich wird nur gesagt, dass Fridolin sich weder für eine Frau noch für einen Mann entscheiden kann, weil er beide Geschlechter in sich trägt und gewissermaßen mit sich selbst eine „heimliche Ehe" führt. Am Schluss wendet er sich allerdings doch einem jungen Mann zu, der ihm nach einer kurzen Verwirrung durch dessen Schwester mehr gefällt als sie.[30]

Mit dem keineswegs unsympathischen Wesensbild vor Augen, das Wilbrandt von Eggers entwirft, nämlich dem eines zwar selbstgefällig „barocken", aber auch herzlich naiven Menschen, versteht man besser, warum man ihn trotz einer gewissen Befremdlichkeit doch akzeptierte. Sonst wäre allein die Ausstattung seiner Wohnung mit drei nackten „Mannsbildern", dem Betenden Knaben (Nr. 5), dem Apoll von Belvedere (Nr. 18) und einem nicht abgebildeten griechischen Diskuswerfer in einem bürgerlichen Umfeld nicht infrage gekommen. Selbst in „seinen Kreisen" gab es Bemerkungen zu ihnen. Wenn Eggers sein Schlafzimmer, wie nicht selten, einem Gast überließ und er auf dem Sofa unter dem Apoll schlafen musste, wurde spöttisch die Frage nach seiner Nachtruhe gestellt, und seinem Bruder Gustav, der zeitweilig – noch in der Victoriastraße – bei ihm wohnte, teilt er einmal mit, er habe umgeräumt und sein Zimmer „wieder von dem Apollo befreit".[31]

Bekannt war, dass Eggers mit seinem „Charakterkopf" gern zum Modell für historische Personen damals genommen wurde. Besonders Wilhelm Kaulbach (1805–1874), wenn nicht die „ganze Münchner Schule", habe sich „an ihm versehn", bemerkt Fontane 1875, als er Eggers auch auf Bildern von Friedrich Pecht (1814–1903) in Konstanz er-

---

27 Friedrich Eggers, Wochenzettel vom 29.08.1862, 11.09.1863 und 16.08.1870.
28 Adolf Wilbrandt, Erinnerungen, 2. Auflage, Stuttgart, Berlin 1905, S. 96.
29 Kennzeichnung auf der Internet-Plattform *HomoWiki*. Der Roman wird immer noch wieder aufgelegt und ist ebenso auf der *Gutenberg*-Plattform zugänglich.
30 Auch wenn die Handlung erfunden ist, haben die Zeitgenossen die auftretenden Personen zum großen Teil erkannt. Heute lassen sich außer Eggers noch dessen Bruder Wilhelm (1831–1907), die Witwe Randow, Richard Lucae, Albrecht Becker und natürlich Wilbrandt selbst identifizieren.
31 Friedrich Eggers, Wochenzettel vom 15.01.1860.

Abb. 4 *Eggers 1851, gezeichnet von Wilhelm von Kaulbach, nach Fontane in der Ähnlichkeit „durchaus nicht frappant".*³⁵

Abb. 5 *Eggers als „Perikles" in Kaulbachs Wandgemälde „Die Blüte Griechenlands" (1851) im Treppenhaus des Neuen Museums Berlin.*

kannte.³² 1852 hatte ihn Kaulbach als Perikles in seinem Gemälde „Die Blüte Griechenlands" porträtiert, dem zweiten Bild des Zyklus der „Weltgeschichte" in Berlins Neuem Museum.³³ Eggers erklärt in seinem *Kunstblatt* dazu, dass der „gliederprächtige nackte Grieche" nicht Perikles sein müsse, sondern einfach nur jemand sei, der „zu kämpfen, zu lieben und zu trinken versteht, der von einem Fest ... heimkehrt und doch in demselben Moment mit Herz und Sinn dem Segen der Musen offen ist."³⁴

Der Freimut, mit dem Eggers sich zu diesem seinem Abbild bekannte, oder auch schon die erfasste Szene selbst mögen heute anstößig wirken. Abgesehen davon jedoch, dass

---

32   Theodor Fontane an Emilie Fontane am 6. August 1875, in: Der Ehebriefwechsel, Bd. 3, Nr. 484. Die Wandgemälde im Konstanzer Konzilgebäude, auf denen Eggers als Jan Huss zu erkennen gewesen ist, sind nicht mehr vorhanden.

33   Das Bild, eigentlich „Homer und die Griechen" benannt, erläutert Annemarie Menke-Schwinghammer, Weltgeschichte als „Nationalepos": Wilhelm von Kaulbachs kulturhistorischer Zyklus im Treppenhaus des Neuen Museums in Berlin, Berlin 1994. Auch unsere Abbildung ist von dort übernommen.

34   Friedrich Eggers, Kaulbach's Karton: Homer und die Griechen, in: Deutsches Kunstblatt 3 (1852), S. 153–154, hier S. 154. Dass der „Perikles" des Bildes ein Porträt von Eggers ist, teilt Wilhelm Lübke mit, vgl. Lübke, Lebenserinnerungen S. 155.

35   Theodor Fontane an Bernhard von Lepel am 8. September 1851, in: Berbig, Theodor Fontane und Friedrich Eggers. Der Briefwechsel, Nr. 182. Die Abbildung wurde übernommen aus Riemann-Reyher, Friedrich Eggers und Menzel.

man von der antiken „Knabenliebe" allgemein wusste, wurde sie auch noch in verschiedener Weise sittlich überhöht. Dem trat mit Entschiedenheit Arthur Schopenhauer entgegen, nicht so sehr, um sie zu verurteilen, als vielmehr sie für naturgewollt, ja sogar für naturnotwendig zu erklären. Seiner Meinung nach fühlten sich nur ältere und schwächliche Männer zu Knaben hingezogen, solche, bei denen die Manneskraft unterentwickelt oder am Erlöschen sei. Solche Männer aber könnten nur schwache und kränkliche Kinder zeugen, weshalb ihre Nachkommen „die ganze Species depravieren könnten": Dem beuge die Natur vor, indem sie bei ihnen durch eine „Verkehrung des Instinkts" an die Stelle der Frauenliebe die Knabenliebe treten lasse.[36] Wie nicht selten, würde ein geringerer Schaden – die mögliche seelische Verletzung von Knaben – von ihr in Kauf genommen, um einen weitaus größeren, die Zerrüttung der Menschheit überhaupt, abzuwenden. Mit solchen und anderen Rechtfertigungen also, ob im Einzelnen gewusst oder nicht, muss man das Kaulbach-Bild in Verbindung bringen, um zu verstehen, dass es damals keinen Anstoß erregte und auch Eggers gegen seine Porträtierung als Perikles nichts hatte.

Was das Vertrauen in ihn als Vermieter und „Jünglingserzieher" betraf, so stand es darum allerdings doch heikler, als es lange den Anschein haben konnte. Das stellte sich heraus, als die Witwe Randow im Juni 1868 starb. Eggers hatte sie zusammen mit ihrer Nichte wochenlang in seiner Wohnung gepflegt und den Tod der 77-Jährigen wirklich als Verlust empfunden. „Meine langjährige treue Freundin" nennt er sie in der Traueranzeige der *Vossischen Zeitung*.[37] Umso mehr erbitterte ihn, dass ihn die Verwandtschaft, schon sogar, „da die Alte doch noch athmet", wiederum zum Heiraten aufforderte.[38] Doch man wusste offenbar warum. Bereits wenige Tage nach ihrem Tod nämlich musste Eggers den 16-jährigen Gottlieb Becker, der seit zwei Jahren sein Zögling war, zu seiner Familie nach Wismar zurückschicken. Eggers war empört, man habe ihn doch von mehreren Seiten gedrängt, diesen Jungen, wie zuvor schon zwei seiner Brüder, bei sich aufzunehmen. Wie könne man ihm einen solchen „Halbausgebackenen" jetzt entziehen![39] Dass dies mit dem Wegfall der Aufsicht durch die Witwe Randow zu tun haben könnte, wäre ihm nicht in den Sinn gekommen und wurde natürlich auch nicht geäußert.

An sittliche Vorbehalte zu denken fiel ihm aber auch nicht ein, als sie für alle auf der Hand lagen. Sie betrafen sein Verhältnis zu seiner Nichte Clara, Tochter der einzigen Schwester, die als 16-Jährige in einen Haushalt nach Berlin gegeben worden war. Weil sie dort nur mit Handarbeiten beschäftigt wurde, hielt sie sich oft bei ihm, dem Onkel, auf und half ihm beim Abschreiben von Texten oder dem Ordnen von Papieren. Eggers erwog deshalb, sie überhaupt bei sich aufzunehmen und die beiden Becker-Brüder, die

---

36 Arthur Schopenhauer, Die Welt als Wille und Vorstellung [1859], hg. von Karl-Maria Guth, Berlin 2016, 4. Buch, S. 740f.
37 Vossische Zeitung vom 05. Juni 1868. Louise Randow, geb. am 01.12.1790 als L. Glaser, Ehefrau eines Schneiders, war seit 1847 verwitwet und hatte Eggers 15 Jahre lang den Haushalt geführt. Die von ihr angelernte Adelheid Hoffmann (1825–1890) erwies sich danach als ebenso tüchtig.
38 Friedrich Eggers, Wochenzettel vom 15.05.1868.
39 Friedrich Eggers, Wochenzettel vom 13.06.1868. Gottlieb Wilhelm Becker (1852–1910) wurde nur dank des beharrlichen Einsatzes von Eggers in die Kaiserliche Marine aufgenommen und stieg dort zum Konter-Admiral auf.

damals – 1866 – bei ihm wohnten, dafür auszuquartieren. „Ich wurde aber damit ausgelacht", schreibt er nach Rostock. „Ich möchte wissen, ob Ihr das auch so lächerlich findet".[40] Eine Antwort bekam er wohl nicht, hat sich aber mit dem „verständigen Clärchen", wie er sie nannte, noch lange beschäftigt. Er bemühte sich um eine andere Gastfamilie für sie und regte an, sie statt der Hausarbeit mit etwas Anspruchsvollem – „Stenographie, Mathematik, Spanische Grammatik" – zu beschäftigen, drang aber mit keinem seiner Vorschläge durch.[41] An der engen Beziehung änderte das jedoch nichts. Als sie mit Zwanzig erneut in einen Haushalt nach Berlin kam, verbrachte sie so viel Zeit bei ihm, dass die Familie einschritt. Wieder einmal mit anderen Gästen zu ihm eingeladen, war sie „leider (wie beabsichtigt war) nicht dabei".[42] Für eine junge Frau hätte er sich entscheiden dürfen, für die dreißig Jahre jüngere Nichte aber natürlich nicht.

Zu dieser Zeit brauchte sich Eggers um seine gesellschaftliche Anbindung aber seit Längerem nicht mehr zu sorgen. Er hatte 1857 damit begonnen, öffentliche Vorlesungen zur Kunstgeschichte „für Damen" anzubieten, vier Taler für eine Folge von 16 Vorlesungen, für die er anfänglich zwar nur ein Dutzend, im Laufe der Jahre aber bis zu 200 Hörerinnen gewann. Herren waren auch willkommen, wurden aber darauf hingewiesen, „daß dadurch der Character der Vorträge in ihrer Bestimmung für die gebildete Frauenwelt keiner Änderung unterworfen werden kann".[43] Mit der Zahl seiner Hörerinnen nahm auch die Zahl seiner privaten Kontakte zu, oft zwar von ihm beseufzt, weil sie ihn Zeit kosteten, aber doch mit dem Nutzen, dass er immer mehr Zugang auch zu etablierten Familien bekam. Das trug ihm 1863 eine Stelle als Lehrer an der Kunstakademie ein, nicht so begründet natürlich, doch Stellenbesetzungen hingen, wie jeder wusste, oft von den Frauen der maßgebenden Beamten ab, und hier hatte sich Eggers mit seinen Damen-Vorlesungen ein wahrscheinlich entscheidendes Wohlwollen gesichert.

Das Jahresgehalt von 300 Talern für vier Unterrichtsstunden, das man ihm zahlte, war nicht groß der Rede wert, wichtiger, dass er ein Amt bekam, und noch wichtiger der Professorentitel. Von 1866 an wurde er zu Vorlesungen an der Gewerbe-Akademie zugelassen, immerhin dem Vorläufer-Institut der Technischen Hochschule, und 1868 auch an der noblen Bauakademie. Die Hörergelder flossen zwar längst nicht so reichlich, wie er sich das nach den vollen Auditorien erwartete – viele, die zuhörten, belegten die fakultativen Veranstaltungen nicht –, aber da er sich ein unglaubliches Arbeitspensum zumutete, reichten die Einnahmen allmählich aus. Das bedeutete aber auch: 15 Vorlesungen wöchentlich an den drei Akademien, Pausen nur, um zwischen „seinem" Institut Unter den Linden, der Bauakademie am Werderschen Markt und der Gewerbe-Akademie in der Klosterstraße hin- und herzulaufen. Dazu ganz verschiedene Themen, zu denen er sich bis in die Nacht vorbereiten musste, Dante, Shakespeare oder die Malerei

---

40 Friedrich Eggers, Wochenzettel vom 03.10.1866. Neben Gottlieb Becker war bis 1868 auch Gustav Adolf Becker (1850–1890), später Korvetten-Kapitän der Marine, der Zögling von Eggers, und einige Jahre früher schon der dann namhafte Architekt Albrecht Becker (1847–1911).
41 Friedrich Eggers, Wochenzettel vom 21.01.1867.
42 Friedrich Eggers, Wochenzettel vom 15.11.1871. Clara Pries (1850–1908), oft auch Jakob oder Jäbing genannt, heiratete 1874 den namhaften Juristen Otto Wendt (1846–1911), bekam fünf Kinder und lebte mit ihrer Familie zuletzt in Tübingen.
43 Friedrich Eggers, Wochenzettel vom 14.01.1860.

Abb. 6 *Adolph Menzel: Eggers beim Dozieren, 1860er Jahre.*

der Renaissance ebenso wie Antiker Tempelbau, Winckelmanns Kunstschriften oder Allgemeine Ästhetik, und zu allem immer das Gefühl, den oft mehr als 100 Zuhörern nicht gerecht werden zu können.

Dass bei diesem Pensum Zweifel an der Qualität seiner Darbietungen aufkamen, konnte nicht ausbleiben, und doch war Eggers ungeheuer aufgebracht, als im Januar 1869 die *Vossische Zeitung* zu seinen Damen-Vorlesungen schrieb, es sei an seiner „als bekannt vorauszusetzenden" Vortragsweise vor allem zu loben, wie er die behandelte Materie verlebendige, sie „gleichsam zu eigener Anschauung zu bringen verstehe".[44] Er sah sich dadurch zu den „Reklame-Helden" geworfen, gegen die er „stets eine so große Abscheu gehabt und gezeigt habe".[45] Mit anderen Worten: Es war der Vorwurf der Unwissenschaftlichkeit, den er aus dem Lob herauslas und der ihm sicherlich auch aus dem Kreis seiner Kollegen schon zugetragen worden war. Ein Publikum außerhalb der Fachwelt zu erreichen, zählte damals in der Fachwelt nicht, oder es zählte schon so wenig wie heute, nur dass heute wissenschaftliches Entertainment und Fachjournalismus ihr eigenes Ansehen haben. Was Eggers konnte, „machte man nicht", und hätte er das Geld nicht gebraucht, er hätte sofort damit aufgehört.

44 Vossische Zeitung vom 6. Januar 1869.
45 Friedrich Eggers, Wochenzettel vom 06.01.1869.

Dass es Vorbehalte solcher Art auch unter den „Rütlionen" gab, kam erst Jahre nach Eggers' Tod zur Sprache. Der kleinwüchsige Adolph Menzel, eine europäische Berühmtheit, hatte unter dem opulenten Auftreten und der rhetorischen Dominanz von Eggers besonders zu leiden gehabt. Als Maler schätzte ihn Eggers zwar hoch – seinen „Zwölfjährigen Jesus" (Nr. 8) hatte er im *Kunstblatt* emphatisch gefeiert[46] –, ließ ihn jedoch in Fachfragen nicht gelten. „Nein, Engel, da sind Sie mal wieder ganz auf dem Holzweg", konnte er nach Fontanes Erinnerung in Kunstdebatten zu ihm sagen, oder: „Nein, Rubenschen [mit Menzels Rütli-Namen Rubens], davon verstehn Sie nun 'mal nichts"; und ihn dann noch „zu klopfen, zu patscheln und zu umarmen." Wie sehr Menzel das gekränkt hatte, brach aus ihm heraus, als man 1880 einmal in kleiner Runde zusammensaß. Er sei froh, sagte er, dass er „die Imbecilitäten zurückliegender Rütlitage" nicht mehr ertragen müsse, und gebrauchte „viel viel stärkere Worte noch", um seinem „jahrelang aufgespeicherten Groll" gegen Eggers Luft zu machen. Seine Gäste nahmen an dem leidenschaftlichen Ausbruch nun aber keineswegs Anstoß, sondern fanden ihn „so wundervoll, daß wir uns, beim Nachhausegehn, auf der Treppe gerührt in die Arme sanken und gegenseitig erklärten: ‚Das sei zehn Dhaler wert gewesen'."[47] Offenbar hatten auch sie sich Eggers gegenüber oft Zwang angetan und waren beglückt, dass endlich einmal jemand kein Blatt vor den Mund genommen hatte. Was genau Menzel verurteilte, benennt Fontane nicht, sagt nur, dass ihn die „Friede'schen Klugschmusereien" auch oft empört hätten, doch rechnete Menzel vermutlich mit Eggers' ganzer theatralischer Wesensart ab.

War schon die Anzahl der Vorlesungen, die Eggers auf sich nahm, eine schwer zu tragende Last, so ließ er sich auch noch eine Menge anderer Pflichten aufbürden. Er wirkte in mehreren Kunstkommissionen mit, beteiligte sich an der Einstudierung von Theaterstücken, war immer bereit, zu privaten Geselligkeiten die Einleitungsverse zu reimen, musste einer Unzahl an Menschen zum Geburtstag gratulieren und sich abends auch noch bei Studententreffen blicken lassen. Und selbstverständlich war er auch zu Hause so gut wie nie allein. Oft behelligten ihn Besucher mit den verschiedensten Anliegen schon vor dem Frühstück, und die Witwe Randow ebenso wie nach ihr Adelheid entschieden wie Vorzimmerdamen, wer vorgelassen wurde und wer nicht. Bei seinen „Wochenzetteln" glaubt man immer wieder, es müsste nach der Menge der Vorkommnisse ein ganzer Monat vergangen sein, doch es sind meist nur wenige Tage.

Eine ganz besondere Verpflichtung wurde die Mitwirkung an der Siegesfeier zum Deutsch-Französischen Krieg. Für den 16. Juni 1871 war ein Festumzug der fürstlichen Herrschaften aller deutschen Länder samt ausgewählter Truppen vorgesehen, für den die Stadt vom Halleschen Tor über den Potsdamer Platz zum Brandenburger Tor und weiter die „Linden" hinunter bis zum Schloss dekoriert werden musste. Eggers war speziell für die Sprüche zuständig, die an soundso vielen Podesten, Tribünen, Denkmalssockeln oder Hauswänden den Sieg feiern sollten. Er suchte sie zu Dutzenden aus vaterländischen Gedichten aus oder fand selbst Reime wie „Gehorsam, Treue, Tapferkeit / Des deutschen Kriegers Ehrenkleid!" und „Heer von deutscher Art / Gute Siegesfahrt!" Und sogar dieser Spruch wird als Zeugnis seiner Reimkunst festgehalten: „Den Lorbeer nehmt, Ihr bringt die Palme / Und schöner Zukunft Morgenroth / Es reife seine frischen Halme /

---

46   Eggers, Kaulbach's Karton, S. 4.
47   Theodor Fontane an Emilie Fontane am 5. April 1880, in: Der Ehebriefwechsel, Bd. 3, Nr. 562.

Abb. 7 *Friedrich Eggers mit etwa 40 Jahren.
Stich von 1874 nach einer Fotografie
unbekannten Datums.*

Ein langer Tag! – Das walte Gott!"[48] Eggers beteiligte sich aber auch an allen übrigen Einrichtungen der „Siegesstraße", beriet zur Größe von Figuren, zum Blumenschmuck, zur Farbgestaltung und war so über Monate hin mit dem Thema beschäftigt.

In wirtschaftlicher Hinsicht, so warf er sich nachträglich vor, hatte er sich allerdings viel zu billig verkauft. Allein für seine Inschriften hätte er 1.000 Taler mehr verlangen müssen, dazu 300 Taler für die „Tribünenangelegenheit", 1.000 Taler an Trinkgeldern, die er nicht angenommen hatte, kurzum, 10.000 Taler „Reingewinn" wären möglich gewesen.[49] Wie er glauben konnte, die Bedeutung seiner Leistung so den Geschwistern gegenüber mehr zur Geltung zu bringen, ist unerfindlich, große Begeisterung für die Reichsgründung empfanden sie als Mecklenburger von vornherein nicht. Ähnlich unbeeindruckt ließ sie deshalb auch sein „Roter Adlerorden Vierter Klasse", von dessen Verleihung er ausführlich berichtete. Allerdings wusste er selbst, dass das unter den preußischen Ritterorden der geringste war, und da ihn gleichzeitig noch 350 andere erhielten, konnte er sich auf ihn erst recht nichts einbilden. Der „Schurke", der ihm den Orden ansteckte,

---

48 Karl Eggers, Die Siegesstraße in Berlin, Berlin 1871, S. 18–20. Dass Karl Eggers, der Bruder, und nicht Eggers selbst das Buch zu dem Festtag verfasste, ist bezeichnend für dessen Arbeitsweise. Eine solche Aufgabe hätte er nicht übernehmen können.
49 Friedrich Eggers, Wochenzettel vom 03.01.1872.

„hatte die Unverschämtheit zu gratulieren", schreibt er, bekam aber „keinen Heller".[50] Zu seinem Erstaunen sprachen ihn in den Tagen danach aber doch mehrere Leute an, die früher kein Wort mit ihm gewechselt hätten, sodass er die Aufwertung schon genoss.

Im Rütli gab man auf seinen Einsatz „für Kaiser und Reich" natürlich nichts, das war genau die Art von ungeistiger Betriebsamkeit, zu der man immer Abstand gehalten hatte. Deshalb fühlte sich aber auch Eggers dort nicht mehr am rechten Platz. Er werde „diese greisenhafte Versammlung aufgeben müssen", schreibt er im März 1872, ohne darüber zu stolpern, dass die meisten des Kreises jünger waren als er. Sie waren aber auch zumeist etablierter als er und schienen ihm inzwischen alle nur noch an sich oder ihr Geld zu denken. Das zusätzliche Geld, das aus Frankreich in Umlauf kam, die fünf Milliarden Francs an Reparationen, kehrten seiner Wahrnehmung nach alles um. So sei dem Rütli-Mitglied von Heyden, Historienmaler, „das Unglück geschehen", dass ihm jemand „95.000 Thaler Vortheil auf sein Haus geboten" habe und er nun nicht wisse, ob er verkaufen solle oder nicht.[51] Überhaupt der „Häuserschwindel"! Ein Haus von 36.000 Talern Wert sei für 500.000 weggegangen, andere kauften Häuser für 65.000 mit nur eintausend Talern Anzahlung, oder sie kauften sie nur, um sie sofort zu einem deutlich höheren Preis wieder loszuschlagen. „Ein Schwindel hat die Welt ergriffen", klagt er. „Wenn nicht die religiösen Fragen uns zu Hilfe kommen, Interesse fordernd, so werden wir im materialistischen Gründerschwindel zu Grunde gehn."[52]

Auch ihn selbst bedrohte der Preisanstieg auf dem Häusermarkt. Sein Hauswirt, der preußische General Heinrich von Puttkamer, der anfänglich in dem Haus auch gewohnt hatte, verkaufte 1871 die Königgrätzer Straße 20 an einen jüdischen Bankier, einen „Häuserjuden", wie Eggers ihn böse nennt, und seine Miete soll sich von 185 auf 250 Taler im Jahr erhöhen. Früher, so bilanziert er, hätte man ein Sechstel der Einnahmen auf die Miete gerechnet, dann ein Fünftel und nunmehr werde es ein Viertel sein. Da seine Einnahmen sich um nichts erhöhten, werde er sich eine solche Wohnung nicht mehr leisten können.[53] Als im Oktober die Zahlungsvereinbarung fällig wurde, erwies sich der neue Hauswirt jedoch als überraschend großzügig. Nachdem Eggers ihm seine finanzielle Lage geschildert und der Bankier die Wohnung Zimmer für Zimmer besichtigt hatte, erklärte er, ihn aus Achtung vor einem deutschen Gelehrten von der Mieterhöhung auszunehmen. Eggers sollte nur von sich aus mehr anbieten, sobald er eine „Gehalts-Aufbesserung" bekäme. Die Kunstwerkesammlung in den Räumen hatte ihn offenbar beeindruckt, umso mehr, als ihm ein Arzt, den er schätzte, zuvor gesagt hatte, eines Tages werde eine Tafel am Hauseingang an diesen Bewohner erinnern.

Zu solchem Ruhm oder Nachruhm kam Eggers nicht, er konnte ja auch nichts Bleibendes schaffen. Selbst seine Rauch-Biografie hatte abschließend nicht er, sondern sein Bruder Karl geschrieben. Was er konnte war, jungen Männern ein Gesprächspartner zu sein und sie bei ihrer Wegfindung zu fördern. Es waren meistens Schüler seiner drei Akademien, die er um sich versammelte. Sein vergleichsweise offener Blick auf die sozialen Rituale der Zeit, sein Interesse nicht nur an der Kunst, sondern auch an der Technik,

---

50 Friedrich Eggers, Wochenzettel vom 21.01.1872.
51 Friedrich Eggers, Wochenzettel vom 23.03.1872.
52 Friedrich Eggers, Wochenzettel vom 30.03.1872.
53 Friedrich Eggers, Wochenzettel vom 19.04.1871.

seine Begeisterung für das Turnen oder das Schwimmen und natürlich seine jederzeitige Gastfreundschaft führten ihm immer wieder neue Anhänger zu. Die Abende mit den jungen Leuten, „im Kreise der Meinen", wie er schreibt[54], waren die Höhepunkte seines Privatlebens, an ihnen konnte er sich offenbar ganz so geben, wie er war.

Und nicht wenige seiner „Zöglinge" und Schüler brachten es zu etwas. Der renommierte Bauingenieur Heinrich Seidel (1842–1906) wurde später ein erfolgreicher Schriftsteller, der Architekt Albrecht Becker (1847–1911) baute nach dem Tod von Lucae das Frankfurter Opernhaus fertig, und Hermann Kühn (1849–1902) reformierte die Kunstgewerbeschule in Breslau. Die Bildhauer Ludwig Brunow (1843-1913), August Flockemann (1849–1915), Franz Krüger (1849–1895) und Robert Toberentz (1849–1895) schufen Denkmäler, Brunnen, Statuen und Fassadenschmuck über ganz Deutschland hin, auch heute noch in Berlin, Rostock, Dresden, Frankfurt am Main und anderen Städten zu sehen. Und es sind noch mehrere, bald namhafte Maler bei Eggers ein- und ausgegangen: Otto Försterling (1843–1904), Adolph Treidler (1846–1905), Franz Skarbina (1849–1910), Fedor Encke (1851–1926), und auch von ihnen sind Bilder in verschiedenen Galerien noch vorhanden.

Der Anfang vom Ende für Eggers war, dass er im Mai 1872 endlich erreichte, was er jahrelang angestrebt hatte: eine feste Anstellung zu einem auskömmlichen Gehalt. Er wurde „Geheimer Regierungsrath" im Kultusministerium, besoldet mit 1.000 Talern im Jahr und obendrein berechtigt, weiter Vorlesungen anzubieten. Da man ihn im Ministerium eigentlich aber nicht wollte, waren seiner Berufung monatelange, fast intrigenhafte Verhandlungen vorausgegangen. Unterstützt worden war er aus Kreisen der drei Akademien, die sich eine bessere Ausstattung durch ihn in der Zukunft erhofften. Zu seiner Protektion wurden der spätere Kaiser Friedrich III. und seine Frau – das Kronprinzenpaar – gewonnen, die ihn einmal bei einer Laienaufführung in Potsdam kennengelernt hatten. In ihrem Namen konspirierte der Generaldirektor der Königlichen Museen zu Berlin, Guido von Usedom (1805–1884), für ihn, und so wurde ihm die Stelle schließlich gegeben. Dass er für den Minister keine Wahl aus Überzeugung war, sollte er aber bald merken. Adalbert Falk (1827–1900) war zur Reform des Schulwesens in das Ministerium eingetreten und hatte für die Kunstpflege wenig übrig, insbesondere natürlich kein Geld.

Man wies Eggers einen Schreibtisch im Keller des Ministeriums zu, Wilhelmstraße Ecke Unter den Linden, und übergab ihm einen großen Stapel mit Anfragen, Eingaben, Vorschlägen, Beschwerden – lauter liegengebliebene Akten, zu denen er die gebotenen Entscheidungen treffen sollte. Schnell wurde ihm klar, dass er überfordert war. Ohne Kenntnis der Verwaltungsabläufe, ohne die notwendigen Rechtskenntnisse wusste er allenfalls „was, aber nicht, wie es gethan werden kann".[55] Um nicht gänzlich resultatlos dazustehen, nahm er sich regelmäßig Akten mit nach Hause und arbeitete an ihnen bis in Nacht hinein, musste aber feststellen, dass der Stapel auf seinem Schreibtisch im Geschäftsgang eher größer wurde als kleiner. „Welch ein Dämon hat mich da hineingeführt!", notiert er, ein Haufen „ver...[dammter] Dinge, welche der Kunst ganz fern liegen".[56]

---

54 Friedrich Eggers, Wochenzettel vom 11.02.1870.
55 Friedrich Eggers, Wochenzettel vom 28.05.1872.
56 Friedrich Eggers, Wochenzettel vom 04. und 07.07.1872.

Da Eggers seiner ganzen Natur nach mitfühlend und hilfsbereit war, quälte es ihn nachhaltig, dass er für die „täglich eingehenden 10 Unterstützungsgesuche ... absolut kein Geld" hatte. „Es ist zum Verrücktwerden", schreibt er, „dieses Andrängen von unverschämten und verschämten, albernen und tief beklagenswerthen, alten und jungen, persönlich und brieflich Anrückenden, die Alle bitten, wünschen, begehren, fordern, pochen, weinen usw., daß man ihnen helfe."[57] Wenn der eine und andere seiner Schüler kurz zu ihm hereinsieht, „voll Jugendlust, idealen Interessen und Fröhlichkeit", ist es ihm „wie entfernte Poesie"; da der übrige Tag verschlungen wird von den sich „mehr und mehr mehrenden Akten, von denen jedes neue Bündel eine neue Veranlassung zu Sorge und Verdruß giebt".[58]

Eine beglückende Abwechslung wurde Ende Juli ein Besuch von Adolph Wilbrandt, der auf der Durchreise nach Wien bei ihm übernachtete. „Wir blieben bis gegen 12 Uhr bei einander und hatten genug zu sprechen", berichtet Eggers den Geschwistern. „Ein anderes Leben thut sich auf, bei so einem Besuch."[59] Dies blieb allerdings das einzige Erfreuliche in den zwei Monaten seines Geheimrats-Lebens. Es sei ein „Tintenmeer", in dem er untergehe, klagt er und wünscht seinen Bruder Karl, den Juristen, herbei, damit er ihn berate. „Täglich mach ich juristische Schnitzer. Heute kriegte ich wieder eine Nas' vom Finanzminister."[60] Selbst nach Feierabend, wenn er wie früher Tischgäste hatte, war er bedrückt. „So verstimmend wirkt aber die Ministerial-Maschinerie, daß ich erst beim Kaffe mitreden mochte."[61]

Am 11. August 1872, fünf Tage nach der letzten Eintragung, die noch die morgendliche „Garten-Gymnastik" festhält, ist Eggers gestorben. Die Ursache war, woran er immer litt: sein Magen. Es ist wirklich nicht zu zählen, an wie vielen Tagen, über wie viele Wochen, ja Monate hin er von Magenkrämpfen berichtet und von allen möglichen Anwendungen gegen sie. Ein halbes Dutzend Ärzte hat er im Laufe der Jahre deshalb konsultiert, immer wieder darauf bestehend, es müsste sich eine Ursache doch finden lassen. Doch es fand sich keine, und keine der Behandlungen nützte. Natürlich liegt es nahe, auf psychische Ursachen zu schließen, aber eine verstehbare Kausalität zeigt sich auch da nicht. Selbst nach Erfolgen, jedenfalls von ihm erklärten, kann er an Magenkrämpfen leiden, so schlimmen, dass am Ende nur Morphium hilft.

Ein Eintrag in seinem „Tagebuch" – der letzte vom 2. Juli 1864 – zieht einen aufschlussreichen Vergleich: „Zum akuten Verhungern braucht man allenfalls drei Tage. Allein es gibt auch ein chronisches. Jahrelang mit materiellen Sorgen kämpfen macht auch endlich eine so positive Magenkrankheit, dass man getrost sagen kann, einer sei verhungert, wenn er endlich daran hinstirbt."[62] Materielle Not indessen hat Eggers nie leiden müssen; was ihn belastete, war das Nicht-Ankommen in einer ihm genügenden sozialen Stellung. Von seiner ganzen Ausstattung her ist dieser Misserfolg nicht begreiflich. Er sah gut aus, war gut erzogen, von guter Familie, intelligent, gebildet, kontaktfreudig, und selbst an

---

57 Friedrich Eggers, Wochenzettel vom 14.07.1872.
58 Friedrich Eggers, Wochenzettel vom 07.07.1872.
59 Friedrich Eggers, Wochenzettel vom 31.07.1872.
60 Friedrich Eggers, Wochenzettel vom 02.08.1872.
61 Friedrich Eggers, Wochenzettel vom 05.08.1872.
62 Friedrich Eggers, Tagebuch von Juli 1839 bis Juli 1864, Archiv der Hansestadt Rostock, Familiennachlaß Eggers Nr. 1.4.7.48, Eintrag vom 2. Juli 1864.

Geld für einen Berufseinstieg hätte es ihm nicht gefehlt. In aller Regel wird so jemand von der Gesellschaft irgendwann zu einer für ihn passenden Aufgabe „abgeholt": Für Eggers hätte das ein Verlag sein können, eine Redaktion, ein Museum, und erst recht wäre eine der Berliner Akademien infrage gekommen, wenn man denn ein voll bezahltes Amt für ihn in Erwägung gezogen hätte. Dass er für die Verwaltung nicht qualifiziert war, erfuhr er selbst, könnte aber auch dort Fuß gefasst haben, hätte ihn nicht die Empfindung des Scheiterns buchstäblich umgebracht.

Warum aber sein lebenslanges Steckenbleiben? Es dürfte an etwas gelegen haben, für das er nichts konnte: an seinem für einen Mann zu weiblichen Verhalten. „Homosexuell" ist für ihn nicht einmal die treffende Bezeichnung, da ein solches Verhältnis von ihm nicht bekannt ist. Aber er wirkte so, und weil das befremdlich war, hielt man ihn sich auf Abstand. Hätte man offen über das Störende an ihm sprechen können, wäre ihm vielleicht zu raten gewesen, sich gewisse Attitüden abzugewöhnen. Und hätte die Gesellschaft sich offen darüber ausgetauscht, hätte man zu der Erkenntnis kommen können, dass die sexuelle Orientierung für die allermeisten Bereiche des täglichen Lebens keine Rolle spielt und sich deshalb von ihr auch absehen lässt. Doch eine solche Offenheit gab es nicht. Sexuelle Handlungen zwischen Männern wurden nach § 143 des Strafgesetzbuches für die Preußischen Staaten mit mindestens sechs Monaten Gefängnis geahndet, und so schied Toleranz in dieser Hinsicht aus. An eben dieser, sein Wesen verurteilenden Grundhaltung aber hat Eggers gelitten, sie war es, die ihn seine Situation als ein „chronisches Verhungern" empfinden ließ.

So betrachtet war der Umgang im Rütli mit ihm aber immerhin „anständig": Man nahm ihn an, wie er war, und sah über das Sonderliche hinweg. Nur in seiner Rostocker Familie hatte er einen noch selbstverständlicheren Rückhalt. Dabei war es nicht so, dass man über ihn nicht Bescheid wusste. Für seine Familie kann das überhaupt keine Frage gewesen sein, so offen, wie Eggers in den „Wochenzetteln" von sich spricht. Für den Rütli aber erweist es sich in seiner nachträglichen Beurteilung. Theodor Fontane geht auf die heiklen Sachverhalte zu ihm zwar nicht ein, zitiert aber ausführlich Heinrich Seidel, der beispielsweise Eggers' Vorliebe für farbige Westen als eine seiner liebenswürdigen Eigenheiten benennt. Die Frauen des Kreises hatten darauf einst mit „Entsetzen" reagiert.[63] Dann aber schreibt Fontane noch: „Wilbrandt hat ihn in seiner reizenden Geschichte *Fridolins heimliche Ehe* frei nach dem Leben gezeichnet."[64] Das war nichts anderes, als diesen durchgängig pseudonymen Roman für biografisch zu erklären und ihn der Nachwelt sogar als „reizend" ans Herz zu legen. Eine größere postume Aufwertung von Eggers konnte es nicht geben, und sie lässt sich auch so verstehen, dass selbst der Rütli-Kreis ihn manchmal für etwas auf Abstand gehalten hat, wofür er nichts konnte.

Ginge es ihm heute anders? Immerhin fände er in vielen Großstädten ein gesellschaftliches Umfeld, in dem er sich zwanglos und unangezweifelt bewegen könnte. Manches von dem, was damals an ihm störte, würde sich unter solchen Verhältnissen vielleicht gar nicht entwickelt haben.

---

63   Emilie Fontane an Theodor Fontane am 13. Juni 1857, in: Der Ehebriefwechsel, Bd. 2, Nr. 231.
64   Fontane, Von Zwanzig bis Dreißig, S. 313. Vor Fontane hatte schon Wilhelm Lübke auf den biografischen Charakter des Wilbrandt-Romans hingewiesen, wie auch Fontane erwähnt. Vgl. Lübke, Lebenserinnerungen, S. 155.

Das „Rütli"-Heim von Friedrich Eggers 29

Anhang: Die Bilder und Kunstobjekte der Eggers-Wohnung

1		Hermann Schievelbein (1817–1867): Der Architekt Richard Lucae (1829–1877), um 1860, Skulpturensammlung Dresden ASN 0368. Da die Rostocker Familie den Nachlass von Friedrich Eggers 1929 an die Dresdner Staatlichen Kunstsammlungen verkauft hat, stammt dieses und stammen die weiteren Dresdner Stücke eindeutig aus der Wohnung von Eggers.
2		Johann Friedrich Drake (1805–1882): „Schmetterlingsfängerin", 1838, Bronce. Als Marmorstatue (89 cm) im Luxemburger Palais Grand-Ducal. Da die Figur schon lange vor Eggers' Bekanntschaft mit Drake vorlag, hat Eggers sie wohl selbst erworben. Im *Deutschen Kunstblatt* (1852, S. 163) spricht er davon, dass die „reizende Schmetterlingsfängerin" in „zahlreichen Vervielfältigungen" in Umlauf sei. Was sie als „natürliche Situation" darzustellen scheint, ist in seiner Künstlichkeit aber nicht zu verkennen.
3		„Betender Knabe", eine dem griechischen Erzgießer Boidas zugeschriebene Figur aus dem 4. Jahrhundert v. Chr. Als Original (128 cm) in der Berliner Antikensammlung.
4		Raffaello Santi (1483–1520): „Madonna mit dem blauen Diadem", 1511. Druck nach dem Ölgemälde aus dem Louvre. Eggers hat in einer kunsthistorischen Vorlesung einmal 15 Madonnenbilder miteinander verglichen.
5		Gustav Hermann Bläser (1813–1874): Peter von Cornelius (1783–1867), o. J., Skulpturensammlung Dresden ASN 0370. Über den Bildhauer Bläser hat Eggers in seinem *Kunstblatt* etliche Male berichtet und ihn auch in seinem Atelier manchmal aufgesucht. Vermutlich hat er das Medaillon von ihm erhalten. Den damals hoch geschätzten Cornelius kannte er ebenfalls, doch ein persönliches Verhältnis zu ihm erschließt sich nicht.

6		Adolf Donndorf (1835–1916): Wilhelm Lübke (1826–1893), 1854, Skulpturensammlung Dresden ASN 0433. Das Medaillon entstand bei einem Besuch Lübkes in Dresden, wo der junge Donndorf im Atelier von Ernst Rietschel als Gehilfe angenommen worden war.
7		Der „Zeus von Otricoli", 4. Jh. v. Chr., stellt die römische Nachbildung einer griechischen Büste dar, von der geglättete Varianten bis heute verkauft werden. Das bei Eggers zu sehende Exemplar ist vermutlich eine Kopie aus dem Wiener Belvedere, die damals für etwa zehn Mark zu haben war.
8		

Adolph Menzel (1815–1905): „Der zwölfjährige Jesus im Tempel", 1852. Das Bild wurde von Eggers mit den Worten gefeiert, es zeige „das ewige Wunder des gotterfüllten Menschen ... mit einer solchen geistigen und technischen Kraft, dass es den tiefsten Eindruck machen muss" (Deutsches Kunstblatt 3 (1852), S. 4.)

9		Adolph Wilbrandt (1837–1911). Das Bild entspricht nicht dem auf dem Foto. Eggers hat am 7. April 1860 aber von einer neuen Rahmung seiner Bilder gesprochen und ein Porträt von Wilbrandt in einem ebensolchen „viereckigen Rahmen" wie das von Kugler verortet. Ein dem Foto entsprechendes Bild von Wilbrandt hat sich nicht finden lassen.
10		Franz Kugler (1808–1858). Der verehrte und bewunderte Historiker war der geistige Mittelpunkt des Rütli und auch einer der führenden Männer der Dichter-Vereinigung *Tunnel über der Spree*.

11		Bernhard Afinger (1813–1882): Ernst Moritz Arndt (1769–1860), 1867, Skulpturensammlung Dresden ASN 1095. Gipsminiatur (55 cm) des Bonner Arndt-Denkmals. Auf den Berliner Bildhauer hat Eggers in seinem *Kunstblatt* oft hingewiesen, vermutlich hat Afinger ihm die Miniatur geschenkt.
12		Einer der plastischen Globen, die Fontanes Schwiegervater Wilhelm Kummer (1785–1855) aus Pappmaché herstellte. Auch Fontane hatte einen solchen Globus in seinem Zimmer stehen. Eggers bekam seinen zu Weihnachten 1862 von seinem Bruder Heinrich geschenkt.
13	 Wilhelm von Kaulbach (1805–1874): Die Zerstörung des Turmes zu Babel, 1850. Lithographie von einem der sechs großen Wandgemälde des Neuen Museums in Berlin, deren Gegenstand schlicht „die Weltgeschichte" war und die Kaulbach erst im Laufe von mehreren Jahren fertigstellte.	
14		Friedrich Wilhelm Doell (1750–1816): Johann Joachim Winckelmann (1717–1768), Skulpturensammlungen Dresden ASN 0974 (Sammlung Mengs). Eggers hat die Büste (48 cm) laut seiner Wochenzettel am 19.01.1860 in Gustav Eichlers „Kunstanstalt für plastische Arbeiten" in Berlin gekauft.

15		Die „Kleine Herkulanerin", 4. Jh. v. Chr., Miniatur einer am Theater von Herculaneum gefundenen Figur, die in der Dresdner Gemäldegalerie steht.
16		Raffaello Santi (1483–1520): Madonna della Seggiola, 1514. Druck eines Ölgemäldes aus dem Palazzo Pitti in Florenz. „Madonna des Stuhles" wird sie wegen des gedrechselten Möbelteiles links genannt.
17		Joseph-Hugues Fabisch (1812–1886): Die Madonna von Lourdes, 1864. Nach den Angaben der heiliggesprochenen Bernadette Soubirous gefertigtes Marmorstandbild, das in einer großen Zahl „geschönter" Kopien in Umlauf kam.
18		Der Apoll von Belvedere, 4. Jh. v. Chr., römische Marmorkopie einer griechischen Bronzefigur, die für ein Musterstück der antiken Bildhauerkunst gilt.

Zum Nachlass von Eggers gehören auch noch Medaillons von Paul Heyse, Wilhelm von Merckel, Heinrich Seidel und des Architekten Heinrich Strack, ebenfalls in der Dresdner Skulpturensammlung vorhanden. Nach den Erinnerungen seiner „Leibschwaben" besaß er aber auch Kopien des berühmten antiken „Diskuswerfers" und der „Venus von Milo" sowie etliche Kupferstiche nach Rembrandt'schen Radierungen, die er ebenfalls im *Kunstblatt* vorgestellt hatte. Die überall zu sehenden kleinen Bilder indessen zeigten hauptsächlich seine Rostocker Familie, „dazu ein paar reizende, behagliche Frauenköpfe in Häubchen (vermutlich, denkst du, hat er sie geliebt, und sie haben andere geheiratet)", heißt es bei Wilbrandt „und endlich einige Gruppen junger Männer mit kühn geschlungenen Krawatten und, sozusagen, begeistertem Haarwuchs, und nicht ohne widmende Unterschriften" (*Fridolins heimliche Ehe*, S. 1–11).

Dagmar Jank

Das gesellschaftliche Engagement der Schriftstellerin Franziska Mann (1859–1927)

Einleitung

Franziska Mann war eine im Kaiserreich und in der Weimarer Republik bekannte und geschätzte Berliner Schriftstellerin und Philanthropin. Sie schrieb Erzählungen und Essays für Zeitungen und Zeitschriften über Themen der bürgerlichen Frauenbewegung, wie beispielsweise die Berufstätigkeit von Frauen und die Ausgrenzung alleinlebender Frauen. In einfühlsamen Reportagen berichtete sie über ihre Besuche in sozialen Einrichtungen. Sie engagierte sich im „Deutschen Lyceum-Club", dem größten Berliner Frauenklub, und finanzierte durch ihre professionell betriebene Spendeneinwerbung verschiedene Projekte, die vor allem notleidende Frauen und Kinder unterstützten. Kurz nach Beginn des Ersten Weltkrieges richtete sie eine „Hilfsstelle für Bekleidung" in der Stadt ein. Besonders beliebt waren die 1922 von ihr und ihrer Freundin Lucy Abels-Avellis (1874–1938) ins Leben gerufenen „Lichten Sonntage", an denen verarmte gebildete Frauen des Bürgertums in den Wintermonaten kostenlos Lesungen und Konzerte besuchen konnten.

Der Beitrag beschreibt das gesellschaftliche Engagement Manns auf der Grundlage ihrer Publikationen und ihrer Briefe an die Berliner Journalistin und Frauenrechtlerin Anna Plothow (1853–1924). Folgende Fragen sollen beantwortet werden: Mit welchen Themen befasste sie sich in ihren Essays, und welche Positionen vertrat sie? Wie positionierte sie sich gegenüber der bürgerlichen Frauenbewegung? Wie gestaltete sich ihre Kooperation mit Plothow? Wie gelang es ihr, Menschen für ihre Hilfsprojekte zu gewinnen? Welches Bild zeichneten die Nachrufe von ihr und ihrem Lebenswerk?

Die Schriftstellerin Franziska Mann – eine biografische Skizze

Franziska Mann wurde am 9. Juni 1859 als Tochter des jüdischen Arztes Dr. Hermann Hirschfeld (1825–1885) und seiner Ehefrau Friederike, geb. Mann († 1905), in Kolberg geboren. 1877 heiratete sie den Kaufmann Moritz Mann (1846–1922), zog mit ihm zunächst nach Stettin und dann nach Berlin, wo er von 1888 bis 1913 ein Hotel in der Behrenstraße in Berlin-Mitte führte.[1]

---

1   Ralf Dose, Die Familie Hirschfeld aus Kolberg, in: Elke-Vera Kotowski/Julius H. Schoeps (Hg.): Der Sexualreformer Magnus Hirschfeld. Ein Leben im Spannungsfeld von Wissenschaft, Politik

Abb. 1 *Franziska Mann, um 1906.*

Um die Jahrhundertwende begann sie mit dem Schreiben. 1901 erschien im *Unterhaltungsblatt* des *Vorwärts*, der Zeitung der deutschen Sozialdemokratie, ihre kurze Erzählung über den letzten Arbeitstag einer jungen bleichsüchtigen Schneiderin, und in der Zeitschrift der „Freien Literarischen Gesellschaft zu Berlin" beschrieb sie eindrucksvoll die Bühnenpräsenz der Schauspielerin Louise Dumont (1862–1932).[2] Schon wenige Jahre später zählte sie zu den bekannten Persönlichkeiten der Berliner Literaturszene, und

und Gesellschaft (= Sifria. Wissenschaftliche Bibliothek, Bd. 8), Berlin 2004, S. 33–64, hier S. 44–46 und S. 60; Renate Heuer, Franziska Mann (geb. Hirschfeld). Essayistin, Philanthropin, in: dies. (Red.), Lexikon deutsch-jüdischer Autoren, Bd. 16, München 2008, S. 260–263; dies., Franziska Mann (geb. Hirschfeld). Essayistin, Philanthropin. 9. Juni [2009] 150. Geburtstag, in: Mitteldeutsches Jahrbuch für Kultur und Geschichte 16 (2009), S. 222f.; Raimund Wolfert, Annäherungen an Franziska Mann – Schriftstellerin und Briefpartnerin Ellen Keys, in: Mitteilungen der Magnus-Hirschfeld-Gesellschaft 58/59 (2017), S. 45–64, hier S. 46f. – Ich bedanke mich herzlich bei Raimund Wolfert, M.A., Magnus-Hirschfeld-Gesellschaft, Berlin, für den anregenden Gedankenaustausch.

2   Franziska Mann, Ihr letzter Arbeitstag, in: Vorwärts, Unterhaltungsblatt des Vorwärts Nr. 172 vom 4. September 1901, S. 687; dies., Louise Dumont, in: Das Magazin für Literatur. Vereinsorgan der Freien Literarischen Gesellschaft zu Berlin 70 (1901) 9, 2. März 1901 (Angabe nach: Tanja Buchholz, Von Genies und Musen. Künstlerpaare des 20. Jahrhunderts in bildender Kunst, Literatur und Theater, Göttingen 2009, S. 218).

ein Beitrag über den zunehmenden Einfluss der Frauen auf das geistige Leben im Jahresalbum des Kaufhauses Nathan Israel war auch mit ihrem Foto illustriert.[3] Zwischen 1903 und 1922 veröffentlichte Mann insgesamt elf, zumeist positiv besprochene Bücher mit Erzählungen über Kinder und Menschen, die in schwierigen Verhältnissen lebten, und sie versuchte stets, Verständnis für sie zu wecken.[4] Im Ausland schätzte man ihre Arbeiten ebenfalls, so hielt die amerikanische Schriftstellerin und Übersetzerin Amelia von Ende (1856–1932) sie für „Germany's most sympathetic reader of the child soul".[5] Einige ihrer Erzählungen, vor allem aber die gesellschaftskritischen Texte, erschienen in folgenden Periodika: *Allgemeine Zeitung, Allgemeine Zeitung des Judentums, Arbeiter-Zeitung, Badische Presse, Berliner Tageblatt, Dresdner Neueste Nachrichten, Die Frau, Die Frauenbewegung, Frauen-Rundschau, Hamburger Fremdenblatt, Hannoverscher Kurier, Neue Frauen-Zeit, Rhein- und Ruhrzeitung, Riesaer Tageblatt, Vorwärts, Vossische Zeitung, Wiener Hausfrauen-Zeitung, Die Zukunft*. 1914 wurden Manns Bücher im „Haus der Frau" auf der großen Weltausstellung für Buchgewerbe und Graphik in Leipzig in der Abteilung „Schöne Literatur" gezeigt.[6] Zur Bedeutung des Buches für die Gesellschaft äußerte sich die Schriftstellerin zweimal im *Börsenblatt für den deutschen Buchhandel* 1913 kritisierte sie in einer Umfrage zum Thema „Kino und Buchhandel" die Verfilmung von Romanen, da dies „Oberflächlichkeit und Sensationsgier"[7] fördere. In einem Beitrag aus dem Jahr 1915 schlug sie vor, dass gute Bücher – ähnlich wie Lebensmittel und Kleidung – im Anzeigenteil von Zeitungen mit kurzen, persönlichen Einschätzungen bekannter Frauen und Männer beworben werden sollten, um für ihre Verbreitung zu sorgen.[8] Mann war Mitglied in verschiedenen literarischen Gruppen, so gehörte sie zu der

---

3 Berlin und die Berliner. Leute, Dinge, Sitten, Winke, Karlsruhe 1905, S. 123; Karl von Höft, Ihr Geist, in: Die Frau im Jahrhundert der Energie 1813–1913, Album des Kaufhauses Nathan Israel, Berlin 1913, nicht paginiert, S. [70], vgl. Angelina Palmén, Modern Confections. Jews, New Women, and the Business of Fashion in Imperial Berlin, in: Textile 21 (2022) 3, S. 645–681, hier S. 648f.

4 Die Bücher in der Reihenfolge ihres Erscheinens mit ausgewählten Rezensionen zu einzelnen Werken: Franziska Mann, Alte Mädchen, Leipzig 1903; dies., Könige ohne Land, Leipzig 1903; dies., Vom Mädchen mit dem singenden Herzen, Berlin 1904 (Rezension: Hedwig Dohm, Impressionistische Frauenliteratur, in: Die Zeit Nr. 917 vom 14. April 1905); dies., Kinder, Stuttgart 1906 (Rezension: Ellen Key, in: Berliner Tageblatt (BT) Nr. 96 vom 22. Februar 1907); dies., Wege hinauf, Berlin 1909 (Rezension: Nelly Wolff, in: Neues Frauenleben 21 (1909), 11, S. 298); dies., Von Kindern, Berlin 1909 (Rezension: Liberales Judentum. Monatsschrift für die religiösen Interessen des Judentums 2 (1910) 1, S. 19); dies., Frau Sophie und ihre Kinder, Frankfurt am Main 1912 (Rezension: Grete Wolf, in: Die Zeit Nr. 3383 vom 25. Februar 1912); dies., Der Schäfer. Eine Geschichte aus der Stille, Berlin 1919; dies., Den Erwachenden. Aus dunkler Gegenwart in hellere Zukunft, Berlin 1921; dies., Flug ins Kinderland, Berlin 1921; dies., Die Stufe. Fragment einer Liebe, Berlin 1922.

5 Amelia von Ende, Literary Berlin, in: The Bookman. A Magazine of Literature and Life 37 (1913) 4, S. 133–145, hier S. 139.

6 Katalog der internationalen Frauenliteratur im Haus der Frau auf der Weltausstellung für Buchgewerbe und Graphik Leipzig 1914 Mai – Oktober, Leipzig 1914, S. 16.

7 Kino und Buchhandel, in: Börsenblatt für den deutschen Buchhandel Nr. 135 vom 14. Juni 1913, S. 6322.

8 Franziska Mann, Zur Hebung des Büchermarktes, in: Börsenblatt für den deutschen Buchhandel Nr. 236 vom 11. Oktober 1915, S. 1362f., hier S. 1363.

von 1900 bis 1903 existierenden Literatenvereinigung „Die neue Gemeinschaft", wurde 1907 in die „Deutsche Schillerstiftung" aufgenommen und trat noch im Gründungsjahr 1909 in den „Schutzverband deutscher Schriftsteller" ein.[9]

Mit der Verwaltung ihres literarischen Nachlasses und ihrer Korrespondenz betraute sie 1926 testamentarisch ihre Freundin Lucy Abels-Avellis.[10] Der größte Teil ihres Nachlasses ist verschollen, lediglich einige Briefe sind in Gedächtnisinstitutionen zu finden. Die Briefe an ihre Freundin, die schwedische Reformpädagogin Ellen Key (1849–1926), werden in der Königlichen Bibliothek in Stockholm aufbewahrt, die meisten der noch vorhandenen Schreiben an Anna Plothow hat die Magnus-Hirschfeld-Gesellschaft in Berlin erworben. Nach Manns Tod am 8. Dezember 1927 erinnerten zahlreiche Nachrufe an ihr literarisches Werk, ihr gesellschaftliches Engagement und ihre Menschenliebe. Die Journalistin und Schriftstellerin Doris Wittner (1880–1937) schrieb: „… wer auch nur ihre Briefe las, der konnte allzeit ihr großes gütiges Herz singen hören."[11] Für die Frauenrechtlerin Frieda Ledermann (Lebensdaten unbekannt) waren Manns Essays ein „Appell an soziale Gesinnung und Hilfsbereitschaft von Mensch zu Mensch"[12], und im *Vorwärts* hieß es: „Sie kämpfte mit den Waffen der Güte und Liebe für ihre Geschlechtsgenossinnen wie für alle Bedrückten und Entrechteten."[13] Der Schriftsteller und Journalist Moritz Goldstein (1880–1977) urteilte: „Das Beste aber an ihr, viel seltener als die Fähigkeit selbst wirkend einzugreifen, war ihre Gabe und Bereitschaft, sich dem anderen zu öffnen und seinen Kummer als ihren Kummer mitzufühlen."[14] Der Schriftsteller Arthur Silbergleit (1881–1943) pries ihr „stilles Kämpfertum für die Menschheit" und zitierte die Widmung, die sie ihm in ihr Buch *Der Schäfer* geschrieben hatte: „Mit dem Himmel ist es ja wohl immer nur Einbildung, aber wer an ihn glaubt, der hat ihn."[15] Ihr Bruder, der Arzt und Sexualwissenschaftler Magnus Hirschfeld (1868–1935), charakterisierte ihr literarisches Werk in seiner Grabrede sehr treffend mit wenigen Worten:

> Alle diese Bücher sind nicht Romane oder Liebesgeschichten, sondern Erzählungen und verträumte Märchen von armen und alten, einsamen und einfachen Leuten,

---

9   Karin Bruns, Die neue Gemeinschaft [Berlin-Schlachtensee], in: Wulf Wülfing/Karin Bruns/Rolf Parr (Hg.): Handbuch literarisch-kultureller Vereine, Gruppen und Bünde 1825–1933 (= Repertorien zur deutschen Literaturgeschichte, Bd. 18), Stuttgart, Weimar 1998, S. 358–370, hier S. 366; Wolfert, Annäherungen, S. 47; Rudolf Göhler, Die Deutsche Schillerstiftung 1859–1909. Eine Jubiläumsschrift in zwei Bänden, Bd. 1, Berlin 1909, S. 355; Felix Korak, Interessenschutz für Schriftstellerinnen, in: Die Frauenbewegung 16 (1910) 12, S. 94f., hier S. 95.

10 Dose, Die Familie Hirschfeld, S. 46, zu Lucy Abels-Avellis vgl. Anke Hees, Abels-Avellis, Lucy, in: Carl Ludwig Lang (Hg.): Deutsches Literatur-Lexikon. Das 20. Jahrhundert. Biographisch-bibliographisches Handbuch. Begründet von Wilhelm Kosch, Bd. 1, Bern, München 2000, Spalte 6.

11 Doris Wittner, Die Frau mit dem singenden Herzen. Ein Nachruf auf Franziska Mann, in: Jüdisch-liberale Zeitung 7 (1927) 50, S. 395.

12 Frieda Ledermann, Franziska Mann. Ein Frauenleben, in: Karlsruher Tagblatt Nr. 352 vom 21. Dezember 1927.

13 Franziska Mann, die Berliner Schriftstellerin und Wohlfahrtspflegerin, ist im 68. Lebensjahre gestorben, in: Vorwärts Nr. 582 vom 9. Dezember 1927.

14 Moritz Goldstein, Franziska Mann, in: Vossische Zeitung (VZ) Nr. 583 vom 10. Dezember 1927.

15 Arthur Silbergleit, Franziska Manns Heimgang, in: Central-Verein-Zeitung, Blätter für Deutschtum und Judentum Nr. 52 vom 30.12.1927, S. 726.

von Sonderlingen und Krüppeln, und dazwischen immer wieder von Kindern, nicht für Kinder, sondern für Erwachsene.[16]

Er wies darauf hin, dass sie noch am Tag vor ihrem Tod Einladungen zu einer gemeinsamen Weihnachtsfeier an zehn einsame ältere Frauen geschickt hatte und wie in jedem Jahr an ihre Freunde und Freundinnen einen Neujahrsgruß richten wollte, aus dem er einige Sätze vorlas:

> Mit den Jahren wird das Leben leichter. Nicht weil wir abgestumpfter sind, sondern weil eine gesunde Seele einer Lerche gleicht, die, auch wenn sie unzählige Male erdenwärts sank, ebenso oft zur Höhe schwebt. Das Dasein wird leichter, weil wir unsere Einsamkeit nicht nur ertragen, sondern weil wir sie lieben lernen. Oder weil wir aufhörten, uns zu Sklaven des Herkömmlichen zu machen. Oder weil wir anfingen, uns weniger mit unseren eigenen Kümmernissen zu beschäftigen, uns dagegen kraftvoll den Leiden anderer hingaben. Oder weil wir uns nicht mehr von der Bedeutung der meist so überschätzten „Fortschritte" täuschen ließen.[17]

Im Februar 1928 fand in Berlin eine Gedenkfeier mit Lesungen aus ihren Werken statt, bei der bekannt wurde, dass sie zuletzt an ihren Erinnerungen gearbeitet hatte, die unter dem Titel *Sonne, Meer und Strand. Tage einer glücklichen Jugend* erscheinen sollten.[18] In der *Großen jüdischen National-Biographie* hieß es ein Jahr später, Mann sei eine Schriftstellerin mit „tiefer Menschenliebe" gewesen, die „ihre nie versagende Opferfreudigkeit allen jenen gewidmet [hat], die danach verlangten."[19] Abels-Avellis erinnerte 1930 noch einmal an ihre verstorbene Freundin:

> Wie viele Briefe, eindringlich mit ihren schönen, sicheren, aufrechten Schriftzügen geschrieben, fanden den Weg zu den Herzen der Menschen, wie viele aufrüttelnde Artikel sind Jahr um Jahr in den Tageszeitungen erschienen und haben warmen Widerhall gefunden.[20]

In den folgenden Jahrzehnten verblasste die Erinnerung an Mann. Erst 2009 regte Renate Heuer anlässlich des 150. Geburtstages der Schriftstellerin an, eine Neuauflage ihrer Erzählungen zu prüfen, und 2017 analysierte Raimund Wolfert ihre Briefe an Ellen Key.[21]

---

16 Magnus Hirschfeld, Franziska Mann zum Abschied. Worte bei ihrer Einäscherung am 12. Dezember 1927, o. O. 1927, nicht paginiert.
17 Ebd.
18 M. E., Eine Franziska-Mann-Gedenkfeier, in: BT Nr. 83 vom 18. Februar 1928.
19 Mann, Franziska, in: Salomon Wininger, Große jüdische National-Biographie mit mehr als 10.000 Lebensbeschreibungen namhafter jüdischer Männer und Frauen aller Zeiten und Länder. Ein Nachschlagewerk für das jüdische Volk und dessen Freunde, Bd. 4, Czernowitz [1929], S. 257.
20 Lucie Avellis, Franziska Mann, die Dichterin und Menschenfreundin. Ein Gedenkwort anläßlich ihres Todestages, in: Central-Verein-Zeitung, Blätter für Deutschtum und Judentum 12 (Monatsausgabe Dezember 1930), S. 90f., hier S. 90.
21 Heuer, Franziska Mann (2009), S. 223; Wolfert, Annäherungen.

Das Engagement Franziska Manns in der bürgerlichen Frauenbewegung

Netzwerke, Bündnisse und persönliche Beziehungen hatten eine große Bedeutung in der bürgerlichen Frauenbewegung des Kaiserreichs und der Weimarer Republik.[22] Auch Mann gehörte zu einem Frauennetzwerk, allerdings wurde sie nie Mitglied in einem Frauenverein und veröffentlichte nur jeweils einen Beitrag in den bekanntesten Zeitschriften der Frauenbewegung *Die Frau* und *Die Frauenbewegung*.[23] Sie identifizierte sich eher mit dem Konzept der 1910 gegründeten Zeitschrift *Frauen-Zukunft*, die sich in ihrem Werbeprospekt vorstellte als „eine vornehme literarisch-wissenschaftliche Monatsschrift, die alle Kulturprobleme der Frauenfrage in weitestem Sinne umfassen wird."[24] Mann schrieb meist für Tageszeitungen oder traditionell orientierte Frauenzeitungen, wie etwa die *Wiener Hausfrauen-Zeitung*, das Organ des „Wiener Hausfrauen-Vereins."[25] Ihr Interesse galt dabei beispielsweise dem Umgang der Frauen mit Modevorschriften, den sie diskriminierenden sprachlichen Formulierungen und Rechtsvorschriften sowie ihren Problemen bei der Berufswahl. In scharfen Worten verurteilte sie die oft benutzte zeitgenössische Formulierung „gefallene Frauen und Mädchen" und das fehlende Verantwortungsbewusstsein der Väter nicht-ehelicher Kinder.[26] Dieses brisante Thema griff sie in einem Essay über Heime für ledige Mütter und deren Kinder wieder auf, und sie lobte diese Einrichtungen, weil sie es den Müttern ermöglichten einem Beruf nachzugehen, während Pflegerinnen tagsüber die Kinder versorgten und beaufsichtigten. Zugleich kritisierte sie erneut, dass die Gesellschaft die Väter nicht zur Rechenschaft zog.[27] Zur Eignung bestimmter Berufe für Frauen äußerte sich Mann selten, lediglich mit den Arbeitsfeldern von Fotografinnen, Schulpflegerinnen und Pensionsbesitzerinnen befass-

---

22 Elisa Heinrich, Intim und respektabel. Homosexualität und Freundinnenschaft in der deutschen Frauenbewegung um 1900 (= Sexualities in History, Bd. 1), Göttingen 2022, S. 88f.; dies./Mirjam Höfner (Hg.): Politische „Freund:innenschaft". Bündnisse, Netzwerke, Lebensgemeinschaften. Themenheft Ariadne. Forum für Frauen- und Geschlechtergeschichte 78 (2022).
23 Franziska Mann, Die Flucht in die Photographie, in: Die Frau 13 (1905–1906) 3, S. 165–169, vgl. Mette Bartels, Durch die weibliche Linse. Die Fotografin zwischen frauenbewegter Berufsemanzipation, bürgerlichen Normvorstellungen und Klassengräben um 1900, in: Work in Progress. Work on Progress. Beiträge kritischer Wissenschaft. Doktorand*innen-Jahrbuch 2021 der Rosa-Luxemburg-Stiftung, S. 129–145, hier S. 136; Franziska Mann, Ungesprochene Worte zur Einäscherung von Hedwig Dohm, in: Die Frauenbewegung 25 (1919) 13, S. 62.
24 Frauen-Zukunft, in: Ethische Kultur 18 (1910) 12, S. 95. Mann bekundete in diesem Prospekt ihr Interesse an einer Mitarbeit.
25 Franziska Mann, Weshalb haben die Damen nie Zeit?, in: Wiener Hausfrauen-Zeitung Nr. 28 vom 12. Juli 1908, S. 429f.; dies., Andacht, in: Wiener Hausfrauen-Zeitung Nr. 22 vom 30. Mai 1909, S. 274f. Vgl. zum Profil der Zeitung Elisabeth Krammer, Der Wiener Hausfrauen-Verein. Analyse der Rechenschaftsberichte von 1877 bis 1917, Diplomarbeit Universität Salzburg 2019, S. 51 und S. 104.
26 Franziska Mann, Misshandeltes Menschenrecht, in: Das Magazin für Literatur. Vereinsorgan der Freien Literarischen Gesellschaft zu Berlin 72 (1903), S. 499f., hier S. 499.
27 Franziska Mann, Mütterheime, in: Allgemeine Zeitung Nr. 141 vom 24. März 1907, vgl. allgemein Silke Fehlemann, Armutsrisiko Mutterschaft. Mütter- und Säuglingsfürsorge im Deutschen Reich 1890–1924, Dissertation Universität Düsseldorf 2004.

te sie sich in kurzen Beiträgen.[28] Zu Beginn der Weimarer Republik ermunterte sie junge Mädchen und Frauen in Ratgebern zur Lebensgestaltung, einen Beruf zu ergreifen, aus dem Alltag Kraft zu schöpfen und die Arbeitsleistung anderer Menschen zu achten.[29] Sie lehnte die offizielle Sprachregelung entschieden ab, durch die alleinlebende Frauen mit dem Begriff „alte Jungfer" diskriminiert wurden, und schrieb darüber, welche wichtigen gesellschaftlichen Aufgaben diese Frauen in ihren Augen übernahmen und welche positiven Folgen das für ihre Entwicklung habe: „Die Unverheirateten schauen meist viel froher in die Welt als die im Grunde nur zu oft recht vernörgelten Frauen. Der Erfolg ihrer Arbeit steigert die Persönlichkeit der Unverheirateten."[30] Zu Beginn des Ersten Weltkrieges machte Mann eine weitere Form der Diskriminierung dieser Frauen öffentlich, die lange verzweifelt neue Stellen suchten, weil ihnen verheiratete Frauen vorgezogen wurden.[31] Ihre Artikel über Modevorschriften waren ernst und ironisch zugleich formuliert. Mit der Aufforderung „Frei vom Hut" plädierte sie im Kaiserreich dafür, aus gesundheitlichen Gründen öfters ohne Hut auszugehen, da dieser zu sehr auf den Kopf drücke, und sie verwies darauf, dass es in England bereits eine „No hat-Brigade" gab, der Frauen und Männer der gebildeten Kreise angehörten.[32] In einem anderen Text forderte sie die Frauen auf, sich selbstbewusst von der „Mode-Schablone" zu befreien, die für sie Zeichen einer falschen Eitelkeit war, was sie durch die Aufzählung verdeutlichte: „Der enge Rock, die hohen Absätze, der schwere Hut, das künstlich vermehrte Haar, die Unmenge der Haarnadeln, das festgeschnürte Mieder…"[33] In der Weimarer Republik unterwarfen sich viele Frauen weiter den Modetrends, und Mann verurteilte das wiederum mit sehr harten Worten: „Angesichts dessen, was man tragen muß, werden die meisten Frauen feige. Und blind, total blind."[34] Zwei Leserinnen unterstützten sie und schilderten ihre Erlebnisse mit Schneiderinnen und Friseurinnen, die sie beinahe nötigten, gesellschaftliche Modevorschriften einzuhalten.[35] Mann sprach also bestimmte Missstände klar an,

---

28 Mann, Flucht in die Photographie; dies., Die Schulpflegerin, in: VZ Nr. 567 vom 12. November 1911; dies., Die Pensionsbesitzerin, in: VZ Nr. 241 vom 12. Mai 1912.
29 Franziska Mann, Am Lebenstor, in: Adelheid Jastrow/Paul Gärtner (Hg.): Zu neuen Ufern. Ein Jungmädchen- und Frauenbuch unserer Zeit, Bd. 2, Berlin, Leipzig 1920, S. 73–85; dies., Wege hinauf, in: Gertrud Fauth (Hg.): Frisch ins Leben hinein! Ein Buch für die werktätigen Mädchen und Frauen unseres Volkes, Bd. 1, Hannover 1921, S. 103–106.
30 Franziska Mann, Einst und jetzt, in: BT Nr. 88 vom 17. Februar 1906, vgl. zum Bild der „alten Jungfer" Heinrich, Intim und respektabel, S. 105f.
31 Franziska Mann, Kommt aus allen Häfen!, in: BT Nr. 473 vom 17. September 1914.
32 Franziska Mann, Frei vom Hut!, in: Prager Tagblatt Nr. 174 vom 26. Juni 1910.
33 Franziska Mann, Erziehung zur Gesundheit. Ein Appell an die Frauen!, in: Bielefelder General-Anzeiger Nr. 195 vom 21. August 1911.
34 Franziska Mann, Aufgewertete Jugend, in: Deutsche Allgemeine Zeitung (DAZ) Nr. 246 vom 30. Mai 1926, vgl. auch dies., Vernünftige Schuhe, in: Linden-Dahlhauser Tageblatt Nr. 9 vom 12. Januar 1926.
35 Clara Schick, Noch einmal „Aufgewertete Jugend", in: DAZ Nr. 260 vom 8. Juni 1926; Cläre Brocher, „Aufgewertete Jugend", in: DAZ Nr. 283 vom 21. Juni 1926. Zur Rolle von Leserinnenbriefen in der Frauenbewegungsöffentlichkeit vgl. Corinna Oesch, Frauen schreiben an Frauenbewegungsaktivistinnen, 1870–1930. Briefliche Beziehungen zwischen Öffentlichkeit, Celebritykult und unterstützenden Praktiken, in: Monika Bednarczuk/Justyna Górny (Hg.): Schreiben über Frauenbeziehungen. Konstellationen, Räume, Texte, Wiesbaden 2022, S. 51–76, hier S. 60f.; Theresa Kleinheinz, „… nur soll man mich von dem kommenden schweren Leid

doch um Frauenrechte auf der Straße zu kämpfen, kam für sie nie in Betracht, wie sich anhand einer 1912 durchgeführten Umfrage des *Berliner Lokal-Anzeigers* zum Thema *Deutsche Frauen über die englischen Suffragetten* belegen lässt. Sie sah keinen Sinn in den oft mit Gewalt verbundenen Aktionen dieser Frauenrechtlerinnen, sondern glaubte, dass man mit einem Appell an die Vernunft mehr erreichen könne.[36] Während des Ersten Weltkrieges befürwortete sie die offizielle staatliche Politik. Schon früher hatte sie dafür plädiert, über ein Dienstjahr für Frauen nachzudenken.[37] Ende 1917 appellierte sie an die Frauen, die Arbeit ihrer im Krieg kämpfenden Männer zu übernehmen, wenn nötig sogar in der Rüstungsindustrie.[38] Nach dem Ende des Krieges setzte sie sich in einem Schreiben an die Frauenrechtlerin und Sozialreformerin Clara Cahill Park (1868–1951) für eine Versöhnung zwischen deutschen und amerikanischen Frauen ein.[39]

Mann unterstützte die bürgerliche Frauenbewegung nicht nur durch Artikel in der Presse, sondern beteiligte sich auch an der Kulturarbeit von Frauenvereinen mit Lesungen aus ihren Werken. Sie spendete Ende Oktober 1906 den Erlös einer solchen Veranstaltung im Prager Verein „Frauenfortschritt" dem „Deutschen Lehrerinnenheim".[40] Beim Gartenfest des „Deutschen Schriftstellerinnenbundes" im Mai 1907 im „Deutschen Lyceum-Club" in Berlin las sie ihre Kindergeschichte *Land irgendwo*.[41] An einem geselligen Beisammensein der Fachgruppe Berliner Buchhändlerinnen, die zum „Kaufmännischen Verband für weibliche Angestellte" gehörte, nahm sie im November 1909 teil, und in der Jugendgruppe des „Vereins Frauenwohl" Groß-Berlin trug sie zwei Jahre später einige ihrer Erzählungen vor.[42] 1912 schickte sie zwei Sätze aus ihrem Buch *Wege hinauf* als mögliche Kalendersprüche für das Jahrbuch 1913 des „Bundes Deutscher Frauenvereine" an die Redaktion, und ein Satz wurde für den November 1913 ausgewählt.[43] Nachdem die Frauen 1918 das Wahlrecht erhalten hatten, gaben Mann und ihr Bruder Magnus Hirschfeld eine Broschüre heraus, die den Frauen grundlegende Informationen über das Wahlrecht, das Wahlverfahren und die Wahlhandlung vermittelte. Die Schriftstellerin bat die Frauen darin eindringlich zur Wahl zu gehen und motivierte sie mit

---

befreien:" Leserbriefe in den Frauenzeitschriften *Wiener Hausfrau* und *Die Unzufriedene* im Jahr 1925 im Vergleich, in: historia.scribere 14 (2022), S. 79–108, hier S. 87f.

36 Deutsche Frauen über die englischen Suffragetten, in: Dortmunder Zeitung Nr. 370 vom 23. Juli 1912. Die *Dortmunder Zeitung* übernahm Teile des Textes aus dem *Berliner Lokal-Anzeiger*.

37 Militärische Dienstpflicht der Frau, in: Lüttringhauser Zeitung Nr. 154 vom 28. Dezember 1911; Wolfert, Annäherungen, S. 53.

38 Franziska Mann, Frauen!, in: Dresdner Neueste Nachrichten (DNN) Nr. 330 vom 6. Dezember 1917.

39 Correspondence, in: The Woman Citizen 8 (1923) 14, S. 29f.

40 Vorträge, in: Prager Tagblatt Nr. 282 vom 13. Oktober 1906 und Nr. 290 vom 21. Oktober 1906.

41 Das Gartenfest des Schriftstellerinnenbundes, in: Frauen-Rundschau 8 (1907) 12, S. 363.

42 Versammlung von Buchhändlerinnen in Berlin, in: Börsenblatt für den deutschen Buchhandel Nr. 274 vom 25. November 1909, S. 14559; Landesarchiv Berlin (LAB) A Rep. 060-53 Verein „Frauenwohl" Groß-Berlin Nr. 7 Jahresberichte MF-Nr. 4204-4211, Jahresbericht des Vereins „Frauenwohl" Groß-Berlin 1911, Berlin 1912, S. 29.

43 Archiv der deutschen Frauenbewegung, Kassel, Signatur SP-89;1 Brief von Franziska Mann an Alice Bensheimer vom 8. August 1912; Bund Deutscher Frauenvereine (Hg.): Jahrbuch der Frauenbewegung 1913, Leipzig, Berlin 1913, Kalenderteil, nicht paginiert.

einem Satz Ellen Keys: „Nicht auf bekannte und berühmte Frauen kommt es an, sondern auf die vielen unbekannten, ungenannten."[44]

Eine wichtige Quelle zur Rekonstruktion von Frauenbeziehungen in der bürgerlichen Frauenbewegung sind die Briefe von Protagonistinnen, in denen es um die innere Struktur von Frauenvereinen, die Gewinnung von Verfasserinnen für Beiträge in der Frauenbewegungspresse, die Organisation von Tagungen und vereinsinternen Treffen sowie die Darlegung und Diskussion von Positionen ging.[45] Die Briefe Manns an Plothow zeigen, wie eng und vertrauensvoll die beiden mehr als zwanzig Jahre zusammenarbeiteten. Die Schwerpunkte ihres Gedankenaustausches lagen dabei auf dem, was sie in erster Linie verband: das berufliche Schreiben und das ehrenamtliche soziale Engagement in der Stadt, in der sie lebten. Plothow arbeitete von 1898 bis zu ihrem Tod 1924 als Journalistin beim *Berliner Tageblatt* und war von Juni 1904 bis Juli 1914 die Redakteurin der einmal wöchentlich erscheinenden Beilage *Frauen-Rundschau*, in der über Frauentagungen sowie die politischen, sozialen, gesellschaftlichen und kulturellen Aktivitäten und Erfolge der Frauenbewegung im Deutschen Reich und im Ausland informiert wurde. Sie war in Berlin bestens vernetzt und schrieb viele Beiträge für die *Frauen-Rundschau* selbst. Als kompetente Berichterstatterin nahm sie an den großen Frauenkongressen in den Jahren 1904 und 1912 teil. In ihrem Buch *Die Begründerinnen der deutschen Frauenbewegung* (1907) schilderte sie auf eindrucksvolle Weise das Leben bekannter Frauenrechtlerinnen. Sie war Mitglied im „Deutschen Lyceum-Club" sowie im „Berliner Frauenklub von 1900" und engagierte sich seit 1884 ehrenamtlich im „Verein Mädchenhort" zusammen mit Emilie Mosse (1851–1924), der Ehefrau des Verlegers Rudolf Mosse (1843–1920).[46] Ein regelmäßiger Kontakt zwischen Mann und Plothow bestand vermutlich seit Anfang des 20. Jahrhunderts. In ihrem Beitrag für die Festgabe zum 60. Geburtstag der Schriftstellerin im Jahr 1919 beschrieb Plothow, wie sie diese auf einer öffentlichen Veranstaltung beobachtet hatte und ihre Einsamkeit wahrnahm. Als sie dann ihre Bücher las, stellte sie fest, dass Mann dieses Gefühl durchaus positiv deutete.[47] Vielleicht erinnerte sie sich auch an eines ihrer eigenen Gedichte, das die Einsamkeit mit den Worten pries: „endlich nur auf sich allein gestellt, kann der Geist sich in sich selbst versenken…"[48] Im Juli 1903 besprach Plothow in der

---

44 Magnus Hirschfeld/Franziska Mann, Was jede Frau vom Wahlrecht wissen muß!, Berlin 1918, S. 10; vgl. Heike Bauer, The Hirschfeld Archives. Violence, Death, and Modern Queer Culture, Philadelphia, Rom und Tokio 2017, S. 80.

45 Heinrich, Intim und respektabel, S. 119; Kerstin Wolff, Die Funktion von Briefen in der Frauenbewegungskultur, in: Marie Isabel Matthews-Schlinzig/Jörg Schuster/Gesa Steinbrink/Jochen Strobel (Hg.): Handbuch Brief, Bd. 1 Von der Frühen Neuzeit bis zur Gegenwart, Berlin 2020, S. 1337–1346, hier S. 1339–1343.

46 Dagmar Jank, „so inhaltsreich und interessant…". Die Berichterstattung über Frauenkongresse und -tagungen in der „Frauen-Rundschau" des „Berliner Tageblattes", in: Ariadne. Forum für Frauen- und Geschlechtergeschichte 76 (2020), S. 7–27; dies., Die Journalistin und Frauenrechtlerin Anna Plothow (1853–1924). Eine biografische Annäherung, in: Berlin in Geschichte und Gegenwart. Jahrbuch des Landesarchivs Berlin 2020, S. 7–25.

47 Anna Plothow, [Beitrag], in: Franziska Mann. Der Dichterin – Dem Menschen! Zum 9. Juni 1919. Beiträge zum Festtag, Jena 1919, S. 6–9, hier S. 6f. Vgl. Dose, Die Familie Hirschfeld, S. 45f.

48 Anna Plothow, An die Einsamkeit, in: Deutsche Hausfrauen-Zeitung Nr. 30 vom 26. Juli 1891, Unterhaltungsblatt S. 343.

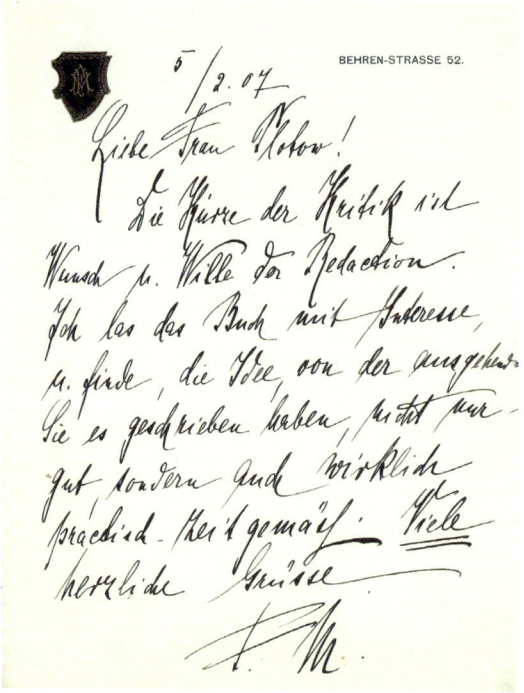

Abb. 2 *Brief von Franziska Mann an Anna Plothow, 5. Februar 1907.*

Literarischen Rundschau des *Berliner Tageblatts* mehrere Neuerscheinungen für Frauen und stellte fest: „Das erfreulichste unter diesen Büchern ist die schlichte Erzählung *Könige ohne Land* von Franziska Mann."[49] In den folgenden Jahren befasste sie sich immer wieder mit ihren neuen Werken.[50] In der Vorstellung von *Wege hinauf* nannte sie die Schriftstellerin eine „starke, tiefgründige Denkerin", die ihr „kleines Traktat der Lebenskunst, der Erziehung zum Lebensmut und zu einer würdigen Entsagung"[51] an ihren eigenen Erfahrungen ausgerichtet habe. Die Schriftstellerin empfahl in einer

---

49 Anna Plothow, Neue Frauenbücher, in: BT Nr. 334 vom 4. Juli 1903.
50 Anna Plothow, Ein Träumerlied. Vom Mädchen mit dem singenden Herzen, in: Frauen-Rundschau 6 (1905) 16, S. 482; dies., Frauenbücher für den Weihnachtstisch, in: BT Nr. 637 vom 15. Dezember 1906; dies., Philosophisch-pädagogische Frauenbücher, in: BT Nr. 355 vom 16. Juli 1909; dies., Stille Bücher, in: BT Nr. 285 vom 7. Juni 1912; dies., Der Schäfer. Eine Geschichte aus der Stille, in: BT Nr. 343 vom 27. Juli 1919. Weitere Besprechungen: Minna Cauer, Vergangenes und Gegenwärtiges, in: BT Nr. 347 vom 6. August 1922; Auguste Hauschner, Den Erwachenden, Flug ins Kinderland, in: BT Nr. 335 vom 30. Juli 1922.
51 Plothow, Philosophisch-pädagogische Frauenbücher.

österreichischen Zeitung die Lektüre zweier Bücher Plothows – ein Zeichen dafür, dass die Beziehung der beiden durchaus von Nützlichkeitsdenken bestimmt war.[52]

Manchmal legte Mann ihren Briefen Rezensionen ihrer Bücher bei, beispielsweise Ende Mai 1912 eine Besprechung ihres Buches *Frau Sophie und ihre Kinder* aus dem *Vorwärts*, und sie erwähnte stolz, dass die Schriftstellerinnen Auguste Hauschner (1850–1924) und Gabriele Reuter (1859–1941) ebenfalls anerkennende Worte gefunden hatten.[53] Immer wieder bedankte sie sich bei Plothow für deren Wertschätzung, im Juli 1919 schrieb sie: „Sehr beglückte mich, dass Sie meinen Schäfer lieben."[54]

Einige Male setzten sich Mann und Plothow publizistisch mit gesellschaftlichen Themen auseinander, die sie beide für wichtig hielten, hierbei ist eine Absprache durchaus denkbar. So plädierte Mann in der *Frauen-Rundschau* des *Berliner Tageblatts* für eine hauswirtschaftliche Ausbildung aller Mädchen, damit diese später als Ehefrauen gut den Haushalt führten oder als alleinlebende Frauen für sich selbst durch eine Berufstätigkeit sorgen konnten.[55] Plothow nahm das Thema später wieder auf und teilte diese Position, als sie ebenfalls im *Berliner Tageblatt* einen an sie gerichteten Brief zweier junger Frauen beantwortete, die als „höhere Töchter" weder Interesse an Haushalt, Büroarbeit noch Kinderpflege hatten und fragten, was sie tun sollten. Sie forderte sie ebenfalls energisch auf, einen Beruf zu ergreifen.[56] Es gab noch eine weitere wichtige Konstante im Gedankenaustausch der beiden Frauen. Da Plothow als engagierte Journalistin an der Reaktion der Leserinnen und Leser auf ihre Beiträge interessiert war, hielt Mann sie über die Diskussionen in ihrem Bekanntenkreis auf dem Laufenden. Sie informierte sie beispielsweise, dass ihre deutliche Kritik an einem Werk der dänischen Schriftstellerin Karin Michaelis (1872–1950) oft Gesprächsgegenstand bei privaten Treffen gewesen war.[57] In dem Buch *Das gefährliche Alter. Tagebuchaufzeichnungen und Briefe einer vierzigjährigen Frau* (1910) verlässt eine Frau ihren ungeliebten Ehemann, den sie nur aus finanziellen Gründen geheiratet hatte, für einen jüngeren Mann. Das positiv bewertete Selbstbewusstsein einer sexuell aktiven Frau durch Michaelis rief in Plothow „Widerspruch, Abneigung und Zorn"[58] hervor, und der Stil ihres Beitrags ließ die Abscheu erahnen, die sie bei der Lektüre empfunden hatte.

---

52 Franziska Mann, [Rezension] Anna Plothow, Märkische Skizzen, in: Die Zeit Nr. 1283 vom 22. April 1906, S. 25; dies., [Rezension] Anna Plothow, Die Begründerinnen der deutschen Frauenbewegung, 3. Auflage, 1907, in: Die Zeit Nr. 1567 vom 2. Februar 1907, S. 25f.

53 Archiv der Magnus-Hirschfeld-Gesellschaft (MHG), Berlin, Teilnachlass Franziska Mann, Brief von Franziska Mann an Anna Plothow vom 28. Mai 1912; J. V., Neue Erzählungsliteratur, in: Vorwärts, Unterhaltungsblatt des Vorwärts Nr. 57 vom 21. März 1912, S. 226f., hier S. 226.

54 Archiv der MHG, Berlin, Teilnachlass Franziska Mann, Brief von Franziska Mann an Anna Plothow vom 23. Juli 1919.

55 Franziska Mann, Zur Entwickelung der Hausfrau, in: BT Nr. 450 vom 4. September 1908.

56 Anna Plothow, Offener Brief an junge Mädchen, in: BT Nr. 489 vom 25. September 1908, zur positiven Reaktion Manns vgl. Archiv der MHG, Berlin, Teilnachlass Franziska Mann, Postkarte von Franziska Mann an Anna Plothow vom 25. September 1908.

57 Archiv der MHG, Berlin, Teilnachlass Franziska Mann, Brief von Franziska Mann an Anna Plothow vom 19. Dezember 1910, vgl. Jank, Die Journalistin und Frauenrechtlerin Anna Plothow, S. 23.

58 Anna Plothow, Frauennöte, in: BT Nr. 637 vom 16. Dezember 1910.

Mann nutzte ferner den guten Kontakt zu der Journalistin, um als „‚Türöffnerin' bzw. Beraterin und Agentin für Ellen Key im deutschsprachigen Raum"[59] ihrer schwedischen Freundin bei deren Besuch in Berlin vom 18. bis 26. Februar 1905 eine positive Presseresonanz zu verschaffen. Sie gab dies in einem Schreiben offen zu: „Sie ist eine feine Natur, nebenbei kann sie Dir sehr nützen – sie kann Dir volle Häuser schaffen helfen."[60] Key wurde im Deutschen Reich zwar von vielen Menschen verehrt, war aber auch umstritten, weil sie hinsichtlich des Geschlechterverhältnisses, der Kindererziehung und der Berufstätigkeit von Frauen einen traditionellen Standpunkt vertrat. In der Reichshauptstadt konnte sie an verschiedenen Orten ihre Thesen vorstellen und diskutieren. Im „Verein Berliner Presse" sprach sie über das Thema „Weltanschauung", im „Verein Frauenwohl" über den „Wert der Liebe für die Gesellschaft" und im „Verein Mädchenhort" über „Kindesindividualität".[61] Mann fasste in einem einführenden Artikel Keys Positionen zusammen, und im *Berliner Tageblatt* erschien ein Bericht über den begeisterten Empfang für die Schwedin im „Berliner Frauenklub von 1900".[62] Die Publizistin Ella Mensch (1859–1935) sah dort eine „Korona weiblicher Intelligenzen"[63] versammelt, dazu zählte sie unter anderem neben Mann und Plothow die Frauenrechtlerinnen Gertrud Bäumer (1873–1954), Hedwig Dohm (1831–1919) und Helene Lange (1848–1930), die Sozialreformerin Alice Salomon (1872–1948) und die Ärztin Franziska Tiburtius (1843–1927). In der *Frauen-Rundschau* des *Berliner Tageblatts* erschien dann Mitte März 1905 eine Gesamtbewertung des Besuchs durch Plothow, in der sie die „unerschöpfliche, selbstlose Güte"[64] Keys als deren hervorragendste Charaktereigenschaft betonte. Für diese Würdigung ihrer Freundin bedankte sich Mann umgehend: „Sie schrieben mit dem Herzen. Dabei ohne Übertreibung."[65] Sie selbst verfasste noch einen Bericht für die größte deutschsprachige Tageszeitung in Ungarn, der die beinahe hysterische Verehrung, die Key in Berlin entgegengebracht wurde, gut beschreibt.[66] Einige Jahre später profitierte Key erneut von der Bekanntschaft Manns mit der Journalistin, als diese ihr in einer ausführlichen Rezension zu ihrem neuen Buch *Die Frauenbewegung* (1909) eine „weise Mäßigung ... bei Behandlung so vieler strittiger Fragen"[67] attestierte.

---

59 Wolfert, Annäherungen, S. 59.
60 Ebd, S. 57.
61 Kleine Mitteilungen: Vorträge von Ellen Key, in: BT Nr. 52 vom 28. Januar 1905; vgl. Tiina Kinnunen, Controversies about Love and Marriage. The Reception of Ellen Key's Ideas among German-speaking Feminists, in: Ulla Akerström/Elena Lindholm (Hg.): Collective Motherliness in Europe (1890–1939). The Reception and Reformulation of Ellen Key's Ideas on Motherhood and Female Sexuality, Bern, München 2020, S. 61–82, hier S. 62f. und S. 65.
62 Franziska Mann, Ellen Key in Berlin, in: Frauen-Rundschau 6 (1905) 7, S. 183f., ein Foto mit mehreren bekannten Frauenrechtlerinnen erschien in: Frauen-Rundschau 6 (1905) 11, S. 287; Ellen Key im Berliner Frauenklub, in: BT Nr. 97 vom 22. Februar 1905.
63 Ella Mensch, Ellen Key im Berliner Frauenklub, in: Frauen-Rundschau 6 (1905) 10, S. 256f., hier S. 256.
64 Anna Plothow, Was hat uns Ellen Key gebracht?, in: BT Nr. 130 vom 11. März 1905.
65 Archiv der MHG, Berlin, Teilnachlass Franziska Mann, Brief von Franziska Mann an Anna Plothow vom 13. März 1905.
66 Franziska Mann, Ellen Key, in: Pester Lloyd Nr. 78 vom 24. März 1905.
67 Anna Plothow, Ein neues Buch von Ellen Key, in: BT Nr. 433 vom 27. August 1909; Archiv der

Eine weitere Möglichkeit für den Gedankenaustausch und die Planung konzertierter Aktionen boten die zahlreichen Veranstaltungen der drei bekanntesten bürgerlichen Frauenklubs der Stadt. Dies waren: der 1898 gegründete „Deutsche Frauenklub" für wirtschaftlich gut situierte Frauen, der "Berliner Frauenklub von 1900" für meist alleinlebende berufstätige, aber ökonomisch eher schwächer aufgestellte Frauen, und der 1905 gegründete „Deutsche Lyceum-Club", in den Wissenschaftlerinnen, Künstlerinnen, Schriftstellerinnen, Journalistinnen und sozial tätige Frauen eintreten konnten, die eine angesehene Stellung in der Gesellschaft hatten.[68] Dass sich Mann und Plothow dort regelmäßig sahen, belegen Zeitungsartikel über Veranstaltungen, in denen die Namen bekannter Teilnehmerinnen genannt wurden, wie beispielsweise in den Berichten über den Frauenkongress von 1912 und die Kultur- und Benefizveranstaltungen im „Deutschen Lyceum-Club".[69] Wie gut Mann in ihr Frauennetzwerk integriert war, zeigen die verschiedenen Aktionen zu ihrem 60. Geburtstag am 9. Juni 1919. Mehrere Freundinnen und Bekannte feierten die Schriftstellerin und sozial engagierte Frau mit einer kleinen Broschüre. Abels-Avellis, Dohm, Key, Plothow, die Frauenrechtlerin Minna Cauer (1841–1922) sowie die Schriftstellerinnen Sophie Hoechstetter (1873–1943) und Toni Schwabe (1877–1951) gratulierten ihr in Rückblicken auf die gemeinsame Arbeit der vergangenen Jahre.[70] Am Geburtstag selbst begrüßte Mann morgens ihre Gäste aus dem engsten Familien- und Freundeskreis mit einer kurzen Rede, in der sie an ihre Lebenswerte „Wissenschaft, Kunst, Natur, Arbeit und – Liebe"[71] erinnerte. Das *Berliner Tageblatt* gab der „Schöpferin geistreicher Essays und Skizzen"[72] die Gelegenheit, in ihrem *Lebenslied* auf die Bedeutung und Kraft der Wünsche für die Menschen hinzuweisen, die trotz immer neuer Enttäuschungen nicht resignieren, sondern weitermachen. Zu erwähnen ist noch, dass sich Mann in ihren Briefen an Plothow einige Male – allerdings eher zurückhaltend – über ihre Alltagsprobleme, ihren Gesundheitszustand sowie ihre Urlaubsimpressio-

MHG, Berlin, Teilnachlass Franziska Mann, Brief von Franziska Mann an Anna Plothow vom 5. September 1909.

68 Vgl. zur Arbeit der bürgerlichen Frauenklubs Iris Schröder, „Was die Frau von Berlin wissen muß". Ambivalenzen weiblicher Geselligkeit im Berlin der Jahrhundertwende, in: Meike Sophia Baader/Helga Kelle/Elke Kleinau (Hg.): Bildungsgeschichten. Geschlecht, Religion und Pädagogik in der Moderne. Festschrift für Juliane Jacobi zum 60. Geburtstag (= Beiträge zur historischen Bildungsforschung, Bd. 32), Köln, Weimar und Wien 2006, S. 275–292, hier S. 282; Mary Pepchinski, Feminist Space. Exhibitions and Discourses between Philadelphia and Berlin 1865–1912, Weimar 2007, S. 97f.; Heinrich, Intim und respektabel, S. 113–116.

69 Der Deutsche Frauenkongreß, in: Leipziger Tageblatt Nr. 107 vom 28. Februar 1912; Fünfuhrtee im Deutschen Lyceumklub, in: BT Nr. 116 vom 4. März 1912; Sommerfest im deutschen Lyceumklub, in: BT Nr. 314 vom 22. Juni 1912; Anna Plothow, Das Fest der Wandervögel, in: BT Nr. 29 vom 17. Januar 1913; Alt-Berliner Abend im Lyzeum-Klub, in: VZ Nr. 124 vom 9. März 1913.

70 Franziska Mann. Der Dichterin – Dem Menschen!

71 Leo Baeck Institute, New York, Archives AR 2980 Franziska Mann Collection, 1919, https://archive.org/details/franziskamannf001/mode/1up?view=theater (letzter Zugriff: 15.02.2025).

72 Das Zitat stammt aus der redaktionellen Vorbemerkung, vgl. Franziska Mann, Ein Lebenslied, in: BT Nr. 261 vom 8. Juni 1919, ein Foto Manns in: BT, Der Weltspiegel Nr. 22 vom 8. Juni 1919.

nen und Kuraufenthalte äußerte.[73] In ihren Geburtstagsglückwünschen bewunderte sie stets aufrichtig deren soziales Engagement, und im Neujahrsgruß für 1919 schrieb sie: „Für's neue Jahr: <u>Gesundheit</u>. Dann kommt man schon durch. Und uns beiden: Arbeitsstimmung, Schaffenskraft. Daneben wenigstens einige Male eine lebendige Stunde des Beisammenseins."[74] Die langjährige, von Respekt geprägte Arbeitsbeziehung der beiden Frauen endete, als die Journalistin am 17. Dezember 1924 unerwartet starb. Mann hatte sich noch wenige Tage zuvor bei ihr nach dem Termin der Weihnachtsbescherung im „Verein Mädchenhort" erkundigt, an der sie teilnehmen wollte.[75]

Das soziale Engagement Franziska Manns

Zwei Jahre vor Ausbruch des Ersten Weltkrieges kritisierte Mann in einem Zeitungsartikel bestimmte gesellschaftliche Entwicklungen mit einigen, zum Nachdenken anregenden Sätzen: „Die Selbstverständlichkeit des Überflüssigen ist ein wesentliches Symptom unserer Zeit"; und: „Wir hasten unsere Genüsse durch, wir Telephonmenschen, wir Autofahrer, wir Schnellzugsleute."[76] Sie selbst zog aus dieser Erkenntnis für sich Schlussfolgerungen und rief Projekte ins Leben, mit denen armen Menschen, vor allem Frauen und Kindern, geholfen werden sollte. Wie in ihren Essays zur Frauenfrage setzte sie auch hierfür das Schreiben als „Form des Eingreifens in die Gesellschaft"[77] ein, wenn sie kontinuierlich in der Presse an das Gewissen der besser Situierten und Reichen appellierte.[78] Dass sie in Berlin als unermüdliche Spendensammlerin galt, war ihr sehr bewusst, wie ihre lakonische Bemerkung in einer Nachricht an die Mäzenin Emilie Mosse zeigt. Sie bat darin um ein Treffen, ohne den konkreten Anlass zu nennen und ergänzte: „Keine Bettelei für irgend jemand".[79]

In den Jahren 1907 und 1909 veröffentlichte sie zwei Sozialreportagen, in denen sie informativ und warmherzig die Situation alter und blinder Menschen schilderte. 1907

---

73 Einige Beispiele: Archiv der MHG, Berlin, Teilnachlass Franziska Mann, Briefe von Franziska Mann an Anna Plothow vom 14. Mai 1909, 23. Juli 1919, 7. März 1922 und Postkarten vom 10. Juni 1918, 16. Juli 1918, 15. Juni 1922.

74 Zwei Beispiele für Geburtstagsgrüße: Archiv der MHG, Berlin, Teilnachlass Franziska Mann, Brief von Franziska Mann an Anna Plothow vom 3. Februar 1913 und 1. Februar 1923; das Zitat: Archiv der MHG, Berlin, Teilnachlass Franziska Mann, Postkarte von Franziska Mann an Anna Plothow vom 26. Dezember 1919, Unterstreichung im Original.

75 Archiv der MHG, Berlin, Teilnachlass Franziska Mann, Postkarte von Franziska Mann an Anna Plothow vom 11. Dezember 1924.

76 Franziska Mann, Gedanken am Lago Maggiore, in: Karlsruher Tagblatt Nr. 191 vom 12. Juli 1912.

77 Beate Binder, „Was die Frau von Berlin wissen muß": Die Stadt um 1900 als Möglichkeitsraum bürgerlicher Frauen, in: Markus Tauschek (Hg.), Handlungsmacht, Widerständigkeit und kulturelle Ordnungen. Potenziale kulturwissenschaftlichen Denkens. Festschrift für Silke Göttsch-Elten, Münster, New York 2017, S. 27–39, hier S. 27.

78 Ein Beispiel: Franziska Mann, Die Zurückbleibenden, in: Bielefelder General-Anzeiger Nr. 156 vom 7. Juli 1910. Ob Mann auch selbst Geld für ihre Projekte spendete, lässt sich nicht mehr feststellen.

79 LAB E Rep. 061-16 (Korrespondenz-Nachlass Emilie und Rudolf Mosse) Nr. 1921, Brief von Franziska Mann an Emilie Mosse vom 26. September 1911.

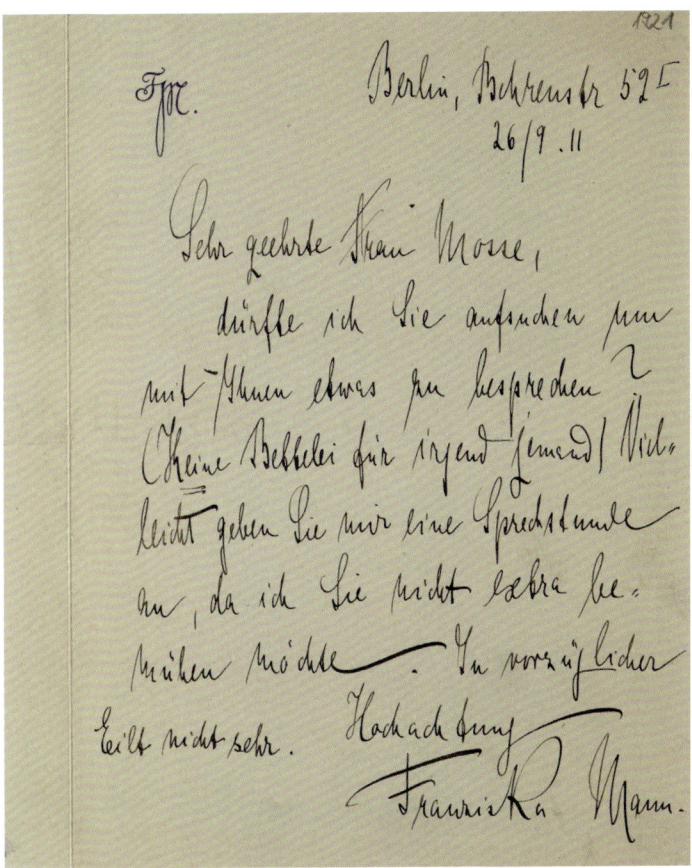

Abb. 3 *Brief von Franziska Mann an Emilie Mosse, 26. September 1911.*

war sie in einem Heim für alte Menschen in der Schönhauser Allee, wo sie besonders die Unterhaltung mit einer 106-jährigen ehemaligen Köchin berührte. Sie lobte die vorbildliche Arbeit der Einrichtung, und mit Blick auf die Auswirkungen des Alters stellte sie fest: „Eine merkwürdige Vereinigung von Geistesruhe und Griesgrämigkeit bringt diese Gesellschaft zum Ausdruck."[80] Ein weiterer Besuch führte Mann zwei Jahre später in die Blindenanstalt in Berlin-Steglitz, wo sie einige Stunden am Alltag der Frauen teilnahm, die dort lebten und arbeiteten. Sie war nach ihren Gesprächen überrascht darüber, welch eine große Zufriedenheit diese Frauen trotz ihrer schweren Einschränkung ausstrahlten.[81] Unter der Überschrift *Ungeschriebene Dienstbücher* re-

---

80 Franziska Mann, Letzte Haltestelle, in: Allgemeine Zeitung des Judentums 71 (1907) 38, S. 449f., Zitat S. 449.
81 Mann, Andacht.

flektierte sie in einem Essay das Verhältnis der „Herrschaften" zu ihren Dienstboten und forderte, dass die weiblichen „Herrschaften" Verständnis für die Dienstmädchen haben sollten, selbst dann, wenn diese ihre Arbeit nicht gut erledigten. Sie gab zu bedenken, dass die Dienstmädchen meist eine schlimme Jugend erlebt hatten, in der ihnen Entwicklungschancen verwehrt geblieben waren und regte an, dass die „Herrschaften" für sich selbst Dienstbücher führen sollten, um dort ihre eigenen Pflichtverstöße zu notieren.[82] Ihre Überlegungen wurden von zwei sozialdemokratischen Zeitungen aufgegriffen, wo man ihre guten Absichten anerkannte, aber die Verbesserung der Lohn- und Arbeitsverhältnisse der Dienstboten für dringlicher hielt.[83] Die körperliche Züchtigung von Kindern als Mittel der Erziehung lehnte Mann im *Hamburger Fremdenblatt* entschieden ab, was eine Leserin dezidiert unterstützte.[84] 1912 las sie das Buch *Das proletarische Kind* (1911) des sozialdemokratischen Politikers und Schriftstellers Otto Rühle (1874–1943) und bat daraufhin in der *Vossischen Zeitung* um Hilfe für die „Entgleisten oder Zermürbten"[85]. Sie erinnerte sich dabei an ihren Besuch in einer Obdachlosenunterkunft, bei dem sie ein gerade geborenes Kind gesehen hatte, das ohne Unterstützung keine Chance im Leben hätte. In einem Bericht über das „Rettungshaus für verlassene und gefährdete Kinder von Alkoholikern", das von Anna Zeller (1857–1915) geleitet wurde, lobte sie deren erzieherische Arbeit, die zur Folge hatte, dass die Kinder selbstbewusst wurden und qualifizierte Berufe ergreifen wollten und konnten.[86]

Auch im Rahmen ihres sozialen Engagements arbeiteten Mann und Plothow erfolgreich zusammen. Kurz nach Beginn des Ersten Weltkrieges machten sie auf die Arbeit der „Hilfsstelle für Bekleidung" in der Fasanenstraße 61 aufmerksam, als Mann im *Berliner Tageblatt* um Spenden bat und regelmäßig Benefizveranstaltungen organisierte, auf die Plothow hinwies.[87] Die „Hilfsstelle" sammelte fertige Kleidung und Stoffe, die dort vernäht wurden. Die Kleidung sollte unter anderem an Frauen, die wegen des Krieges arbeitslos geworden waren, verteilt werden, wie etwa Zimmervermieterinnen, Lehrerinnen und Schauspielerinnen. Im Herbst 1915 hatte die „Hilfsstelle" bereits 28.000 bedürftigen Menschen helfen können.[88] Knapp zwei Jahre später wurde die Einrichtung geschlossen, und Mann bot Plothow Stoffe zur Weiterverwertung für die Nähstunden im

---

82 Franziska Mann, Ungeschriebene Dienstbücher, in: Ethische Kultur 15 (1907) 3, S. 20f.
83 o.V., Ungeschriebene Dienstbücher, in: Vorwärts Nr. 30 vom 5. Februar 1907; o.V., Ein bürgerlicher Beitrag zur Dienstbotenfrage, in: Arbeiterwille Nr. 53 vom 2. März 1907.
84 Franziska Mann, Von Ohrfeigen und Erzieherischem, in: Hamburger Fremdenblatt Nr. 186 vom 9. August 1908; Meinungsaustausch: Wanda Hagen, „Ohrfeigen!", in: Hamburger Fremdenblatt Nr. 192 vom 16. August 1908.
85 Franziska Mann, Von der Grausamkeit des Alltags, in: VZ Nr. 419 vom 18. August 1912.
86 Franziska Mann, Verlassene Kinder, in: Dortmunder Zeitung Nr. 63 vom 3. Februar 1912.
87 Annonce: Dank an Spender, in: BT Nr. 548 vom 28. Oktober 1914; Kriegsfürsorge Hilfsstelle für Bekleidung, in: BT Nr. 7 vom 5. Januar 1915; Anzeigenteil, in: BT Nr. 516 vom 8. Oktober 1916; Anna Plothow, Gabriele Reuter [Lesung], in: BT Nr. 521 vom 12. Oktober 1915; dies., Georg Hermann [Lesung], in: BT Nr. 171 vom 2. April 1916; dies., Frauen in praktischer Hilfsarbeit, in: BT Nr. 465 vom 13. September 1914.
88 [Spendenaufruf], in: BT Nr. 534 vom 19. Oktober 1915.

„Verein Mädchenhort" an – ein weiteres Zeichen für die vertrauensvolle Kooperation.[89] Die beiden Frauen unterstützten zudem publizistisch den 1909 von Berta Wasbutzki († nach 1937?) gegründeten „Hilfsbund für bedürftige gebildete Frauen und Mädchen" und tauschten sich hierzu aus.[90] Kurz nach Beginn des Ersten Weltkrieges beschrieb Mann das Leid der geflüchteten Frauen, die ihr in Berlin begegneten. Sie bat andere Frauen um Hilfe und zitierte mehrere Sätze aus einem an sie gerichteten Brief einer in bescheidenen Verhältnissen lebenden Frau, die eine geflüchtete Mutter mit ihren Zwillingen bei sich aufgenommen hatte und dies als großes Glück empfand.[91] In der Nachkriegszeit ging sie auf die Sorgen vieler Menschen um die eigene Existenzsicherung ein, die verständlicherweise oft zu großer Gleichgültigkeit gegenüber anderen führte und dennoch bekämpft werden musste.[92]

Neben Zeitungsartikeln nutzte Mann eine weitere Möglichkeit der Spendengenerierung. Sie schrieb Texte für Privatdrucke, die verschickt wurden „... an Menschen, von denen ein Widerhall – sei er ideeller oder praktischer Natur – zu erhoffen..."[93] war, wie sie es in der ersten Schrift *An uns* (1917) formulierte, mit der sie Kriegsversehrten und in Armut geratenen Menschen helfen wollte. 1919 folgte *Unsere Ehrenschuld*, eine Veröffentlichung zur Unterstützung der Clauss-Rochs-Stiftung, einem 1918 gegründeten „Hilfsbund für Maler, Bildhauer, Dichter, Musiker und Bühnenkünstler", und 1920 trug eine Broschüre den Titel *Für die Vergessenen*, so die Bezeichnung für in Not geratene gebildete Frauen.[94] Wer diese Hefte erhielt und welche Resonanz sie hatten, lässt sich nicht mehr feststellen. Mann schickte Ende Januar 1919 vermutlich ein Exemplar von *Unsere Ehrenschuld* an den Bildhauer Arthur Lewin-Funcke (1866–1927), Mitglied der Clauss-Rochs-Stiftung, und informierte ihn, dass sie noch nicht wisse, wie die Verteilung der Broschüren erfolgen würde.[95]

Seit Anfang 1922 richteten Mann und Abels-Avellis in Berlin die „Lichten Sonntage" aus, ein im Winter zweimal monatlich angebotenes, kostenloses Kulturprogramm für verarmte gebildete Frauen des Bürgertums. In der Presse erschienen regelmäßig Berichte

---

89 Archiv der MHG, Berlin, Teilnachlass Franziska Mann, Brief von Franziska Mann an Anna Plothow vom 15. Mai 1917.
90 Franziska Mann, Von armen Frauen, in: BT Nr. 292 vom 12. Juni 1914; dies., Menschenliebe, in: BT Nr. 43 vom 24. Januar 1915; Anna Plothow, Frauen in Not. Die vergessen wurden, in: BT Nr. 615 vom 24. Dezember 1919; Archiv der MHG, Berlin, Teilnachlass Franziska Mann, Brief von Franziska Mann an Anna Plothow vom 1. Februar 1915.
91 Franziska Mann, Frauen, in: Die Staatsbürgerin 3 (1914), S. 91–94. Auch veröffentlicht unter dem Titel: Mut und Tat, in: Karl Jünger (Hg.): Deutschlands Frauen und Deutschlands Krieg. Ein Rat-, Tat- und Trostbuch. Gesammelte Blätter aus Frauenhand, 3. Auflage, Stuttgart 1916, S. 138–143.
92 Franziska Mann, Sorgen, in: BT Nr. 551 vom 19. November 1919; dies., Einen warmen Bissen! Ein Aufruf, in: DNN Nr. 220 vom 21. September 1923.
93 Franziska Mann, An uns, Berlin [1917], S. [1]; Heuer, Franziska Mann, S. 263.
94 Franziska Mann, Unsere Ehrenschuld. Mit Versen von Lucy Avellis, Posen 1919, vgl. zu der Stiftung Arthur Lewin-Funcke, Die Claus (!)-Rochs-Stiftung. Hilfsbund für Maler, Bildhauer, Dichter, Musiker und Bühnenkünstler, in: Die Werkstatt der Kunst 17 (1918) 47, S. 379f.; Franziska Mann, Für die Vergessenen. Mit Versen von Lucy Avellis, Berlin [1920].
95 Archiv der MHG, Berlin, Teilnachlass Franziska Mann, Brief von Franziska Mann an Arthur Lewin-Funcke vom 29. Januar 1919.

Abb. 4 „Lichte Sonntage", Veranstaltung für notleidende Frauen, Sommer 1923.

und Spendenaufrufe, in denen die große Dankbarkeit der Teilnehmerinnen erwähnt wurde, die trotz ihrer Sorgen diese Nachmittage genossen.[96] Bewundernd kommentierte Mann im *Vorwärts*: „Wie groß muß der innere Reichtum eines Menschen sein, den restlose materielle Vernichtung ... nicht seelisch völlig lähmt."[97]

An den „Lichten Sonntagen" fanden Lesungen und Musikvorführungen für mehrere hundert Frauen an verschiedenen Orten in Berlin statt, im Oktober 1922 beispielsweise im Reichsversicherungsamt und im „Deutschen Lyceum-Club".[98] Da die Veranstalterinnen in zahlreichen Gesprächen mit Teilnehmerinnen deren Vertrauen gewannen, entstand 1925 die Idee, zusätzlich einmal wöchentlich eine Beratungsstunde anzubieten, um gemeinsam Wege zur Linderung der materiellen und seelischen Not der Frauen zu

---

96 Franziska Mann, Lichte Sonntage, in: BT Nr. 379 vom 25. August 1922; dies., „Lichte Sonntage", in: BT Nr. 473 vom 7. Oktober 1926; M. E., Lichte Sonntage, in: DAZ Nr. 177 vom 15. April 1927; Die „Lichten Sonntage" von Franziska Mann. Fünf Jahre lang Dienst an den Vereinsamten, in: DNN Nr. 111 vom 13. Mai 1927; Lucy Abels-Avellis, Gute Geister. Zum Wiederbeginn der Lichten Sonntage, in: DAZ Nr. 468 vom 6. Oktober 1927.
97 Franziska Mann, Von den Reichtümern der Armut, in: Vorwärts Nr. 185 vom 18. April 1924.
98 M[argit] Fr[eud], Franziska Manns erster „lichter Sonntag", in: BT Nr. 473 vom 19. Oktober 1922.

finden.⁹⁹ Ob es dazu kam, ist nicht bekannt. Dank eines weiteren, ebenfalls durch Spenden finanzierten Projekts – es lief unter der Bezeichnung „Die warme Stube" – konnten sich seit 1923 „gebildete Heimarbeiterinnen" an bestimmten Nachmittagen oder Abenden in einem geheizten Raum wieder den Lebensunterhalt verdienen, was in ihren wegen der Notlage kalten Wohnungen kaum möglich war.¹⁰⁰ Im September 1927 wurde die Öffentlichkeit über ein neues Projekt, die „Erholungswochen für Einsame", informiert, in denen verarmten Frauen ein Sommerurlaub finanziert bzw. ihnen Zuschüsse für Reisen zu Verwandten und Bekannten gegeben werden sollte.¹⁰¹ Nach dem Tod Manns gab es in Zillertal im Riesengebirge noch einige Jahre lang ein Erholungsheim für „einsame Frauen".¹⁰² Jenny Hauck (1875–1937), eine Schwester Manns, eröffnete im Mai 1928 im Elternhaus in Kolberg eine Einrichtung für mittellose Künstler und Künstlerinnen, es ist nicht bekannt, wie lange dieses „Franziska Mann-Erholungsheim" existierte.¹⁰³

Fazit

Über viele Jahre engagierte sich Franziska Mann für die Berliner Gesellschaft, insbesondere für in Armut geratene Frauen aus dem Bürgertum. Als Schriftstellerin konnte sie die Sprache bewusst einsetzen, um ihre Ziele zu erreichen, und so klagte sie die Menschen, denen es materiell gut ging, in ihren kritisch-nachdenklichen Essays nicht an, sondern appellierte stets an das „Wir-Gefühl". Wenn sie immer wieder Hilferufe aus an sie gerichteten Schreiben wörtlich zitierte, versuchte sie dadurch auch, die Leserinnen und Leser emotional zu berühren und zum Spenden zu bewegen. Einmal zählte sie in einem Zeitungsartikel die Namen der Berliner Firmen auf, die bereits ihre Hilfsprojekte unterstützt hatten und nutzte damit eine sehr moderne Form des öffentlichen Dankes. Darüber hinaus versuchte sie, notleidenden und verzweifelten Menschen mit ihren verständnisvollen Briefen zu helfen. Im Juni 1924 schrieb sie aus einem Kuraufenthalt an Plothow: „Ich schreibe wieder viel zu viel. Sie wissen ja, Liebe, wie das geht: Nicht zu antworten, ist mir unmöglich, und in dieser Zeit harren viele auf ein wenig Trost und praktische Hilfe."¹⁰⁴ Es ist also nicht verwunderlich, dass sie in den Nachrufen stets als Schriftstellerin *und* Philanthropin gewürdigt wurde, denn beides – das reflektierende Schreiben und der tatkräftige Einsatz für andere Menschen – bestimmten ihr Leben. Bei

99 E[lsa] M[aria] Bud, Lichte Sonntage, in: DAZ Nr. 525 vom 6. November 1925.
100 Franziska Mann, Die warme Stube. Zuflucht für gebildete Heimarbeiterinnen, in: BT Nr. 431 vom 14. September 1923; Eine „warme Stube", in: Vorwärts Nr. 504 vom 27. Oktober 1923; Anna Plothow, Die warme Stube. Freies Licht und freie Heizung, in: BT Nr. 519 vom 4. November 1923 und BT Nr. 521 vom 6. November 1923; Correspondence. A warm Bite, in: The New Republic 36 (1923) 465, S. 255.
101 Franziska Mann, Mehr als „Lichte Sonntage", in: BT Nr. 445 vom 20. September 1927.
102 Lucy Abels-Avellis, Franziska-Mann-Gedächtnis-Spende. Erholungsheim für Einsame, in: BT Nr. 55 vom 2. Februar 1928 und in: DAZ Nr. 140 vom 22. März 1928; Ika, „Lichte Sonntage". Erholungswochen für Einsame, in: Die Frauen-Illustrierte 31 (1928) 1, S. 7; Avellis, Franziska Mann, S. 91.
103 Franziska Mann-Erholungsheim, in: DAZ Nr. 185 vom 20. April 1928.
104 Archiv der MHG, Berlin, Teilnachlass Franziska Mann, Postkarte von Franziska Mann an Anna Plothow vom 21. Juni 1924.

der Entwicklung ihrer Hilfsprojekte war sie geprägt von ihrem bürgerlichen Lebensstil, denn sie wusste, dass für die von Armut betroffenen Frauen nicht nur materielle Unterstützung wichtig war, sondern dass die Teilnahme an Kulturangeboten ihnen ebenfalls wieder Kraft geben konnte.

Die Frage, ob Mann eine Frauenrechtlerin war, lässt sich nicht zweifelsfrei bejahen oder verneinen. Sie befasste sich in ihren Essays zwar mit Themen der bürgerlichen Frauenbewegung, beteiligte sich mit Lesungen an der Kulturarbeit von Frauenvereinen und erstellte gemeinsam mit ihrem Bruder eine Informationsbroschüre zum Wahlrecht. Allerdings galt ihr Interesse eher allgemeinen kultur- und gesellschaftspolitischen Fragen, wie etwa den unsinnigen Modevorschriften, die von Frauen kritiklos akzeptiert wurden, oder den Problemen alleinlebender Frauen auf dem Arbeitsmarkt. Dass Frauen eine Berufsausbildung haben sollten, sah sie jedoch als unabdingbare Voraussetzung für ein selbstbestimmtes Leben an. Weder in ihren Publikationen noch in den Briefen an Plothow und Key ging sie auf die zentralen Forderungen der Frauenbewegung ein.[105] In zeitgenössischen Quellen wurde sie öfters als Frauenrechtlerin bezeichnet. In einem Bericht über die 25-Jahrfeier des „Deutschen Frauenklubs" im Jahr 1923 erinnerte eine Journalistin an ihr langjähriges Engagement:

> Unter den Anwesenden sah man ... den interessanten Kopf der lieben Franziska Mann ..., das schneeweiße Haupt Frau v. Plothows, die all den Kampf um den Fortschritt und die Entwicklung des Frauenrechts miterlebten und tätig für alles mitkämpften, was die jüngere Generation nun als selbstverständlich genießt.[106]

Die berufliche und private Zusammenarbeit mit Plothow ist durch mehrere Konstanten gekennzeichnet. Da ist zum einen der aufrichtige Dank Manns für die positiven Buchbesprechungen im *Berliner Tageblatt*, der sich in zahlreichen Schreiben findet. Da sind zum anderen ihre Bitten an die Journalistin, bestimmte Aktionen zu unterstützen, wie etwa den Besuch Keys in Berlin. Da sind zum dritten die persönlichen Treffen in den Berliner Frauenklubs, die eine direkte Absprache ermöglichten. Aber nicht nur Mann profitierte von der Beziehung. Plothow erhielt beispielsweise regelmäßig Rückmeldungen auf ihre Zeitungsartikel aus dem diskussionsfreudigen Bekanntenkreis der Schriftstellerin und konnte übrig gebliebene Stoffe für Nähstunden im „Verein Mädchenhort" nutzen, nachdem die „Hilfsstelle für Bekleidung" geschlossen worden war. Bei aller Vertrautheit zwischen den beiden Frauen bleibt doch festzuhalten, dass sich Mann in ihren Briefen und Postkarten an Plothow nur am Rande und zurückhaltend über ihr Privatleben, ihre Ehe und ihre Söhne äußerte. Ihre Briefe an Key, die Raimund Wolfert analysiert hat, sind hingegen „gefühlvolle, teils überschwängliche Freundschafts- und Liebesbezeugungen" bzw. private ‚Ergebenheitsadressen'".[107] Dass diese Beziehung von einer tiefen Zuneigung geprägt war, belegt auch Manns letztes Geschenk an die Schwedin: ein Buch der Schriftstellerin Marie von Ebner-Eschenbach (1830–1916) aus ihrer Privatbibliothek, das

---

105 Wolfert, Annäherungen, S. 63.
106 Margit Freud, 25 Jahre Deutscher Frauenklub, in: DAZ Nr. 255 vom 5. Juni 1923.
107 Wolfert, Annäherungen, S. 49.

sie mit der handschriftlichen Widmung versah: „Franziska für Ellen in unwandelbarer Verehrung u. Liebe".[108]

In dem wenige Tage vor ihrem Tod geschriebenen Neujahrsgruß an die Freundinnen und Freunde akzeptierte Franziska Mann einmal mehr das Leben mit seinen Höhen und Tiefen, und sie zeigte sich zuversichtlich, dass die Menschen durch das Einstehen füreinander eine Reife und Urteilsfähigkeit erlangen, die es ihnen ermöglicht, alle Widrigkeiten zu ertragen und alle Krisen zu überstehen. Bereits kurz nach dem Ende des Ersten Weltkrieges hatte sie Anna Plothow, sich selbst und letztlich alle Menschen aufgefordert, die Verantwortung für das eigene Leben zu übernehmen und niemals aufzugeben: „Es ist alles so schwer, – und trotzdem – erst wenn wir den Mut verlieren, sind wir verloren."[109]

---

108 Ellen Keys Strand. Bibliotek, https://ellenkey.se/bibliotek (letzter Zugriff: 15.02.2025).
109 Archiv der MHG, Berlin, Teilnachlass Franziska Mann, Brief von Franziska Mann an Anna Plothow vom 23. Dezember 1918.

Christof Rieber

„Solange ich eine Stimme habe, muss ich mich äußern" (Juli 1932)

Albert Einsteins politisches Engagement in Berlin 1914 bis 1932/33 (Erster Teil)

Allgemeines

Albert Einsteins (1879–1955) politisches Engagement war in 14 Jahren Weimarer Republik Änderungen unterworfen. Dies herauszuarbeiten ist das Besondere der vorliegenden Arbeit. Anders als sonst in der Einstein-Literatur werden in diesem Beitrag systematisch Urteile namhafter Historikerinnen und Historiker in die Argumentation einbezogen.[1]

Einstein wurde am Vorabend des Ersten Weltkriegs Professor für Theoretische Physik in Berlin. 1920 wurde er faktisch auch deutscher Staatsbürger, was man ihm aber erst im März 1923 mitteilte! Im Frühjahr 1933 gab Einstein seine deutsche Staatsbürgerschaft auf, denn in Deutschland hatte Hitler die Macht ergriffen. Im November 1933 verließ er Europa und emigrierte in die USA. Dort blieb er bis zum Lebensende.

Albert Einstein war eine moralische Autorität. Er war kein naiver Idealist, sondern ein pragmatischer Idealist.[2] Den Kenntnisstand zu seinem politischen Engagement in Berlin[3] erweiterten zahlreiche Einstein-Historikerinnen und -Historiker[4], besonders

---

1 Vgl. etwa Heinrich August Winkler, Weimar 1918–1933. Die Geschichte der ersten deutschen Demokratie, 4. Auflage, München 2005 (erste Auflage 1993); Ursula Büttner, Die überforderte Republik. 1918–1933, (= Handbuch der deutschen Geschichte, Bd. 18), 10. Auflage, Stuttgart 2010.

2 David E. Rowe/Robert Schulmann (Hg.), Einstein On Politics. His Private Thoughts and Public Stands On Nationalism, Zionism, War, Peace, And The Bomb, Princeton, Oxford 2007, S. XXII, XXV, 55.

3 Christof Rieber, Albert Einstein. Biografie eines Nonkonformisten, Ostfildern 2018, S. 130–132, 135–139, 146, 148, 150–152, 159f., 163–171. Der vorliegende Aufsatz ist die überarbeitete und erheblich erweiterte Fassung eines Vortrags des Autors im April 2019 mit dem Thema „Albert Einstein und die Weimarer Republik" in der Reichspräsident Friedrich Ebert-Gedenkstätte Heidelberg; der Autor dankt deren früheren Geschäftsführer Prof. Dr. Walter Mühlhausen für wertvolle Hinweise, ebenso Marco Huggele in Esslingen.

4 Vgl. etwa Banesh Hoffmann unter Mitarbeit von Helen Dukas, Albert Einstein. Schöpfer und Rebell, Dietikon, Zürich 1976; Friedrich Herneck, Albert Einstein und sein Weltbild, Berlin 1976; Michael Grüning (Hg.), Ein Haus für Albert Einstein, Berlin 1990; Siegfried Grundmann, Einsteins Akte. Einsteins Jahre in Deutschland aus der Sicht der deutschen Politik, Berlin 1998; Ze'ev Rosenkranz, Einstein privat und ganz persönlich, hg. Albert-Einstein-Archiv u. a., Bern 2004; Hubert Goenner, Einstein in Berlin, München 2005; Frank Steiner (Hg.), Albert Einstein.

1993 Albrecht Fölsing.[5] 2007 ist das grundlegende Werk *Einstein On Politics* erschienen[6], das auch Originaltexte von Einstein enthält.

Es hing von den Zeitumständen ab, ob sein politisches Engagement erfolgreich war oder nicht. Innenpolitisch war Albert Einstein ab 1920 einer der oppositionellen, linken, nicht parteigebundenen Intellektuellen. Die öffentlichen politischen Aufrufe, die er und andere linke Intellektuelle unterzeichneten, hatten in der Regel keinen Erfolg. Das wusste Einstein. Problematisch an den vielen Aufrufen, die er unterzeichnete, könnte sein, dass manche nicht von einer breiten Protestbewegung getragen wurden, es also wohl nach den Erstunterzeichnern kein massenhaftes Sammeln von weiteren Unterschriften gab. In diese Richtung wäre weiter zu forschen.

Es gab Einvernehmen zwischen Einstein und den Außenministern Walther Rathenau (1921/22) und Gustav Stresemann (1923–1929). Einsteins internationales Ansehen v. a. in Frankreich und England nahm zu, weil er als Pazifist und Schweizer auch in den Staaten der Kriegsgegner vielfach hohes Ansehen genoss. Nach dem Ersten Weltkrieg war er ein Vorreiter der Aussöhnung, bevor diese tatsächlich 1926 durch Deutschlands Beitritt zum Völkerbund begann. Einstein warb für Deutschlands Verzicht auf Aufrüstung. Während der Stresemann-Ära von 1923 bis 1929 erhielt der Physiker als prominenter Unterstützer der Reichsregierung einen Diplomatenpass, den ihm zuvor die Schweiz verweigert hatte.

Später hatte Einstein keinerlei Einfluss mehr auf die Außenpolitik der Reichsregierung, denn das Präsidialkabinett von Heinrich Brüning leitete ab 1930 einen abrupten Kurswechsel der deutschen Außenpolitik ein. Ziel war nun, als gleichberechtigte Großmacht aufzurüsten, um Parität mit Frankreich oder England zu erreichen. Einsteins Vorschläge waren fortan bei der Reichsregierung nicht mehr erwünscht. 1931 wurde er als bloßer „Stimmungsaufheller" in die Reichskanzlei eingeladen, um dort den englischen Premierminister gewogen zu stimmen.

Pazifistisches Engagement im Ersten Weltkrieg

Seit 1918 trat Einstein öffentlich für die parlamentarisch-demokratische Republik und die Entmachtung des Militärs ein. Sein Bild von Deutschland war auch 1934 parteiisch:

Genie, Visionär und Legende, Berlin, Heidelberg und New York 2005; Jürgen Neffe, Albert Einstein. Eine Biographie, Reinbeck bei Hamburg 2005; Alice Calaprice/Daniel Kennefick/Robert Schulmann, An Einstein Encyclopedia, Princeton, Oxford 2015; Walter Isaacson, His Life and Universe, London, New York 2007, deutschsprachige Ausgabe 2010; Thomas de Padova, Allein gegen die Schwerkraft. Einstein 1914–1918, München 2015; Hubert Goenner, Albert Einstein, München 2015; Siegfried Grundmann, Einsteins von den Nazis konfisziertes Eigentum. Der lange Weg bis zur Rückgabe und Entschädigung, Berlin 2015; ebd. 2017; ders., Albert Einstein, Dringender Appell (1932) und Kongress Das freie Wort (1933): eine Dokumentation, Berlin, Heidelberg 2021; Jürgen Renn/Hannoch Gutfreund, Einstein über Einstein. Autobiographische und wissenschaftliche Reflexionen, Berlin 2022.

5   Albrecht Fölsing, Albert Einstein. Eine Biographie, Frankfurt am Main 1993.
6   Rowe/Schulmann, Einstein On Politics. Der US-Amerikaner Robert Schulmann war Mitherausgeber des Großprojekts „The Collected Papers and Correspondence of Albert Einstein", zuerst 1987 und zuletzt 2004 (Bd. 1–9); Calaprice/Kennefick/Schulmann: An Einstein Encyclopedia, S. 36f.

„Das deutsche Volk ist über Jahrhunderte hindurch von einer sich ewig erneuernden Schar von Schulmeistern und Unteroffizieren sowohl zu emsiger Arbeit und mancherlei Wissen als auch zu sklavischer Unterwürfigkeit und militärischem Drill und Grausamkeit gedrillt worden."[7]

Als Schweizer wurde Einstein in Deutschland nach Beginn des Ersten Weltkriegs nicht zum Militär eingezogen. Er engagierte sich erstmals öffentlich politisch im Herbst 1914 als Reaktion auf den Aufruf „An die Kulturwelt!"[8], der von 93 Geistesgrößen des Kaiserreichs unterzeichnet wurde. In diesem Aufruf wurde die deutsche Kriegsführung in Belgien willkürlich gerechtfertigt, u. a. der Sturm auf Antwerpen und die grausame Zerstörung der Stadt Löwen.[9]

Als Schweizer wurde Einstein wegen der Unterschrift unter das Gegenmanifest „Aufruf an die Europäer"[10] nicht gemaßregelt.[11] Darin warnten der Verfasser, der Arzt und Pazifist Georg Friedrich Nicolai (1874–1964) und die Mitunterzeichner davor, dass der Krieg „kaum einen Sieger, wahrscheinlich nur Besiegte zurücklassen werde": Aufgabe des künftigen Friedens sei es, „aus Europa eine organische Einheit zu schaffen".[12] Sie forderten den Verzicht auf Annexionen und eine dauerhafte europäische Friedensordnung. Mehr ließ die deutsche Militärzensur wahrscheinlich nicht zu.[13] Neben Nicolai und Einstein unterzeichneten nur der greise Astronom Wilhelm Förster, der seine Unterschrift unter den nationalistischen „Aufruf an die Kulturwelt" bereits bedauerte, und der Philosoph und Studienfreund von Nicolai, Dr. Otto Buek[14] (1873–1966). Zu einer öffentlichen Aktion kam es bei nur vier Unterzeichnern nicht. Der Verfasser des Aufrufs, der Arzt an der Berliner Charité Georg Friedrich Nicolai, wurde strafversetzt.[15] Nach 1918 wanderte er nach Argentinien aus, weil Hochschullehrer in Deutschland seine akademische Karriere verhinderten.[16]

Mit öffentlichen Anti-Kriegs-Äußerungen hielt sich Einstein nun bis zur Novemberrevolution 1918 zurück, mit seinem Engagement jedoch nicht. Am 16. November 1914 wurde der pazifistische „Bund Neues Vaterland" gegründet, dem Einstein und seine

---

7 Rosenkranz, Einstein privat, S. 102.
8 Vgl. Jürgen v. Ungern-Sternberg/Wolfgang v. Ungern-Sternberg, Der Aufruf „An die Kulturwelt!": Das Manifest der 93 und die Anfänge der Kriegspropaganda im Ersten Weltkrieg: mit einer Dokumentation, Stuttgart 1996. Unter den Unterzeichnern befanden sich auch Freunde von Einstein, darunter Max Planck, Fritz Haber oder Max Liebermann und Gerhard Hauptmann.
9 Rieber, Einstein, S. 130.
10 Georg Friedrich Nicolai, „Aufruf an die Europäer", als private Versendung per Post, gedruckt erstmals veröffentlicht in unautorisierter Ausgabe von ders., Die Biologie des Krieges, Zürich 1917. Vgl. Siegfried Grundmann, Einsteins Akte: Wissenschaft und Politik – Einsteins Berliner Zeit, Berlin 2004, S. 44.
11 Das Unterzeichnen des Aufrufs brachte ihm allerdings nach dem Krieg viel Sympathie im Ausland ein.
12 Grundmann, Einsteins Akte, S. 44.
13 Rieber, Einstein, S. 130f.
14 Vgl. https://de.wikipedia.org/wiki/Otto_Buek (letzter Zugriff: 10.02.2025); freundliche Mitteilung von Marco Huggele, 25.08.2023; bisher falsch Buck genannt (z. B. A. Fölsing, Einstein, S. 392).
15 Ebd.
16 Vgl. https://de.wikipedia.org/wiki/Georg_Friedrich_Nicolai (letzter Zugriff: 10.02.2025).

Cousine Elsa Einstein (1876–1936) beitraten. Ziel war die Schaffung der „Vereinigten Staaten von Europa". Im Februar 1916 wurde der Bund verboten,[17] 1918 aber wieder gegründet. 1915 besuchte Einstein in Genf den französischen Pazifisten Romain Rolland. Dort erklärte er, er wünsche, dass Deutschland den „Großen Krieg" verliere, weil man nur so die Monarchie und die Übermacht des Militärs loswerden könne.[18]

Albert Einstein und die Novemberrevolution 1918

Am 9. November 1918 war Einstein in wichtiger Mission mitten in Berlin unterwegs. Was er erlebte, begeisterte ihn.[19] Einstein sah in den Errungenschaften der Novemberrevolution[20] seine grundlegenden politischen Wünsche für Deutschland als erfüllt an. Die Arbeit von Wolfgang Niess von 2017[21] und das rückblickende Urteil des Sozialdemokraten Philipp Scheidemann von 1928[22] charakterisieren die Novemberrevolution als den ‚wahren Beginn der Demokratie in Deutschland'. Bundespräsident Frank-Walter Steinmeier nannte im Deutschen Bundestag den 9. November einen „Meilenstein der deutschen Demokratiegeschichte […]. Das große Verdienst der gemäßigten Arbeiterbewegung sei es gewesen, den Kompromiss mit den gemäßigten Kräften des Bürgertums gesucht und damit der parlamentarischen Demokratie den Vorrang gegeben zu haben."[23] Einstein trat in diesem Kontext konsequent für die parlamentarisch-demokratische Republik und den Rechtsstaat ein.[24]

Das Militär schien als zentraler Machtfaktor dauerhaft beseitigt zu sein. Am frühen Nachmittag des 9. November 1918[25] erlebte Albert Einstein, wie in Berlins Mitte Massen von Arbeitern und Soldaten demonstrierten.

Wie viele Menschen tatsächlich am 9. November 1918 um 10 Uhr morgens in Berlin demonstriert haben[26], ist nicht geklärt. Theodor Wolff, der Chefredakteur des *Berliner Tageblatts*, bezeichnete in der Ausgabe vom 10. November 1918 die Novemberrevolution als „(d)ie größte aller Revolutionen."[27] Außer den streikenden Arbeitern, die dem Aufruf

---

17 Fölsing, Einstein, S. 947.
18 Rieber, Einstein, S. 132; Fölsing, Einstein, S. 395, 409–412.
19 Ebd.; Joachim Käppner, 1918. Aufstand für die Freiheit. Die Revolution der Besonnenen, München 2017, S. 187.
20 Wolfgang Niess, Der 9. November. Die Deutschen und ihr Schicksalstag, München 2021, S. 12–45.
21 Wolfgang Niess, Die Revolution 1918/19, Frankfurt am Main 2017.
22 Philipp Scheidemann, Memoiren eines Sozialdemokraten, Bd. 1., Hamburg 2010 [1928], S. 303–308.
23 Rede von Bundespräsident Frank-Walter Steinmeier bei der Gedenkstunde zum 9. November 2018 im Deutschen Bundestag in Berlin, 09.11.2018, online unter: https://www.bundestag.de/dokumente/textarchiv/2018/kw45-9november-575578, (letzter Zugriff: 15.02.2025).
24 Albert Einstein an Svante Arrhenius, 14. November 1918, in: Robert Schulmann u. a. (Hg.): The Collected Papers of Albert Einstein (CPAE), Bd. 8B: The Berlin Years: Correspondence 1918, Princeton, NJ 1998, Nr. 654, S. 946.
25 Ausführliche Darstellung des 9. November 1918 in Berlin in: Rieber, Einstein, S. 135–137.
26 Ebd., hier S. 135f.; Niess, Revolution 1918/19, S. 26.
27 Ebd., S. 49.

zum Generalstreik folgten, waren auch sehr viele Soldaten unterwegs. Beide Gruppen verbrüderten sich. An diesem Samstag sah Einstein viele rote Fahnen und Armbinden, denn die Akteure waren Mitglieder und Anhänger der sozialistischen Parteien und Gewerkschaften. Viele waren bewaffnet. Ausschlaggebend für den Sieg der Revolution war, dass sich die bewaffneten Soldaten auf die Seite der Revolutionäre schlugen und die Befehle ihrer Offiziere und Unteroffiziere missachteten.

Gegen Mittag ernannte Prinz Max von Baden Friedrich Ebert zu seinem Nachfolger als Reichskanzler. Dazu war er nach der Reichsverfassung nicht befugt, weswegen Scheidemann die „Übergabe des Reichskanzleramts" „staatsrechtlichen Unsinn" nannte.[28] Für Scheidemann war gegen Mittag „der Kaiser mitsamt der Monarchie erledigt", und zwar durch die „Arbeitermassen"[29] auf der Straße.[30] Er schreibt in seinen Memoiren, in Berlin habe die Revolution bereits vor 12 Uhr mittags gesiegt, weil die Soldaten in Berlin sich bis um die Mittagszeit längst entschlossen hätten, zu den Revolutionären überzugehen.[31]

Heinrich August Winkler erklärt, die Ausrufung der Republik durch den Sozialdemokraten Philipp Scheidemann gegen 14 Uhr sei eine notwendige und angemessene Tat gewesen, denn die Mehrheitssozialdemokraten mussten klar machen, dass etwas Neues beginne. Sonst hätten sie ihre Anhängerschaft unter Arbeitern und Soldaten verlieren können.[32]

Am 9. November 1918 war Albert Einstein tagsüber zusammen mit zwei Professorenkollegen in Berlins Mitte unterwegs. Sie sollten festgesetzte Kollegen befreien, nämlich den Rektor und die Dekane der Berliner Universität. Diese saßen in der Preußischen Akademie der Wissenschaften fest, also im westlichen Teil der Preußischen Staatsbibliothek am Boulevard Unter den Linden. Dort stellten die revolutionären Studenten die Professoren unter Arrest und drohten damit, von der Waffe Gebrauch zu machen. Die meisten Professoren dürften Gegner der neuen Republik gewesen sein. Von der Akademie aus wurden indes drei Professoren zu Hilfe gerufen, die man für eher links hielt. Albert Einstein, Max Born (1882–1970) und Max Wertheimer (1880–1943) traute man Einfluss auf Studenten und Sozialdemokraten zu. Erst Stunden später gelang die Befreiung der festgesetzten Kollegen. Zum Reichstag fuhren Einstein, Born und Wertheimer mit der Tram.[33] Dort fanden sie die revolutionären Studentenräte in einem Konferenzzimmer. Sie gaben aber die arretierten Dekane und den Rektor nicht frei. Für ihre Freilassung sei die neue Regierung zuständig. Nun sahen sich die drei Professoren genötigt, in der Reichskanzlei in der Wilhelmstraße vorzusprechen. Dort baten sie den mit Arbeit überhäuften „Reichskanzler" Friedrich Ebert (1871–1925) um Hilfe. Der unterzeichnete eine schriftliche Anweisung an den zuständigen Minister, offensichtlich an den Preußischen Unterrichtsminister, dessen Ministerium in der Nähe lag, (Ecke Unter den Linden/

---

28 Scheidemann, Memoiren, S. 307.
29 Ebd., S. 305.
30 Ebd., S. 308.
31 Ebd., S. 307.
32 Heinrich August Winkler, Der lange Weg nach Westen. Deutsche Geschichte vom Ende des Alten Reiches bis zum Untergang der Weimarer Republik, Bd. 1, München 2000, S. 372.
33 Fölsing, Einstein, S. 475.

Wilhelmstraße[34]). So wurde „die ‚Sache' im Handumdrehen erledigt": Rektor und Dekane wurden noch am gleichen Tag freigelassen.

All dies geschah vor 17 Uhr, denn um diese Uhrzeit gaben Friedrich Ebert (SPD) und Hugo Haase (USPD, 1853–1919) in der Versammlung der Groß-Berliner Arbeiter- und Soldatenräte das Ergebnis ihrer Verhandlungen bekannt, v. a. die für Sonntag, 10. November, angesetzte Bildung der paritätisch von SPD und USPD besetzten Revolutionsregierung, den „Rat der Volksbeauftragten": Ebert und Haase wurden enthusiastisch gefeiert, Karl Liebknecht (1871–1919) erntete Buhrufe, als er eine Regierungsbeteiligung mit den „Regierungssozialisten" der SPD ablehnte.[35]

Einstein beeindruckte, dass es nur wenige Tote gab und dass Ruhe und Ordnung gewahrt wurden und rasch auf die Wahl einer verfassungsgebenden Versammlung hingearbeitet wurde.[36] Erst viel später bemerkte er, dass er sich im Überschwang Illusionen machte, v. a. in Bezug auf die nur scheinbare Beseitigung des Militarismus. Am 13. November 1918 schrieb Albert Einstein den Text für eine kurze Rede, die er bei einer Versammlung des pazifistischen „Bundes Neues Vaterland" hielt. Zur repräsentativen parlamentarischen Demokratie gehöre auch das Respektieren von Mehrheitsentscheidungen, die einem nicht gefallen würden. Die Entscheidungen der Arbeiter- und Soldatenräte erkannte Einstein als die der aktuell legitimen Volksvertreter an.[37] Er warnte vor einer Diktatur des Proletariats, mit seinen Worten vor „einer Tyrannei von links", die an Stelle der bisherigen „Tyrannei von rechts" zu treten drohe. Wie Friedrich Ebert plädierte Einstein für die rasche Etablierung der parlamentarischen Repräsentativdemokratie.

Im November 1918 glaubte Einstein, dass die alten vordemokratischen Eliten auf Dauer ihre Macht verloren hatten,[38] auch an den Universitäten.[39] Am 12. November schrieb er voller Zuversicht: „Die Professoren haben zur Evidenz gezeigt, dass man von ihnen in politischen Dingen nichts lernen kann, dass es dagegen dringend nottut, dass sie eines lernen, nämlich Maul halten!"[40] Viel später beurteilte Einstein die Befreiungsaktion für Berlins führende Professoren völlig desillusioniert. An seinen Physikerfreund und damaligen Mitstreiter Max Born schrieb er am 7. September 1944: „Erinnerst Du Dich noch daran, wie wir vor etwas unter 25 Jahren zusammen in einem Tram nach dem Reichstagsgebäude fuhren, überzeugt, dass wir wirksam helfen könnten, aus den [führenden Professoren Berlins] dort ehrliche Demokraten zu machen? Wie naiv wir doch gewesen sind als Männer von 40 Jahren. Ich kann nur lachen, wenn ich daran denke."[41] Einstein

---

34　Vgl. https://de.wikipedia.org/wiki/Preußisches_Ministerium_der_geistlichen_Unterrichts_und _Medizinalangelegenheiten, (letzter Zugriff: 10.02.2025).
35　Niess, Revolution 1918/19, S. 26.
36　Albert Einstein an Leo Arons, 12. November 1918 oder später, in: CPAE, Bd. 8B, Nr. 653, S. 945f.
37　Jürgen Renn (Hg), Albert Einstein. Ingenieur des Universums. Chiefingineer of the Universe. Berlin Dokumente eines Lebensweges. Documents of a Life Pathway, Bd. 1, Berlin 2005, S. 326–328.
38　Rieber, Einstein, S. 136f.
39　Ebd., S. 135.
40　Albert Einstein an Leo Arons, 12. November 1918 oder später, in: CPAE, Bd. 8B, Nr. 653, S. 945.
41　Albert Einstein an Pauline Einstein, 11. November 1918, in: CPAE, Bd. 8B, Nr. 641, S. 944, n. 3.

empörte sich bereits 1919 über die leidenschaftlichen Ovationen für den abgedankten Großherzog Friedrich Franz IV. von Mecklenburg(-Schwerin) (1882–1945) in Schwerin[42]: „Gegen die angestammte Knechts-Seele hilft keine Revolution."[43]

Über Einstein 1918 urteilte Einsteins Architekt für das Landhaus in Caputh Konrad Wachsmann (1901–1980) später: Er „gehörte von Anfang an zu den Befürwortern der Revolution und setzte große Hoffnungen in einen Sozialismus, der den Menschen soziale Gerechtigkeit bringt. […] Nur Angriffen auf das Leben und die Freiheit begegnete er mit unnachsichtiger Schärfe."[44]

Im November 1918 stand Einstein den Sozialdemokraten nahe. Danach war er etliche Monate in Zürich, wo am 14. Februar 1919 endlich die Scheidung von seiner ersten Frau Mileva geb. Marić (1875–1948) gelang. Die Summe seiner jährlichen Zahlungen an Mileva samt den Söhnen wurde auf stattliche 8.000 Franken festgesetzt.[45] Dies war für Einstein bis zum Ende der Hyperinflation eine immer schwerer werdende Belastung. Wenige Monate nach der Scheidung heiratete er im Standesamt Berlin-Wilmersdorf am 2. Juni 1919 seine Cousine Elsa Einstein (1876–1936)[46], in deren Wohnung in der Haberlandstraße 5 er bereits 1917 eingezogen war. Trauzeugen waren Berliner Verwandte: Elsas Mutter Fanny Einstein (1852–1926) und ihr Schwager Ludwig Gumpertz (1856–1943).

Öffentliche Verteidigung gegen tatsächliche und vermeintliche Angriffe auf die Allgemeine Relativitätstheorie

Am 6. November 1919 gab die Royal Society in London bekannt, dass Bestandteile von Einsteins allgemeiner Relativitätstheorie empirisch bewiesen seien. Seither galt Einstein als der bedeutendste Physiker des Jahrhunderts und als Star an sich.

Nun wird v. a. auf eine Stellungnahme Einsteins im *Berliner Tageblatt* vom 27. August 1920 eingegangen.[47] Darin unterstellte er dem Physiker Ernst Gehrke (1878–1960) rassistische Gründe und griff den bis dahin friedfertigen Nobelpreisträger Philipp Lenard (Professor für experimentelle Physik, 1862–1947) an, er habe noch nichts für die theoretische Physik geleistet.[48] Einsteins Freunde waren wegen des plumpen Angriffs entsetzt. Dem Ehepaar Born gegenüber gestand Einstein Fehler ein: „Jeder muss am Altar der Dummheit von Zeit zu Zeit sein Opfer darbringen, der Gottheit und den Menschen zur Lust. Und ich tat es gründlich in meinem Artikel."[49] Im gleichen Artikel im *Berliner Tageblatt* erklärte Einstein zutreffend Folgendes: „Die Dinge sähen anders aus, wenn ich

---

42 Albert Einstein an Max Born, 8. Dezember 1919, in: Diana Kormos Buchwald u. a. (Hg.): CPAE, Bd. 9: The Berlin Years: January – April 1920, Princeton, NJ u. a. 2004, Nr. 198, S. 280f.
43 Ebd.
44 Grüning, Haus für Einstein, S. 17.
45 Hubert Goenner, Einstein in Berlin, München 2005, S. 118.
46 Heiratszertifikat, in: Diana Kormos Buchwald u. a. (Hg.): CPAE, Bd. 9, Nr. 54, S. 82.
47 Vgl. etwa Fölsing, Einstein, S. 522–530.
48 Ebd., S. 525.
49 Albert Einstein an Hedwig und Max Born, 9. September 1920, in: Diana Kormos Buchwald u. a. (Hg.): CPAE, Bd. 10: The Berlin Years: May – December 1920, Princeton, NJ u. a. 2006, Nr. 140, S. 419f.

Abb. 1 *Bestes künstlerisches Porträt Einsteins von Julius Collen Turner (1881–1948) mit den Maßen 32 x 28,5 cm (B x H), 1920*
(© *Sammlung Murken, Mainz*).

ein deutscher Nationalist wäre, ob mit Hakenkreuz oder ohne und nicht ein Jude von liberaler internationaler Gesinnung".[50] Kämpferisch bezeichnete Einstein den Antisemi-

---

50 Albert Einstein, Meine Antwort über die Anti-Relativitätstheoretische G.m.b.H., in: *Berliner Tageblatt* vom 27. August 1920, in: Michael Jansen u. a. (Hg.): CPAE, Bd. 7: The Berlin Years: Writings 1918–1921, Princeton, NJ 2002, Nr. 45, S. 344–346; vgl. Fölsing, Einstein, S. 523; Rowe/Schulmann, Einstein On Politics, S. 11f.

tismus als die wahre Ursache für die scharfe Gegnerschaft gegen die Relativitätstheorie. Am 23. September 1920 kam es auf der Naturforscherversammlung in Bad Nauheim zu einer Auseinandersetzung über die Relativitätstheorie, an der sich der Heidelberger Professor Lenard mit heftigen Einwänden beteiligte. Einstein und Lenard waren in früheren Jahren freundschaftlich verbunden. Philipp Lenard und Johannes Stark begründeten wenig später die so genannte „Deutsche Physik", eine antisemitische Pseudowissenschaft, die von der NSDAP unterstützt wurde.

Einstein wurde trotzdem weiterhin als Wissenschaftsstar und Star an sich gefeiert. Julius Collen Turners Radierung (Abb. 1) wurde in seinem Auftrag geschaffen. Von der Radierung hat Einstein winzige Offsetdrucke herstellen lassen. Er schenkte sie mit handschriftlicher Widmung Verwandten und Freunden, die er mochte, was beweist, dass er Turners Porträt sehr schätzte. Es ist gleichzeitig die erste künstlerische Reaktion auf den Starkult. Der Blick von oben ist ein geschickter Kunstgriff. Der Kopf ohne Körper außer einem pointierten Strich könnte für den herausragenden Verstandesmenschen stehen, das geordnete dichte Haar für immense Schaffenskraft (à la Samson) und die stark erweiterten Pupillen für Einsteins „seherische" weitblickende Begabung.

Albert Einstein gegen Antisemitismus und für Zionismus

Erst in Berlin ab 1914 wurde Einstein nach seinem 20-jährigen Aufenthalt in der liberalen Schweiz allzu bewusst, dass er Jude war. Er erlebte dort nämlich aggressiven Antisemitismus gegen die ca. 30.000 aus dem Osten zugewanderten Juden hautnah.[51] Seit 1920 sah er nur im Zionismus eine Lösung der damit verbundenen Konflikte.[52] Für diesen warb er bis 1930 auch in deutschen Medien in mehreren Artikeln. Einstein sah 1920 im Zionismus die Chance, Würde und Selbständigkeit zu fördern.

Einstein zufolge, der selbst antisemitisch angefeindet wurde,[53] sollte der Antisemitismus und die Idee der Unterwürfigkeit unter den Juden durch Bildung beseitigt werden.[54] Der Agnostiker Einstein betrachtete die Juden als Volk und machte die Zugehörigkeit nicht vom Bekenntnis zur israelitischen Religion abhängig. Einstein erklärte 1921 in einem Brief an die Jüdische Gemeinschaft Berlin: „Kein Mensch kann gezwungen werden, einer Kultusgemeinschaft beizutreten. Jene Zeiten sind Gottlob ein für alle Mal vorbei. Ich erkläre Ihnen nochmals hiermit endgültig, dass ich nicht in die Kultusgemeinschaft einzutreten beabsichtige, u. dass ich es nicht für erforderlich halte, [...] sondern konfessionslos bleibe, wie ich es bisher gewesen bin. Zu Ihrem Briefe bemerke ich, dass das Wort Jude zweideutig ist, indem es sich 1. auf die Nationalität u. Abstammung und 2. auf

---

51 Fölsing, Einstein, S. 569–571.
52 Ebd., S. 571–578, 580f., 584, 724.
53 Grundmann, Einsteins Akte, S. 147–169.
54 Ebd., S. 147.

die Konfession bezieht. Ich bin im ersten Sinn Jude, im zweiten nicht [...]."[55] Er lehnte die Existenz eines personalen Gottes strikt ab.

Bereits mit zwölf Jahren wandte sich Albert Einstein vom religiösen Judentum vollständig ab.[56] Er verweigerte die Teilnahme am Bar Mitzwa, also der israelitischen Religionsmündigkeit. Er verzichtete infolgedessen auf Geschenke zu diesem Anlass. Fortan verspottete er die Vorschriften für koschere Küche.[57]

Albert Einsteins Eltern wurden offensichtlich nicht auf einem Jüdischen Friedhof bestattet. Der Vater Hermann Einstein, gestorben am 10. Oktober 1902, wurde auf dem Cimitero Centrale in Mailand bestattet, die Mutter Pauline Einstein, gestorben am 20. Februar 1920, auf dem Friedhof in der Maxstraße in Berlin-Schöneberg.[58]

Davon abgesehen geht Einsteins Agnostizismus aus seinem Testament hervor. Darin verfügte er, dass sein Körper verbrannt und die Asche verstreut werde, damit keinerlei Personenkult betrieben werden könne.

1922 diskutierte Einstein zusammen mit dem Zionisten Kurt Blumenfeld (1884–1963) stundenlang mit Reichsaußenminister Walther Rathenau (1867–1922) in dessen Villa. Blumenfeld versuchte vergeblich, Rathenau für den Zionismus zu gewinnen. Einstein befand sich seit dem Frühjahr 1922 auf dem Rückzug vor zu starker Exponiertheit in der Politik, was weder zu seinem Agieren vorher noch nachher ab Sommer 1924 passt. Ursache waren die damals allgemein überhandnehmenden antisemitischen Anfeindungen, Morddrohungen und Morde. Wenige Wochen vor Rathenaus Ermordung am 24. Juni 1922 drängte Einstein ihn dazu, von seinem Amt als deutscher Außenminister zurückzutreten, weil er als Jude nicht legitimiert sei, die Interessen des „deutschen Volkes" im Ausland zu vertreten.[59] Rathenau sah dies völlig anders. Die beiden blieben aber enge Freunde.

Am Samstag, 24. Juni 1922, um 10 Uhr fuhr Außenminister Walther Rathenau allein im offenen Wagen in Richtung Auswärtiges Amt. An einer Kreuzung im Villenviertel Berlin-Grunewald lauerten ihm zwei junge Mordgesellen auf. Sie gehörten zur rechtsterroristischen Organisation Consul.[60] Einer schoss mit einer Maschinenpistole auf Rathenau. Der andere warf eine Handgranate in seinen Wagen. Acht Schüsse trafen Rathenau tödlich. Er starb binnen weniger Minuten.[61]

In Berlin und im ganzen Reich kam es zu Trauerkundgebungen, die den Charakter von politischen Protestveranstaltungen hatten. Die Reaktionen auf Rathenaus Ermordung stärkten letzten Endes die Weimarer Republik.

---

55 Albert Einstein an Jüdische Gemeinschaft, 5. Januar 1921, in: Diana Kormos Buchwald (Hg.), CPAE, Bd. 12: The Berlin Years: Correspondence: January – December 1921, Princeton, NJ 2009, Nr. 8, S. 29.
56 Fölsing, Einstein, S. 33f.
57 Friedrich Herneck, Einstein privat. Herta W. erinnert sich an die Jahre 1927 bis 1933, 2. Auflage, Berlin 1980, S. 37.
58 Ilse Einstein an Protestantische Synode von Berlin, 19. März 1920, in: CPAE, Bd. 9, Nr. 346, S. 468.
59 Rieber, Einstein, S. 151f.
60 Martin Sabrow, Der Rathenau-Mord und die deutsche Gegenrevolution, Göttingen 2022, S. 504f.
61 Thomas Hüetlin, Berlin, 24. Juni 1922. Der Rathenaumord und der Beginn des rechten Terrors in Deutschland, Köln 2022, S. 265–268.

Dem Physiker und Einstein-Biograf Albrecht Fölsing zufolge war Rathenau ein erfolgreicher Außenminister.[62] Er habe Deutschland behutsam wieder in die internationale Politik zurückgeführt. Die Rechtsextremen hätten das als Erfüllungspolitik ausgelegt und ihn deswegen ermordet.[63] Bereits am 17. Juli 1922 stellte die Polizei die beiden Attentäter in Burg Saaleck. Einer von beiden wurde von einem Polizisten erschossen. Der andere beging daraufhin Selbstmord. Deshalb konnten vor Gericht nur diejenigen verurteilt werden, denen Beihilfe zum Mord vorgeworfen wurde, ohne dass die Hintergründe der Tatverstrickung der Organisation Consul[64] ausgeleuchtet wurden. Immerhin sorgte das völlig neue Republikschutzgesetz dafür, dass genügend Laienrichter Rechtsbeugungen von rechten Richtern verhinderten.[65]

Rathenaus Ermordung war nicht der erste politische Mord in der Weimarer Republik. Bis dahin gab es seit dem 9. November 1918 dreihundert registrierte Morde ‚von rechts' und zwanzig ‚von links'.[66]

Albert Einstein reagierte auf Rathenaus Ermordung mit Rückzug aus exponierter politischer Tätigkeit. Er trat nämlich am 1. Juli 1922 aus der „Kommission für intellektuelle Zusammenarbeit" des Völkerbunds aus. Nach Genf schrieb er: „Die Situation ist bei uns derart [...], dass ein Jude gut daran tut, sich in öffentlichen Dingen Zurückhaltung aufzuerlegen. Auch muss ich gestehen, dass ich keine Lust dazu habe, Leute zu vertreten, die mich als Vertreter sicher nicht wählen würden und mit denen ich nicht übereinstimme."[67]

Noch im Sommer 1922 entschloss sich Einstein auf Intervention von Marie Curie hin dazu, der Genfer Kommission wieder beizutreten.[68] Allerdings trat er im März 1923 wegen der Besetzung des Ruhrgebiets durch Frankreich und Belgien erneut aus der Völkerbunds-Kommission aus. Erst im Juni 1924 schloss er sich wieder der Genfer Kommission an.[69] Einstein äußerte sich am 29. August 1924 in einem Beitrag in der *Frankfurter Zeitung* über den Völkerbund.[70] Er stellte einen ehrlichen Willen zur Objektivität fest und warb für den Beitritt Deutschlands zum Völkerbund. Dieser sei ein geeignetes Instrument, um die innere und äußere Gesundung Europas herbeizuführen.

Von Oktober 1922 bis März 1923 waren die Einsteins auf einer Reise nach Japan, Palästina und Spanien. Im Herbst 1923 warnte ihn die Berliner Polizei vor Morddrohungen von antisemitischen Rechtsextremisten gegen seine Person. Einstein reiste deshalb ins niederländische Leiden, wo er bei seinem Physiker-Freund, Prof. Paul Ehrenfest

---

62 Fölsing, Einstein, S. 595.
63 Ebd.; Sabrow, Der Rathenau-Mord, S. 504f.
64 Die Organisation Consul war als Geheimbund organisiert und eine nationalistisch ausgerichtete und antisemitisch gesinnte terroristische Vereinigung; ihre politischen Morde sollten das politische System der Republik destabilisieren; Ziel war die Errichtung einer Militärdiktatur und die Revision des Versailler Vertrags.
65 Vgl. https://de.wikipedia.org/wiki/Walther_Rathenau.de (letzter Zugriff: 10.02.2025).
66 Fölsing, Einstein, S. 505f.; vgl. Emil Gumbel, Vier Jahre politischer Mord, Berlin 1922, Heidelberg 1980.
67 Albert Einstein an Pierre Comert, zwischen 12. und 19. Juli 1922, in: Diana Kormos Buchwald u. a. (Hg.): CPAE, Bd. 13: The Berlin Years: Writings and Correspondence January – December 1921, Princeton, NJ 2012, Nr. 281, S. 405.
68 Fölsing, Einstein, S. 598.
69 Ebd., S. 949; Calaprice u. a., Einstein Encyclopedia, S. 244.
70 Frankfurter Zeitung vom 29. August 1924.

Abb. 2 *Albert und Elsa Einstein in Berlin, 1921.*

Abb. 3 *Einstein erklärt 1921 beim Zionist Meeting in New York die Relativitätstheorie (© Sammlung Murken, Mainz).*

(1880–1933), unterkam. Einsteins Ehegattin Elsa gab insgeheim zwei Bodyguards den Auftrag, ihn bis nach Leiden zu begleiten. Einstein stand mit ihnen am Bahngleis und saß im gleichen Abteil. Bis er in Leiden ausstieg, hatte er nicht bemerkt, dass die beiden Männer zu seinem Personenschutz mitgereist waren. Einstein blieb fast zwei Monate lang im niederländischen Leiden, bis er kurz vor Weihnachten 1923 nach Berlin zurückkehrte. Durch die Einführung der Rentenmark am 1./15. November 1923 beruhigte sich die Krise in Deutschland wieder.[71]

Auf dem Foto von Albert und Elsa Einstein auf der Straße aus dem Jahr 1921 (Abb. 2) scheint die Beziehung noch in Ordnung zu sein. Einstein ist guter Laune, Elsa lächelt. Die beiden sind ein schmuckes Paar. Noch im gleichen Jahr fuhren sie in die USA, um Spenden zu sammeln für den Zionismus. Elsa war Managerin ihres Mannes und beherrschte das Englische besser als er. Als das Schiff sich New York näherte, kamen Journalisten und Fotografen an Bord. Ein Fotograf fragte Einstein, was für einen Beruf er habe. „Ich bin Fotomodell", antwortete der Ausnahmephysiker. In Manhattan bemerkten die Fotografen, dass Einstein, als er von Bord ging, wie ein Musikerstar nur einen Geigenkasten trug und kein Gepäck.[72] Erst in den USA wurde der Star Albert Einstein vollends geboren. Nirgendwo lebten mehr Juden auf der Welt als in den USA. Nirgendwo wurde Einstein mehr gefeiert als in den USA. Durch Auto-Corsos, Empfänge, Aufmarschieren von Cheerleadern usw. Man feierte sich selbst, indem man dem größten Juden weltweit zujubelte. Nirgendwo konnte man leichter Spenden für den Zionismus und speziell den Aufbau der Hebrew University in Jerusalem sammeln als in den USA.

Theresa Bernheim besuchte 2021 ein Zionist meeting in New York und machte Skizzen von Einstein und malte danach das expressionistische Ölporträt (Abb. 3).

Für Rechtsstaatlichkeit in der Weimarer Republik

Im Juni 1925 unterstützten SPD und KPD den Volksentscheid zur entschädigungslosen Enteignung der Fürsten. Trotz einer intensiven öffentlichen Kampagne erhielt der Volksentscheid nicht die notwendige Mehrheit. Zuvor hatte nämlich Reichspräsident Paul von Hindenburg (1847–1934) die Enteignung zur verfassungsändernden Maßnahme erklärt, so dass an Stelle der im Volksentscheid erreichten relativen Mehrheit die absolute Mehrheit der Stimmen für einen Erfolg nötig gewesen wäre.[73] Einstein unterzeichnete neben vielen anderen linken Intellektuellen den Aufruf, dem Volksentscheid zuzustimmen.[74] So warben für den Volksentscheid auch Kurt Tucholsky (1890–1935), Alfred Kerr

---

71 Fölsing, Einstein, S. 618f.; Rieber, Einstein, S. 157f.
72 Fölsing, Einstein, S. 576.
73 Stefan Malinowski, Die Hohenzollern und die Nazis. Geschichte einer Kollaboration, Berlin 2021, S. 154–167; Mitteilungen des Ausschusses zur Durchführung des Volksentscheids für entschädigungslose Enteignung der Fürsten, 05.03.1926, in: Diana Kormos Buchwald u. a. (Hg.): CPAE, Bd. 15: The Berlin Years: Writings and Correspondence, June 1925 – May 1927, Princeton, NJ 2024, Nr. 209, S. 360–362.
74 Ebd., S. 361.

(1867–1948), Erwin Piscator (1893–1966), Käthe Kollwitz (1867–1945) und Max Pechstein (1881–1955).[75]

1924 kochte der antisemitische politische Skandal um den Heidelberger Mathematiker Dr. Emil Julius Gumbel (1891–1966) hoch. Gumbel, der sich 1923 in Statistik an der Universität Heidelberg habilitierte,[76] war bereits ein Jahr zuvor durch sein Buch *Vier Jahre politischer Mord*[77] bekannt geworden. Er wies nach, dass die politische Justiz nach rechts weitgehend blind war, nach links dagegen mit brachialer Härte urteilte. Sein Buch erschien in aktualisierten Neuauflagen und machte den Statistiker zu einer herausragenden Hassfigur der Rechtsextremisten in Deutschland. Für die Statistik lieferte Gumbel bedeutende wissenschaftliche Beiträge, auch im Exil in den USA.[78] Am 26. August 1924 kritisierte Einstein in einem Brief an den badischen Kultusminister Hellpach (1877–1955, DDP)[79] scharf das Vorgehen gegen Gumbel: „Die wahre Ursache des Vorgehens gegen Gumbel von Seiten der meist reaktionären Professoren liegt aber unzweifelhaft darin, dass man den Pazifisten […] Gumbel aus der Universität vertreiben wollte wegen seiner im Dienste des Rechtes, des Fortschrittes und der internationalen Verständigung höchst bedeutsamen Publikationen politischen Inhaltes."[80] Einstein bat darum, Gumbel in keiner Weise zu maßregeln. Mit Erfolg.

Am 12. Juni 1925 schrieb Einstein an den Berliner Pazifisten Otto Lehmann-Russbüldt (1873–1964), er könne nicht in jeder akademisch hoch umstrittenen Frage öffentlich Position beziehen. Er wisse, dass seine öffentliche Parteinahme für Emil Julius Gumbel von reaktionären Professoren „als eine Provokation" aufgefasst werden würde und er am Ende der Kontroverse seine Stellung in Berlin nicht halten könnte. Bisher wurde Einsteins Verzicht auf öffentliche Stellungnahme weder in der Einstein-Literatur noch in der Gumbel-Literatur beachtet.

1925 erklärte Einstein in einem Brief an Otto Lehmann-Russbüldt: „Meine Möglichkeit, hier in Berlin zu bleiben, beruht darauf, dass ich persönlich im politischen Leben nicht hervortrete." Im gleichen Brief hielt er es für völlig verfehlt, dass in der Affäre Gumbel sich ein Jude durch eine Unterschrift engagiere: „So sehr ich nämlich dafür bin, dass die Juden unabhängig und stolz sein sollen, so muss doch darauf gehalten werden, dass sie als kleine numerische Minderheit nicht einen unproportional grossen Einfluss auf die öffentlichen Angelegenheiten ausüben." Man sollte doch mit einem nichtjüdischen Heidelberger Historiker wie Friedrich Meinecke (1862–1954) klären, ob er eine Initiative der Professoren für Gumbel bewirken könne.[81] Anfang 1926 bat Einstein darum, nicht mehr in den Exekutivvorstand der Liga für Menschenrechte gewählt zu wer-

---

75 Winkler, Weimar, S. 313.
76 Ingo Runde/Matthias Scherer (Hg.), Emil Julius Gumbel. Mathematiker – Publizist – Pazifist, Heidelberg 2022.
77 Emil Julius Gumbel, Vier Jahre politischer Mord, Berlin-Fichtenau 1922.
78 Nach 1949 boykottierten seine Mathematik- und Statistik-Kollegen in Westdeutschland seine Rückkehr auf einen Lehrstuhl.
79 Albert Einstein an Willy Hellpach, Berlin, 26. August 1924, in: Diana Kormos Buchwald u. a. (Hg.): CPAE, Bd. 14: The Berlin Years: Writings and Correspondence, April 2023 – May 1925, Princeton, NJ 2015, Nr. 306a, S. 33f.
80 Ebd.
81 Albert Einstein an Otto Lehmann-Russbüldt, Berlin, 12. Juni 1925, in: CPAE, Bd. 15, S. 46.

den, dem er seit Januar 1925 angehörte. Ihm fehle nämlich die Zeit, „die Verantwortung für die Erledigung der laufenden Angelegenheiten mitzutragen."[82] Die Liga engagierte sich v. a. für die deutsch-französische Aussöhnung.

Am 12. Mai 1926 schrieb Emil Gumbel an Einstein, der sozialdemokratische Minister Remmele[83] habe nun seine Drohung mit einer lex Gumbel öffentlich wiederholt. Er, Gumbel, mache sich aber keine große Sorgen deswegen, denn „die Einführung des Widerrufs der Habilitation, der an keine Bedingung eines schuldhaften Verhaltens geknüpft ist, würde ja jede Minderheit an der Universität bedrohen".[84] 1927 schrieb Einstein voller „Bewunderung" das Vorwort zu Gumbels Schrift *Vom Russland der Gegenwart*.[85] 1930 ernannte Kultusminister Hellpach Gumbel zum außerordentlichen Professor.[86] Doch wegen des verschärften Antisemitismus konnte sich Gumbel nicht mehr lange halten. Nachdem er eine Kohlrübe als passendes Symbol für die Erinnerung an die gefallenen Soldaten im Weltkrieg genannt hatte, wurde Gumbel von Kultusminister Eugen Baumgartner (Zentrum, 1879–1944) am 5. August 1932 amtsenthoben. Gumbel lebte bereits in Frankreich, als 1933 in den Wochen nach der Machtergreifung durch die Nationalsozialisten „seine Schriften verboten, sein Haus geplündert, seine Bibliothek zum Teil verbrannt, sein Vermögen beschlagnahmt" wurde und er die deutsche Staatsbürgerschaft verlor.[87] Amtsenthebung und Vertreibung waren Unrechtsakte. Zum Vergleich: Albert Einstein hatte Glück: Er ließ seine Möbel und Habseligkeiten aus der Stadtwohnung Haberlandstraße 5 retten. Sein Freund, der französische Botschafter André François-Poncet, ließ alles als Diplomatengepäck nach Le Havres bringen, wo es per Schiff in die USA gebracht wurde. Am Ende stand auch Einsteins Flügel in Princeton. SA-Leute hatten ein paar Teppiche geplündert. NS-Raubgut wurden Einsteins Segelboot, angelegtes Kapital und das Landhaus in Caputh, das juristisch gesehen den Stieftöchtern Ilse und Margot gehörte.

Der zweite Teil des vorliegenden Beitrags erscheint im Jahrbuch 2025. Darin wird der pragmatische Idealist Albert Einstein auch für die Jahre 1932/33 untersucht.

---

82 Albert Einstein an Otto Lehmann-Russbüldt, 3. Januar 1926, in: CPAE, Bd. 15, Nr. 149, S. 272.
83 Adam Remmele (1877–1951), sozialdemokratischer Politiker in Baden, 1925/26 Minister für Kultur.
84 Emil J. Gumbel an Albert Einstein, Heidelberg, 12. Mai 1926, in: CPAE, Bd. 15, Nr. 282, S. 472.
85 Foreword to Emil Julius Gumbel: Vom Russland der Gegenwart, 23. Oktober 1926, veröffentlicht 1927, in: CPAE, Bd. 15, Nr. 392, S. 611f.
86 Vgl. https://de.wikipedia.org/wiki/Emil_Gumbel (letzter Zugriff: 10.02.2025).
87 Michael Jansen, Emil Julius Gumbel in seiner Heidelberger Zeit, in: Ingo Runde/Matthias Scherer (Hg.): Emil Julius Gumbel. Mathematiker – Publizist – Pazifist. Beiträge zur Tagung im Universitätsarchiv Heidelberg am 22. Juli 2019, Heidelberg 2022, S. 23–39 hier S. 32–35.

Sascha Steger

Johannes Stumm, die preußische politische Polizei in der Weimarer Republik und der Kampf gegen die NS-Bewegung

Einleitung

Johannes Stumm gehörte als erster Polizeipräsident West-Berlins zu den prägenden Figuren der Berliner Nachkriegsgeschichte.[1] In der geteilten Stadt trieb er den demokratischen Neuaufbau der ihm unterstellten Organisation entscheidend voran und führte sie von 1948 bis 1962 durch eine von politischen Krisen bestimmte Zeit. Sein persönlicher Einfluss wurde in Ost-Berlin als so gewichtig empfunden, dass die DDR-Propaganda vornehmlich von der „Stummpolizei" – kurz „Stupo" – sprach. Stumm, der 1897 in Berlin geboren wurde, begann seine Polizeikarriere allerdings nicht erst nach dem Zusammenbruch des „Dritten Reiches", sondern bereits während der Weimarer Republik als preußischer Kriminalbeamter der politischen Polizei.

In der „Roten Burg", wie das berühmte Polizeipräsidium am Berliner Alexanderplatz seinerzeit genannt wurde, leitete Stumm die „Inspektion zur Überwachung und Bekämpfung rechtsradikaler Organisationen" und hatte damit eine Schlüsselstellung im Kampf gegen die Ende der 1920er Jahre immer stärker werdende NS-Bewegung inne. Sein selbsterklärtes Ziel war es, die zersetzenden und hochverräterischen Absichten der Nationalsozialistische Deutsche Arbeiterpartei (NSDAP) offenzulegen, ein reichsweites Parteiverbot vorzubereiten und damit die Republik vor ihrer Zerstörung zu bewahren.

Dies scheint nicht so recht in das Bild zu passen, das sich Historiographie und Öffentlichkeit lange Zeit von der politischen Polizei der Weimarer Republik gemacht haben. Der Staatsschutz galt als finanziell und personell vernachlässigte Gruppierung, die dem Ansturm der Republikfeinde wenig entgegenzusetzen hatte und die Demokratie kampflos preisgab – der scheinbar reibungslose Übergang vieler Kriminalbeamter nach dem 30. Januar 1933 in die Geheime Staatspolizei (Gestapo) wurde zudem als Beweis für die politische Unzuverlässigkeit der Nachrichtendienstler angeführt. Inzwischen wird die Arbeit der Republikschützer positiver beurteilt. So konstatiert Carsten Dams in seiner 2002 veröffentlichten Studie *Staatsschutz in der Weimarer Republik*, die preußische politische Polizei sei ein effektives Instrument im Abwehrkampf der Demokratie gewesen,

---

1 Dieser Aufsatz basiert auf einer wissenschaftlichen Expertise zur Biographie von Johannes Stumm und zur Bestandsgeschichte seines im Landesarchiv Berlin verwahrten Nachlasses, die der Autor 2023 im Auftrag des Landesarchivs Berlin und der Stiftung Ernst-Reuter-Archiv verfasst hat.

Abb. 1 *Das Polizeipräsidium auf dem Alexanderplatz in Berlin, 1933. In der sogenannten „Roten Burg" war Stumms Inspektion zur Bekämpfung des Rechtsradikalismus angesiedelt.*

das insbesondere bei der Überwachung der NS-Bewegung eine wichtige Rolle gespielt habe. Die leitenden Beamten, von denen die Zuverlässigkeit und Effektivität der Organisation entscheidend abhing, definiert er als fachliche Elite, die weitgehend loyal zur republikanischen Ordnung stand.[2]

Die Aussage, die Dams über die führenden Akteure der politischen Polizei trifft – insbesondere über deren republikanische Gesinnung –, basiert indes nicht auf gesichertem Wissen, da profunde biographische Studien noch ausstehen. Dieser Befund ist der Ausgangspunkt meiner Untersuchung, in der ich das Wirken und die politischen Überzeugungen eines leitenden Beamten der Abteilung I A im Berliner Polizeipräsidium analysiere und damit ein Schlaglicht auf das Verhältnis der Kriminalisten zum demokratischen System werfe. Zugleich soll das Wissen über die Maßnahmen der politischen Polizei im Kampf gegen die NS-Bewegung mithilfe eines biographischen Zugangs vertieft werden.

Die Beschäftigung mit Johannes Stumm bietet sich für mein Vorhaben aus drei Gründen besonders an: Erstens besetzte er als Leiter der Inspektion zur Überwachung der NS-Bewegung eine entscheidende Position im Kampf der preußischen politischen Polizei gegen den Rechtsradikalismus. Zweitens hat sich die Forschung trotz seiner prominenten Stellung bislang nicht näher mit ihm befasst.[3] Drittens schließlich steht mit dem im Landesarchiv Berlin verwahrten Nachlass Stumms ein umfasser Bestand an aussagekräftigem Quellenmaterial zur Verfügung, der bislang nur wenig Beachtung gefunden hat. Dieser ergänzt die allgemeine Überlieferung zur politischen Polizei in der Weimarer Republik, die erhebliche Lücken aufweist.

Insbesondere zur Organisationsgeschichte der Abteilung I A des Berliner Polizeipräsidiums und der Inspektion zur Überwachung der NS-Bewegung haben nur wenige Quellen überdauert. Stumm selbst hatte im Nachgang des „Preußenschlags" im Juli 1932 die wichtigsten Ermittlungsakten seines Referats verbrannt, als sich die Demontage der republikanischen Ordnung abzeichnete und die Feinde der Demokratie die „Rote Burg" übernahmen – während des Krieges schließlich wurden große Teile der Akten ausgelagert, bei Luftangriffen zerstört oder verschleppt.[4] Daher ist der im Landesarchiv Berlin aufbewahrte private Nachlass Stumms, der die Kontinuitäten und Brüche einer

---

2 Vgl. Carsten Dams, Staatsschutz in der Weimarer Republik. Die Überwachung und Bekämpfung der NSDAP durch die preußische politische Polizei von 1928 bis 1932, Marburg 2002, S. 179–186.
3 Stumms Wirken vor Kriegsende findet Erwähnung in einigen Studien, die sich mit der republikanischen politischen Polizei befassen. Vgl. Dams, Staatsschutz; Christoph Graf, Politische Polizei zwischen Demokratie und Diktatur. Die Entwicklung der preußischen Politischen Polizei vom Staatsschutzorgan der Weimarer Republik zum Geheimen Staatspolizeiamt des Dritten Reiches, Berlin 1983; Hsi-Huey Liang, Die Berliner Polizei in der Weimarer Republik, Berlin 1977. Darüber hinaus taucht Stumm vereinzelt in Studien zu Femmorden und Femmordprozessen auf, da er nach seinem Eintritt in die politische Polizei zunächst vor allem mit der Untersuchung der von rechten Gruppierungen ausgehenden politischen Morde befasst war. Vgl. Irmela Nagel, Femmorde und Femmordprozesse in der Weimarer Republik, Köln 1991. Seine Tätigkeit als West-Berliner Polizeipräsident wird in zahlreichen weiteren Studien behandelt. Vgl. Norbert Steinborn/Hilmar Krüger, Die Berliner Polizei 1945 bis 1992. Von der Militärreserve im Kalten Krieg auf dem Weg zur bürgernahen Polizei?, Berlin 1993; v.-Hinckeldey-Stiftung (Hg.), Berliner Polizei. Von 1945 bis zur Gegenwart, Berlin 1999.
4 Vgl. Dams, Staatsschutz, S. 14–16; Rudolf Knaack/Rita Stumer, Polizeipräsidium Berlin. Politische Angelegenheiten 1809–1945. Sachthematisches Inventar, Berlin 2007, S. XXXIX–XLIX;

außergewöhnlichen Polizeikarriere zwischen Demokratie und Diktatur bezeugt, von besonderer Bedeutung.[5] Der Bestand umfasst insgesamt 890 Akteneinheiten, die etwa 21 Regalmetern entsprechen. Darunter befinden sich nicht nur aufschlussreiche persönliche Unterlagen, sondern auch dienstliche Dokumente aus den 1920er und 1930er Jahren, die Stumm aus der Registratur des Berliner Polizeipräsidiums entnommen hatte und in seinem Privatarchiv aufbewahrte.[6] Insbesondere diese Schriftstücke beleuchten Stumms Agieren im Kampf gegen die NS-Bewegung und geben einen bemerkenswerten Einblick in das Funktionieren der politischen Polizei der Weimarer Republik.

Meine Untersuchung gliedert sich in fünf Kapitel. Im ersten Abschnitt analysiere ich Stumms frühe Kriminalistenkarriere, den Eintritt in die politische Polizei und seinen beruflichen Aufstieg im Zuge der Ermittlungen gegen die „Schwarze Reichswehr". Die Kapitel zwei und drei widmen sich der Rolle Stumms im Abwehrkampf gegen die NS-Bewegung und beleuchten das Vorgehen und die vielfältigen Strategien seiner Inspektion bei der nachrichtendienstlichen Überwachung und Verfolgung. Das vierte und das fünfte Kapitel befassen sich mit der Dienstentlassung Stumms im Kontext der nationalsozialistischen Machtübernahme, untersuchen seine Haltung gegenüber dem entstehenden NS-Regime und geben einen Ausblick auf sein weiteres Schicksal im „Dritten Reich". Das Fazit bündelt die Erkenntnisse und stellt die Fragen nach Stumms Erfolgen im Kampf gegen die NSDAP und nach seiner republikanischen Überzeugung – gerade auch im Hinblick auf seine Nachkriegskarriere – in den Vordergrund.

Befragung von Johannes Stumm durch Christoph Graf vom 10./11. Oktober 1974, in: Landesarchiv Berlin (LAB) E Rep. 200-25 Nr. 255.

5   Dies gilt insbesondere auch deshalb, weil Stumm kein Tagebuch geführt und nach seiner Pensionierung 1962 keine Memoiren verfasst hat.

6   Im Nachlass findet sich beispielsweise ein knapp 200-seitiges Ergänzungsdossier zu Stumms Personalakte aus seiner Zeit als Kriminalrat der politischen Polizei. Vgl. Beiakten Dr. Johannes Stumm, in: LAB E Rep. 200-25 Nr. 648. Die eigentliche Personalakte Stumms ist nicht überliefert worden. Das Archivale mit dem Titel „Personalakte Kriminalpolizeirat Stumm" mit der Signatur E Rep. 200-25 Nr. 133 enthält nur einige Zeitungsausschnitte und Kopien, die sich auf Stumms Tätigkeit in der politischen Polizei und seine Entlassung im Zuge der Machtübernahme beziehen. Vermutlich hat sich Stumm die dienstlichen Akten erst nach dem Untergang des „Dritten Reiches" angeeignet. In einem Interview mit dem Historiker Christoph Graf 1974 heißt es, er habe in seiner Funktion als Polizeivizepräsident von Berlin (1945–1948) einen Teil der während des Krieges ausgelagerten Akten des Berliner Polizeipräsidiums „in einer Scheune in der Prenzlauer Gegend" wiederentdeckt und in das im Aufbau begriffene und im sowjetischen Sektor gelegene Polizeipräsidium in der Linienstraße 83/85 verbracht. Bei dieser Gelegenheit könnte Stumm einige ihn betreffende Unterlagen an sich genommen haben, bevor er 1948 im Zuge der Spaltung der Berliner Polizei in den amerikanischen Sektor umsiedelte. Vgl. Befragung von Johannes Stumm durch Christoph Graf vom 10./11. Oktober 1974, in: LAB E Rep. 200-25 Nr. 255.

Aufstieg in der politischen Polizei

Johannes Reinhold Richard Stumm wurde am 27. März 1897 in Berlin als Sohn eines Polizeibeamten geboren.[7] Nach dem Abitur schrieb er sich 1915 an der Friedrich-Wilhelms-Universität für ein Studium der Rechtswissenschaften ein, meldete sich aber noch im gleichen Jahr als Kriegsfreiwilliger an die Front. Offenbar war Stumm ein erfolgreicher Soldat, der rasch zum Offiziersanwärter aufstieg, bevor er 1917 in französische Gefangenschaft geriet.[8] Mit den gewaltigen gesellschaftlichen und politischen Umbrüchen, die Deutschland im Zuge des Waffenstillstandes und der Revolution von 1918/19 erfasst hatten, wurde Stumm erst im Januar 1920 konfrontiert, als er aus der Kriegsgefangenschaft nach Berlin zurückkehrte.[9]

Trotz der Gewalterfahrungen und seiner fast fünf Jahre währenden Abwesenheit fand er schnell in die Gesellschaft zurück: Stumm nahm sein Studium wieder auf und trat zudem im April 1920 als Anwärter für die höhere Kriminalpolizeilaufbahn in das Berliner Polizeipräsidium ein. Sowohl die berufliche als auch die universitäre Ausbildung führte er in kürzester Zeit zu Ende: Im Dezember 1921 erfolgte die Berufung zum Kriminalkommissar und im März 1925 schloss er sein juristisches Studium, das er nebenberuflich absolvierte, mit einer rechtshistorischen Promotion ab.[10]

Innerhalb der Berliner Kriminalpolizei, die in den 1920er Jahren professionalisiert und kontinuierlich ausgebaut wurde, zählte Stumm als Kriminalkommissar im höheren Dienst zu den rund neun Prozent der führenden Beamten.[11] Zur Vorbereitung auf seine Leitungsfunktionen durchlief er zunächst die verschiedenen kriminalpolizeilichen Abteilungen, setzte sich mit Diebstahldelikten, Betrugsfällen und anderen gewerbsmäßig verübten Straftaten auseinander und arbeitete im Erkennungsdienst.[12]

Nachdem er seine Probezeit im Juni 1922 beendet hatte und zum Kriminalkommissar ernannt worden war, meldete sich Stumm zur politischen Polizei, die zu diesem Zeit-

---

7   Vgl. Geburtsurkunde Johannes Stumm (27. März 1897) vom 3. April 1897, in: LAB P Rep. 100-840; Lebenslauf Stumms vom 25. März 1946, in: LAB E Rep. 200-25 Nr. 228.
8   Vgl. Verlustlisten 1. Weltkrieg (Preußen 1069), Ausg. 1810 vom 20. Februar 1918, S. 22757.
9   Vgl. Auszug aus dem Militärpass Stumms vom 6. Juni 1933, in: LAB E Rep. 200-25 Nr. 637.
10 Vgl. Vorschlag zur Besetzung einer Kriminal-Polizeirat-Stelle und Beurteilung Stumms durch Albert Grzesinski von 1930, in: LAB E Rep. 200-25 Nr. 19; Promotionsurkunde Johannes Stumm von der Universität Erlangen vom 12. März 1925, in: LAB E Rep. 200-25 Nr. 9.
11 Vgl. Patrick Wagner, Volksgemeinschaft ohne Verbrecher. Konzeptionen und Praxis der Kriminalpolizei in der Zeit der Weimarer Republik und des Nationalsozialismus, Hamburg 1996, S. 124.
12 Stumm erklärt 1951, er habe während der Kriminalistenausbildung „[s]ämtliche Sparten der Polizei durchlaufen" und darüber hinaus Gerichtsmedizin studiert. Vgl. Stumm an die Verlagsleitung der Zeitschrift Kriminalistik vom 24. September 1951, in: LAB E Rep. 200-25 Nr. 228; Befragung von Johannes Stumm durch Christoph Graf vom 10./11. Oktober 1974, in: LAB E Rep. 200-25 Nr. 255; Vorschlag zur Besetzung einer Kriminal-Polizeirat-Stelle und Beurteilung Stumms durch Albert Grzesinski von 1930, in: LAB E Rep. 200-25 Nr. 19; Schriftensammlung Stumms zu den Themen Spurensicherung, Fingerabdrücke, Handschrift, in: LAB E Rep. 200-25 Nr. 137; Sammlung v. Unterlagen Stumms aus der Kriminalpolizeiausbildung, in: LAB E Rep. 200-25 Nr. 807.

Abb. 2 *Johannes Stumm (4. Reihe, 1. von rechts) nimmt im Herbst 1926 an einem Lehrgang für Psychologie an der Höheren Polizeischule in Potsdam-Eiche teil. Ab 1929 hält er selbst Seminare für angehende Kriminalkommissare der politischen Polizei zum Thema „Rechtsradikale Organisationen".*

punkt noch als „Centrale Staatspolizei" (C.St.) firmierte.[13] Die politische Abteilung des Berliner Polizeipräsidiums hatte schon in diesen Jahren die bedeutende Aufgabe, staatsfeindliche Bestrebungen in ganz Preußen zu erforschen und zu bekämpfen, wenngleich es sich hierbei um einen inoffiziellen Auftrag handelte. Die Existenz der C.St. wurde dementsprechend verheimlicht.[14] Als Nachrichtendienst für innere Angelegenheiten nicht unangefochten und von der regulären Kriminalpolizei mit Argwohn betrachtet, war die politische Polizei mithin eine Organisation, die sich durch erfolgreiche Ermittlungen bewähren musste und dabei möglichst wenig Aufmerksamkeit auf sich ziehen durfte.[15] Erst Mitte der 1920er Jahre konnte sie sich als fester Bestandteil der preußischen Exekutive etablieren. Im Polizeipräsidium Berlin wurde die politische Polizei nun in die Verwaltungspolizei eingegliedert und als Abteilung I A bezeichnet.[16] Auch außer-

---

13 Vgl. Befragung von Johannes Stumm durch Christoph Graf vom 10./11. Oktober 1974, in: LAB E Rep. 200-25 Nr. 255.
14 Vgl. Graf, Politische Polizei, S. 8–12.
15 Vgl. Dams, Staatsschutz, S. 64f.
16 Vgl. ebd., S. 42.

Abb. 2a *Johannes Stumm,
Ausschnitt des Gruppenfotos von 1926.*

halb Berlins wurden anschließend in den staatlichen Polizeiverwaltungen – also an den größeren Polizeipräsidien etwa in Köln, Dortmund und Breslau – nachrichtendienstliche Abteilungen nach einheitlichem Muster eingerichtet. Das Polizeipräsidium Berlin nahm indes weiterhin eine Sonderstellung ein. Hier hatte das im Mai 1925 gegründete preußische Landeskriminalpolizeiamt seinen Sitz, das als Leitungsinstanz die Zusammenarbeit der in ganz Preußen bestehenden Kriminalpolizeistellen koordinieren sollte.[17]

Betrachtet man aber die dürftige Ausgangslage der politischen Polizei, so scheint diese Organisation nicht unbedingt die erste Wahl für einen aufstrebenden Kriminalkommissar gewesen zu sein. Weshalb also entschied sich Stumm ausgerechnet für diese Polizeisparte? In einem Interview von 1974 erklärte er rückblickend, die Ermordung des deutschen Außenministers Walther Rathenau im Juni 1922 durch rechtsradikale Attentäter der Organisation Consul habe in ihm den Wunsch hervorgerufen, die Republik gegen ihre Feinde zu verteidigen.[18] Eine weniger idealistische Erklärung wäre, dass Stumm in

17 Auf Reichsebene existierte parallel mit dem Amt des Reichskommissars zur Überwachung der öffentlichen Ordnung ein weiterer Nachrichtendienst, dessen Zusammenarbeit mit dem preußischen Landeskriminalpolizeiamt respektive dem Berliner Polizeipräsidium von Konflikten und Konkurrenz geprägt war. Vgl. ebd., S. 45.
18 Eine weitaus aktivere Rolle bescheinigte sich Stumm in einem selbstgeschriebenen Lebenslauf von 1946: Er sei an der Aufklärung der Morde an Rathenau und Matthias Erzberger, der im August 1921 ebenfalls von Mitgliedern der Organisation Consul getötet worden war, führend beteiligt gewesen. Vgl. Befragung von Johannes Stumm durch Christoph Graf vom 10./11. Oktober 1974, in: LAB E Rep. 200-25 Nr. 255; Lebenslauf Stumms vom 25. März 1946, in: LAB E Rep. 200-25 Nr. 1.

erster Linie an seinem beruflichen Vorankommen gelegen war. In der politischen Polizei – einer Organisation, die sich noch im Aufbau befand, aber von den entscheidenden Akteuren im preußischen Innenministerium und im Berliner Polizeipräsidium als Staatsschutz gefördert wurde – waren die Karrierechancen für junge Beamte wesentlich besser als in der regulären Kriminalpolizei: Durchschnittlich erreichten die Nachrichtendienstler ihre Beförderung zum Kriminalrat sieben Jahre früher als ihre Kollegen.[19]

Wegen der lückenhaften Überlieferung lassen sich Stumms Gründe für den Eintritt in die politische Polizei nicht mehr zweifelsfrei aufklären. Auch über die ersten Jahre seiner beruflichen Tätigkeit liegen nur wenige Quellen vor. Sicher ist, dass Stumm von Beginn an dem Außendienst angehörte. Diese Abteilung war mit konkreter Ermittlungsarbeit befasst und gliederte sich in verschiedene Inspektionen mit unterschiedlichen Schwerpunkten. Das Personal bestand ausschließlich aus Kriminalbeamten, die über polizeiliche Befugnisse verfügten. Dem Außendienst übergeordnet war der aus unterschiedlichen Dezernaten zusammengesetzte und von Verwaltungsbeamten geleitete Innendienst. Diese Aufteilung behielt die politische Polizei trotz einiger organisatorischer Veränderungen bis zum Untergang der republikanischen Ordnung bei.[20]

Stumm war schon in den frühen Jahren seiner Karriere hauptsächlich mit der Beobachtung rechtsradikaler Bestrebungen befasst. Schwerpunkte seiner Arbeit bildeten hierbei die Aufklärung von Fememorden – von rechtsradikalen Untergrundorganisationen verübte Tötungen in den eigenen Reihen – und die Überwachung der „Schwarzen Reichswehr" und anderer paramilitärischer Organisationen, die auf einen Sturz der republikanischen Reichsregierung hinarbeiteten. Die NS-Bewegung, auf die sich Stumms Aktivitäten später konzentrierten, war Anfang und Mitte der 1920er Jahre indes nur eine der vielen völkischen und nationalistischen Organisationen, die es im Blick zu behalten galt.[21]

Zu den ersten größeren Fällen Stumms zählten beispielsweise seine Ermittlungen im Nachgang des Küstriner Putsches im Oktober 1923. Hierbei handelte es sich um einen Aufstand der „Schwarzen Reichswehr" unter Führung Bruno Ernst Buchruckers, der zum Ziel hatte, die Reichsregierung zu stürzen. Im Verlauf der Revolte kam es zu Schusswechseln zwischen regulären Reichswehrtruppen und Aufständischen; in Berlin besetzten die Verschwörer unter anderem die Zitadelle Spandau, bevor der Putschversuch durch das Militär beendet wurde. Stumms Inspektion oblag die Aufgabe, die Ermittlungen zum anschließenden Prozess gegen Buchrucker und seine Helfer vorzubereiten.[22]

Zur gleichen Zeit erreichten die politische Polizei immer weitere Meldungen über Fememorde innerhalb der „Schwarzen Reichswehr" – insgesamt wurden deutschlandweit über 30 solcher Taten im Laufe weniger Jahre verübt. Stumm war unter anderem als Ermittler eingesetzt, um den Mord an Georg Sand aufzuklären, dessen Leiche im

---

19 Vgl. Dams, Staatsschutz, S. 64.
20 Vgl. ebd., S. 53f.
21 Vgl. Graf, Politische Polizei, S. 385; Lebenslauf Stumms vom 25. März 1946, in: LAB E Rep. 200-25 Nr. 1; Schreiben Stumms an Wolfgang Heinrich vom 1. Februar 1962, in: LAB E Rep. 200-25 Nr. 257/2.
22 Vgl. Bernhard Sauer, Die „Schwarze Reichswehr" und der geplante „Marsch auf Berlin", in: Berlin in Geschichte und Gegenwart. Jahrbuch des Landesarchivs Berlin 2008, S. 113–150, hier S. 121–126; Lebenslauf Stumms vom 25. März 1946, in: LAB E Rep. 200-25 Nr. 1.

September 1923 im Berliner Umland entdeckt worden war.[23] Ihm gelang es, Paul Schulz, den Führer der „Schwarzen Reichswehr", zu verhören und einige Verdächtige ausfindig zu machen, die sich später allesamt der NS-Bewegung anschlossen. Eine Verurteilung der Täter konnte Stumm aufgrund mangelnder Beweise jedoch nicht erreichen.[24] Innerhalb der rechtsradikalen Untergrundorganisationen war der junge Kriminalkommissar – er war erst 26 Jahre alt, als er im Fall Sand ermittelte – fortan wegen seiner effizienten Verhörmethoden gefürchtet und, wie er später selbst sagte, verhasst.[25]

Auch innerhalb seiner Behörde machte sich Stumm als führender Ermittler des am 1. Oktober 1925 eingerichteten „Femedezernats" einen Namen als kluger und tüchtiger Kriminalbeamter.[26] Die Femmemorde zogen zunehmend auch die Aufmerksamkeit der Presse und der Politik auf sich und 1926 richtete der preußische Landtag einen Untersuchungsausschuss ein, der sich speziell mit der Aufarbeitung der zahlreichen politischen Tötungsdelikte befasste. Im Verlauf der Untersuchungen wurde Stumm als Zeuge vernommen, sodass nunmehr eine breite Öffentlichkeit Kenntnis von der Ermittlungsarbeit der politischen Polizei und des jungen Kriminalkommissars nahm.[27] Stumm hatte sich durch seine Arbeit für höhere Aufgaben empfohlen; zugleich bewährte sich die Abteilung I A im Berliner Polizeipräsidium als wirksames Staatsschutzorgan der republikanischen Ordnung.

Bekämpfung der NS-Bewegung

Folgerichtig stieß das preußische Innenministerium im Dezember 1928 eine Neustrukturierung der politischen Polizei an und die Aufgaben des Nachrichtendienstes wurden für alle staatlichen Polizeiverwaltungen in Preußen erstmals klar definiert. So zählten fortan Verfassungsangelegenheiten, das Presse-, Vereins- und Versammlungswesen, der Schutz des Staates, die Abwehr von Spionage und die Beobachtung von bedeutenden kultur- und wirtschaftspolitischen Bewegungen sowie Waffen- und Sprengstoffangelegenheiten zu den verwaltungsmäßigen Sachgebieten der Behörde. Dem Außendienst wurden indes die Aufgaben Beobachtung, Prävention und Strafverfolgung in politischen Angelegen-

---

23 Vgl. Nagel, Femmemorde, S. 74f.
24 Bei den Verdächtigen handelte es sich neben Paul Schulz um Eckard Schoeler, Erich Klapproth und Richard Büsching. Vgl. Bernhard Sauer, Schwarze Reichswehr und Femmemorde. Eine Milieustudie zum Rechtsradikalismus in der Weimarer Republik, Berlin 2004, S. 198–219.
25 Vgl. Paul Schulz an Kriminalkommissar Sommer vom 31. Juli 1933, in: LAB E Rep. 200-25 Nr. 648; Hermann Flemming an Manfred von Killinger vom 26. Juni 1933, in: ebd.; Auszug aus Richard Linsert, Kabale und Liebe. Über Politik und Geschlechtsleben, Berlin 1931, in: LAB E Rep. 200-25 Nr. 133; Befragung von Johannes Stumm durch Christoph Graf vom 10./11. Oktober 1974, in: LAB E Rep. 200-25 Nr. 255.
26 Vgl. Nagel, Femmemorde, S. 112f.
27 Die Ermittler der politischen Polizei erreichten dennoch nicht einmal annähernd die Bekanntheit führender Kommissare der Kriminalpolizei wie beispielsweise Ernst Gennat. Vgl. ebd., S. 298–309; Stumm an Wolfgang Heinrich vom 1. Februar 1962, in: LAB E Rep. 200-25 Nr. 257/2; Liang, Die Berliner Polizei, S. 135.

heiten zugewiesen – somit fand eine klare Abgrenzung zur Kriminalpolizei statt.[28] Mit diesen Veränderungen einher ging eine Umbenennung der politischen Abteilung I A im Berliner Polizeipräsidium, die fortan schlicht als Abteilung I bezeichnet wurde.[29]

Stumm wurde offenbar im Zuge des Transformationsprozesses mit der Leitung einer Inspektion des Außendienstes betraut.[30] Da ein Geschäftsverteilungsplan der politischen Polizei im Berliner Polizeipräsidium für diesen Zeitraum nicht existiert, kann jedoch nicht mehr nachvollzogen werden, wie sich die Umstrukturierungen im Detail ausnahmen. Zieht man den einzigen überlieferten Geschäftsverteilungsplan aus republikanischen Zeiten heran, der vom Herbst 1931 datiert, so ergibt sich folgendes Bild: Die zu diesem Zeitpunkt aus rund 300 Beamten bestehende Abteilung I gliederte sich in neun Dezernate des Innendienstes sowie fünf Inspektionen des Außendienstes.[31] Stumm wird als Leiter der Inspektion III „Rechtsradikale Parteien und Organisationen" geführt. Ihm direkt unterstellt waren ein Büro sowie vier Referate („NSDAP mit Nebenorganisationen", „Alle rechtsradikalen Parteien, Organisationen, Verbände außer NSDAP", „Wehrverbände" und „Strafsachen"). Stumms Inspektion übergeordnet waren das Dezernat 7 „Organisation, Bestrebungen und Betätigung der NSDAP" unter Leitung von Hans Joachim Schoch und das Dezernat 6 unter Oskar Oesterle, zuständig für sämtliche rechtsradikalen Verbände mit Ausnahme der NS-Bewegung.[32]

Der Geschäftsverteilungsplan von 1931 zeigt, dass die mit dem Rechtsradikalismus befassten Dezernate sowie Stumms Inspektion inzwischen die NS-Bewegung als gefährlichste staatsgefährdende Organisation eingestuft und ihre Überwachungstätigkeit maßgeblich auf sie konzentriert hatten. Dies ist wenig überraschend, denn die NSDAP war im Kontext der Weltwirtschaftskrise zu einer Massenorganisation aufgestiegen. Diese Entwicklung war zum Zeitpunkt der Neustrukturierung der politischen Polizei im Dezember 1928 nicht abzusehen gewesen.

Bei der Reichstagswahl im Mai 1928 hatte die NSDAP nicht einmal drei Prozent der Stimmen gewonnen und schien damit einmal mehr ihren Status als rechtsradikale Splitterpartei zu unterstreichen. Aufmerksamen Beobachtern blieb das Mobilisierungspotenzial der NS-Bewegung dennoch nicht verborgen: Zu jener Zeit hatte Stumm in Schleswig-Holstein zur Landvolkbewegung ermittelt und erkennen müssen, wie stark sich der Rechtsradikalismus im Kontext der Agrarkrise im ländlichen Raum bereits verbreitet hatte. Mehrere Bombenanschläge auf Landräte und örtliche Finanzämter führten ihm zudem die Gewaltbereitschaft der Gruppierungen deutlich vor Augen.[33]

---

28 Vgl. Dams, Staatsschutz, S. 45; Runderlass des Preußisches Ministerium des Innern (PrMdI) betr. Organisation der politischen Polizei vom 12. Dezember 1928, zit. nach Graf, Politische Polizei, S. 399–401; Geschäftsverteilungsplan der staatl. Pol.Verw., Runderlass des PrMdI vom 12. Dezember 1928, in: LAB E Rep. 200-25 Nr. 255.
29 Vgl. Graf, Politische Polizei, S. 22f.; Geschäftsverteilungsplan der Abteilung I vom Herbst 1931, in: LAB E Rep. 200-25 Nr. 255.
30 Vgl. Vorschlag zur Besetzung einer Kriminal-Polizeirat-Stelle und Beurteilung Stumms durch Albert Grzesinski von 1930, in: LAB E Rep. 200-25 Nr. 19.
31 Vgl. Geschäftsverteilungsplan der Abteilung I vom Herbst 1931, in: LAB E Rep. 200-25 Nr. 255.
32 Vgl. ebd.
33 Vgl. Stumm an Wolfgang Heinrich vom 1. Februar 1962, in: LAB E Rep. 200-25 Nr. 257/2.

In einem Vortrag vom April 1929 über die Bekämpfung rechtsradikaler Organisationen warnte er daher vor deren zunehmenden Einfluss, der in gewaltsamen Aufständen gipfeln könnte.³⁴ Er habe feststellen müssen, dass sich insbesondere die NS-Bewegung darauf verstehe, die wirtschaftliche Notlage der bäuerlichen Bevölkerungsschichten für ihre Zwecke zu instrumentalisieren und immer weitere Anhänger zu gewinnen. Sorge bereite ihm darüber hinaus der Aufbau der Sturmabteilung (SA) als paramilitärische Truppe, insbesondere da diese illegale Waffenlager in der Provinz anlege und eine intensive Schießausbildung betreibe. „Auch das Verhältnis der Verbände zu Reichswehr- und Schutzpolizei-Formationen erfordert erhöhte Aufmerksamkeit", so Stumm, da die NSDAP versuche, „ihren Ideen dort Eingang zu verschaffen, um sie zu zersetzen."³⁵

Stumms Strategie zur Abwehr dieser Gefahren bestand darin, die zahlreichen Gesetzesverstöße der NS-Bewegung zu dokumentieren, die Umsturzphantasien der SA-Führer offenzulegen und somit letztlich den Dezernaten der politischen Polizei Beweismaterial zu übermitteln, das Hitlers perfides Legalitätsversprechen als Teil der Destabilisierungs- und Gewaltstrategie der Nationalsozialisten entlarvte. Die Voraussetzung hierfür sei, so führte Stumm im oben erwähnten Vortrag aus, möglichst viele und genaue Informationen über das Führungspersonal sowie die Strukturen und die Ziele der NS-Bewegung zu sammeln und auszuwerten. Die Ergebnisse galt es, in der Berliner Zentrale zu bündeln und in internen Schulungen fortlaufend zu vermitteln.³⁶ Im Zuge dessen müsse jeder seiner Mitarbeiter zu einem Experten auf dem Gebiet rechtsextremistischer Bestrebungen ausgebildet werden, da die Außendienstbeamten, die zumeist auf sich allein gestellt ermittelten, nur so die Codes und Tarnungsversuche der Untergrundorganisationen durchschauen könnten.³⁷

Die Beschaffung der Informationen werde indes durch die „fanatische Einstellung" der Parteimitglieder erschwert – so sei eine Kooperationsbereitschaft der Nationalsozialisten mit der politischen Polizei beispielsweise in Verhören kaum zu erreichen. Als nachrichtendienstliche Mittel favorisierte Stumm daher die Auswertung der NS-Presse, die Überwachung von Veranstaltungen, das Anwerben von Vertrauensleuten und Durchsuchungen von Parteiräumen. Vor allem die Hausdurchsuchungen betrachtete er als

---

34 Vortrag Stumms über die Bekämpfung rechtsradikaler Bewegungen vom 25. April 1929, in: LAB E Rep. 200-25 Nr. 808.
35 Ebd.
36 Stumm lehrte in den Folgejahren unter anderem am Polizei-Institut in Berlin-Charlottenburg Polizeischüler der Kriminalpolizei zum Thema „Rechtsbewegung" und konzentrierte sich dabei insbesondere auf die NS-Bewegung. Vgl. Erlass PrMdI (i.A. Klausener) vom 28. September 1929, in: LAB E Rep. 200-25 Nr. 134; Stumm an Dagobert Arian vom 13. Februar 1930, in: ebd.; Ausbildungserlass des PrMdI vom 15. Oktober 1931, in: ebd.; Bierzeitung des Kriminal-Kommissar-Anwärter-Lehrgangs am Preußischen Polizei-Institut Bln. Charlottenburg vom 17. Februar 1929, in: LAB E Rep. 200-25 Nr. 114.
37 Die Beamten sollten darüber hinaus durch die „Ausschaltung eigener politischer Ansichten" und die Unterdrückung von „gefühlsmässigen Hemmungen" in die Lage versetzt werden, im Einsatz selbständige Entscheidungen zu treffen und somit die „reibungslose Durchführung der uns gestellten Aufgaben" sicherstellen. Vgl. Vortrag Stumms über die Bekämpfung rechtsradikaler Bewegungen vom 25. April 1929, in: LAB E Rep. 200-25 Nr. 808.

probate Maßnahme, um „urkundliches, schriftliches Material in die Hand zu bekommen", das eine hohe Beweiskraft aufwies.[38]

Schon im Januar 1929 hatte Stumm eine Durchsuchung der Berliner Gaugeschäftsstelle der NSDAP angeordnet, wie sich aus der von Joseph Goebbels herausgegebenen Zeitung *Der Angriff* entnehmen lässt. „Immunitätsbruch der Berliner Polizei" titelten die Redakteure des Kampfblattes im Nachgang der Ereignisse und behaupteten, die Ermittler hätten auch Zimmer und Schränke von nationalsozialistischen Reichstagsabgeordneten illegalerweise durchsuchen lassen.[39] Tatsächlich aber konnten die Kriminalbeamten vor Ort beweisen, dass es sich um brisante Parteiunterlagen handelte, die lediglich als parlamentarische Akten getarnt waren – Stumm führte diesen Fall als Bestätigung seiner Strategie an, denn ohne das Wissen der ermittelnden Beamten über die Organisation und Struktur der NS-Verbände wäre ein solcher Erfolg vermutlich ausgeblieben.[40]

Die Entsendung von Vertrauensleuten in Veranstaltungen der NSDAP oder die Rekrutierung von Spitzeln und Spionen innerhalb der Partei zählten zu den riskanteren Ermittlungsmethoden der politischen Polizei. Stumm betrachtete sie jedoch als unerlässlich für die nachrichtendienstliche Arbeit, wie er im April 1929 deutlich machte:

> Als ein Idealzustand muss es angesehen werden, wenn man über mehrere sogenannte Vertrauensleute, in unserem Sinne zuverlässige Parteimitglieder verfügt, die uns Rundschreiben und Anordnungen der Leitung [...] zugänglich machen.[41]

Entscheidend sei es, so Stumm weiter, Einfluss auf die Übermittlungsstellen der jeweiligen Parteibüros zu erlangen. Wie genau die V-Leute angeworben wurden, ist heute nicht mehr zweifelsfrei nachzuvollziehen. Schenkt man der Parteipresse der Nationalsozialisten Glauben, so suchte Stumms engster Mitarbeiter Hermann Stenzel gezielt Parteimitglieder in finanziellen Schwierigkeiten auf und versuchte, sie zu bestechen. In *Der Angriff* vom Januar 1929 heißt es diesbezüglich, Stenzel habe ein Mitglied der NSDAP in die Kantine des Berliner Polizeipräsidiums eingeladen und ihm dort ein monatliches Gehalt von 100 Mark für seine Zuträgerdienste angeboten.[42] Stenzel selbst wurde im September 1933 von der Gestapo verhaftet und über das Informantennetzwerk der politischen Polizei befragt – er bestritt jedoch sämtliche Vorwürfe, um sich nicht zu belasten.[43]

---

38 Vgl. ebd.
39 Vgl. o.V., Immunitätsbruch der Berliner Polizei. Massenverhaftungen unbeteiligter Angestellter – Rache für die Entlarvung eines Spitzelkäufers, in: Der Angriff vom 21. Januar 1929, in: LAB E Rep. 200-25 Nr. 133.
40 Vgl. Vortrag Stumms über die Bekämpfung rechtsradikaler Bewegungen vom 25. April 1929, in: LAB E Rep. 200-25 Nr. 808.
41 Ebd.
42 Vgl. Entlarvung eines Mordkommissar. Die Berliner Polizei als Spitzelorganisation. Schamlose Methoden und Bestechungen, in: Der Angriff vom 14. Januar 1929, in: LAB E Rep. 200-25 Nr. 133; o.V., Immunitätsbruch der Berliner Polizei. Massenverhaftungen unbeteiligter Angestellter – Rache für die Entlarvung eines Spitelkäufers, in: Der Angriff vom 21. Januar 1929, in: ebd.
43 Vgl. Einlieferungsanzeige und Aussage v. Hermann Stenzel vom 30. August 1933, in: LAB E Rep. 200-25 Nr. 648; Bericht des Berliner Polizeipräsidenten an den preußischen Minister des Innern über die Verhaftung von Stenzel vom September 1933, in: ebd.; Liste über die Vertei-

Die NSDAP reagierte ihrerseits auf die Infiltrationsversuche, indem sie verlässliche Parteigänger beauftragte, der politischen Polizei falsche Informationen zuzuspielen. Stumm ermahnte seine Mitarbeiter daher zur besonderen Vorsicht im Umgang mit Spitzeln, da diese „vielfach in erster Linie Parteimitglieder sind" und Gegenspionage betreiben würden.[44] Offenbar schaffte es die NS-Bewegung darüber hinaus schon im Frühjahr 1928, einen Spion in die politische Polizei einzuschleusen. Wie Stumm in einem Vermerk festhielt, habe er einen ehemaligen Kriminalbeamten auf den Gängen des Berliner Polizeipräsidiums angetroffen, der inzwischen ein „Dreimarkstück grosses Abzeichen der [NSDAP]" trug und versuchte, sich an die Polizeibeamten „heranzumachen".[45] Später berichtete Stumm, dass es dem Überläufer tatsächlich gelungen sei, einige NSDAP-Mitglieder, die für die politische Polizei arbeiteten, zu enttarnen.[46] Dies sollte in der Folgezeit nicht der einzige derartige Fall bleiben.[47]

Im Zuge der Wahlerfolge der NSDAP bei den Reichstagswahlen 1930 – die Nationalsozialisten stellten nunmehr die zweitstärkste Fraktion im Reichstag – fand die Partei auch in den Reihen der Kriminal- und Schutzpolizei immer weitere Anhänger. Die Mitgliedschaft in der NSDAP war den Beamten zwar verboten, doch das hielt einige von ihnen nicht davon ab, der NS-Bewegung heimlich beizutreten und ihr vertrauliche Informationen zukommen zu lassen.[48] Als Anlaufstelle diente ihnen ein Nachrichtenbüro, das die Berliner Schutzstaffel (SS) unter ihrem Führer Kurt Daluege im Laufe des Jahres 1931 eingerichtet hatte.[49] Die überlieferten Spitzelberichte zeigen die starke Unterwanderung der Berliner Polizei und bezeugen das große Interesse der Nationalsozialisten an der politischen Einstellung der Beamten – Stumm wird in einem der Berichte etwa als „Grosser Nazifresser" bezeichnet, während es über die Mitarbeiter seiner Inspektion heißt: „Die Kriminalkommissare Dr. Meyer und Herbst folgen Adolf Hitler in Berlin jeweils im Auto [...]. Jeder Besuch in seine Gaue wird beobachtet und gemeldet."[50]

lung von Bewegungsgeldern durch Stumm, undatiert, in: ebd.; Verhör d. Kriminalassistenten Albert Kumm vom 13. September 1933, in: ebd.
44 Vgl. Vortrag Stumms über die Bekämpfung rechtsradikaler Bewegungen vom 25. April 1929, in: LAB E Rep. 200-25 Nr. 808.
45 Vgl. Vermerk Stumms vom 7. Mai 1928, in: LAB E Rep. 200-25 Nr. 648.
46 Vgl. Vortrag Stumms über die Bekämpfung rechtsradikaler Bewegungen vom 25. April 1929, in: LAB E Rep. 200-25 Nr. 808.
47 Offenbar hatte die Goebbels-Zeitung *Der Angriff* im Sommer 1930 in der Rubrik „Achtung Gummiknüppel" gegen Stumm gehetzt und dabei Material verwendet, das aus dem Berliner Polizeipräsidium stammte. Die anarchistische Zeitung *Der Alarm* schrieb diesbezüglich am 1. August 1930: „Daß im Berliner Polizeipräsidium Kreaturen herumschleichen, die im ‚Angriff' ihr eigenes Nest beschmutzen, ist ein Skandal. Müssen wir das Polizeipräsidium erst auf diese Lumpen aufmerksam machen?" Auszug aus Richard Linsert, Kabale und Liebe. Über Politik und Geschlechtsleben, Berlin 1931, in: LAB E Rep. 200-25 Nr. 133.
48 Eines der bekanntesten Beispiele hierfür ist der Kriminalbeamte Arthur Nebe, der im Juli 1931 der NSDAP heimlich beitrat und später zum Chef der Reichskriminalpolizei aufsteigen sollte. Vgl. Wagner, Volksgemeinschaft ohne Verbrecher, S. 184.
49 Vgl. Sascha Steger, Kurt Daluege, die Stennes-Revolten 1930/31 und der Aufstieg der SS, in: Vierteljahrshefte für Zeitgeschichte 69 (2021), S. 609–613.
50 Anonymer Bericht über die Beamten des Polizeipräsidiums Berlin, undatiert, in: Geheimes Staatsarchiv Preußischer Kulturbesitz (GStA PK), VI. HA, Nachlass Daluege, K., Nr. 77.

Abb. 3 *Durchsuchung der Berliner NSDAP-Gaugeschäftsstelle im Zuge des SA-Verbots, April 1932.*

Abb. 4 *Die Ermittler der politischen Polizei sichern Beweismaterial, April 1932.*

Das Aufspüren republikfeindlicher Beamter innerhalb der Polizei entwickelte sich zu einer der wichtigsten Aufgaben Stumms. Ein besonders aufsehenerregender Fall, der auch in der Presse Widerhall fand, ereignete sich im Oktober 1930.[51] Nachdem einige Wachtmeister und ein Polizeihauptmann nach Dienstschluss in einer Berliner Polizeikaserne reichlich Alkohol getrunken hatten, begannen sie, rechtsextreme Lieder zu singen und so lautstark über Politik zu diskutieren, dass ein Passant aufmerksam wurde und den Vorfall meldete. Da der Verdacht im Raum stand, die Männer hätten „Hakenkreuz am Stahlhelm" angestimmt und sich über die „sozialdemokratischen Bonzen" ausgelassen, übernahm Stumm in der Folge die Ermittlungen. Er lud 32 Polizeibeamte vor, verhörte sie innerhalb weniger Tage nach dem Vorfall und konnte die Vorwürfe bestätigen.[52] Zudem fand er heraus, dass der Polizeiwachtmeister Kurt Gildisch sich bereits inoffiziell der NSDAP angeschlossen und Informationen über die politische Gesinnung seiner Kameraden gesammelt hatte.[53] Daher empfahl Stumm noch vor dem endgültigen Abschluss des Verfahrens die Suspendierung von Gildisch und eines Polizeihauptmanns, der sich ebenfalls schwer belastet hatte.[54]

Dass Stumm mit seinen Ermittlungen richtiglag, konnte wenig später durch Unterlagen bewiesen werden, die bei einer Durchsuchung der Gaugeschäftsstelle der NSDAP im Februar 1931 sichergestellt wurden. Aus diesen ging hervor, dass Gildisch inzwischen um Aufnahme in die SA gebeten hatte.[55] Tatsächlich begann Gildisch nach seiner Entlassung aus dem Polizeidienst eine zweite Karriere in der NS-Bewegung, trat in die Berliner SS ein und stieg im Zuge der Machtübernahme zum Leibwächter Hitlers und später zum Führer des SS-Begleitkommandos auf. Während des „Röhm-Putsches" am 30. Juni 1934

---

51 Vgl. o.V., Politische Ausschreitungen eines Berliner Polizeihauptmanns. Sofort vom Dienst suspendiert, in: Berliner Morgenpost vom 13. Oktober 1930, in: LAB E Rep. 200-25 Nr. 648; o.V., Berliner Polizeihauptmann beschimpft seine Vorgesetzten, in: 8 Uhr – Abendblatt vom 13. Oktober 1930, in: ebd.
52 Vgl. Befragungen von Polizeibeamten durch Stumm vom 3.–22. Oktober 1930, in: ebd.
53 Vgl. Aussage Paul Schröders zum Verfahren gegen Seupel und Genossen vom 14. Oktober 1930, in: ebd.; Abschlussbericht Stumms zum Verfahren Seupel und Genossen vom 31. Oktober 1930, in: ebd.
54 Vgl. Vermerk Dezernat 7 der politischen Polizei vom 9. Oktober 1930, in: ebd.; Vermerk Polizeipräsident vom 11. Oktober 1930, in: ebd.; Bericht Stumms Vorläufiges Ermittlungsergebnis in Sachen Seupel und Genossen vom 14. Oktober 1930, in: ebd.
55 Die Durchsuchung der Geschäftsstelle wurde durch Stumms Kriminalbeamte durchgeführt. In einem Bericht des Mitarbeiters der Inspektion Erich Meyer heißt es, dass zur Unterstützung der Aktion auch Beamte weiterer Inspektionen hinzugezogen wurden. Schließlich sei im Zuge der Ermittlungen festgestellt worden, dass der NSDAP Akten aus dem Berliner Polizeipräsidium zugespielt worden waren: „Zu dem beschlagnahmten Material gehörten auch neue Organisationspläne der Abteilung I A im Original. Bei Sichtung des Materials im Büro, an der ich nach Abschluss der Durchsuchung nicht mehr beteiligt war, erhielt ich [von Stumm] den Auftrag, festzustellen, wer die Organisationspläne an das Gaubüro abgeliefert haben könnte." Vgl. Schreiben Oberste SA-Führung (Migge) an den Gausturm Berlin-Brandenburg vom 9. Februar 1931, in: ebd.; Vermerk Inspektion 3 der politischen Polizei vom 13. Februar 1931, in: ebd.; Äußerung Meyers zur Durchsuchung der Berliner Gaugeschäftsstelle der NSDAP, 1933, in: ebd.; Dams, Staatsschutz, S. 205.

bewies er seine Loyalität durch die Ermordung des in Ungnade gefallenen Ministerialdirektors Erich Klausener.[56]

Seine Erfolge im Kampf gegen den Nationalsozialismus trugen Stumm die Gunst seiner direkten Vorgesetzten ein, wurden darüber hinaus aber auch in den höheren Leitungsebenen des Innenressorts aufmerksam verfolgt. Als ab Oktober 1929 der Leiter der Nachrichtensammelstelle im Reichsministerium des Innern – einer Abteilung, in der die Fäden sämtlicher nachrichtendienstlicher Abteilungen der Innenministerien der Länder zusammenliefen – für einige Monate krankheitsbedingt ausfiel, übernahm Stumm kurzerhand dessen Aufgaben und führte das Referat sogar eine Zeit lang kommissarisch parallel zu seiner Tätigkeit im Polizeipräsidium.[57] Mit einem Dankesschreiben von Reichsinnenminister Carl Severing verabschiedet, kehrte Stumm Ende Januar 1930 wieder in seinen Dienstalltag zurück.[58]

Durch die Abordnung ins Reichsinnenministerium hatte der junge Kriminalkommissar seinen Ruf als fähiger Nachrichtendienstler weiter gestärkt. Nicht zuletzt aufgrund seines schon 1925 erfolgten Eintritts in die SPD profilierte er sich zudem als aktiver Verteidiger der republikanischen Ordnung.[59] Schließlich war Stumm ebenso wie sein Vorgesetzter Fritz Goehrke, Leiter der politischen Polizei im Berliner Polizeipräsidium, Mitglied einer Freimaurerloge geworden und vermochte auf diese Weise, sein berufliches Netzwerk zu vergrößern.[60] All dies trug dazu bei, dass Stumm am 1. Oktober 1931 bevorzugt zum Kriminalpolizeirat befördert wurde – er war zu diesem Zeitpunkt gerade einmal 34 Jahre alt.[61] Seine Kollegen innerhalb der politischen Polizei erreichten diese Stufe im Durchschnitt erst mit 40 Jahren, während ein Beamter in der regulären Krimi-

---

56 Vgl. Graf, Politische Polizei, S. 95; Bernhard Sauer, In Heydrichs Auftrag. Kurt Gildisch und der Mord an Erich Klausener während des „Röhm-Putsches", Berlin 2017, S. 40–49.

57 Dabei erwies sich Stumm nicht nur als Kenner rechtsradikaler Organisationen. Vielmehr empfahl er angesichts der in der Nachrichtensammelstelle einlaufenden Berichte eine schärfere Überwachung des verbotenen Rotfrontkämpferbundes. Vgl. Vermerk Landeskriminalpolizeiamt Abteilung I A vom 2. November 1929, in: LAB E Rep. 200-25 Nr. 135; Vermerk Abteilung I A vom 3. Januar 1930, in: ebd.; PrMdI (i.A. Klausener) an RMI vom 23. Dezember 1929, in: ebd.; PrMdI an RMI vom 3. Januar 1930, in: ebd.; Vermerk Abteilung I A vom 6. Januar 1930, in: ebd.; Nachrichtensammelstellen des RMI (i.A. Stumm) an die Nachrichtenstellen der Landesregierungen vom 28. Dezember 1929, in: ebd.; RMI an PrMdI vom 24. Dezember 1929, in: LAB E Rep. 200-25 Nr. 19; Lebenslauf Stumms vom 25. März 1946, in: LAB E Rep. 200-25 Nr. 1.

58 Vgl. Beurteilung Stumms durch Severing vom 29. Januar 1930, in: LAB E Rep. 200-25 Nr. 135.

59 Vgl. Befragung von Johannes Stumm durch Christoph Graf vom 10./11. Oktober 1974, in: LAB E Rep. 200-25 Nr. 255; SPD-Mitgliedskarte Johannes Stumm vom 18. Juli 1945, in: LAB E Rep. 200-25 Nr. 124.

60 Von den Nationalsozialisten, für die Freimaurer einen Teil ihres Feindbildes darstellten, wurde Stumm in einem Spitzelbericht als „Logenbruder" diffamiert. Vgl. Befragung von Johannes Stumm durch Christoph Graf vom 10./11. Oktober 1974, in: LAB E Rep. 200-25 Nr. 255; Dams, Staatsschutz, S. 196; V-Mann Bericht über das Berliner Polizeipräsidium, undatiert, in: GStA PK, I. HA Rep. 77, Nr. 7516.

61 Vgl. Bericht der Sonderkommission Halling zum BBG-Verfahren Johannes Stumm vom 21. August 1933, in: LAB E Rep. 200-25 Nr. 648; Mitteilung Pr.MI vom 3. September 1931, in: LAB E Rep. 200-25 Nr. 19; Grzesinski an Goehrke, undatiert, in: ebd.; Vorschlag zur Besetzung einer Kriminal-Polizeirat-Stelle, undatiert, in: ebd.

nalpolizei eine solche Beförderung erst mit 47 Jahren erhielt.[62] Dieser steile Aufstieg zeugt von der Tatsache, dass Stumm von seinen Vorgesetzten für höhere Aufgaben ausersehen worden war und weitere Beförderungen außerhalb der normalen Dienstlaufbahn hätten folgen sollen.[63] Es kam anders.

Vorbereitung eines Parteiverbots

Die politische Notlage der Weimarer Republik spitzte sich im Zuge der Wahlerfolge der NSDAP weiter zu. Trotz einiger Fortschritte im Kampf gegen die NS-Bewegung konnte die politische Polizei diese fatale Entwicklung nicht verhindern. Schließlich waren Stumm und seine Kollegen mit einer als legal geltenden Massenpartei konfrontiert, die in ihrer Propagandatätigkeit nur punktuell eingeschränkt werden konnte – und zwar dann, wenn sie nachweislich gegen Gesetze verstieß. So konnten der NSDAP, wie der Historiker Carsten Dams treffend formulierte, „schmerzhafte Nadelstiche" versetzt werden, viel mehr aber auch nicht.[64] Die einzige Möglichkeit, einen entscheidenden Erfolg gegen die Nationalsozialisten zu erzielen, sahen die führenden Akteure der politischen Polizei mithin darin, den Beweis zu führen, dass es sich bei der NSDAP um eine staats- und republikfeindliche, hochverräterische Organisation handelte, und sie verbieten zu lassen.[65]

Im September 1930 erarbeiteten der Berliner Polizeivizepräsident Bernhard Weiß, der für die NS-Bewegung zuständige Dezernatsleiter der politischen Polizei Hans Joachim Schoch, Johannes Stumm und der Justiziar der Polizeiabteilung des preußischen Innenministeriums Robert Kempner eine Denkschrift, die genau dies erreichen wollte.[66] Unter dem Titel „Die NSDAP als staats- und republikfeindliche hochverräterische Verbindung" präsentierten die Verfasser Ausschnitte aus nationalsozialistischen Publikationen, Mitschriften öffentlicher Reden von NS-Führern und interne, über V-Männer erlangte Schriftstücke aus der Parteiverwaltung.[67] Stumm war für die Bereitstellung und Auswahl des brisanten Quellenmaterials zuständig, das nach eingehender juristischer Prüfung durch die vier Männer für ein Parteiverbot ausreichte.[68] Das Fazit lautete:

> Danach ist die NSDAP eine staatsfeindliche Verbindung [...], die die Bestrebung verfolgt, die verfassungsmäßig festgestellte republikanische Staatsform zu unter-

---

62 Vgl. Dams, Staatsschutz, S. 47.
63 Vgl. Entschädigungsangelegenheit Johannes Stumm, Gutachten von Hans Hirschfeld vom 29. September 1954, in: LAB E Rep. 200-25 Nr. 19.
64 Vgl. Dams, Staatsschutz, S. 81.
65 Der Berliner Polizeipräsident Albert Grzesinski hatte gegenüber dem preußischen Ministerpräsidenten Otto Braun schon im März 1930 vorgeschlagen, NSDAP und KPD verbieten zu lassen. Braun schätzte die Chancen für ein Verbotsverfahren zu diesem Zeitpunkt aber als gering ein und legte das Schreiben zu den Akten. Vgl. Dams, Staatsschutz, S. 135.
66 Vgl. Robert M. W. Kempner, Ankläger einer Epoche. Lebenserinnerungen, Frankfurt am Main 1983; Dams, Staatsschutz, S. 128f.
67 Vgl. ebd., S. 129.
68 Vgl. Kempner, Ankläger, S. 65f.

graben [...]. Ihre Betätigung stellt sogar ein hochverräterisches Unternehmen [...] dar.[69]

Die Denkschrift wurde umgehend dem Reichsgericht in Leipzig vorgelegt und auch an die Reichsregierung verschickt – und tatsächlich dienten die Ausführungen kurz darauf als Diskussionsgrundlage innerhalb des Kabinetts Heinrich Brünings über die Frage, ob es sich bei der NSDAP um eine staats- und verfassungsfeindliche Verbindung handele. Die interne Debatte auf höchster politischer Ebene blieb jedoch ohne Folgen: Ein Verbotsverfahren wurde trotz der erdrückenden Belege über die Ziele der NS-Bewegung nicht eingeleitet. Dies war ein herber Rückschlag für Stumm, der ihm vor Augen führen musste, dass die politische Polizei der NSDAP ohne die Unterstützung von Politik und Justiz keine wirkungsvollen Schläge versetzen konnte.[70]

Einen erneuten Versuch, der NS-Bewegung ihren Weg zur Macht zu versperren, unternahmen die führenden Akteure des Berliner Polizeipräsidiums im Dezember 1931: Als Hitler in Berlin eine Pressekonferenz mit ausländischen Journalisten ankündigte, planten Albert Grzesinski und Bernhard Weiß, die Veranstaltung zu verbieten. Außerdem, und dies ist entscheidend, sollte Hitler, der zu diesem Zeitpunkt noch nicht die deutsche Staatsbürgerschaft besaß, als „lästiger Ausländer" aus Preußen verwiesen werden.[71] Für die Durchführung der Polizeiaktion bestellten die beiden Männer Stumm in ihr Büro, wie Weiß in einem Interview von 1949 rückblickend erklärte:

> Ich sagte [Stumm], was er machen sollte. Mit ein paar Beamten in den Kaiserhof fahren. Telefonverbindung abschneiden. Fahrkarten nach Bayern besorgen, und Hitler wie einen gemeinen Verbrecher über die Grenze zu bringen.[72]

Folgt man den Schilderungen des Interviews, so freute sich Stumm über die „schöne Aufgabe" und traf entsprechende Vorbereitungen.[73] Offenbar kam es jedoch kurz vor der Ausführung zu Unstimmigkeiten mit dem preußischen Innenminister, der angesichts der politischen Tragweite der Aktion ein Eingreifen der Reichsregierung befürchtete – so scheiterte der Plan letztlich an der defensiven Haltung der preußischen Regierung.[74]

---

69 Denkschrift „Die Nationalsozialistische Deutsche Arbeiterpartei als staats- und republikfeindliche hochverräterische Verbindung (§ 129 StGB., § 4 4 Ziff. 1 RepSchGes., § 86 StGB)"; in: Staat und NSDAP 1930–1932. Quellen zur Ära Brüning, eingeleitet von Gerhard Schulz, bearb. von Ilse Maurer und Udo Wengst (= Quellen zur Geschichte des Parlamentarismus und der politischen Parteien. Dritte Reihe. Die Weimarer Republik, Bd. 3), Düsseldorf 1977, S. 96–155, hier S. 155.
70 Vgl. Dams, Staatsschutz, S. 131.
71 In dem Verfügungsentwurf vom 11. Dezember 1931 heißt es in einem Zusatz: „Zugleich weise ich Sie [Hitler], da Ihr Verhalten den öffentlichen Frieden nicht sichert und den Bestand des Staates gefährdet, als lästigen Ausländer von Landespolizei wegen aus Preussen aus. Die Ausweisung wird durch unmittelbaren Zwang durchgeführt." Dokument 5: Entwurf einer Verfügung des Polizeipräsidenten Grzesinskis betr. Auftrittsverbot und Ausweisung Adolf Hitlers vom 11. Dezember 1931, in: Graf, Politische Polizei, S. 407.
72 Interview Weiß' mit dem RIAS vom 16. September 1949, in: LAB E Rep. 200-25 Nr. 230.
73 Vgl. ebd.
74 Vgl. Dams, Staatsschutz, S. 135–138; Befragung von Johannes Stumm durch Christoph Graf vom 10./11. Oktober 1974, in: LAB E Rep. 200-25 Nr. 255.

Über Stumms weiteres Wirken als Leiter der Inspektion „Rechtsradikale Parteien und Organisationen" in den letzten Monaten der Weimarer Republik schweigen die Quellen weitgehend. Im Februar 1932 wurde im Berliner Polizeipräsidium – offenbar von Stumm und Schoch – eine weitere Denkschrift über die NSDAP angefertigt, die noch umfangreicher als das Dossier vom September 1930 ausfiel und ebenfalls ein Parteiverbot vorbereiten sollte. Im März 1932 übersandte der preußische Ministerpräsident Otto Braun den Text an Brüning und warnte eindringlich vor der Gefahr, die von der NSDAP ausging – ohne Erfolg, denn der Reichskanzler ließ das Schreiben unbeantwortet.[75] Kurz darauf waren Stumms Ermittler zur Vorbereitung und Durchsetzung des kurzzeitigen SA-Verbots im Frühjahr 1932 eingesetzt und führten die damit einhergehenden Durchsuchungen in den Berliner Parteiräumen durch. Stumms Ziel, die Machteroberung der NSDAP abzuwenden, sollte aber auch mit diesen Maßnahmen nicht erreicht werden.

Versetzung und Beurlaubung

Der Erfolg der Nationalsozialisten bei der preußischen Landtagswahl im April 1932, die Demontage von Reichskanzler Brüning sowie dessen Ersetzung durch Franz von Papen zwei Monate später und schließlich der „Preußenschlag" am 20. Juli 1932 – die Agonie der Weimarer Republik schritt schnell voran. Die Entmachtung der preußischen Regierung bedeutete insbesondere für die Polizei einen gewaltigen Einschnitt. Nachdem sich der Berliner Polizeipräsident Grzesinski, sein Vizepräsident Weiß und der Kommandeur der Berliner Schutzpolizei Magnus Heimannsberg geweigert hatten, den Anordnungen der kommissarischen Papen-Regierung nachzukommen und ihre Ämter niederzulegen, wurden sie kurzerhand unter Arrest gestellt und durch reaktionäre Erfüllungsgehilfen des Präsidialregimes ersetzt.[76] Doch nicht nur auf der Führungsebene kam es zu gravierenden Veränderungen. Vor allem im politisch so bedeutsamen Berliner Polizeipräsidium – insbesondere in der Abteilung I – wurden zahlreiche demokratisch und republikanisch gesinnte Beamte von ihren Aufgaben abgezogen. Fritz Goehrke etwa, der die politische Polizei seit Januar 1931 geleitet hatte, wurde in das Fremdenamt des Polizeipräsidiums versetzt.[77] Ebenso mussten sämtliche sozialdemokratischen Dezernenten ihre Posten räumen.[78]

Es ist wenig überraschend, dass auch Stumm von dieser Umorganisation betroffen war. Der neue Berliner Polizeipräsident Kurt Melcher, ein autoritär gesinnter, deutschnationaler Beamter, versetzte ihn am 30. Juli 1932 zunächst innerhalb des Präsidiums zur Kriminalpolizeiabteilung. Zugleich ordnete er ihn zur „informatorischen Beschäftigung" an die Kriminalpolizeiinspektion Kreuzberg ab, um ihn unverzüglich aus der Zentrale

---

75 Vgl. Dams, Staatsschutz, S. 133f.
76 Vgl. ebd., S. 151–167.
77 Vgl. ebd., S. 168f.
78 So wurde beispielsweise der im Reichsbanner engagierte Regierungsassessor Max Schindler, der das Dezernat zur Überwachung der NS-Bewegung leitete, an das Regierungspräsidium in Oppeln abgeordnet. Vgl. Graf, Politische Polizei, S. 75; Dams, Staatsschutz, S. 211; Befragung von Johannes Stumm durch Christoph Graf vom 10./11. Oktober 1974, in: LAB E Rep. 200-25 Nr. 255.

zu entfernen. Anschließend wurde er – die genauen Abläufe lassen sich auf Grund der lückenhaften Überlieferung nicht mehr rekonstruieren – mit der Führung der Kriminalpolizeiinspektion Lichtenberg betraut.[79]

Stumms Nachfolger als Leiter der Inspektion zur Überwachung rechtsradikaler Organisationen wurde ausgerechnet der mit der NS-Bewegung sympathisierende Kriminalrat Johannes Thiele, der nach der Machtübernahme eine wichtige Rolle bei der „Gleichschaltung" der preußischen Kriminalpolizei spielen sollte.[80] Dementsprechend veränderte sich die Praxis der politischen Polizei im Nachgang des „Papen-Putsches": Während die Überwachung der NSDAP kaum mehr fruchtbringend betrieben wurde, nahm die Bekämpfung der KPD deutlich zu. Zudem rückten von nun an auch die SPD und die Gewerkschaftsbewegung in das Fadenkreuz der Ermittler, was insofern bemerkenswert ist, als die für den Schutz der republikanischen Ordnung verantwortliche politische Polizei nun diejenige Partei beobachtete, die bis zu diesem Zeitpunkt als wichtigstes Bollwerk der deutschen Republik gegolten hatte.[81]

Darüber hinaus verdient der Umstand Beachtung, dass sich die Umwälzungen im Berliner Polizeipräsidium im Kontext des „Preußenschlags" ohne größere Proteste der Verwaltungs- und Kriminalbeamten der politischen Polizei vollzogen. Während Polizeipräsident Grzesinski und sein Stellvertreter sich zunächst gegen ihre Absetzung wehrten, ist eine solche Auflehnungsgeste von der nachgeordneten Beamtenschaft offenbar ausgeblieben. Im Gegenteil: Die Kriminalbeamten der politischen Polizei weigerten sich am 20. Juli 1932, Grzesinski zu schützen, und meldeten sich stattdessen beim neuen Berliner Polizeipräsidenten Kurt Melcher.[82] Wenig später räumte auch Stumm seinen Posten lautlos und ohne Gegenwehr.[83] Bevor er sein Büro in der „Roten Burg" verließ, vernichtete er jedoch einige persönliche Unterlagen und die wichtigsten von seiner Inspektion in jahrelanger Ermittlungsarbeit zusammengestellten Berichte und Dossiers über die NS-Bewegung, um sie nicht in die falschen Hände fallen zu lassen.[84]

---

79 Vgl. Graf, Politische Polizei, S. 367; Erlass Polizeipräsident Berlin vom 30. Juli 1932, in: LAB E Rep. 200-25 Nr. 19; Vermerk Abteilung K vom 4. August 1932, in: ebd.; Stumm an Walther Hofer vom 13. Februar 1974, in: LAB E Rep. 200-25 Nr. 255.
80 Vgl. Graf, Politische Polizei, S. 387; Befragung von Johannes Stumm durch Christoph Graf vom 10./11. Oktober 1974, in: LAB E Rep. 200-25 Nr. 255.
81 Betrachtet man den Geschäftsverteilungsplan der Abteilung I vom Dezember 1932 wird deutlich, welche Prioritäten innerhalb der politischen Polizei gesetzt wurden. Allein mit der Überwachung der KPD und ihren angeschlossenen Organisationen waren fünf Dezernate betraut, während sich mit der NSDAP nur ein Dezernat befasste, wobei der Referatsleiter zugleich ein weiteres Dezernat verwalten musste, das sich mit sämtlichen Parteien von SPD bis DNVP (Deutschnationale Volkspartei) beschäftigte. Vgl. Dokument 7: Geschäftsverteilungsplan der Abteilung I des Polizeipräsidiums Berlin vom Dezember 1932, in: Graf, Politische Polizei, S. 409f.
82 Vgl. ebd., S. 67f.
83 Wie Stumm sich in den entscheidenden Stunden des „Preußenschlags" verhielt, lässt sich nicht mehr nachvollziehen. In einem Brief, den Robert Kempner über 40 Jahre nach den Ereignissen an Stumm schickte, heißt es rückblickend lediglich: „Der Papen-Putsch – wir [Stumm, Kempner und ein Dezernatsleiter der politischen Polizei] sassen am Nachmittag […] in einem Café nahe Potsdamer Platz – beendete unsere Bemühungen und machte Hitler den Weg frei." Robert Kempner an Stumm vom 16. März 1977, in: LAB E Rep. 200-25 Nr. 638.
84 Befragung von Johannes Stumm durch Christoph Graf vom 10./11. Oktober 1974, in: LAB E Rep. 200-25 Nr. 255. In diesem Interview erklärte Stumm auch, er habe im Nachgang des

Abb. 5 *Portrait Kurt Daluege, 1933. Der SS-Führer spielte als Leiter einer nach ihm benannten „Sonderabteilung" im preußischen Innenministerium eine Schlüsselrolle bei der Entlassung weltanschaulicher Feinde aus der Polizei. In den Folgejahren baute er die ihm unterstellte uniformierte Polizei zu einer der Hauptstützen des NS-Regimes aus.*

„Preußenschlags" die „Akten über NS-Führer, die sich teils aus allgemein zugänglichen Informationen und teils aus Spitzelberichten zusammensetzten von Agenten, die wir auch innerhalb der NSDAP und der SA/SS hatten [und die] vertraulichen Informationen, Spitzelberichte etc. verbrannt." Stumm scheint hierbei gründlich vorgegangen zu sein: Als die Nationalsozialisten nach dem 30. Januar 1933 schließlich Zugriff auf das Berliner Polizeipräsidium erhielten, ließ Hermann Göring umgehend die Akten der Geheimpolizei über „prominente Nationalsozialisten" beschlagnahmen. Vgl. Göring an den Berliner Polizeipräsidenten vom 17. Februar 1933, in: Bundesarchiv (BArch), R 9361/III 520594; Dams, Staatsschutz, S. 15. Das zu diesem Zeitpunkt noch vorhandene Material fiel aber offenbar so nichtssagend aus, dass Göring diesen Umstand sogar anlässlich des Reichstagsbrandprozesses in seiner Rede vor dem Leipziger Reichsgericht am 4. November 1933 erwähnte und die republikanische politische Polizei als unfähig bezeichnete. Vgl. Graf, Politische Polizei, S. 2f.

Als aufmerksamer Beobachter der politischen und gesellschaftlichen Entwicklungen und als Kenner der NSDAP dürfte Stumm recht bald die Vorteile seiner raschen Entfernung aus dem Berliner Polizeipräsidium erkannt haben. Als Leiter der Kriminalpolizeistelle Lichtenberg war er nicht mehr mit politischen Vorgängen befasst und das Interesse der Nationalsozialisten an seiner Person dürfte rasch abgenommen haben. Im Dezember 1932 trat Stumm zudem aus der SPD aus, wobei die genauen Umstände nicht mehr rekonstruiert werden können.[85] Vermutlich waren ihm die Pläne der NS-Bewegung, im Fall ihrer Machtübernahme den Polizeiapparat von Sozialdemokraten und anderen weltanschaulichen Feinden zu „säubern", bestens bekannt und er wollte sich für diese Eventualität absichern.[86]

Am 30. Januar 1933 wurde Adolf Hitler zum Reichskanzler ernannt. Schon in den ersten Tagen nach der Machtübernahme bewiesen die Nationalsozialisten, dass sie gewillt waren, sich die preußische Polizei als Machtmittel zu unterwerfen. Der kommissarische preußische Innenminister Hermann Göring und der NSDAP-Polizeiexperte und SS-Führer Kurt Daluege begannen unverzüglich mit der Entlassung republikanischer Beamter nach vorbereiteten Listen.[87]

Während unliebsame Polizisten im Nachgang des „Preußenschlags" lediglich versetzt worden waren, sollten diese nun dauerhaft aus dem Dienst entfernt werden. Diese „Säuberung" vollzog sich in zwei Phasen: Die ersten vereinzelten Entlassungen fanden zwischen Februar und April 1933 statt. Sie beruhten auf den bereits bestehenden Vorschriften, die eine disziplinarische Bestrafung von Beamten bei Fehlverhalten im Einzelfall ermöglichten. Die zweite Phase, in deren Verlauf alle preußischen Polizeibeamten überprüft wurden, begann am 7. April 1933 mit der Verabschiedung des „Gesetzes zur Wiederherstellung des Berufsbeamtentums", auch Berufsbeamtengesetz (BBG) genannt, das die Pensionierung von missliebigen Beamten wegen politischer Unzuverlässigkeit oder „nicht arischer Abstammung" ermöglichte.[88]

---

85 Stumm erklärte im Spätsommer 1933 im Zuge des von den Nationalsozialisten gegen ihn eröffneten Ausschlussverfahrens selbst, er sei im Dezember 1932 aus der SPD ausgetreten. Unterlagen hierüber existieren nicht. Nach dem Krieg behauptete Stumm, er sei bis zur Auflösung der Sozialdemokratischen Partei 1933 Mitglied geblieben. In Anbetracht seines Verhaltens im Nachgang der Machtübernahme ist ein Austritt im Dezember jedoch wahrscheinlicher. Vgl. Vorgang BBG-Verfahren Johannes Stumm, Berichterstatter: Mundt, Halling, vom 4. September 1933, in: LAB E Rep. 200-25 Nr. 649; SPD-Mitgliedskarte Johannes Stumm vom 18. Juli 1945, in: LAB E Rep. 200-25 Nr. 124.

86 Diese These wird durch die Tatsache untermauert, dass Stumm im April 1933 – zu einem Zeitpunkt also, als er um seinen Verbleib im Polizeidienst bangen musste – aus seiner Freimaurerloge austrat, um seine nationale Gesinnung unter Beweis zu stellen. Vgl. Politische Beurteilung Stumm durch den Gau Berlin vom 3. August 1938, in: LAB E Rep. 200-25 Nr. 9.

87 Vgl. zur Biographie Dalueges und zur Geschichte der uniformierten Polizei Sascha Steger, Kurt Daluege – Chef der Ordnungspolizei im NS-Staat. Eine biographische und organisationsgeschichtliche Studie. Die Veröffentlichung der Dissertationsschrift wird derzeit vorbereitet.

88 Vgl. Daniel Schmidt, Die Transformation der preußischen Schutzpolizei, 1932–1934, in: Michael C. Bienert/Lars Lüdicke (Hg.): Preußen zwischen Demokratie und Diktatur. Der Freistaat, das Ende der Weimarer Republik und die Errichtung der NS-Herrschaft, 1932–1934 (unter Mitarbeit von Leonie Kayser), Berlin 2018, S. 149–172, hier S. 164–167.

Stumm, der in den Listen Dalueges als „Nazifresser" charakterisiert worden war, zählte bemerkenswerterweise nicht zu denjenigen Beamten, die schon wenige Tage nach der Machtübernahme entlassen wurden – offenbar lagen die Voraussetzungen für eine entsprechende Disziplinarmaßnahme nicht vor.[89] Stattdessen wurde Stumm zunächst beurlaubt und auf diese Weise aus dem aktiven Polizeidienst entfernt. Der *Völkische Beobachter* widmete ihm und einigen weiteren republikanischen Beamten in der Ausgabe vom 19./20. Februar 1933 unter dem Titel „Aufsehenerregende Entlassungen hoher Beamter im Berliner Polizeipräsidium" einen „Nekrolog", wie Stumm den Artikel nach dem Krieg selbst bezeichnete.[90] Darin heißt es über ihn und Fritz Goehrke, der bis zum „Preußenschlag" Leiter der politischen Polizei gewesen war:

> Herr Goehrke mußte sofort sein Dienstzimmer verlassen, das versiegelt wurde. Wenn man sich zur Anwendung dieser besonderen Vorsichtsmaßnahme entschlossen hat, müssen die Gründe dafür sehr wichtig gewesen sein. Herr Goehrke war nie ein Freund unserer Bewegung. Wohl aber hat er sie mit dem Kriminalrat Dr. Stumm [...] nach besten Kräften verfolgt. Stumm, der im Juli vorigen Jahres von der politischen Polizei zum Polizeiamt Prenzlauer Berg [sic!] versetzt wurde, ist ebenfalls beurlaubt worden.[91]

Kurz darauf, in der Nacht vom 27. auf den 28. Februar 1933, brannte der Reichstag – ein Symbol für die endgültige Zerstörung der demokratischen Ordnung und der Auftakt zur rücksichtslosen Verfolgung jeglicher politischen Opposition gegen die Machtübernahme der Nationalsozialisten. SA- und SS-Männer, die kurz zuvor noch von Stumms Inspektion überwacht worden waren, gingen nun, zu „Hilfspolizisten" ernannt, selbst auf Streife. Bis Mitte Mai 1933 wurden allein in Preußen zehntausende vermeintliche und tatsächliche Gegner des Regimes in Gefängnissen und provisorischen Konzentrationslagern unter unsäglichen Bedingungen in „Schutzhaft" genommen. Stumm, der um die weitreichenden Ziele der NSDAP wusste und die Abrechnungsmentalität der SA bestens kannte, muss diese Entwicklungen als äußerst bedrohlich empfunden haben – schließlich hätte auch er, der eine nicht unbedeutende Rolle bei der Bekämpfung der NS-Bewegung gespielt und sich dabei einige Feinde gemacht hatte, leicht ins Visier der Verfolger geraten können. Dass Stumm diese Zeit unbeschadet überstand, verdankte er vor allem der Tatsache, dass nur einige wenige Verwaltungsexperten der NS-Bewegung wussten, wer er war und welche Position er vor dem Juli 1932 innegehabt hatte. Im Gegensatz dazu konnten prominente Kommunistenführer, sozialdemokratische Politiker, aber vor allem auch Angehörige des Rotfrontkämpferbundes oder des Reichsbanners von den SA-Trupps unmittelbar als Feinde identifiziert werden.

---

89 Vgl. V-Mann-Bericht über das Polizeipräsidium Berlin, undatiert, in: GStA PK, I. HA Rep. 77, Nr. 7516.
90 Bericht Stumms über seine Zeit in der Weimarer Republik und im NS-Staat, undatiert, in: LAB E Rep. 200-25 Nr. 228.
91 o. V., Aufsehenerregende Entlassungen hoher Beamter im Berliner Polizeipräsidium, in: Völkischer Beobachter vom 19./20. Februar 1933, in: LAB E Rep. 200-25 Nr. 9.

Unterwerfung und Entlassung

Nachdem Stumm sich zunächst vollständig aus der Öffentlichkeit zurückgezogen und nach seiner Beurlaubung mehr als vier Wochen auf eine Entscheidung über sein berufliches Schicksal gewartet hatte, unterwarf er sich den neuen Machthabern. Am 1. April 1933 richtete er ein Schreiben an Wilhelm Kube, den mittlerweile zum Oberpräsidenten von Brandenburg-Berlin ernannten NSDAP-Gauleiter, und bat darum, wieder in den Polizeidienst zurückkehren zu dürfen. Das Schreiben selbst ist nicht überliefert, allerdings existiert eine Zusammenfassung, die im Rahmen des später eröffneten Ausschlussverfahrens erstellt wurde. Demnach habe Stumm geschrieben, dass er

> auftrags- und verfügungsgemäß sich mit der Beobachtung der nationalsozialistischen Bewegung habe befassen müssen. Er versichert, daß er sich zu der deutschen Kultur- und Schicksalsgemeinschaft bekenne, und daß er die Neuaufbauarbeit an Volk und Vaterland mit allen seinen Kräften unterstützen und die Ziele der nationalen Regierung fördern wolle.[92]

Dies ist eine bedrückende Entwicklung, insbesondere wenn man sich vergegenwärtigt, dass Stumm sein berufliches Leben bislang vollständig darauf ausgerichtet hatte, die republikanische Ordnung gegen den Ansturm der Nationalsozialisten zu verteidigen.

Kube antwortete Stumm bereits am 3. April und empfahl ihm scheinbar wohlwollend, sich an Kurt Daluege zu wenden, der im preußischen Innenministerium inzwischen als Chef einer Sonderabteilung die Überprüfung sämtlicher Polizeibeamten auf ihre politische „Zuverlässigkeit" vorbereitete. Tatsächlich aber hatte Kube für Stumm wenig mehr als Verachtung übrig. Er leitete dessen Schreiben unverzüglich an Daluege weiter und kommentierte es mit den Worten:

> Mein lieber Kurt, das beiliegende Schreiben des Dir sicher auch noch bekannten Dr. Stumm überreiche ich Dir. Stumm war ein besonders gehässiger und niederträchtiger Feind der NSDAP, der begeistert allen Gemeinheiten des Isidor [Bernhard] Weiß und seiner Kumpane zugestimmt hat.[93]

Auf diese Weise auf den Besuch Stumms vorbereitet, entschied sich Daluege, den Kriminalbeamten gar nicht erst zu empfangen. Sichtlich verzweifelt schrieb Stumm am 5. April einmal mehr an Kube:

> Hochzuverehrender Herr Oberpräsident! Nach der Weisung Ihres vertraulichen Schreibens vom 3. [April] habe ich ungesäumt Herrn Kommissar z.b.V. [zur beson-

---

92 Bericht der Sonderkommission Halling zum BBG-Verfahren Johannes Stumm vom 21. August 1933, in: LAB E Rep. 200-25 Nr. 648. Kube leitete das Schreiben Stumms vom 1. April 1933 bereits zwei Tage später an Daluege weiter und versah es mit einem Begleitschreiben. Interessanterweise ist dieses im Nachlass Stumms überliefert, während der Brief Stumms an Kube, der im Begleitschreiben als Anhang aufgeführt wird, fehlt. Da Stumm die entsprechende Akte nach dem Krieg in seinem Privatbesitz verwahrte, liegt die Vermutung nahe, dass er den Brief selbst vernichtet hat, um seine Annäherungsversuche an Kube und Daluege zu verbergen. Kube an Daluege vom 3. April 1933, in: LAB E Rep. 200-25 Nr. 9.

93 Ebd.

deren Verwendung] Daluege dienstlich aufgesucht. Es ist mir leider nicht gelungen, eine persönliche Rücksprache zu erhalten. Vielmehr bin ich beschieden worden, daß Herr Abgeordneter Daluege es ablehne, mich zu empfangen. Ich möchte besorgen, daß hierbei ein Mißverständnis obwaltet, dem zu begegnen kaum in meiner Macht stehen dürfte. Sie, hochzuverehrender Herr Oberpräsident, werden es mir nachfühlen können, wie sehr mich der Zustand, in dieser Zeit infolge außerhalb meiner Person liegender dienstlicher Notwendigkeiten zur Untätigkeit verurteilt zu sein, bedrückt. Auch stehe ich nicht an, zu sagen, daß diese zwangsläufige Untätigkeit meiner Selbstachtung als national gesinnter Deutscher, der als Beamter wie als Mensch bedingungslos hinter der Staatsregierung steht, hart zusetzt. Gestatten Sie mir daher den Freimut, daß ich mit diesen Zeilen erneut Ihre für mich besonders wertvolle Unterstützung anrufe. Mit dem Ausdruck ausgezeichnetster Hochachtung bin ich Ihr, Ihnen stets ergebener Dr. Stumm[94]

Stumms Strategie, sich als unpolitischen Beamten und „national gesinnten Deutschen" darzustellen, der dienstlich dazu verpflichtet gewesen sei, die NS-Bewegung zu beobachten, war für Kube ebenso wenig überzeugend wie für Daluege. Am 6. April 1933 leitete Kube einmal mehr Stumms handschriftlichen Brief an Daluege weiter und kommentierte, er „habe keine Veranlassung in dieser Angelegenheit noch irgend etwas zu unternehmen."[95]

Nachdem am 7. April 1933 mit der Verabschiedung des „Berufsbeamtengesetzes" die rechtliche Grundlage für die „Säuberung" des Staatsapparates von jüdischen, oppositionellen und politisch unerwünschten Beamten geschaffen worden war, eröffnete eine Sonderkommission der Kriminalpolizei ein Ausschlussverfahren gegen Stumm. Als Berichterstatter wurde Alfred Mundt eingesetzt, der schon vor der Machtübernahme eine nationalsozialistische Kriminalisten-Fachgruppe angeführt hatte und als Protegé Dalueges bis zum Leiter der Kriminalpolizeiabteilung im Berliner Polizeipräsidium aufsteigen sollte.[96] In den folgenden Monaten legte Mundt eine knapp 200 Seiten starke Akte an, in der er und seine Mitarbeiter Gutachten und Zeugenaussagen über Stumm und über sein Agieren als Inspektionsleiter der politischen Polizei sammelten.[97]

Der Prüfungskommission ging es darum, zu beweisen, dass Stumm die NSDAP in „gehässiger Weise" verfolgt hatte – mithin, dass er über seine Beamtenpflicht als Inspektionsleiter hinausgegangen war, um der NS-Bewegung aus persönlichen Motiven zu schaden. Als Zeuge befragt wurde unter anderem Julius Lippert, ehemaliger Chefredak-

---

94 Stumm an Kube vom 5. April 1933, in: GStA PK, I. HA Rep. 77, Nr. 7516.
95 Kube an Daluege vom 6. April 1933, in: ebd.
96 Vgl. Graf, Politische Polizei, S. 98.
97 Beispielsweise sahen sich die Prüfer die von Stumm geführten Befragungen im Fall Gildisch heran, um aus den Verhörprotokollen die vermeintliche Voreingenommenheit der Ermittler herauszuarbeiten. Stumms Abschlussbericht vom 21. Oktober 1930, in dem er den Ausschluss von Gildisch aus der Polizei forderte, weil an dessen „nationalistischer Einstellung [...] kein Zweifel [besteht]", sahen sich die Prüfer besonders genau an und notierten an den Rand, dass dies „nach dem dürftigen Beweismaterial eine sehr gewagte Schlußfolgerung [ist], die ein objektiv eingestellter Krim.-Beamter niemals gezogen hätte." Abschlussbericht Stumms zum Verfahren gegen Seupel und Gildisch vom 21. Oktober 1930, in: LAB E Rep. 200-25 Nr. 648; Randkommentar der BBG-Prüfer, 1933, in: ebd.

teur der Goebbels-Zeitung *Der Angriff* und mittlerweile Staatskommissar für Berlin, der im August 1933 erklärte,

> daß seine Parteigenossen Dr. Stumm für einen besonders gehässigen Verfolger der N.S.D.A.P. gehalten hätten und daß besonders Herr Reichsminister Dr. Goebbels sich mit der abfälligsten Weise über Dr. Stumm ausgesprochen habe.[98]

Ebenfalls befragt wurde Karl Ernst, SA-Gruppenführer Berlin-Brandenburg, der erklärte, „daß er nicht sagen könne, daß er von Dr. Stumm in gehässiger Weise behandelt worden wäre, allerdings halte er Stumm für einen überzeugt linksstehenden Beamten, der nie wieder etwas mit der politischen Polizei zu tun haben dürfe."[99] Die Kommission führte auch Verhöre mit den ehemaligen Kollegen aus der politischen Polizei, die Stumm zwar als „systemtreu" und „politisch links eingestellt" beschrieben, jedoch den Vorwurf der „gehässigen Verfolgung" zurückwiesen.[100] Interessanterweise luden die Prüfer nur diejenigen Kriminalbeamten vor, von denen sie eine Aussage in ihrem Sinn erwarten konnten – eine Befragung von Hermann Stenzel, der zu Stumms engsten Mitarbeitern zählte, wurde von vornherein abgelehnt, „da sie keinen Erfolg verspricht."[101]

Am 4. September 1933 beendete Alfred Mundt seine Ermittlungen und präsentierte einen Abschlussbericht, in dem er konstatierte, dass § 4 des Gesetzes zur Wiederherstellung des Berufsbeamtentums – politische Unzuverlässigkeit – unbedingt auf Stumm angewendet werden müsse:

> Ich stehe daher auf dem Standpunkt, daß Dr. Stumm nicht nur, wie er behauptet, auf Anordnung seiner Vorgesetzten die nationale Bewegung bekämpft hat, sondern daß er auch von sich, aus Ehrgeiz, aus politischer Überzeugung und um Karriere zu machen, sich die Bekämpfung der NSDAP besonders hat angelegen sein lassen.

---

98 Vermerk Mitberichterstatter im BBG-Verfahren gegen Stumm vom 16. August 1933, in: ebd.
99 Bericht der Sonderkommission Halling zum BBG-Verfahren Johannes Stumm vom 21. August 1933, in: ebd.
100 Die BBG-Prüfer verhörten die Beamten Erdmann, Kiefer, Vahldiek und Weicher der Abteilung I. Vgl. Aussage des Kriminalsekretärs Weicher vom 13. Juni 1933, in: ebd.; Aussage des Kriminalassistenten Kiefer vom 13. Juni 1933, in: ebd.; Aussage des Kriminalassistenten Erdmann vom 11. August 1933, in: ebd.; Aussage des Kriminalassistenten Vahldiek vom 12. August 1933, in: ebd. Der Überprüfungskommission wurden auch unaufgeforderte Zeugenaussagen übermittelt, deren Wahrheitsgehalt zuweilen äußert zweifelhaft war. So erklärte ein Kriminalassistent aus Königsberg, der Mitte der 1920er Jahre im Berliner Polizeipräsidium gearbeitet hatte und offenbar unter Mitwirkung Stumms strafversetzt wurde, dass „Dr. St. Reichsbannerführer der Ortsgruppe Centrum war" – „von verschiedenen Kollegen ist er auch des Öfteren in Uniform gesehen worden." Stumm sei darüber hinaus „reichlich links orientiert" gewesen und habe „alles getan […], um den damaligen Machthabern gefällig zu sein […]". Derartige Anschuldigungen innerhalb der Polizeibeamtenschaft kamen während der Überprüfungsverfahren häufiger vor. Entweder wollten die Denunzianten – wie in diesem Fall – alte Rechnungen begleichen oder sie erhofften sich berufliche Vorteile; viele handelten auch aus politischer Überzeugung. Vgl. Kriminalassistent Müller an Halling vom 9. August 1933, in: ebd.
101 Vermerk Hallings vom 16. August 1933, in: ebd.

Es ist daher nicht anzunehmen, daß er sich jetzt rückhaltlos auf den Boden der nationalen Regierung stellen wird.[102]

Die Überprüfungskommission beantragte daher, Stumm unverzüglich aus dem Staatsdienst zu entlassen und seine Kriegsteilnahme nicht als Milderungsgrund anzuerkennen.[103] Am 13. Dezember 1933 genehmigte das preußische Innenministerium die Entscheidung, wodurch die Entlassung rechtskräftig wurde.[104] Stumm erfuhr von dieser für ihn so folgenschweren Entscheidung, so schreibt er nach dem Krieg, erst „zwei Tage vor dem Weihnachtsfest".[105]

Nach seinem Ausscheiden aus dem Staatsdienst wurde Stumm ein Ruhegehalt zuerkannt, das jedoch deutlich unter seinem bisherigen Diensteinkommen lag.[106] Der Ausgang des Verfahrens stellte mithin eine wirtschaftliche Bedrohung dar, die noch dadurch verschärft wurde, dass nur wenige Organisationen bereit waren, einen „politisch unzuverlässigen" ehemaligen Beamten einzustellen.[107] In der Folgezeit schlug sich Stumm zunächst als Vertreter durch, bevor er 1935 Steuersachverständiger wurde. Als solcher trat er noch im gleichen Jahr in die Treuhand-Aktiengesellschaft Berlin ein, in der er schon bald Prokurist wurde und schließlich als Direktor die Leitung der Steuerabteilung übernahm.[108] In dieser Position brachte er es zu Wohlstand und Einfluss. Zu Beginn des Zweiten Weltkrieges wurde Stumm für einige Wochen zum Kriegsdienst in einer Kraftfahrkolonne eingezogen, aber schon bald wegen seiner bedeutenden beruflichen Stellung freigestellt.[109]

Stumm selbst schrieb nach dem Untergang des NS-Staates rückblickend, die „weitere Zeit bis zur Kapitulation im Jahre 1945 war auch keine freundliche für mich, die ‚Erfolgreicheren' des Jahres 33 machten mir das Berufsleben so sauer wie sie konnten."[110] Tatsächlich wurde Stumm 1938 die staatliche Zulassung als Steuerhelfer unter Bezugnahme auf seine Dienstentlassung verwehrt, obwohl er zuvor in den Nationalsozialistischen Rechtswahrerbund und in die Nationalsozialistische Volkswohlfahrt eingetreten war – beides zur „notwendigen Tarnung", wie er später beteuerte.[111] Weitere Schikanen blieben Stumm aber offenbar erspart, weil er sich dem „Dritten Reich" anpasste und schließ-

---

102 Abschlussbericht BBG-Verfahren gegen Stumm (Berichterstatter Mundt) vom 4. September 1933, in: ebd.
103 Vgl. ebd.
104 Vgl. Erlass PrMdI (i.V. Ludwig Grauert) vom 13. Dezember 1933, in: LAB E Rep. 200-25 Nr. 9.
105 Stumm an Wolfgang Heinrich vom 1. Februar 1962, in: LAB E Rep. 200-25 Nr. 257/2.
106 Vgl. Nachweisung zur Anweisung der Versorgungsbezüge vom 16. Juli 1943, in: LAB E Rep. 200-25 Nr. 19.
107 Stumm legte daher bei Bewerbungen Empfehlungsschreiben bei, in denen seine „nationale Gesinnung" und sein Einsatz im Krieg hervorgehoben wurden. Vgl. Empfehlungsschreiben Friedrich Elmer an die Schweizerische Lebensversicherung vom 13. Februar 1934, in: LAB E Rep. 200-25 Nr. 775.
108 Vgl. Lebenslauf Stumms vom 25. März 1946, in: LAB E Rep. 200-25 Nr. 1; Fragebogen, Military Government of Germany vom 5. August 1945, in: LAB E Rep. 200-25 Nr. 9.
109 Vgl. ebd.
110 Stumm an Kempner vom 18. Dezember 1953, in: LAB E Rep. 200-25 Nr. 259.
111 Lebenslauf Stumms vom 25. März 1946, in: LAB E Rep. 200-25 Nr. 1; Personalfragebogen Polizeipräsidium Berlin vom 5. August 1945, in: LAB E Rep. 200-25 Nr. 9.

lich eine steile Karriere als Wirtschaftsprüfer machte. Seine im März 1946 gegenüber der sowjetischen Militäradministration abgegebene Erklärung, er habe unter dem NS-Regime einer oppositionellen Gruppe angehört, die „bis zur KPD erweitert […] als ausgesprochen illegale Kampforganisation ausgebaut [wurde]"[112], wirkt angesichts seines tatsächlichen Verhaltens beinahe grotesk.

Schlussbetrachtung

In den Augen seiner Vorgesetzten entsprach Johannes Stumm in vielerlei Hinsicht dem Idealtyp eines führenden Kriminalbeamten der politischen Polizei: Er war jung, hochmotiviert, kriminologisch und als promovierter Jurist auch akademisch bestens ausgebildet – außerdem profilierte er sich durch seinen Eintritt in die SPD als aktiver Verteidiger der republikanischen Ordnung. So ist es wenig überraschend, dass er, nachdem er Mitte der 1920er Jahre erfolgreich gegen die „Schwarze Reichswehr" ermittelt hatte, innerhalb kürzester Zeit in die Führungsspitze der immer weiter an Bedeutung gewinnenden Abteilung I A des Berliner Polizeipräsidiums aufsteigen konnte. Im Kontext der Weltwirtschaftskrise und der damit einhergehenden Wahlerfolge der NSDAP übernahm er die Leitung der „Inspektion zur Bekämpfung rechtsradikaler Parteien und Organisationen" und spielte in dieser Position eine entscheidende Rolle im republikanischen Abwehrkampf gegen die aufstrebende NS-Bewegung.

Seine Inspektion erwies sich – trotz geringer personeller und wirtschaftlicher Ressourcen – rasch als effektives Instrument zur nachrichtendienstlichen Überwachung der NSDAP und zur polizeilichen Verfolgung der von den Nationalsozialisten verübten politischen Straftaten. Zu ihren Aufgaben zählten etwa die Observierung von NS-Veranstaltungen und die Überwachung der Parteipresse. Darüber hinaus organisierte Stumm die Durchsetzung der NSDAP und der paramilitärischen SA mit Informanten und ließ Razzien in Parteiräumen durchführen, um aussagekräftiges Beweismaterial über die republikfeindlichen Ziele der NS-Bewegung zu erlangen. Zudem deckte er rechtsradikale Netzwerke innerhalb der preußischen Polizei auf und bereitete die Entlassung der staatsfeindlichen Beamten vor.

Das von Stumm und seinen Beamten sowie von sämtlichen Dienststellen der preußischen politischen Polizei zusammengetragene Beweismaterial, das zentral im Berliner Polizeipräsidium gesammelt wurde, legte die republikfeindlichen Ziele der NSDAP und die Gewaltstrategie ihrer paramilitärischen Verbände schonungslos offen. Es diente zu Beginn der 1930er Jahre als Grundlage für mehrere Denkschriften, die Stumm gemeinsam mit weiteren führenden Akteuren der inneren Sicherheit verfasste. Der Zweck dieser eindrucksvollen Gutachten war es, ein Parteiverbotsverfahren anzustoßen und der Reichsregierung und der Justiz vor Augen zu führen, dass ein entschiedenes Vorgehen gegen die NS-Bewegung rechtlich möglich war. Die Beweislage war erdrückend. Dass die NSDAP dennoch nicht mit einem Verbot belegt wurde, lag keineswegs an der Qualität der Denkschriften, sondern – wie Dams treffend herausstellt – an der ablehnenden

---

112 Lebenslauf Stumms vom 25. März 1946, in: LAB E Rep. 200-25 Nr. 1.

Abb. 6 *Johannes Stumm als Polizeipräsident in Berlin, undatiert.*

Haltung der von Brüning geführten Reichsregierung, die fatalerweise eine Integrationspolitik gegenüber der NS-Bewegung verfolgte und versuchte, die Parteigänger Hitlers für die eigenen politischen Ziele einzuspannen.[113]

In der Gesamtschau wird deutlich, dass Stumm und die in der „Inspektion zur Bekämpfung rechtsradikaler Parteien und Organisationen" tätigen Kriminalisten das demokratische System im Rahmen ihrer begrenzten Möglichkeiten engagiert verteidigten. Dass sie das erklärte Ziel, die NS-Bewegung von den Schaltstellen der Macht fernzuhalten, nicht erreichten, mindert dieses Verdienst nicht. Darüber hinaus ist offenkundig, dass Stumm eine hohe intrinsische Motivation aufwies, energisch gegen die NSDAP vorzugehen, die sich aus seiner gefestigten republikanischen Gesinnung speiste.

---

113 Vgl. Dams, Staatsschutz, S. 184; Volker Ullrich: Schicksalsstunden einer Demokratie. Das aufhaltsame Scheitern der Weimarer Republik, München 2024, S. 226f.

Dieses positive Urteil über Stumms politische Überzeugungen mag zunächst irritieren angesichts seiner Versuche, sich im Zuge der nationalsozialistischen Machtübernahme von seiner Tätigkeit in der politischen Polizei zu distanzieren, seine demokratische Haltung zu verleugnen und sich als „nationalgesinnten Deutschen" anzudienen. Dennoch würde man es sich zu leicht machen, allein aus diesem bedrückenden Verhalten den Schluss zu ziehen, Stumm habe seine republikanischen Ansichten während der Weimarer Republik nur vorgetäuscht oder sei – schlimmer noch – ein verkappter Antidemokrat gewesen. Weitaus wahrscheinlicher ist es, dass er sich seinen politischen Feinden aus Opportunismus, Angst vor Verfolgung oder wirtschaftlichen Zwängen fügte.

Hierfür sprechen auch die anerkennenden Beurteilungen Stumms durch berufliche Weggefährten, die Deutschland im Nachgang der Machtübernahme hatten verlassen müssen. So bezeichnete Bernhard Weiß ihn im September 1949 rückblickend als einen seiner „tüchtigsten Beamten".[114] Noch bemerkenswerter ist eine Äußerung Robert Kempners: Schon im November 1946 hatte er erklärt, Stumm habe ihn bei der Vorbereitung des Nürnberger Prozesses gegen die Hauptkriegsverbrecher tatkräftig unterstützt und erkennen lassen, dass er „seine Anti-Nazihaltung während der Nazi-Periode beibehalten hat" und dass seine „politische Gesinnung sehr fundiert ist [und] daß er demokratisch gesinnt ist".[115]

Nicht zuletzt manifestierten sich Stumms Überzeugungen in seinem Beitrag zum demokratischen Wiederaufbau der West-Berliner Polizei, deren Führung er im Sommer 1948 übernommen hatte. Trotz der Notwendigkeit, im Kontext des Kalten Krieges innerhalb kürzester Zeit eine schlagkräftige Truppe aufzubauen, verzichtete er dezidiert auf die Wiedereinstellung belasteter Beamter und setzte sich für die Entlassung von Polizisten ein, die als Angehörige von Polizeibataillonen einen Tatbeitrag zur NS-Vernichtungspolitik geleistet hatten.[116] Mithin knüpfte Stumm als West-Berliner Polizeipräsident an seinen engagierten und mutigen Kampf für die Demokratie und gegen die NS-Bewegung an, den er bereits Anfang der 1920er Jahre als Ermittler der preußischen politischen Polizei aufgenommen hatte.

---

114 Auszug aus einem Interview des RIAS mit Bernhard Weiß vom 16. September 1949, in: LAB E Rep. 200-25 Nr. 19.
115 Beurteilung Stumms durch Kempner für das Komitee für Öffentliche Sicherheit vom 20. November 1946, in: LAB E Rep. 200-25 Nr. 650.
116 In einem Schreiben vom 19. Juli 1950 an Oberbürgermeister Ernst Reuter verteidigte Stumm seine seit 1945 verfolgte Strategie, auch „berufsfremde" Bewerber in die Polizei einzuschleusen und sie neben ihrem Dienstalltag zu schulen, da „unbelastete Polizeibeamte [...] nur in beschränktem Umfange verfügbar [waren]:" Schreiben Stumms an Reuter vom 19. Juli 1950, in: LAB E Rep. 200-25 Nr. 183; vgl. C.-H. Schwennicke, Welke Blätter, in: Berliner Montags-Echo vom 27. August 1951, in: ebd.; Bund der Verfolgten des Naziregimes an Stumm vom 9. Februar 1959, in: LAB E Rep. 200-25 Nr. 237; Steinborn/Krüger, Die Berliner Polizei, S. 115.

Jutta Fischer

Familie Hepner und der Lunapark

Osteuropäisch-jüdische Einwanderer in Berlin 1921–1935

Bei der Recherche zur Geschichte eines Wilmersdorfer Hauses stellte sich heraus, dass es seit 1921 unter dem Firmennamen „Nassauische Str. 36 Grundstücksgesellschaft m. b. H." in jüdischer Hand gewesen war und 1935, nach einer vorläufigen Beschlagnahmung, zwangsversteigert wurde.[1] Dieser Befund führte fast zwingend zu der Frage, was aus den beiden Gesellschaftern Joel Hepner und Nessanel Essmann sowie dem Geschäftsführer Dr. Salomon Hepner geworden war, ob und wie sie die Zeit des Nationalsozialismus überlebten. Tiefer gehende Recherchen, insbesondere in Berliner Archiven sowie im Landesarchiv Sachsen-Anhalt, führten zu zahlreichen Detailinformationen, sowohl über die Geschäftstätigkeit der drei genannten und weiterer Familienmitglieder, als auch über die bedrohlichen und Existenz vernichtenden Maßnahmen der Nationalsozialisten, denen sie ausgesetzt waren. Nach und nach ließen sich einzelne Punkte zu einem, wenn auch fragmentarischen Bild einer wohlhabenden, in der Zeit der Weimarer Republik aus Osteuropa nach Berlin eingewanderten Familie verbinden.

Die Jahre 1921–1933

Die vier Brüder Joel, Paul, Daniel und Ilia Hepner, sowie deren Schwester Fanny, verheiratete Czernichowski, flohen mit ihren Familien Anfang der 1920er Jahre vor den Wirren des Russischen Bürgerkrieges Richtung Westen.[2] Die zwischen 1872 und 1888 geborenen Geschwister stammten aus dem zu dieser Zeit russischen Bialystok,[3] einem bedeutenden

---

1   Amtsgericht Charlottenburg, Grundbuch Charlottenburg, Bd. 22, Bl. 1201 (1932 umgeschrieben in Bd. 289, Blatt 9478).
2   In Datenbanken polnischer Archive unter folgenden Namen zu finden: Faywel Gepner (Paul Hepner), Josel Gepner (Joel Hepner), Gerszon Epner/Gepner, https://legacy.jri-poland.org/databases/jridetail_2.php?surname=Hepner&regtown=(Bia%C5%82ystok)%20&langu=EN (letzter Zugriff: 23.04.2025). Joel wird auch Julius oder Jules genannt. Ein rudimentärer Stammbaum der ursprünglich zehn Geschwister existiert als Anlage in: Landesarchiv Berlin (LAB) B Rep. 025-1 Nr. 417/51 (Verfahren Erbengemeinschaft Ilia Hepner, gegen Margarete Kotzbau).
3   https://sztetl.org.pl/de/stadte/b/397-bialystok/99-geschichte/137067-geschichte-der-gemeinde (letzter Zugriff: 23.04.2025); Rebecca Kobrin, Jewish Bialystok and its Diaspora, Bloomington 2010; bes. S. 19–69; zum Verband der Bialystoker in Berlin, siehe: Anne-Christin Saß, Berliner Luftmenschen. Osteuropäisch-jüdische Migranten in der Weimarer Republik (= Charlottengrad und Scheunenviertel, Bd. 2), Göttingen 2012, S. 157.

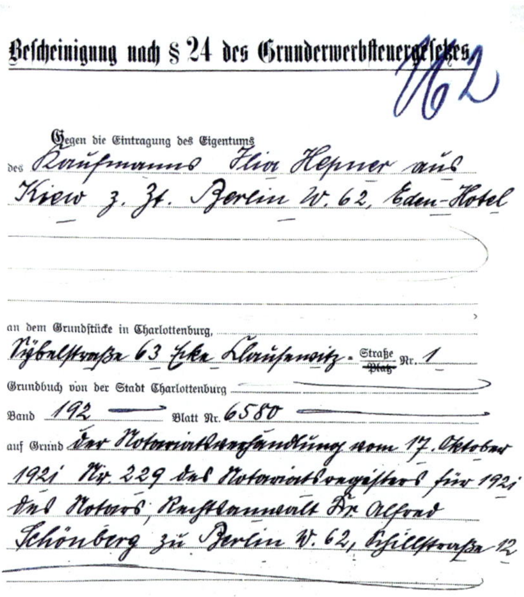

Abb. 1 *Ilia Hepner im Eden-Hotel. Bescheinigung vom 19. Oktober 1921.*

jüdischen Zentrum, wo der Vater Gerszon in der Wolltuchindustrie tätig gewesen war.[4] Später lebten sie über mehrere osteuropäische Städte verstreut, aus denen sie sich, mit unterschiedlichen Zwischenstationen, aufmachten, um in Berlin gemeinsam eine neue Zukunft aufzubauen.[5]

Im späten Sommer 1921 sind Joel (1872–1938) und Ilia Hepner (1885–1933) erstmals anhand von Verträgen und Grundbucheinträgen in der Hauptstadt fassbar. Zunächst stiegen die Brüder im bekannten Eden-Hotel am Kurfürstendamm ab.[6] Beide waren offenbar wohlhabende Kaufleute, die in Berlin sofort in verschiedene Geschäftsbereiche investierten. Sie gründeten eine Reihe von neuen Unternehmen, in andere stiegen sie ein, um sie langfristig zu übernehmen. Es macht den Eindruck, als wäre ihr investiertes Kapital Lebensgrundlage der gesamten, mindestens 30 Personen umfassenden Familie gewesen.

---

4 https://kehilalinks.jewishgen.org/bialygen/1903VR.htm (letzter Zugriff: 23.04.2025).
5 Ilia floh vermutlich aus Odessa, siehe Anm. 24; Joel Hepner und Familie lebten bis zu ihrer Flucht in Kiew, ebenso Paul, wo seine Tochter Julia 1916 zur Welt kam; Fanny Czernichowski lebte bis dahin wahrscheinlich in Bialystok, wo sie 1912 ihren Sohn Gregor gebar, siehe https://www.myheritage.de/site-family-tree-1252101092/fischer (letzter Zugriff: 23.04.2025). Vgl. zu den komplizierten Wegen der osteuropäischen Flüchtlinge nach Berlin: Saß, Berliner Luftmenschen, S. 46–59.
6 Siehe Kaufvertrag von Ilia Hepner am 5. September 1921, Amtsgericht Berlin Charlottenburg, Grundbuch Stadt Charlottenburg, Bd. 225, Bl. 7516, Vol. II (Waitzstraße 4); Vertragsurkunde des Joel Hepner vom 26. August 1921, LAB A Rep. 342-02 Nr. 59983 (Pogliani&Hepner GmbH).

Durch den Kauf von Häusern konnten sie bald einer Reihe von Verwandten Wohnraum bieten. Die meisten waren allerdings nicht offiziell gemeldet, was wahrscheinlich auf ihren unsicheren Status als Flüchtlinge zurückzuführen ist.[7] Aus Archivalien ist aber zu erschließen, dass letztlich alle Familienmitglieder im Westen, in den Stadtteilen Schöneberg, Charlottenburg und Wilmersdorf, viele fast fußläufig zueinander, wohnten.[8] Eigene, große Wohnungen bildeten dabei den Kern:[9] In der Schillerstraße 9 lebten Joel Hepner und seine engere Familie, in der Waitzstraße 4 seine Brüder Daniel (1877–1943) und Paul Hepner (1872–1937) mit ihren Ehefrauen und Kindern.[10] Erst am Kaiserdamm, ab 1930 in der Niebuhrstraße 57 wohnte die Schwägerin Chaja Essmann (1876–1935) mit ihrer sechsköpfigen Familie.[11] Fanny Czernichowski (1888–ca. 1966), ihr Ehemann und ihre drei Kinder bezogen 1928 eine frisch errichtete Sechs-Zimmer-Wohnung in der Schwäbischen Straße 30,[12] wo sie vorher lebten, ist unklar.

An die sehr guten und großbürgerlichen Verhältnisse mancher Familienmitglieder konnten sich in den 1950er Jahren noch einige erinnern. Joel Hepners Schwiegertochter beschrieb ihre Situation folgendermaßen:

> … wir haben in der Schillerstr. 9 in einem recht eleganten Haus eine 8 Zimmerwohnung gehabt, haben eine Köchin, ein Dienstmädchen und für meinen Sohn Georg eine Gouvernante gehabt. Ausserdem hatten wir zwei Automobile, einen Jordan und einen Buick, und einen Chauffeur, der diesen Wagen bediente. Wir sind wenigstens zweimal im Jahr in unsere Ferien ins Ausland gefahren, und haben uns jeden Luxus erlaubt, der in den besten Gesellschaftskreisen Berlins und des Auslandes üblich war.[13]

Über den Neffen Nessanel Essmann (1902–1963) sagte ein Freund aus: „Er bewohnte in Berlin-Charlottenburg eine gut eingerichtete Sieben-Zimmer-Wohnung. Nach seinem Lebensstandard zu urteilen, muss er ein gutes Gehalt bezogen haben".[14] Am besten wohnte ab Ende der 1920er Jahre aber Ilia Hepner. Seine große, luxuriös eingerichtete

---

7   Zum Problem der Staatenlosigkeit grundlegend: Saß, Berliner Luftmenschen, S. 86–108.
8   Zur Verteilung osteuropäisch-jüdischer Emigranten auf Berliner Stadtteile, ebd., S. 120.
9   Weitere, gemietete Wohnungen: Westfälische Straße 61 (Fanny/Feiga und Leo Ettinger), Bayerische Straße 8 (Salomon Hepner ab 1927), siehe Berliner Adressbuch 1922–33, Jüdisches Adressbuch 1929–31.
10 Daniel Hepner war Kaufmann. Außer den Lebens- und Meldedaten ist nichts weiter bekannt. Seine Frau Berta, geb. Gitis aus Tultschin/Ukraine, verstarb 1935 noch vor seiner Flucht aus Berlin, https://collections.arolsen-archives.org/de/search/person/11210413?s=Hepner%20Daniel&t=2575393&p=0 (letzter Zugriff: 23.04.2025).
11 Landesamt für Bürger- und Ordnungsangelegenheiten Berlin. Abt. I – Entschädigungsbehörde (LABO), BEG-Akte, Reg. Nr. # 257 453 (Nessanel Essmann).
12 Die Familie kam schon 1921 nach Berlin, so Helene Makower (1906–1999), die Tochter von Fanny Czernichowski, in eidesstattlicher Erklärung vom 31. Juli 1953, Anlage zum Antrag vom 29. März 1954, LAB B Rep. 025-1 Nr. 415/51 (Verfahren Erbengemeinschaft Ilia Hepner, gegen das Deutsche Reich).
13 Eidesstattliche Erklärung von Bertha Gouray, geschiedene Hepner (1901–1982), am 23. Februar 1959 in New York, LABO, BEG-Akte, Reg. Nr. # 338 676 (Salomon Hepner).
14 Eidesstattliche Erklärung von Mark Mordechai Spaer, LABO, BEG-Akte, Reg. Nr. # 257 453 (Nessanel Essmann).

Elf-Zimmer-Wohnung am Kurfürstendamm und seine zwei Autos, auch mit Chauffeur, galten noch bei allen Nachfahren als legendär.[15]

Am gesellschaftlichen Leben der Oberschicht nahmen die Brüder offenbar mehr in Frankreich teil, wo ab 1924 bereits ein Schwager, der Ehemann einer weiteren Schwester, lebte.[16] Joel Hepners Name taucht in verschiedenen französischen Gazetten auf: Erwähnt wird seine Mitgliedschaft im „Cercle de Capucines" in Paris,[17] einem traditionsreichen, nach dem Sitz am Boulevard des Capucines 6 benannten Club, in dem Mitglieder der höchsten Kreise verkehrten, und ein Hotelaufenthalt in Biarritz 1928.[18] Beim Pferderennen um den großen Preis der Stadt Nizza war er 1927 gemeinsam mit Ilia anwesend,[19] für den bezeugt ist, dass er die Winter gerne und regelmäßig im Hotel Carlton in Nizza verbrachte.[20]

Kein Familienmitglied erhielt die deutsche Staatsbürgerschaft. Soweit dokumentiert, galten sie als staatenlos,[21] im Laufe der 1920er Jahre wurden zumindest einige als russische Flüchtlinge anerkannt und erhielten den sogenannten Nansenpass.[22]

Ilia Hepner und der Lunapark

Ilia Hepner, der jüngste der Brüder, kam möglicherweise als erster, schon 1919, nach Berlin.[23] Ob er vorher in Odessa lebte oder in Kiew, ist unklar.[24] Amtlich besiegelt ist

---

15   Eidesstattliche Erklärungen von Helene Makower, Fanny Czernichowski, Bertha Gouray, Anlage zum Antrag vom 29. März 1954, LAB B Rep. 025-1 Nr. 415/51.
16   Die Schwester Rebekka (1887–1923) war mit ihrem Ehemann, dem Kaufmann und Bankier Salomon Kharon, nach Frankfurt am Main gezogen. Kurz nach ihrem Tod ließ er sich 1924 in Frankreich einbürgern.
17   Annuaire des Grands Cercles. Cercle de l'Union, Jockey-Club, Cercle Agricole, Cercle de la Rue Royale, Cercle des Chemins de Fer, Cercle de l'Union Artistique, Sporting-Club, par le Baron De Tully, 1925, S. 399; dito 1930, S. 411.
18   La Côte Basque. Revue Illustrée de l'Euzkalerria. Bayonne, Pyrénées-Atlantiques, Nouvelle-Aquitaine, France 14. Oktober 1928, S. 23 (Hotel du Palais).
19   L' Éclaireur du dimanche et „La Vie pratique, Courrier des étrangers": Nice, Alpes-Maritimes, Provence-Alpes-Côte d'Azur, 23. Januar 1927.
20   So die Schwester Fanny Czernichowski, Anlage zum Antrag vom 29. März 1954, LAB B Rep. 025-01 Nr. 415/51 Bd. 1.
21   In der Anklageschrift von 1935 werden Ilia und Joel allerdings als polnische, Salomon Hepner als russischer Staatsbürger bezeichnet, Landesarchiv (LA) Sachsen-Anhalt Z 257 Nr. 82 (Beschlagnahme und Sicherstellung der Aktien des Eisenwerkes L. Meyer jun. und Co. Harzgerode, und Beschlagnahme des Vermögens des Juden Jules Hepner, z.Zt. in Paris).
22   Ilia hatte nach Aussage seiner Erben den Nansenpass. Nachgewiesen ist er 1926 für Joel, https://archives.ungeneva.org/hepner-julius-joel und 1925 für seinen Sohn Salomon nebst Frau Bertha Hepner, https://archives.ungeneva.org/hepner-salomon-hepner-born-weller-berta und den Neffen Benno Hepner, ebd. (letzter Zugriff: 23.04.2025).
23   So in einem Schreiben der Versorgungsanstalt der deutschen Bezirksschornsteinfegermeister behauptet, ehemaliger Käufer der Häuser am Kurfürstendamm, aber nicht unbedingt stichhaltig, LAB Rep. 025-01 Nr. 415/51 Bd. 2.
24   Im Nachlass wird erwähnt, dass er 1920 von Odessa nach Berlin übersiedelt sei, LAB A Rep. 342 Nr. 16673 (Nachlassakte Ilia Hepner); in allen Beurkundungen rund um den Erwerb von Immobilien wird stets „aus Kiew" vermerkt.

Familie Hepner und der Lunapark 105

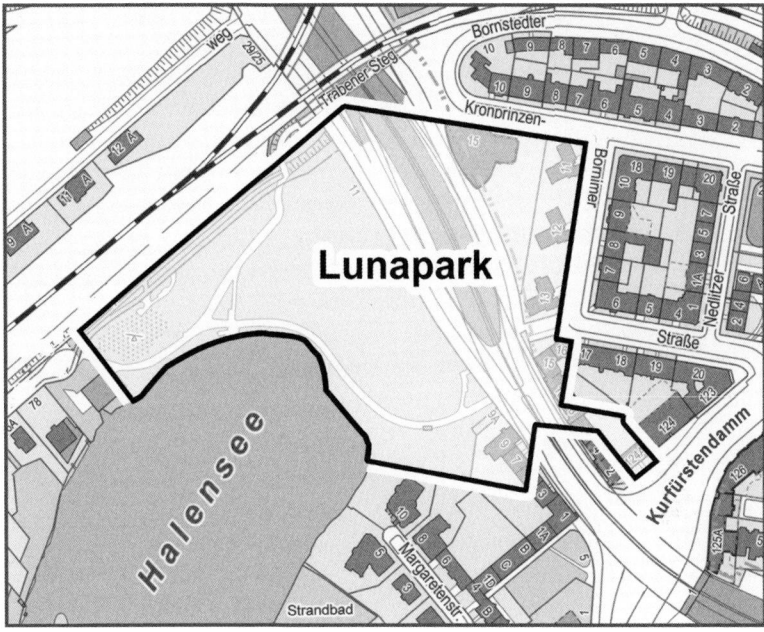

Abb. 2 *Gelände des Lunaparks am Halensee.*

seine Anwesenheit in Berlin erst am 5. September 1921, als er, ausgewiesen mit einem Reisepass des Generalkonsuls der Republik Estland, einen Kaufvertrag unterzeichnete.[25]

Er war ehe- und kinderlos und über ihn ist nur sehr wenig bekannt. Er gab nicht nur bei seiner Ankunft das Eden-Hotel als Meldeadresse an, sondern in sämtlichen Beurkundungen bis 1928. Wo Ilia Hepner in den 1920er Jahren wirklich wohnte, bleibt im Dunkeln. Im Berliner Adressbuch taucht er nur als Eigentümer von Häusern und mit verschiedener Schreibweise des Nachnamens auf: Geppner, Heppner, Höppner und Hoppner. Als Adresszusatz ist entweder ein Haus seines Bruders oder „Ausland" angegeben.[26] Erst ab 1930 lebte er amtlich gemeldet und nachweisbar in der großzügigen Wohnung am Kurfürstendamm.[27]

Im Herbst 1921 erwarb Ilia Hepner insgesamt vier große Mietshäuser,[28] ehe er sich auf die Übernahme eines schillernden Unternehmens fokussierte: den am Berliner Halen-

---

25 Grundbuch Stadt Charlottenburg, Bd. 225, Bl. 7516, Vol. II (Waitzstraße 4).
26 Im Berliner Adressbuch 1925 unter dem Eigentümer der Sybelstraße 63 „Heppner (Kaiserallee)" verzeichnet, unter dem Eigentümer der Waitzstraße 4 „Heppner (Schillerstraße 9)"; ebd. 1929–1932: „Höppner, Ausland".
27 Kurfürstendamm 63 (Berliner Adressbuch 1930–33) und Anm. 15; Sonja Miltenberger, Jüdisches Leben am Kurfürstendamm, Berlin 2011, S. 111.
28 1921 außer Waitzstraße 4 erworben: Xantener Straße 16, Clausewitzstraße 1/Sybelstraße 63, Schwäbische Straße 30; siehe auch Berliner Adressbuch 1921, 1922.

see gelegenen Lunapark, der vor dem Ersten Weltkrieg als der größte Vergnügungspark Europas galt.[29]

Das Gelände hatte seit 1899 der Firma Aschinger gehört, die dort 1904 die „Terrassen am Halensee" errichten ließ, ein riesiges, am Ostufer des Sees gelegenes Restaurant, das einem Märchenschloss glich und sich großer Beliebtheit erfreute. 1910 baute eine internationale Betreiberfirma das florierende Restaurant und die umgebenden Grünanlagen zum „Lunapark" aus, einem Vergnügungspark nach amerikanischem Vorbild. Von 1910–1914 erlebte der Park mit Wasserrutsche, Gebirgsbahn und wackelnder „Shimmy Treppe" seine größte Blüte. Zahlreiche Artikel und sogar Filme und Lieder beschreiben den überwältigenden Spaß, den man dort erleben konnte. Während des Ersten Weltkrieges wurde das Unternehmen, auch wegen seiner ausländischen Gesellschafter, aufgelöst, die Gebäude nutzte man zu kriegsdienlichen Zwecken.[30] Dank neuer Betreiber konnte der Lunapark an Pfingsten 1920 wiedereröffnet werden.[31]

Im März 1922 verkaufte die Aschinger AG das Gelände an die „Vergnügungsstätten und Sportbetriebe AG in Berlin",[32] die sich nur Wochen später in „Luna-Park Grundstücks-AG" umbenannte.[33] Unter diesem Namen wurden auch am Park gelegene Grundstücke erworben: das Bürogebäude am Eingang zum Park mit der Adresse Kurfürstendamm 124a/Kronprinzendamm 12–17, außerdem die repräsentativen Mietshäuser am Kurfürstendamm 124–125 sowie an der Bornimer Straße 17–19.[34]

Im Juni desselben Jahres gründete sich die Lunaterrassen Betriebsgesellschaft mbH Kommanditgesellschaft, deren Anteile vollständig in der AG aufgingen.[35] Nach Aussagen der Nachfahren war Ilia Hepner Mitbegründer dieses Konsortiums.[36] Vermutlich war er derjenige, der mithilfe seines Kapitals und kaufmännischen Gespürs Grundbesitz und Verwertung des Parks in einer Gesellschaft vereinte. Im Laufe des Jahres 1922 hatte

---

29 Zum Lunapark: Maria Elsell/Barbara Tietze, Berlin-Lunapark. Vom Kult der Zerstreuung, in: Berliner Bauvorhaben 35 (1984) 3–5, jeweils S. 1–5; Ingrid Heinrich-Jost, Wer will noch mal? Wer hat noch nicht? Aus der Geschichte der Berliner Rummelplätze, Berlin 1985, S. 67–80; Regina Stürickow, Der Kurfürstendamm. Gesichter einer Straße, Berlin 1995, S. 38–47; Johanna Niedbalski, Die ganze Welt des Vergnügens. Berliner Vergnügungsparks der 1880er bis 1930er Jahre, Berlin 2018, bes. S. 135–147.
30 Zur Geschichte siehe: Niedbalski, Die ganze Welt des Vergnügens, S. 112–135.
31 Die Betreiber waren die Kaufmänner Samuel Badt und Max Goldberg mit der „Lunapark Kommanditgesellschaft Badt&Co".
32 Diese AG wurde am 12. März 1922 unter der Nummer HRB 23654 in das Handelsregister eingetragen.
33 Umbenennung am 31. August 1922, Handbuch der Deutschen Aktiengesellschaften 28, 1923–1924, Bd. 1b, S. 3519.
34 So im Berliner Adressbuch 1923; auch im Antrag vom 29. März 1954 aufgelistet, LAB Rep 025-01 Nr. 415/5. Bei Miltenberger, Jüdisches Leben am Kurfürstendamm, S. 147, werden zwar die jüdischen Mieter der Häuser Nr. 124 und 125 aufgezählt, der jüdische Besitzer aber nicht.
35 Am 15. Juni 1922 unter der Nummer HRB 25015 in das Handelsregister eingetragen, LAB A Rep. 342-0 Nr. 59995 (Lunaterrassen Betriebsgesellschaft mbH). Vorstände waren auch Max Goldberg und Siegbert Goldschmidt.
36 Er übernahm nach Aussage der Erben im Wiedergutmachungsantrag vom 29. März 1954 nach und nach alle Aktien, LAB B Rep 025-01 Nr. 415/51.

Abb. 3 *Eingang des Lunaparks 1926.*

er, gemeinsam mit dem Champagnerfabrikanten Weber, die Aktienmajorität übernommen.[37]

Im Mai 1923 taucht sein Name erstmals öffentlich in Verbindung zum Lunapark auf: Nebst seinem in Danzig lebenden Bruder Abraham Hepner (1874–1955) wurde er in den Aufsichtsrat der Aktiengesellschaft gewählt.[38] Im Oktober übernahm er neben einem zweiten Vorstand die Geschäftsführung.[39] 1924 war Ilia Hepner bereits einziger Vorstand, sein älterer Bruder Faywel Gepner/Paul Hepner als Kollektivprokurist Teil der Geschäftsführung.[40] 1925 wurde der Gesellschaftsvertrag dahin gehend geändert, dass nur noch ein einziger Geschäftsführer die Unternehmen vertreten sollte. Somit war

---

37 Vom Bankhaus Arons&Walter, Die Börse (Wien) vom 4. Januar 1923. Mit Weber gab es Streit vor Gericht, der im Vergleich endete.
38 Dokumentiert u. a. in: Vossische Zeitung vom 12. Mai 1923.
39 Nach dem Ausscheiden von Max Goldberg, Beschluss vom 2. Oktober 1923, wird Ilia Hepner neben Ernst Rachwalsky einer von zwei Vorständen, LAB A Rep. 342-02 Nr. 49594 (Lunaterrassen Betriebsgesellschaft mbH. Kommanditgesellschaft); auch Niedbalski, Die ganze Welt des Vergnügens, S. 140, Anm. 500.
40 Gemeinsam mit A. Scharff, LAB A Rep. 342-02 Nr. 49594.

Ilia Hepner zum Generaldirektor bzw. alleinigen Aktionär dieses gewaltigen Firmenimperiums geworden.[41]

Neben seinen Brüdern Abraham und Paul beschäftigte er ab 1927 auch seinen Neffen Nathan Essmann (1897–1959). Dieser war erst 1926, nach längerer Haft in einem Lager, aus Russland geflohen. Im Lunapark übernahm er die Kontrolle der Büros und Kassen.[42]

Unter Ilia Hepners Leitung blühte der am Halensee gelegene Lunapark wieder auf, Mitte der Zwanziger Jahre konnte er an alte Erfolge anknüpfen.[43] 1920 zählte er ca. 1.000, 1929 angeblich sogar 1.500 Mitarbeiter*innen.[44] Mit der Übernahme alter und Einführung neuer Fahrgeschäfte sowie mit neuen Sensationen gelang es, ein breites Publikum zu gewinnen. Hochpreisige Verlosungen, Schönheitswettbewerbe und Wettkämpfe, darunter ein Boxkampf mit dem damaligen Weltmeister Jack Dempsey gegen den noch unbekannten Max Schmeling, zogen Massen an.[45] Das legendäre, 1927 erbaute und seinerzeit einmalige Wellenbad, das zum Publikumsmagnet wurde, war eine der bedeutendsten Investitionen Hepners.[46] 1928 musste die Polizei sogar wegen Überfüllung der Vergnügungsstätte einschreiten: 68.000 Personen hatten bereits Zutritt, weitere 15.000 wurden abgewiesen.[47] Auch im Mai 1931 eröffnete der Lunapark wieder neu hergerichtet und mit vielen Attraktionen. „So ist denn in der Tat für alles gesorgt, was die Berliner erfreuen kann. An ihnen wird es liegen, diese Freude auszukosten, die ihnen der Lunapark bietet."[48]

Bald hatte der Lunapark allerdings vermehrt mit Problemen zu kämpfen. 1932 brach zweimal ein Großfeuer aus: Im April wurde die Berg- und Talbahn vernichtet, im Juni das Hauptgebäude mit Weißbierstube und Café stark beschädigt.[49] Noch schwerwiegender war, dass Vertreter der NSDAP mit der Bemerkung, dass der Besitzer Jude sei, ver-

---

41 Nach Differenzen schied Ernst Rachwalsky im März 1925 als Vorstand aus, Hepner vertrat ab da alleine die AG, außerdem wandelte er die Betriebsgesellschaft um, LAB A Rep. 342-02 Nr. 49594. Dass Ilia Hepner der alleinige Aktionär war, wussten nicht nur die Erben, sondern auch die Nationalsozialisten, so in ihrer Sitzung 1933, Anlage von LAB A Rep. 225 Nr. 454 (Aschinger AG); auch bei Elsell/Tietze, Berlin-Lunapark, Teil 4, S. 2: „der jüdische Hauptaktionär Ilia Hepner".
42 LABO, BEG-Akte, Reg. Nr. # 341 803 (Nathan Essmann).
43 Niedbalski, Die ganze Welt des Vergnügens, S. 135–147.
44 Stürickow, Der Kurfürstendamm, S. 45; Niedbalski, ebd., S. 144.
45 Der Lunapark im Jubiläumsjahr 1929, Berlin 1929; Elsell/Tietze, Berlin-Lunapark, Teil 2.3; Stürickow, ebd., S. 44f.; Niedbalski, ebd., S. 147, 311–315 (zum Boxkampf). Alle Sensationen chronologisch aufgeführt in: Gerald R. Blomeyer/Barbara Tietze, …grüßt Euch Eure Anneliese, die im Lunazauber schwelgt. Lunapark 1904–1934, eine Berliner Sonntagsarchitektur, in: Stadt. Neue Heimat-Monatshefte für Wohnungs- und Städtebau 29 (1982) 4, S. 32–37.
46 So u. a. die Erbin Helene Makower in eidesstattlicher Erklärung vom 31. Juli 1953, LAB B Rep. 025-01 Nr. 415/51. Zum Wellenbad: Der Lunapark im Jubiläumsjahr, S. 30–33; Elsell/Tietze, ebd., Heft 5, Teil 3, S. 1; Niedbalski, Die ganze Welt des Vergnügens, S. 318–324.
47 Elsell/Tietze, ebd., Teil 3, S. 2–3.
48 Artikel vom 3. Mai 1931, in: Berlin-Wilmersdorfer Zeitung. Unabhängige Zeitung für den Westen Groß-Berlins, in: Udo Christoffel (Hg.), Berlin Wilmersdorf. Die Jahre 1920 bis 1945, Berlin 1985, S. 233.
49 Niedbalski, Die ganze Welt des Vergnügens, S. 165, Anm. 656; Vossische Zeitung vom 13. Juni 1932. Die Schäden waren allerdings von der Versicherung gedeckt.

suchten, Besucher*innen an der Kasse vom Eintritt abzuhalten, und das Unternehmen generell in Misskredit brachten.[50] Außerdem war der Lunapark stark verschuldet.[51]

Siegfried Kracauer widmete dem Lunapark die Artikel „Berg- und Talbahn" 1928 und „Das organisierte Glück" 1930.[52] Insgesamt fand der Park in der Berliner Presse, besonders jeweils zur Eröffnung im Frühjahr, starke Resonanz. Ilia Hepners Name tauchte in den Zeitungsartikeln aber nie auf. Offensichtlich war ihm daran gelegen, im Hintergrund zu bleiben, was dazu führte, dass sein Engagement im Lunapark bis heute kaum bekannt ist.[53] Auch in der zum 25. Geburtstag 1929 erschienenen, vermutlich von ihm herausgegebenen Broschüre „Der Lunapark im Jubiläumsjahr", wurde nur sein Bruder Paul Hepner, sogar mit Foto, als Prokurist des Unternehmens erwähnt.[54]

Joel Hepners Geschäfte und seine hilfreiche Familie

Joel Hepner war nach Aussagen von Verwandten ursprünglich im Zuckerhandel tätig[55] und nicht nur wohlhabend, sondern angeblich der reichste der Brüder.[56] Seine drei Kinder kamen, soweit bekannt, um die Jahrhundertwende in Kiew zur Welt, woher seine Frau Poline Essmann (1867–1925) stammte. Das Jahr 1920 verbrachte die Familie in Rom, wo der Sohn Salomon (1897–1943) Vater wurde und die Tochter Sonja Sophia (1900–1950) den Frankfurter Bankier Jacob Alfred Schwarzschild (1885–1978) heiratete.

Im Herbst 1921, kaum in Berlin angekommen, erwarb Joel Hepner in wenigen Monaten fünf große Mietshäuser, eines davon bezog er selbst mit seiner Familie.[57] Gleichzeitig übernahm bzw. gründete er mehrere Immobilien-Gesellschaften, die insgesamt weitere neun, überwiegend große und mehrflügelige Mietshäuser umfassten.[58] Der Erwerb, die

---

50 In eidesstattlichen Erklärungen bezeugt von Helene Makower am 31. Juli 1953 und Salomon Czernichowski am 5. Juli 1954, Anlagen in LAB B Rep. 025-01 Nr. 415/51; außerdem von Franziska Hepner, Frau von Abraham Hepner, im Februar 1957, LAB B Rep. 025-08 Nr. 5714/59 (Verfahren JTC/JRSO für Luna-Park Grundstücks-AG in Liquidation, gegen das Deutsche Reich).
51 Elsell/Tietze, Berlin-Lunapark, Teil 3, S. 3 sprechen von 147.000 RM Schulden; Niedbalski, Die ganze Welt des Vergnügens, S. 166: „Über eine Million Mark". Sich anhand der Archivalien ein Bild über die tatsächliche Verschuldung zu machen, ist fast unmöglich. Der Nachlassverwalter gibt Belastungen von 1.750.000 RM (Hypotheken und Schulden) an, der Anwalt Dr. Ernst Nölting im Wiedergutmachungsverfahren nur 905.000 RM.
52 Siegfried Kracauer, Werke, Bd. 5.3, Essays, Feuilletons, Rezensionen 1928–1931, Berlin 2011, Nr. 402, Nr. 475.
53 Nur Blomeyer/Tietze, ... grüßt euch eure Anneliese, S. 36 bezeichnen Ilia Hepner als Besitzer und Hauptaktionär, allerdings ohne Quellenangabe.
54 Der Lunapark im Jubiläumsjahr 1929, Berlin 1929, S. 11.
55 https://brotmanblog.com/2020/12/18/recha-goldschmidt-schwarzschilds-family-from-frankfurt-to-england/ (letzter Zugriff: 23.04.2025).
56 Das nahmen jedenfalls seine Nachfahren an, LAB B Rep. 025-01 Nr. 415/51, Bd. 2.
57 Als erstes erwarb Joel Hepner am 14. September 1921 die Anwesen in der Jenaer Straße 6 und Bundesallee (Kaiserallee) 159, Ecke Durlacher Straße 35, darauf folgten die Häuser in der Schillerstraße 9, Annenstraße 10 und Lützowstraße 74.
58 Es handelte sich um: „Grundstücksgesellschaft Friedrichstr. 15 GmbH" (ab 1925), HRB 9693; „Doppelecke GmbH", HRB 22953; „Nassauische Str. 36 Grundstücksgesellschaft GmbH", HRB 14485; „Pogliani&Hepner GmbH", HRB 24654; „Haus und Land. Grundstücksaktiengesellschaft", HRB 24888. Aufgelistet in der Anklageschrift von 1935, LA Sachsenanhalt Z 257 Nr. 82.

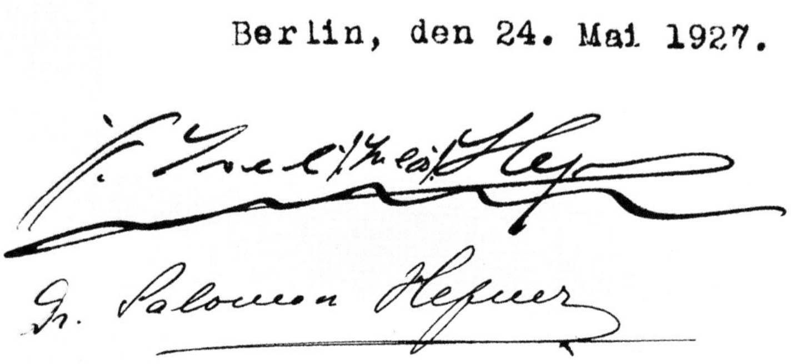

Berlin, den 24. Mai 1927.

Abb. 4 *Unterschriften des Joel Hepner und Dr. Salomon Hepner.*

Verwertung und Beleihung von Grundstücken war erklärter Zweck dieser Gesellschaften. Die bedeutendste war sicher die Pogliani&Hepner GmbH, der vier Häuser unterstanden.[59]

1930 kaufte die Gesellschaft zudem, gemeinsam mit Ilia Hepner, sämtliche Aktien der sächsischen Eisenwerke L. Meyer jun. & Co., Harzgerode auf, einer Fabrik zur Herstellung von Kunstgüssen für den Wohnbereich.[60] Wann die Investition in die Fabrik begann, ist ungewiss. Die Eisenwerke waren seit 1925 mit Absatzproblemen konfrontiert, 1926 wurde die Notierung an der Berliner Börse eingestellt. Zur Zeit einer langsamen Erholung 1928 sind Joel und Ilia erstmals durch ihren Sitz im Aufsichtsrat aktenkundig. Die Fabrik war schon von 500 Mitarbeitern 1925 auf ein Drittel geschrumpft als die beiden Brüder sie vollends übernahmen.

Auch in weitere Aktiengesellschaften und Börsenaktionen war Joel Hepner nachweislich verwickelt: Anfang der 1920er Jahre war er Hauptaktionär der National-Film AG,[61] er spekulierte auch an der Börse. In späteren Jahren scheint er aber hohe Verluste, „in die Hunderttausender", eingefahren zu haben.[62]

Zu Teilhabern der Immobiliengesellschaften machte er anfangs seinen Sohn Salomon Hepner und, in noch größerem Ausmaß,[63] Angelo Pogliani, einen römischen Bankdirektor und Finanzexperten.[64] Die juristische Betreuung übernahm Prof. Dr. Eugen

---

59 Niebuhrstraße 3, Niebuhrstraße 75, Schlüterstraße 56, Martin-Luther-Straße 19, LAB A Rep. 342-0 Nr. 59983.
60 Siehe Lebenslauf von Nessanel Essmann, LABO, BEG-Akte, Reg. Nr. # 257453; BArch (Bundesarchiv) R 3103 (Eisenwerk L. Meyer jun. Co.AG, Harzgerode, Reichskommisar bei der Berliner Börse).
61 Hepners Verwalter Paul Welzien war selbst bis 1925 dort angestellt gewesen, Schreiben vom 1. März 1934, LAB A Rep. 358-2 Nr. 124987 (Devisenvergehen).
62 Brief von Nessanel Essmann an das Berliner Landgericht am 22. Oktober 1934, ebd.
63 LAB A Rep. 342-02 Nr. 59983 (Pogliani&Hepner GmbH), sowie: LAB B Rep. 025-03 Nr. 18208/JRSO (Doppelecke-Grundstücksgesellschaft mbH).
64 Siehe Cesare Rossi, L'assalto alla Banca di Sconto. Colloqui con Angelo Pogliani, 1950; https:// it.wikipedia/wiki/File:Pogliani_angelo.1925 (letzter Zugriff: 23.04.2025).

Kulischer, – der bedeutende Migrationsforscher –, der gleichfalls aus Kiew nach Berlin geflohen war.[65] Dieser beglaubigte die Kaufverträge und fungierte als Geschäftsführer aller Gesellschaften mit beschränkter Haftung.[66] Ab 1923 löste ihn Salomon Hepner, ebenfalls promovierter Jurist, als Geschäftsführer ab,[67] und blieb annähernd zehn Jahre lang in dieser Funktion tätig.

Nach und nach wurden viele, ausschließlich männliche Familienmitglieder in die Firmen Joel Hepners eingespannt: Der Schwiegersohn Dr. Leo Ettinger (1883–1943), Ehemann der Tochter Xenia/Fanny (1895–1943), war Kaufmann und promovierter Chemiker.[68] Ab 1925 stand er der „Haus und Land. Grundstücks-Aktiengesellschaft" als Direktor vor.[69] 1933 löste er seinen Schwager Salomon als Geschäftsführer aller Unternehmen ab, nachdem dieser aus Berlin geflohen war.

Auch der zweite Schwiegersohn, der Bankier Jacob Alfred Schwarzschild, war immer wieder in die Geschäfte von Joel Hepner eingebunden. Sein Bankhaus Schwarzschild Söhne übernahm Hypotheken und war bei verschiedenen Transaktionen behilflich.[70] Außerdem übernahm es Anteile von A. Pogliani, der Ende der Zwanziger Jahre aus allen Gesellschaften ausgestiegen war.[71]

Ebenfalls involviert waren zwei Schwager: Salomon Kharon (1876–1963) als Bankier in Paris, der insbesondere bei schwierigen Devisentransaktionen half,[72] und Salomon Czernichowski (1883–1956) als Aufsichtsrat der Aktiengesellschaft.[73]

Eine besondere Rolle in den Geschäften des Joel Hepner spielte sein Neffe Nessanel Essmann, der nach dem Besuch des Gymnasiums in Kiew von 1918–21 in einem Lager der Tscheka inhaftiert war.[74] Einer technischen Ausbildung in Kiew schloss sich eine Banklehre in Danzig an. Nach zwei Jahren bei einer Berliner Bank wurde er 1928 bei der Firma Pogliani&Hepner als Finanzchef angestellt. Anschließend übernahm er nicht nur

---

65　Eugene Kulischer, The Displacement of Population in Europe, Montreal 1943; ders., Europe on the Move. War and Population Changes, 1917–1947, New York 1948. Dazu auch: Karl Schlögel/Karl-Konrad Tschäpe (Hg.), Die russische Revolution und das Schicksal der russischen Juden, Berlin 2014, S. 667–673; Karl Schlögel, Das russische Berlin, Berlin 2023, S. 88–113.
66　Kulischer beglaubigte u. a. den Kauf des Hauses in der Schillerstraße 9; er entwarf den Gesellschaftsvertrag und war Vorstand in der Pogliani&Hepner GmbH, LAB A Rep. 342-02 Nr. 59983, und in der „Nassauische Str. 36 Grundstücksgesellschaft GmbH"; Grundbuch Berlin-Wilmersdorf, Bd. 33, Bl. 999, Vol. III, umgeschrieben in Bd. 151, Bl. 4537, Vol. IV.
67　Ebd.
68　Auch Direktor im Filmverleih: Handelsregister Berlin, 1928–30 (Germania Filmverleih); ebd. 1931 (Titania Filmverleih).
69　Handelsregister Berlin, ab 1925.
70　Schreiben an den Oberstaatsanwalt in Dessau, S. 2, LA Sachsen-Anhalt, Z 257 Nr. 215 (Beschlagnahme der Aktien des Jules Hepner am Eisenwerk L. Meyer jun. & Co., Harzgerode, und Übergabe des Werkes in den Besitz des Freistaates Anhalt).
71　Pogliani gab 1927 Joel Hepner die Vollmacht, seine Anteile nach Belieben zu verkaufen, LAB A Rep. 342-02 Nr. 59983.
72　So im Beschlagnahmebeschluss vom 8. Januar 1935, Z 257 Rep. 30 Nr. 201 (Beschlagnahme und Einziehung des Vermögens der Pogliani&Hepner GmbH zu Gunsten des Deutschen Reiches); auch: LA Sachsen-Anhalt, Z 257 Nr. 214.
73　Handbuch der deutschen Aktiengesellschaften 32, 1927, S. 269.
74　Lebenslauf des Nessanel (Nathaniel) Essmann, LABO, BEG-Akte, Reg. Nr. # 257 453.

den Vorsitz der Eisenwerke I. Meyer & Co. AG, Harzgerode, sondern auch verschiedene Geschäftsanteile des ausgeschiedenen A. Pogliani.

Sara Essmann (1900–1937), Nessanels Schwester, muss hier ebenfalls kurz erwähnt werden. Sie war, soweit ersichtlich, die einzige berufstätige Frau der Familie. Auch sie war unternehmerisch tätig und führte ein Tabakgeschäft in der Leonhardtstraße 15 in Charlottenburg.[75]

Bedrohung und Vertreibung 1933–1936

Das Ende des Lunaparks[76]

Im Januar 1933 wurde Ilia Hepner schwer krank und konnte somit seine Geschäfte nicht mehr vor Ort führen. Sein Bruder Paul sollte ihn vertreten, wurde aber durch Mitglieder der NSDAP massiv behindert. Sein Büro durfte er nicht mehr betreten, die Schlüssel wurden ihm abgenommen. Die Handlanger der Partei verwehrten ihm nicht nur den Zugang zum Park, er musste auch körperliche Misshandlung im Polizeipräsidium am Alexanderplatz und eine kurzzeitige Haft erdulden.[77]

Ilia Hepners Tod im März 1933 spielte der NSDAP in die Hände[78]: Er hatte kein Testament hinterlassen, und da er ehe- und kinderlos war, kamen zehn Erben in Betracht. Die Hälfte davon war, zum Teil mit unbekannter Adresse, über Russland und Polen verstreut. Der in Berlin anwesende Joel Hepner wollte sich für den Erhalt des Unternehmens einsetzen, wurde aber so bedroht, dass er noch im selben Monat das Land verließ. Auch der extra aus Danzig angereiste Abraham Hepner musste unverrichteter Dinge Berlin wieder verlassen. Auf erzwungenes (?) Gesuch von Paul Hepner und unter Druck von Hypothekengläubigern setzte das Amtsgericht einen Nachlasspfleger ein, wodurch auch amtlich die Geschäftstätigkeit völlig aus den Händen der Familie genommen wurde.[79]

Die Nationalsozialisten hatten schon während des Klinikaufenthaltes von Ilia Hepner Interesse an der Übernahme des Lunaparks gezeigt und Kaufverhandlungen eröffnet. Allerdings verliefen diese von Anfang an schleppend, und als der Rechtsanwalt nach dem Tode von Ilia Hepner die Verhandlungen im Namen der Erben weiterführen wollte, wurde er als Halbjude abgelehnt.[80] Ein weiterer, von der Familie beauftragter Anwalt

---

75 Ebd.
76 Beschrieben von Niedbalski, Die ganze Welt des Vergnügens, S. 165–170. Ihrer Bewertung, die das Ende des Parks als Folge der Weltwirtschaftskrise sieht, wird hier nicht gefolgt. Die Darstellung an dieser Stelle folgt der Sichtweise der Erben von Ilia Hepner.
77 Das Vorgehen der NSDAP gegen Ilia Hepner und die Aneignung der Luna-Park Grundstücks-AG beschreiben übereinstimmend und eidesstattlich mehrere Familienmitglieder, LAB B Rep. 025-01 Nr. 415/51, und der Prokurist Alfred Scharff 1965, LAB B Rep. 025-08 Nr. 5714/59.
78 Tod am 11. März 1933. Sein Grabstein ist noch auf dem jüdischen Friedhof in Berlin-Weißensee zu besichtigen.
79 LAB A Rep. 342 Nr. 16673.
80 Die Familie schlug Dr. Herbert Lorch als Nachlassverwalter vor, den die Anwaltskammer mit Schreiben vom 8. April 1933 wegen seiner jüdischen Wurzeln ablehnte, LAB A Rep. 342 Nr. 16673.

scheint nach anfänglichem Elan schnell aufgegeben zu haben.[81] Zum Nachlassverwalter wurde letztlich derselbe Rechtsanwalt berufen, der vorher schon die Kaufverhandlungen für die NSDAP geführt hatte.[82]

Werner Schwartz, ein Parteigenosse, hatte große Pläne mit dem Park. In einer Sitzung der NSDAP im Berliner Stadthaus stellte er am 4. Juli 1933 ein von ihm entwickeltes Projekt des „Besitzerwechsels und der Reorganisation des Lunaparks" vor.[83] Dieser sollte in einen, der nationalsozialistischen Gesinnung entsprechenden Volkspark mit dem Namen „Nationalpark" umgestaltet und das weite Gelände neu von Albert Speer bebaut werden. Voraussetzung sollte aber sein, dass die Aktien in den Besitz eines arischen, deutschen Konsortiums wechselten. Obwohl die Luna-Park Grundstücks-AG noch bestand, erfolgte umgehend, unter Führung der Kindl-Brauerei, die Gründung der Nationalpark Aktiengesellschaft.[84]

Alfred Scharff, der verbleibende Prokurist der Luna-Park AG, wurde kurzzeitig verhaftet und unter Androhung von Gewalt sowie Versprechungen auf einen zukünftig hohen Posten dazu gebracht, als Vorstand im Sinne der Partei zu fungieren.[85] Alle nichtarischen Angestellten wurden entlassen und durch ideologisch passende ersetzt. Die Juden im Aufsichtsrat, darunter der Vorsitzende der jüdischen Volkspartei Georg Kareski,[86] und auch Abraham Hepner, mussten arischen Mitgliedern weichen. Paul Hepner wurde gezwungen, seine Procura niederzulegen.[87]

Im Oktober leitete der neue Vorstand das Konkursverfahren der Luna-Park Grundstücks-AG ein. Dies war relativ leicht zu bewerkstelligen, da die Grundstücke stark mit Hypotheken belastet, Zinsen fällig, sowie Schulden bei den Brauereien und dem Finanzamt aufgelaufen waren.[88] Kurz vor Jahresende war der Verkauf der Luna-Park Grundstücks-AG an die Nationalpark-AG besiegelt. Die für Mai 1934 geplante Neueröffnung kündigte die lokale Presse groß an:

> Die Grundstücke sind endgültig in den Besitz der Nationalpark-AG übergegangen und haben damit deutsche Eigentümer erhalten. Mit der Umgestaltung des ganzen Unternehmens einschließlich des Wellenbades ist der Architekt Speer betraut worden, der auch die Maifeier auf dem Tempelhofer Feld, den Reichsparteitag in

---

81 So Fanny Czernikowski im Antrag vom 29. März 1954, S. 8 f., LAB B Rep. 025-01 Nr. 415/51. Es handelte sich um Ludwig Graf von Strachowitz, den Schwager ihres Schwiegersohns Gunther Makower.

82 Dr. Hugo Banneitz war der Verhandlungsführer der NSDAP, siehe Schreiben von RA W. Schulz vom 24. November 1953, S. 4 f., LAB Rep. B 025-01 Nr. 415/51, anschließend Nachlassverwalter, LAB A Rep. 342 Nr. 16673.

83 Anlage im Verfahren JTC/JRSO für Luna-Park Grundstücks-AG in Liquidation, LAB B Rep. 025-08 Nr. 5714/59.

84 Gründung am 2. September 1933, siehe Handbuch der deutschen Aktiengesellschaften 40, 1935, Bd. 2, S. 1748. Vorstand wurde Werner Schwartz.

85 So Scharffs eigene Aussage, die er am 20. Mai 1965 niederlegte als Zeuge im Verfahren JTC/JRSO für Luna-Park Grundstücks-AG in Liquidation, LAB B Rep. 025-08 Nr. 5714/59.

86 Im Vorstand seit 1922, Handbuch der Deutschen Aktiengesellschaften 28, 1923–24, S. 3519.

87 Er wurde durch Dr. Hans Kienitz ersetzt.

88 Siehe Anm. 51; laut Schreiben des Gerichts vom Januar 1956 nach Beschluss vom 22. Juli 1955, S. 13, beliefen sich die offenen Bierrechnungen auf 32.500 RM, LAB B Rep 025-01 Nr. 415/51.

Nürnberg und die Feier auf dem Bückeberg gestaltet hat. Berlin erhält damit ein im neuen Geist geschaffenes Unternehmen, das ähnlich dem Kopenhagener Tivoli und dem Wiener Prater ein von Berlin nicht zu trennender Begriff werden wird. Im Mai 1934 ist die Eröffnung des National-Parks in Halensee mit einer großen Massenveranstaltung unter dem Motto „Arbeiter, feiert die Arbeit!" vorgesehen.[89]

Diese Pläne mussten aber wegen einer neuen Straßenführung zum geplanten Olympiagelände gänzlich aufgegeben werden.[90] Die Stadtvertreter dachten sogar über Schritte zur Enteignung der hoch verschuldeten Volkspark AG nach,[91] ehe sie ihr im Mai 1935 das Gelände abkauften. Da hatte Albert Speer bereits ein Honorar von 42.000 RM kassiert.[92]

Auch die anderen Unternehmen, die Ilia Hepner besaß, gingen im Laufe des Jahres 1933 verloren: Seine Aktien bei den anhaltinischen Eisenwerken wurden beschlagnahmt, seine Immobilien zügig zwangsversteigert.[93]

Die Anklageschrift gegen Joel und Dr. Salomon Hepner sowie Nessanel Essmann[94]

Der Tod Ilia Hepners sollte für seine Verwandtschaft weitreichende Folgen haben und alles verändern. Da die Aktien der Eisenwerke L. Meyer. jun. in Harzgerode zur Hälfte der Pogliani&Hepner GmbH gehörten, kam auch deren Geschäftstätigkeit in den Fokus der Behörden. Innerhalb kürzester Zeit standen ihr Vermögen bzw. die vier, der Gesellschaft gehörenden Häuser, zur Disposition.[95]

Bereits Ende Dezember 1933 erfolgte die Prüfung der Pogliani&Hepner GmbH durch das Landesfinanzamt Berlin. Im Bericht vom 16. Januar 1934 wird ein Devisenvergehen vermutet und die Frage aufgeworfen, ob gegebenenfalls eine Beschlagnahme sämtlicher Vermögenswerte durchzuführen sei.[96] Kurz darauf erstattete der Präsident des Landesfinanzamtes beim Polizeipräsidenten Strafanzeige gegen Joel Hepner wegen des Verdachts der Zuwiderhandlung gegen die gültige Devisenordnung, versehen mit der Bitte, gegebenenfalls Haft zu beantragen. Ein reger Schriftverkehr zwischen dem Anhaltinischen Staatsministerium, Abt. Wirtschaft, der Staatsanwaltschaft Dessau und

---

89 Berliner Morgenpost vom 9. Dezember 1933.
90 LAB A PrBr Rep. 057 Nr. 417/3 (Stadtpräsident der Reichshauptstadt. Lunapark. Stadtplanung).
91 Die Bezeichnung „Nationalpark" wurde auf Einspruch von Goebbels zugunsten der Bezeichnung „Volkspark" fallengelassen. Er war der Auffassung, dass es nur einen „Nationalpark" in der Lüneburger Heide geben sollte, Schreiben der Nationalpark-Aktiengesellschaft vom 2. Januar 1934, S. 1, LAB B Rep. 025-08 Nr. 5714/59 (19).
92 Schreiben des Berliner Bürgermeisters O. Maretzky vom 14. April 1935, ebd.
93 Zwangsversteigerung angeordnet für Clausewitzstraße 1 am 8. Juli 1933, Grundbuch Stadt Charlottenburg, Bd. 192, Bl. 6580; für Waitzstraße 4 am 19. August 1933, Grundbuch Stadt Charlottenburg, Bd. 225, Bl. 7516, Vol. II.; für Xantener Straße 16 am 10. November 1933, siehe LAB A Rep. 113/277.
94 Dokumente dazu im LA Sachsen-Anhalt Z 257 Nr. 82; Z 257 Rep. 30 Nr. 201. Nr. 213–215 sowie im LAB A Rep. 358-02 Nr. 24987-124989. 124993-124995 (Devisenvergehen).
95 Siehe Anm. 59.
96 LAB A Rep. 358-02 Nr. 124987.

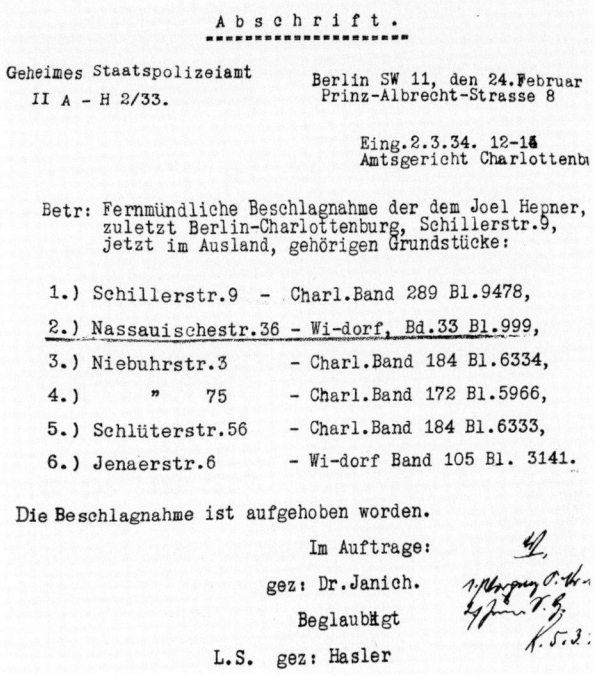

Abb. 5 *Ankündigung der Beschlagnahmung durch die Geheime Staatspolizei am 24. Februar 1934.*

den Berliner Finanz- und Zollbehörden legt nahe, dass die Behörden äußerst bemüht waren, den einmal ausgesprochenen Vorwurf zu erhärten. Konten und Geldbewegungen, Hypotheken und auch die Schließfächer von Joel Hepner wurden minutiös durchforstet. Er und sein Sohn Salomon Hepner, beide mittlerweile in Paris lebend, wurden schriftlich um Stellungnahmen gebeten, wo gewisse Summen, insbesondere Kredite, hingeflossen wären. Auch der Verwalter der Häuser sowie Kredit gebende Banken wurden dazu befragt. Deren ausführliche Antworten befriedigten die Finanzbehörden aber nicht. Nessanel Essmann, zu diesem Zeitpunkt im Vorstand der Pogliani&Hepner GmbH, landete für zweieinhalb Wochen im Gefängnis in Dessau, anschließend für mehr als drei Monate im Berliner Konzentrationslager in der Columbia-Straße, da er bekennen sollte, dass sein Onkel Joel Hepner ca. 150.000 RM ins Ausland transferiert hätte. Selbst sein älterer und von den Geschäften eher unbeleckter Bruder, Nathan Essmann, kam für einige Tage ins Gefängnis.[97] Gegen die Verhaftung der Sowjetbürger Gebrüder Essmann erhob sogar die Botschaft der Sowjetunion Einspruch.[98]

---

97 Vorgang ausführlich beschrieben in einem Schriftsatz vom 30. Mai 1934 an das anhaltinische Staatsministerium, LA Sachsen-Anhalt, Z 257 Nr. 215.
98 LA Sachsen-Anhalt, Z 257 Nr. 215.

Ohne richterliche Anordnung waren schon im September 1933 die Aktien des Joel Hepner an den Eisenwerken in Harzgerode beschlagnahmt worden, ebenso Goldpfandbriefe der Pogliani&Hepner-AG bei der Commerz- und Privatbank AG.[99] Im Februar 1934 kündigte die Geheime Staatspolizei die Beschlagnahmung von sechs Miethäusern an, allerdings eine voreilige Maßnahme, die wieder aufgehoben wurde.[100] Einen Monat später folgte die Pfändung des Banktresors mit knapp 40.000 RM Inhalt sowie Stahlfächer mit Wert von knapp 20.000 RM.[101] Für die Justiz war zu diesem Zeitpunkt klar, dass die Familien Hepner und Essmann „über ein Jahrzehnt lang nachgewiesene Schädlinge am Deutschtum und Parasiten am deutschen Volksvermögen" gewesen wären.[102]

Ein gültiger Beschluss der Oberstaatsanwaltschaft erfolgte erst am 8. Januar 1935.[103] Joel Hepner und Nassanel Essmann wurden als Teilhaber, Dr. Salomon Hepner als Geschäftsführer der Hepner&Pogliani GmbH zweier Devisenvergehen für schuldig befunden und zu Staatsfeinden erklärt.[104]

Ihnen wurde vorgeworfen, über die GmbH und mithilfe des in Paris lebenden Schwagers S. Kharon in zwei Fällen devisenrechtlich unzulässige Transaktionen durchgeführt zu haben.[105] Auf Grund unrichtiger Angaben wären Genehmigungen der staatlichen Devisenstelle zur Abwicklung von Darlehensverträgen erschlichen worden, der zugeführte Betrag, zumindest teilweise, in Joel Hepners private Taschen geflossen. Als weiteren Punkt wurde den Angeklagten zur Last gelegt, den Wiederaufbau der schon länger still liegenden Fabrik der Eisenwerke Meyer jun. AG in Harzgerode aus staatsfeindlicher Gesinnung verhindert sowie die eigentlich wertlosen Aktien mithilfe mehrerer jüdischer Banken aufgewertet und damit Sperrguthaben flüssig gemacht zu haben.[106]

Devisenverbrechen gehörten nach Einschätzung des Oberstaatsanwaltes zu den staatsfeindlichen Kapitalverbrechen, gegen die das Reich mit allen Mitteln vorzugehen habe.[107] Da die Angeklagten durch ihre Flucht nach Paris als Ausländer eingestuft wurden, galt für sie sogar ein noch verschärftes Devisenrecht.[108]

---

99 LA Sachsen-Anhalt, Z 257 Nr. 82.
100 Zu den vier der Pogliani&Hepner GmbH gehörenden Häusern waren zwei in alleinigem Besitz von Joel Hepner dazu gekommen, Anlage im Grundbuch Nassauische Straße 36, Dt. Wilmersdorf, Bd. 151, Bl. 4537, Vol. IV.
101 Schreiben vom 27. April 1935, S. 9, LA Sachsen-Anhalt Z 257 Nr. 82. Einwürfe von Salomon Hepner, Paris, gegen dieses unrechtmäßige Vorgehen wurden zurückgewiesen.
102 Schreiben des Oberstaatsanwalts vom 30. Mai 1934 an das anhaltinische Staatsministerium, LA Sachsen-Anhalt, Z 257 Nr. 215, S. 9.
103 LA Sachsen-Anhalt, Z 257 Nr. 201. 214. 215.
104 Seit 1931 waren Joel Hepner, das Bankhaus Schwarzschild Söhne und Nassanel Essmann Gesellschafter. Das Bankhaus wurde nicht angeklagt. Bis Ende 1933 zeichnete Dr. Salomon Hepner als Geschäftsführer, danach Dr. Leo Ettinger.
105 Zuwiderhandlung gegen § 12 der Devisenordnung, strafbar nach § 36 Abs.1 Ziffer 3.
106 Zu den komplizierten Devisenvorschriften und fast unmöglichen Bestimmungen, legal Geld ins Ausland zu transferieren, siehe auch: Christoph Kreutzmüller, Ausverkauf. Die Vernichtung der jüdischen Gewerbetätigkeit in Berlin 1930–1945, Berlin 2013, S. 334–337.
107 So in einem Schreiben vom 23. Oktober 1934, LA Sachsenanhalt Z 257 Nr. 215.
108 Der Staatsanwalt beim Landgericht Berlin verfügte mit Schreiben vom 12. März 1935, nach § 42 des Gesetzes über Devisenbewirtschaftung vom 4. Februar 1935, einen dinglichen Arrest in das Vermögen jeden Schuldners über 500.000 RM, LAB A Rep. 358-02 Nr. 124987.

Entsprechend der Berechnung des Finanzamtes verurteilte das Gericht die Angeklagten zu einer Geldstrafe von 439.500 RM und nom. 326.400 RM Aktien.[109] Die Genehmigung zur Zwangsvollstreckung und freihändigen Veräußerung ihrer noch vorhandenen Vermögenswerte zu Gunsten des Deutschen Reiches folgte unmittelbar.[110]

Da die Pfändung der Geschäftsanteile der Pogliani&Hepner AG, wie schon erwartet worden war, wenig einbrachte,[111] bemächtigten sich die Behörden der vier der GmbH gehörenden Häuser. Sofort wurden deren Mieteinnahmen gepfändet, nach und nach die Immobilien zwangsversteigert. Auch die weiteren Häuser der Familie unterlagen diesen Maßnahmen: Schon im Januar 1935 wurde bei den Grundstücken Schillerstraße 9 und Nassauische Straße 36/Gasteiner Straße 33–34 die Zwangsversteigerung angeordnet,[112] die anderen Häuser folgten.[113]

Nach der Flucht aus Deutschland

Nach dem Tod von Ilia Hepner flohen die meisten in Berlin lebenden Familienmitglieder nach Frankreich.

Joel Hepner wohnte nach seiner Flucht 1933 in Paris. Am 1. September 1938 verstarb er im Seebad Deauville in der Normandie. Tage später wurde sein Leichnam nach Paris auf den Friedhof von Montparnasse überführt.

Viele seiner Familienmitglieder rettete die Flucht nach Frankreich nicht vor dem Holocaust: Sein Bruder Daniel Hepner, der versteckt noch bis 1937 in Berlin zubrachte, wurde 1943 aus dem Sammellager Drancy deportiert und in Auschwitz ermordet.[114] Seine Tochter Fanny/Feiga und ihr Ehemann Dr. Leo Ettinger ereilte dasselbe Schicksal, nachdem sie 1935 ausgebürgert wurden.[115] Sein Sohn Salomon Hepner fand den Tod im Vernichtungslager von Sobibor.[116]

---

109 Es handelte sich dabei nur um die Aktien des Joel Hepner, die seines gerade verstorbenen Bruders Ilia hatte der anhaltinische Staat schon an sich genommen.
110 LA Sachsen-Anhalt, Z 257 Nr. 82; LAB A Rep. 358-02 Nr. 124987.
111 Der noch in Berlin verweilende Paul Hepner, mittlerweile der Geschäftsführer der Gesellschaft, konnte aus Mangel an Kapital die Forderungen nicht erfüllen, LAB A Rep. 342-02 Nr. 59983.
112 Amtsgericht Charlottenburg, Grundbuch Charlottenburg, Bd. 22, Bl. 1201 (1932 umgeschrieben in Bd. 289 Bl. 9478); Grundbuch Wilmersdorf, Bd. 33, Bl. 999 (umgeschrieben in Bd. 171 Bl. 4537 IV).
113 1935 erfolgten die Versteigerungen der Jenaer Straße. 6, Martin-Lutherstraße 19 sowie Kommandanten Straße 45, 1936 der Annenstraße 10 und der Lützowstraße 74, LAB A Rep 358-02 Nr. 124993-124995.
114 https://collections.yadvashem.org/en/search-results/Daniel%20Hepner?page=1#relevant (letzter Zugriff: 09.05.2024).
115 https://collections.yadvashem.org/en/search-results/Leo%20Ettinger?page=1#relevant; https://collections.yadvashem.org/en/search-results/Fanny%20Ettinger?page=1#relevant (letzter Zugriff: 09.05.2024); Tamara Siew-Bieber (1918–1995), die Tochter aus erster Ehe von Fanny/Feiga Ettinger, überlebte und wanderte in die Vereinigten Staaten aus.
116 https://collections.yadvashem.org/en/search-results/Salomon%20Hepner?page=1#relevant (letzter Zugriff: 09.05.2024); https://collections.yadvashem.org/en/search-results/Fanny%20Ettinger?page=1#relevant (letzter Zugriff: 09.05.2024).

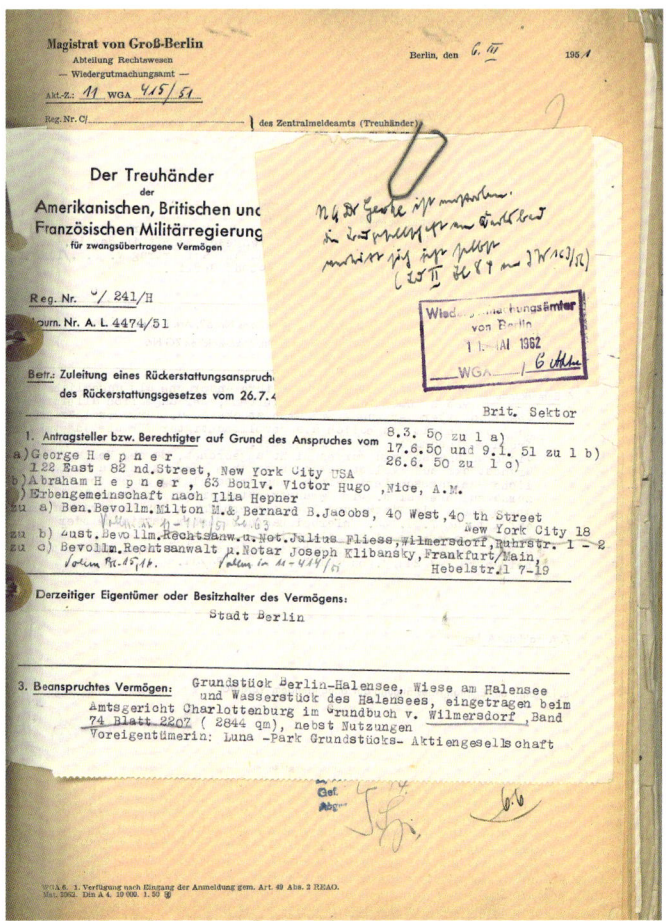

Abb. 6 *Wiedergutmachungsakte Erbengemeinschaft Ilia Hepner.*

Salomon Hepners Frau Bertha, geborene Weller, hatte sich in Paris scheiden lassen und 1937 erneut verheiratet. Mit dem neuen Ehemann emigrierte sie via London in die USA, wo sie bis zu ihrem Tod lebte. Auch der Sohn aus erster Ehe, George Hepner (1920–2008), wanderte 1940 in die USA aus. Hier nahm er aktiv am Zweiten Weltkrieg teil, später lebte er in Florida und wurde schließlich auf dem Veteranenfriedhof von Tampa bestattet.[117]

Paul Hepner, der die Geschäfte in Berlin noch bis 1936 weiterführte, wurde nach Angaben seiner Kinder aus Deutschland ausgewiesen und verstarb infolge der Deportation 1937 in Polen. Seine Söhne Benjamin und Leon konnten sich retten.[118]

---

117 https://www.myheritage.de/site-family-tree-1252101092/tree (letzter Zugriff: 09.05.2024).
118 https://www.myheritage.de/site-family-tree-1252101092/tree (letzter Zugriff: 09.05.2024).

Fanny Czernichowski verließ rechtzeitig Berlin und wanderte, über eine Station in Paris, mit ihrer Familie nach Argentinien aus.[119]

Die Brüder Essmann waren auch kurzzeitig in Paris, konnten aber nach Palästina emigrieren. Ihre Schwester Lea Gourary kam 1942 in Auschwitz ums Leben.[120]

Der Kampf um die Restitution des Lunaparks

Der erste formlose Antrag auf Wiedergutmachung[121] wurde vom Enkel des Joel Hepner, George Hepner, an die Treuhänder der amerikanischen, britischen und französischen Militärregierung für zwangsübertragene Vermögen mit Datum vom 8. März 1950 gestellt. Er beantragte als Erbe seines Großonkels Ilia die Entschädigung für den Verlust des Lunaparks und von ca. acht bis neun Häusern.[122]

Weitere, nun sehr umfangreiche Anträge der Erbengemeinschaft nach Ilia Hepner, darunter die noch lebenden Geschwister Abraham Hepner und Fanny Czernichowski, insgesamt zwölf Personen, an die Wiedergutmachungskammer am Landgericht Berlin folgten.[123] Im Antrag vom 24. November 1953 legten sie ihr Anliegen dar: Ausgehend von der Annahme, dass der Lunapark Ilia Hepner ungerechtfertigt entzogen und zugunsten des Käufers, der Volkspark AG, durch den Konkursverwalter verschleudert worden sei, forderten sie die Restitution des ganzen Parkgeländes, sowie der am Kurfürstendamm 124, 124a, 125 und der Bornimer Straße 17–19 gelegenen Grundstücke.[124] Der einstige Wert des insgesamt ca. sechseinhalb Hektar umfassenden Territoriums wurde von den Erben aufgrund von Sachverständigen auf acht bis zehn Millionen RM geschätzt.[125] Bei Antragstellung war das ursprüngliche Territorium im Grundbuch in zehn Parzellen aufgeteilt, für die sechs separate Wiedergutmachungsverfahren eingeleitet wurden. Die Ansprüche richteten sich im Wesentlichen gegen die Stadt Berlin, die immer noch den größten Teil des Geländes in Besitz hatte.[126]

Dieser Antrag wurde u. a. aus formalen Gründen abgelehnt und ein Notliquidator der Aktiengesellschaft bestellt, da eine Rückerstattung nur an die Gesellschaft, nicht aber an einzelne Personen rechtlich zulässig erschien.

---

119 Eidesstattliche Erklärung von Salomon Czernichowski am 5. Juli 1954, LAB B Rep 025-01 Nr. 415/51 Bd. 1.
120 Lebenslauf von Nathan Essmann, LABO, BEG-Akte, Reg. Nr. # 341.803.
121 Zu den Verfahren siehe: Eva Balz/Christoph Kreutzmüller, In letzter Instanz, https://forhistiur.net/2013-04-balz-kreutzmueller/?l=de (letzter Zugriff: 25.04.2024); Aktives Museum Faschismus und Widerstand in Berlin e. V. in Zusammenarbeit mit der Gedenkstätte Deutscher Widerstand (Hg.), Verfahren. „Wiedergutmachung" im geteilten Berlin, Berlin 2015.
122 LAB B Rep 025-01 Nr. 415/51 Bd. 1.
123 Verfahren der Erbengemeinschaft Ilia Hepner gegen das Deutsche Reich, LAB B Rep. 025-1 Nr. 415 Bd.1–3; Nr. 414–416/51; Nr. 418–420/51; Erbengemeinschaft gegen M. Kotzbau, LAB B Rep. 025-1 Nr. 417/51.
124 Schreiben von RA W. Schulz vom 24. November 1953 an das Landgericht Berlin, S. 3, LAB B Rep. 025-01 Nr. 415/51.
125 Ebd., S. 6.
126 Weiter waren Margarete Kotzbau, die Kurfürstendamm 124 und Bornimer Straße 19 gekauft hatte, sowie die Baugesellschaft am Karlsbad betroffen.

Der ausführliche Antrag des Notliquidators Staatsminister a. D. Dr. Ernst Nölting[127] wurde vom Landgericht aber ebenfalls abgelehnt sowie ein Einspruch dagegen.[128] Auch ein weiterer Antrag der Jewish Trust Corporation (JTC) / Jewish Restitution Successor Organization (JRSO) in derselben Sache führte nicht weiter.[129] Am 6. April 1962 wiederholte das Oberste Rückerstattungsgericht die bereits früher ausgesprochene Ansicht, dass der Lunapark 1933 auf alle Fälle konkursreif und zudem, entsprechend der schlechten wirtschaftlichen Situation, nicht mehr viel wert gewesen wäre.

Das Urteil des Gerichts folgte im Wesentlichen der Darlegung des Konkursverwalters, der mutmaßlich nicht unparteiisch war,[130] außerdem den Argumenten des Senators für Finanzen, der, selbst der Beklagte,[131] 1934 ein großes Interesse bekundet hatte, das Grundstück preiswert zu erwerben. Die Bedrohungen durch die NSDAP, die die Handlungsfähigkeit der Familie Hepner wesentlich eingeschränkt hatten, wurden ebenso vom Tisch gewischt wie die Übernahme durch die Partei und deren konkrete Planung des „Nationalparks":

> ... Die angeblich geplanten Arisierungsmaßnahmen von NSDAP-Mitgliedern, die durch Vorlage der Abschrift des Protokolls der Sitzung im Stadthaus bewiesen werden sollten, konnten nach Ansicht der Kammer außer Betracht bleiben, da sie nach Vortrag der Antragsteller nicht zur Ausführung gelangten. Auf das vorliegende Verfahren wären die geplanten Maßnahmen überhaupt nur dann von Einfluss gewesen, wenn feststehen würde, dass sie die Entschlussfreiheit des Konkursgerichts – dessen Kontrolle letzten Endes der Konkursverwalter unterstand–, bzw. des Versteigerungsgerichts beeinträchtigt hätten. Auch ist die Kammer nicht der Überzeugung, dass die Antragsteller ihre Interessen im Jahre 1933 nicht auch vom Ausland aus hätten wahrnehmen können. Sie hätten nach Ansicht der Kammer durch Bestellung eines Generalbevollmächtigten und Begleichung der rückständigen Realsteuern ohne weiteres die Zwangsversteigerung abwenden können.[132]

Als 1965 ein neuer Zeuge auftauchte, der lang gesuchte Prokurist Alfred Scharff, erhofften sich die Antragsteller eine Neubewertung ihres Falles. Denn Scharff machte deutlich, dass der Druck auf Ilia Hepner erheblich gewesen war und er bzw. seine Brüder keinerlei Möglichkeit gehabt hatten, das Unternehmen zu retten. Aber auch dieser Antrag sowie weitere Einsprüche wurden mit den immer selben Argumenten zurückgewiesen.[133]

---

127 Antrag vom 29. März 1954, LAB B Rep 025-01 Nr. 415/51.
128 Verhandlung am 22. Juli 1955, Ablehnung mit Schreiben vom 4. Januar 1956, Einspruch dagegen vom 5. Juli 1956.
129 Antrag vom 29. Dezember 1958, LAB Rep 025-08 Nr. 5714/59.
130 Nach Aussage des Prokuristen A. Scharff vom 20. Mai 1965 arbeitete der Konkursverwalter Dr. Schlebrügge eng mit Pg. Werner Schwartz zusammen, LAB B Rep. 025-08 Nr. 5714/59.
131 Schreiben des Senators für Finanzen an die Wiedergutmachungskammer des Landgerichts vom 5. Juni 1951, 17. August 1951, 14. Juli 1955, LAB B Rep. 02-01 Nr. 415.
132 Beschluss vom Januar 1956, LAB B Rep. 025-01 Nr. 415/51; die Argumente werden wiederholt im Schreiben vom 22. Juli 1970, B Rep. 025-08 Nr. 5714/59 (2).
133 Antrag vom 11. Juni 1965, zurückgewiesen am 8. November 1965; ein weiterer Einspruch am Antrag vom 29. Mai 1967 wurde am 15. Juli 1968 abgelehnt, LAB B Rep. 025-08 Nr. 5714/59 (2).

Benno Hepner, der in Paris lebende Sohn von Paul Hepner sowie die drei in den USA bzw. Kanada lebenden Enkel von Joel Hepner,[134] wollten nicht aufgeben und erhoben weiterhin Anspruch, allerdings völlig ergebnislos.[135] Erst am 29. Dezember 1988 beantragte das Amtsgericht die Löschung des letzten Rückerstattungsvermerks im Grundbuch.[136]

Anträge zur Restitution des Vermögens der Familie von Joel Hepner

Die Beschlagnahme der Häuser der Pogliani&Hepner AG wurde von der JRSO in zwei Fällen als Zwangsübertragung und ungerechtfertigte Entziehung gewertet.[137] Ein Antrag zur Wiedererstattung eines der Grundstücke führte 1952 zum Vergleich und einer geringfügigen Entschädigung durch den neuen Besitzer.[138] Weitere Anträge der JRSO auf Rückerstattung von Zwangsübertragungen blieben erfolglos.[139]

Erst 1959 stellten schließlich die drei Enkel Anträge auf Entschädigung bezüglich des Vermögens von Joel Hepner. Sie konnten ihre Ansprüche aber nicht mit genauen Zahlen belegen.[140] Ein Gesuch zur Erstattung unbestimmter Vermögenswerte des Dr. Salomon Hepner wurde gleichfalls mangels Präzisierung zurückgewiesen.[141]

Der in Tel Aviv ansässige Nathan Essmann versuchte gleichzeitig, eine Entschädigung für das verlorene Vermögen und von Wertsachen seiner Familie zu erwirken: Auch seine Forderungen hatten, u. a. mangels Nachweis, keinen Erfolg.[142]

---

134 Tamara Bieber (Anm. 115), George Hepner (Anm. 117) und R. Boris Shields (1921–2014), der Sohn von Sophia Sonja Schwarzschild. Er war mit seinen Eltern nach London geflohen, kämpfte bei den Alliierten, wanderte dann aber nach Kanada aus, wo noch seine Nachfahren leben.
135 Am 26. Juni 1969 beantragt, am 17. Juli 1969 abgelehnt. Auf einen Einspruch vom 10. Oktober 1969 folgte am 22. Juli 1970 erneut die Ablehnung, LAB B Rep 025-08 Nr. 5714/59 (2).
136 LAB B Rep 025-01 Nr. 418/51.
137 LAB B Rep. 025-03 Nr. 571/JRSO (zu Niebuhrstraße 3); LAB B Rep. 025-08 Nr. 1118/JRSO (zu Schlüterstraße 56).
138 Die Entschädigung von 5.000 DM für den Verlust der Niebuhrstraße 3 war allerdings zwei Jahre später immer noch nicht ausgezahlt. Vorausgegangen war schon ein 1950 gestellter Antrag der Treuhänder der Britischen und Amerikanischen Militärregierung, LAB B Rep. 025-03 Nr. 571/JRSO.
139 Betreffend Doppelecke Grundstücks GmbH, LAB Rep. 025-03 Nr. 18208/JRSO; Jenaer Straße 6, LAB Rep. 025-01 Nr. 1456/51/JRSO.
140 LAB B Rep. 025-04 Nr. 847–59. Sie kannten offensichtlich die Akten zur Enteignung der Pogliani&Hepner AG nicht, dann darin werden einige Wertpapiere aufgezählt; ein Antrag bzgl. des Hausrates wurde gleichfalls eingestellt, LAB B Rep. 05-04 Nr. 848–59.
141 LAB B Rep. 025-01 Nr. 9541/59. Der Antragssteller, der spätestens mit 17 Jahren von seinem Vater in Paris getrennt wurde, kannte nicht einmal das Geburtsdatum seines Vaters.
142 Am 1. April 1959 gefordert, am 30. Juni 1961 zurückgewiesen, LAB B Rep. 025-08 Nr. 20113/59. Im Juni 1960 zurückgenommen werden andere Ansprüche, LAB B Rep. 025-08 Nr. 20114–116. Weitere Anträge, LAB B Rep. 025-08 Nr. 18217–18227/59.

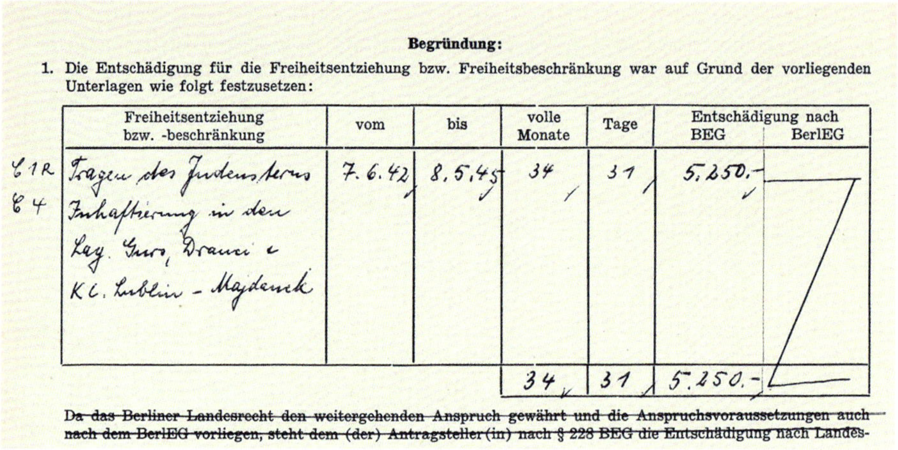

Begründung:

1. Die Entschädigung für die Freiheitsentziehung bzw. Freiheitsbeschränkung war auf Grund der vorliegenden Unterlagen wie folgt festzusetzen:

Freiheitsentziehung bzw. -beschränkung	vom	bis	volle Monate	Tage	Entschädigung nach BEG	BerlEG
Tragen des Judensterns Inhaftierung in den Lag. Gurs, Drancy u. KL. Lublin - Majdanek	7.6.42	8.5.45	34	31	5.250.-	
			34	31	5.250.-	

~~Da das Berliner Landesrecht den weitergehenden Anspruch gewährt und die Anspruchsvoraussetzungen auch nach dem BerlEG vorliegen, steht dem (der) Antragsteller(in) nach § 228 BEG die Entschädigung nach Landes-~~

Abb. 7 *Kostenerstattung für Salomon Hepner nach dem Bundesentschädigungsgesetz.*

Verfahren nach dem Bundesentschädigungsgesetz

Etwas günstiger liefen Verfahren, die den Schaden an Gesundheit oder beruflichem Fortkommen durch das Bundesentschädigungsgesetz regelten.

George, der Sohn von Salomon Hepner, der 13-jährig Berlin verlassen musste, wurde 1962 im Vergleichsverfahren für den Abbruch seiner Ausbildung entschädigt.[143] Zudem erhielt er 5.250 DM für die „Freiheitsentziehung“ seines im Vernichtungslager Sobibor ermordeten Vaters: Das Tragen des Judensterns und der Aufenthalt im Konzentrationslager wurden mit 150 DM monatlich berechnet.[144] Genauso bewertet wurde die „Freiheitsbeschränkung“ von Tamara Bieber,[145] die, nachdem ihre Eltern aus Drancy deportiert wurden, auf einen Bauernhof bei Montauban flüchtete, wo sie fast 18 Monate unter härtesten Bedingungen verbrachte.[146] Dem in Israel wohnenden, vollkommen verarmten Nathan Essmann wurde zwar, rückwirkend, eine kleine Rente zuerkannt; zu diesem Zeitpunkt war er aber schon drei Jahre verstorben.[147]

Schlussbetrachtung

Berlin wurde nach dem Ersten Weltkrieg in Folge des Zusammenbruchs der großen Imperien zu einem der bedeutendsten Zentren der Migration. Annähernd eine halbe Million Osteuropäer*innen unterschiedlichster ethnischer, sozialer, religiöser und kultureller Herkunft waren vor Revolution und Bürgerkrieg, vor Vertreibung, Ausschrei-

143 Schreiben vom 6. März 1962, LABO, BEG-Akte, Reg. Nr. # 338 689 (Georg Hepner).
144 Bundesentschädigungsgesetz § 47.
145 Siehe Anm. 115.
146 LABO, BEG-Akte, Reg. Nr. # 252 169 (Tamara Bieber).
147 LABO, BEG-Akte, Reg. Nr. # 341 803 (Nathan Essmann).

tungen und Pogromen nach Westen geflohen. Die Geschwister Hepner waren Teil dieser großen Wanderbewegung. Ihre ukrainische Heimat war Hauptschauplatz eines unerbittlichen Bürgerkriegs geworden, einer Vielzahl von Pogromen und Hungersnot fielen dort Hunderttausende zum Opfer.

Zwischen 1918 und 1925 hielten sich nach verschiedenen Schätzungen bis zu 200.000 osteuropäische Migrant*innen, darunter ca. 65.000 Juden, zumindest übergangsweise, in Berlin auf.[148] Während sich viele der eher mittellosen und traditionell lebenden jüdischen Flüchtlinge im bereits jüdisch geprägten Scheunenviertel niederließen, das sich nördlich vom Alexanderplatz, besonders entlang der Grenadierstraße erstreckte,[149] zogen die wohlhabenden und gutbürgerlichen Exilrussen, die vor der Revolution geflohen waren, mehrheitlich in den Berliner Westen.

Joel und Ilia Hepner sowie ihre Angehörigen ließen sich von Anfang an in dem Gebiet zwischen Kurfürstendamm, Wittenbergplatz und Bayrischem Platz nieder, das wegen seiner vielen russischen Migrant*innen im Volksmund „Charlottengrad" hieß. Die hier lebenden osteuropäischen Juden gehörten mehrheitlich zur intellektuellen Elite und waren als Ärzte, Anwälte, Literaten und Verleger tätig.[150] Unter ihnen waren die Hepners als Immobilienbesitzer und Unternehmer wahrscheinlich eher die Ausnahme.[151] Aufgrund ihres Kapitals und des engen familiären Zusammenhalts war es ihnen möglich, inmitten der „russischen Diaspora"[152] einen großbürgerlichen und kosmopolitischen Lebensstil zu pflegen und trotz Weltwirtschaftskrise bis zu ihrer Flucht aufrechtzuerhalten.

Die Anfeindungen durch die Nazis sowie der Zugriff auf das Unternehmen und Vermögen von Ilia Hepner setzten dem Charlottenburger Leben der gesamten Familie Hepner 1933 ein jähes Ende. Die Vernichtung der Lunapark AG durch die NSDAP sowie die anschließende Übernahme sämtlicher Immobilien der Großfamilie im Konkursverfahren folgte zwar mehr oder weniger gängigen Mustern,[153] wurde aber durch die hohe Attraktivität des Lunaparks ausgelöst und den Tod von Ilia Hepner beschleunigt.

Das Wiedergutmachungsverfahren der Erbengemeinschaft Ilia Hepner verlief im Verhältnis zu anderen bemerkenswert unnachgiebig.[154] Über die Gründe, warum die 1933

---

148 Zum Thema generell: Verena Dohrn/Gertrud Pickhan (Hg.), Transit und Transformation. Osteuropäisch-jüdische Migranten in Berlin 1918–1939 (= Charlottengrad und Scheunenviertel, Bd. 1), Göttingen 2010; Saß, Berliner Luftmenschen; Stiftung Jüdisches Museum Berlin in Zusammenarbeit mit dem Forschungsprojekt „Charlottengrad und Scheunenviertel. Osteuropäisch-jüdische Migranten im Berlin der 1920/30er Jahre"; Osteuropa-Institut, Freie Universität Berlin (Hg.), Berlin Transit. Jüdische Migranten aus Osteuropa in den 1920-er Jahren (= Charlottengrad und Scheunenviertel, Bd. 3), Göttingen 2012.
149 Saß, Berliner Luftmenschen, S. 111–113; diess., Scheunenviertel, in: Stiftung Jüdisches Museum, Berlin Transit, S. 44–71.
150 Siehe Karl Schlögel, Russische Juden im russischen Berlin. Eine Diaspora in der Diaspora, in: Stiftung Jüdisches Museum, Berlin Transit, S. 106–109; ders., Das russische Berlin, S. 145–193.
151 Sehr gut dokumentiert und in manchen Punkten vergleichbar ist eine quasi um die Ecke lebende Großfamilie, die im Ölgeschäft tätig war: Verena Dohrn, Die Kahans aus Baku, Göttingen 2018.
152 Siehe Anm. 150.
153 Vgl. Kreutzmüller, Ausverkauf, S. 121–145.
154 Siehe Anm. 121.

eingeleiteten Arisierungsmaßnahmen bei der beantragten Restitution der Luna-Park Grundstücks-AG überhaupt keine Rolle spielten, kann nur spekuliert werden.

Auch wenn Fragen bleiben, konnte durch Archivstudien eine für die Geschichte von Charlottenburg-Wilmersdorf nicht unbedeutende jüdische Großfamilie der Anonymität entrissen werden.

Michael Haben

50.000 Wohnungen in Berlin abgerissen?

Anmerkungen zur Umsetzung der Neugestaltung Berlins durch die Nationalsozialisten

Die Pläne der Nationalsozialisten, namentlich des Generalbauinspektors (GBI) Albert Speer, zur Neugestaltung Berlins sind weitreichend bekannt. Arbeiten von Joachim Petsch, Lars Olof Larsson, Jost Dülffer, Jochen Thies und Josef Henke u. a. m. aus den 1970er Jahren fokussierten vor allem Fragen der Stadtplanung und Architekturgeschichte.[1] Mit der verdienstvollen Ausstellung „Von Berlin nach Germania" des Landesarchiv Berlin (LAB), die Hans Joachim Reichhardt und Wolfgang Schäche verantworteten,[2] konnte die damalige Diskussion durch bis dahin unbekanntes Quellenmaterial erweitert werden. Außerdem wurde der Blick auf die mit dieser Planung verbundenen politischen, sozialen und wirtschaftlichen Implikationen erweitert. So wurden unter anderem die massiven Abrisspläne einhergehend mit der stark steigenden Wohnungsnot und die Schikanierung, Beraubung und Entrechtung der jüdischen Bevölkerung bis hin zu ihrer Exmittierung, Zusammenpferchung in sogenannten „Judenhäusern" und Deportation in Konzentrationslager thematisiert. Ebenso wurden die negativen Folgen für die Bauwirtschaft in Berlin und Brandenburg und der Einsatz von Zwangsarbeitern aufgezeigt. In der Nachfolge haben Jonas Geist und Klaus Kürvers, aber auch Susanne Willems und andere diese Fragestellungen vertieft und auch die Rolle, die Albert Speer dabei einnahm, herausgestellt.[3]

Ein Topos der Ausstellung und der nachfolgenden Diskussion zeitigte eine besondere „nachhaltige" Wirkung: die Anzahl der Wohnungen, die für die breiten Schneisen der Nord-Süd- und der Ost-West-Achse hätten abgerissen werden müssen. Je nach Planungs-

---

1 Joachim Petsch, Baukunst und Stadtplanung im Dritten Reich. Herleitung/Bestandsaufnahme/Entwicklung/Nachfolge, München, Wien 1976; Lars Olof Larsson, Die Neugestaltung der Reichshauptstadt. Albert Speers Generalbebauungsplan für Berlin, Stockholm 1978; Jost Dülffer/Jochen Thies/Josef Henke, Hitlers Städte. Baupolitik im Dritten Reich, Köln, Wien 1978.
2 Hans J[oachim] Reichhardt/Wolfgang Schäche, Von Berlin nach Germania. Über die Zerstörungen der Reichshauptstadt durch Albert Speers Neugestaltungsplanungen. Katalog zur Ausstellung d. Landesarchivs Berlin, 7. Nov. 1984 – 30. Apr. 1985, Berlin 1984. Vier Jahre später haben die Autoren diese Publikation umfangreich überarbeitet und erweitert. Diese Fassung ist 2008 in der 11. Auflage erschienen.
3 Johann Friedrich Geist/Klaus Kürvers, Tatort Berlin, Pariser Platz. Die Zerstörung und „Entjudung" Berlins, in: 1945. Krieg – Zerstörung – Aufbau. Architektur und Stadtplanung 1940–1960 (= Schriftenreihe der Akademie der Künste, Bd. 23), Berlin 1995; Susanne Willems, Der entsiedelte Jude, Berlin 2002.

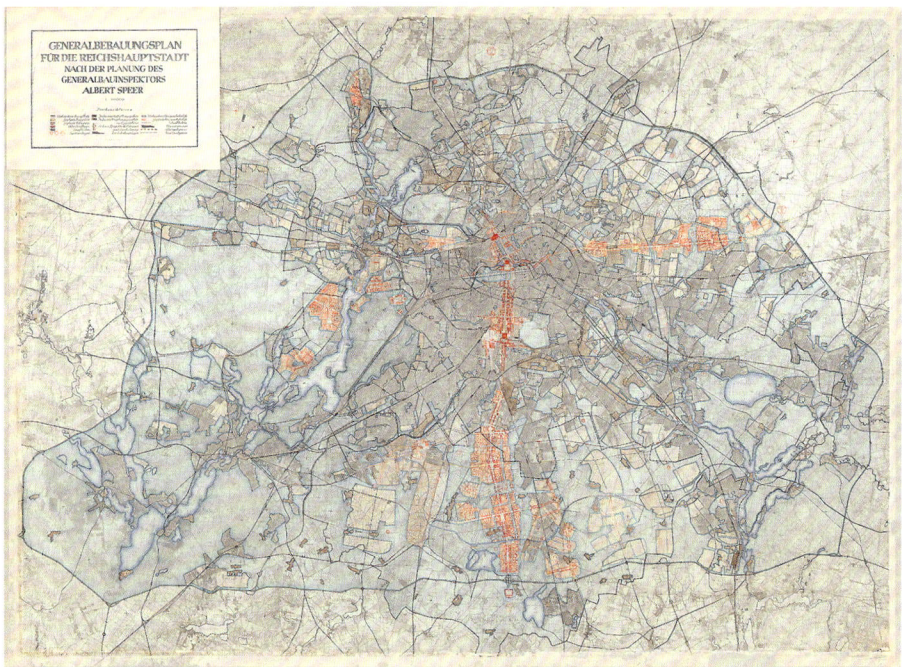

Abb. 1 *Generalbebauungsplan für die Reichshauptstadt nach der Planung des Generalbauinspektors Albert Speer, Stand 1942. Deutlich nachzuvollziehen ist der Verlauf der Nord-Süd- und der Ost-West-Achse. Vor allem in den dichtbebauten Innenstadtbereichen hätte bei einer Realisation dieser Achsen ein großer Wohnungsbestand abgerissen werden müssen.*

stand variierten diese Zahlen zwischen 50.000 und deutlich über 60.000 Wohnungen.[4] Ende 1938 ging man von 37.000 Wohnungen für die Nord-Süd-Achse und 25.000 für die Baumaßnahmen der Reichsbahn aus.[5] Reichhardt und Schäche vermieden es allerdings, konkrete Abrisszahlen für die einzelnen Jahre zu nennen. Auf diese Indifferenz folgte leider allzu schnell eine Verwechselung von Plan- und Ist-Zahlen. Oft hieß es nur, dass grob gerechnet 50.000 Wohnungen für die Neugestaltung Berlins abgebrochen wurden. Oder etwas abgeschwächt, dass die Abrisse vorbereitet und in größerem Rahmen umgesetzt worden waren.

4 Der erste dokumentierte Schätzwert des Stadtplanungsamtes der Stadt Berlin bezifferte die Zahl der Wohnungen, „die der vom Führer angeordneten Umgestaltung Berlins zum Opfer fallen werden", auf 60.000, in: Grundsätze für die Wohnungs- und Siedlungspolitik der Reichshauptstadt, StaPla VI A v. 27. November 1937, in: LAB A Pr. Br. Rep. 057, Akte 1175, Bl. 3–5.
5 Fragen des Wohnungsbaus, Bericht der Durchführungsstelle v. 17. November 1938, LAB A Pr. Br. Rep. 107, Akte 311/1; dieselbe Aufstellung auch in BArch, R 4606/876, Bl. 2. Vgl. zu den Vorgängen: Michael Haben, Berliner Wohnungsbau 1933–1945. Mehrfamilienhäuser, Wohnanlagen und Siedlungsvorhaben (= Die Bauwerke und Kunstdenkmäler von Berlin, Landesdenkmalamt Berlin (Hg.), Beiheft 39), Berlin 2017, S. 398–400.

Rezeption der Abrissplanung

Es ist erstaunlich, in welcher Breite die „Umwandlung" der Plan- in Ist-Zahlen erfolgter Abbrüche in den verschiedenen fachlichen Darstellungen aufgegriffen und mehr oder weniger kritiklos übernommen wurde. Sie wurden in Abhandlungen zur Stadt-, Architektur- oder Sozialgeschichte ebenso zitiert wie in biografischen Arbeiten oder Forschungen zur NS-Stadt- und -Raumplanung und anderes mehr.[6] Quasi als Nebeneffekt bekräftigten die Abrisszahlen die exponierte Rolle von Albert Speer, wodurch ihm implizit Organisationstalent und Durchsetzungskraft als – neudeutsch gesprochen – „versierter Projektmanager" unterstellt werden konnte. Den Neugestaltungsplänen nicht nur Berlins, sondern auch denen von München, Nürnberg, Hamburg und Linz sowie anderer Städte wurde zuletzt ein breiter Rahmen in dem Forschungsprojekt und der Ausstellung „Planen und Bauen im Nationalsozialismus" eingeräumt, die von dem jeweils für das Bauwesen zuständigen Bundesministerium finanziert wurden.

Möglicherweise verstärkte eine Angabe aus dem erwähnten Bericht der Durchführungsstelle an Speer vom 17. November 1938 die Verwechselung der Plan- und Ist-Zahlen: demnach seien bis dahin bereits 7.000 Wohnungen abgebrochen worden.[7] Leider wurde diese Angabe nicht kritisch hinterfragt: In dem Anhang des Berichts ist demgegenüber eine Aufstellung der Durchführungsstelle vom 10. November 1938 aufgenommen, die nur 2.000 in 1938 abzureißende Wohnungen angibt. Daneben hatte Anfang Oktober 1938 der Berliner Stadtrat Adalbert Pfeil dem Stadtpräsidenten eine Liste der erfolgten und noch ausstehenden Räumungen bis zum Jahresende gesandt. Danach waren bereits bzw. mussten noch geräumt werden: 3.008 Kleinwohnungen, 175 Großwohnungen und

---

6   Beispielhaft sei an dieser Stelle auf vier Arbeiten verwiesen: André Deschan, Die Neugestaltungsstädte als Großprojekte des NS-Regimes, in: Die Unabhängige Historikerkommission Planen und Bauen im Nationalsozialismus (Hg.): Planen und Bauen im Nationalsozialismus. Voraussetzungen, Institutionen, Wirkungen, Bd. II, München 2023; Richard Nêmec, Die Ökonomisierung des Raums. Planen und Bauen in Mittel- und Osteuropa unter den Nationalsozialisten 1938 bis 1945, Berlin 2020; Magnus Brechtken, Albert Speer. Eine deutsche Karriere, München 2017; Harald Engler, Die Finanzierung der Reichshauptstadt. Untersuchungen zu den hauptstadtbedingten staatlichen Ausgaben Preußens und des Deutschen Reiches in Berlin vom Kaiserreich bis zum Dritten Reich 1871–1945, Berlin 2004. Deschan macht in seinem Aufsatz allerdings die Einschränkung, dass zwar der Abriss von 50.000 Wohnungen vorbereitet worden war und ab 1938 „in Tempelhof für den Südbahnhof und im Spreebogen für die ‚Große Halle' ganze Straßenzüge abgebrochen" wurden. Er räumt allerdings ein, dass aufgrund der „angespannten Wohnungssituation... der Abbruch ganzer Blockstrukturen im Bezirk Tiergarten... nicht fortgesetzt werden" konnte (S. 676). Es fehlt leider die Angabe, welche Straßenzüge bereits abgerissen worden seien. Ähnlich gelagert sind auch solche pauschalen Aussagen, wie sie beispielsweise Harald Bodenschatz über die Altstadtsanierung in Berlin während der NS-Zeit trifft: „Das führte in den Hauptstädten, etwa Berlin... zum weiträumigen Abriss historischer Stadtviertel"; vgl. Christoph Bernhardt, Harald Bodenschatz u. a., Städtebau und Politik: Altstadterneuerung und Bau neuer Städte, in: Die Unabhängige Historikerkommission, Planen und Bauen, S. 621.

7   Geist/Kürvers, Tatort Berlin, Pariser Platz, S. 69, Zitat aus LAB A Pr. Br. Rep. 107, Akte 311/1. Vor 1938 wurde so gut wie keine Wohnung für die Neugestaltungsplanung abgebrochen, da weder die Gesamt- und Einzelplanungen abgeschlossen, noch die rechtlichen, finanziellen und organisatorischen Voraussetzungen geschaffen waren.

3.063 Wohnlauben. Die Angabe „7.000 abgebrochene Wohnungen" in dem Bericht für Speer scheint somit als geschönt und muss angezweifelt werden. Auf sie haben sich in der Folge allerdings viele Autor*innen gestützt.[8] Die Frage, wie viele Wohnungen letztendlich für die Neugestaltung Berlins bis 1942 abgerissen wurden, wird am Schluss dieses Aufsatzes wieder aufgegriffen.

Was bedeutet es, wenn 50.000 Wohnungen abgerissen werden sollen? Bei einer angenommenen Wohndichte von 200 Personen / ha hätte ein Abriss in diesem Umfang ein Brachland von ungefähr 500 Meter Breite und 17,5 Kilometer Länge hinterlassen.[9] Oder (für Berlinkundige) anders gerechnet: die seinerzeit neu erstellte Siedlung am Grazer Damm umfasste 2.364 Umsetzwohnungen, die vorrangig für „Abrissmieter" der Reichsbahn – ebenfalls im Zuge der Neugestaltungsplanung – vorgesehen waren.[10] 50.000 abgebrochene Wohnungen hätten also ungefähr ein Stadtgebiet mit der einundzwanzigfachen Fläche der Siedlung am Grazer Damm umfasst. Trotz aller Kriegsschäden wird anhand dieser einfachen Rechnungen offensichtlich, dass die Abrisse zwar geplant, aber bis 1942 keineswegs in diesem und auch nicht in einem etwas geringeren Umfang umgesetzt worden waren.

Ein Blick in die Angaben des Statistischen Amtes der Stadt Berlin gibt für die Jahre 1936 bis 1939 ein völlig anderes Bild:

Bautätigkeit in Berlin: Abgang durch Abbruch usw.[1]				
	1936	*1937*	*1938*	*1939*
Nichtwohngebäude	220	171	227	122
Wohngebäude	**136**	**83**	**105**	**57**
Wohnungen	**889**	**404**	**693**	**256**
[1] Angaben nach Berliner Wirtschaftsberichte 1937 und 1939, für 1939 nach Beilage zu den Kriegs-Mitteilungen (1941), Nr. 8/9 (Aug. u. Sept.), S. 2 © Michael Haben 2023				

Abb. 2 *Abrisse von Wohngebäuden und Wohnungen in Berlin von 1936 bis 1939.*

---

8   Der Bericht von Albert Pfeil v. 3. Oktober 1938 in: LAB A Pr. Br. Rep 057, Akte 1175. Die Angabe „7.000 abgebrochene Wohnungen in 1938" wurde von vielen Autor*innen übernommen, u. a. Brechtgen, Albert Speer; Jörn Düwel/Niels Gutschow, Baukunst und Nationalsozialismus. Demonstration von Macht in Europa 1940–1943. Die Ausstellung Neue Deutsche Baukunst von Rudolf Wolters, Berlin 2015; Christoph Bernhardt, Aufstieg und Krise der öffentlichen Wohnungsbauförderung in Berlin 1900–1945, in: Lothar Juckel (Red.) u. a.: Wohnen in Berlin. 100 Jahre Wohnungsbau in Berlin, Berlin 1999; Willems, Der entsiedelte Jude.
9   Der Einfachheit halber lege ich eine Bevölkerungsdichte der Abrissgebiete von 200 Personen / ha bei einer durchschnittlichen Belegung von 3,5 Personen / Wohnungen zugrunde. Im November 1937 wiesen die sechs Berliner Innenstadtbezirke eine Wohndichte von rd. 264 Personen / ha auf.
10 Haben, Berliner Wohnungsbau 1933–1945, S. 490–492; Annette Tietenberg, Die Wohnsiedlung Grazer Damm auf dem Schöneberger Südgelände, in: Berlin in Geschichte und Gegenwart. Jahrbuch des Landesarchivs Berlin 1994, Berlin 1994, S. 207–209.

Abb. 3 *Stadtplan Berlin, Ausschnitt Berlin-Mitte und Bezirk Tiergarten. Plan mit der Einzeichnung einzelner Stadtgebiete, die der GBI per Anordnung als Bereiche festlegte, damit sie in seinen Zuständigkeitsbereich zur Neugestaltung der Reichshauptstadt fielen. Insgesamt wurden bis 1941 101 solcher Bereiche in Berlin definiert.*

Laut Amt wurden in diesen vier Jahren nur 2.242 Wohnungen für Neubautätigkeiten abgerissen.[11] Man mag einwenden, dass statistische Daten, die autoritäre Regime und insbesondere die Nationalsozialisten veröffentlichen ließen, ggf. verfälscht worden waren und kritisch zu betrachten sind. Insofern lohnt es, die Abbruchplanung etwas genauer zu betrachten.

Abrisse in zwei ausgesuchten Stadtgebieten: Alsenviertel und südliches Tiergartenviertel

Unstrittig ist, dass die Neugestaltung Berlins in zwei zentralen Stadtgebieten am weitesten vorangeschritten war[12]:

11 Daneben wies das Amt für Statistik weitere Wohnungsabgänge aus, die im Rahmen von „Um- und Ausbaumaßnahmen" anfielen. Diese Zahlen waren höher als die des „Abgangs durch Abbruch".
12 Auf die Verkehrsplanung für die Reichsbahn, die Planung der Stadtringe oder die der verschiedenen Wohngebiete usf. wird hier nicht weiter eingegangen.

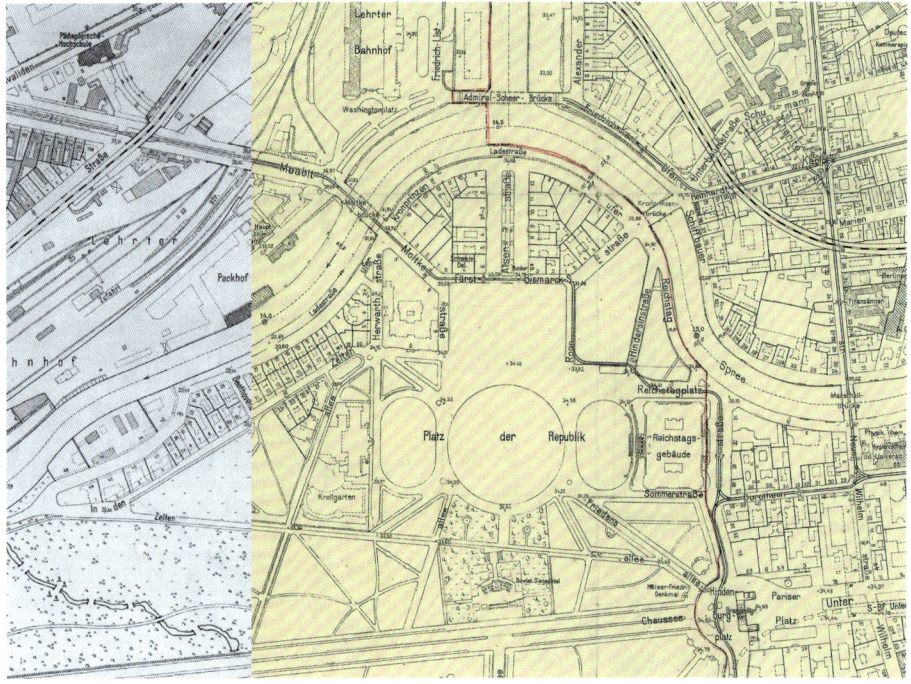

Abb. 4 *Gebiet südlich des Spreebogens/Alsenviertel, Karte von Berlin 1: 5000, 1950/1.*

1. Das Gebiet südlich des Spreebogens im Bezirk Tiergarten mit dem Alsenviertel (nordwestlich des Reichstages): Dort begannen die Vorarbeiten für die „Große Halle":
2. Das Gebiet nördlich der Potsdamer Brücke im südlichen Tiergartenviertel: Dort wurde frühzeitig mit den Arbeiten für den „Runden Platz" und das „Haus des Deutschen Fremdenverkehrs" begonnen. Letzteres konnte bereits im Sommer 1940 eingeweiht werden.

Wolfgang Schäche charakterisierte 1984 die Maßnahmen in diesen beiden Stadtgebieten: „Bereits 1938/39 begann der flächendeckende Abriß ganzer Stadtteile, indem man mit propagandistischer Inszenierung die ersten „Neugestaltungsbaustellen" errichtete. Die bedrückende Leere des heutigen Platzes der Republik – im Besonderen des dortigen Spreebogens – sowie die Öde um die Matthäuskirche sind nicht Folgen der Kriegszerstörungen, sondern im wesentlichen erste Opfer der Speer'schen Planungen".[13] Angesichts der umfangreichen Abrissplanung lag es auf der Hand davon auszugehen, dass in beiden Gebieten die vorhandenen Gebäude weitgehend flächendeckend entmietet und abge-

---

13 Wolfgang Schäche, Die „Neugestaltungsplanungen für die Reichshauptstadt" Berlin, in: Museumspädagogischer Dienst Berlin (Hg.): Faltblatt zur Ausstellung „Von Berlin nach Germania" des Landesarchivs Berlin, Berlin 1984, o. P.

50.000 Wohnungen in Berlin abgerissen?

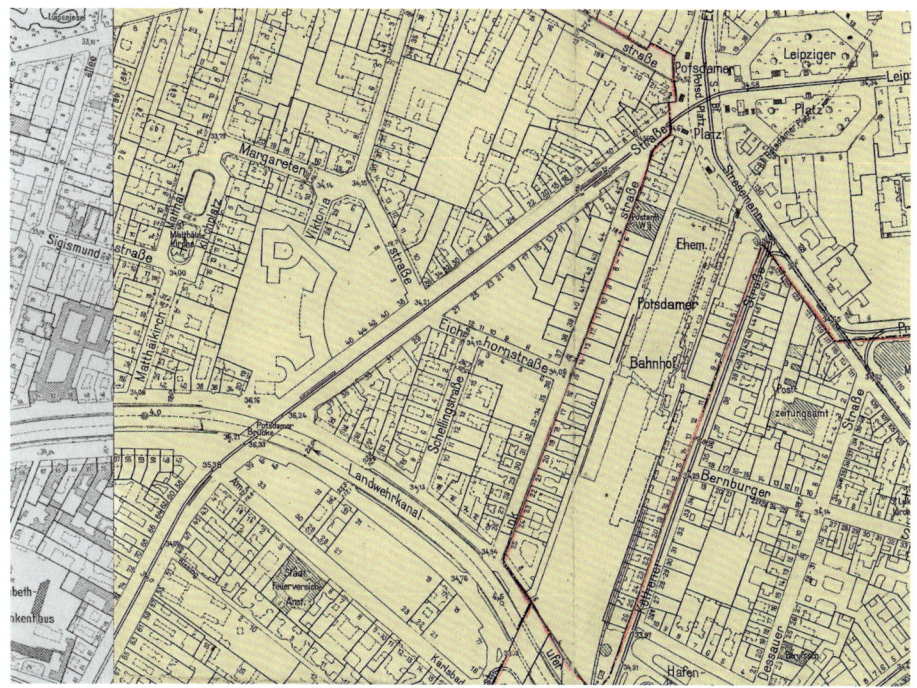

Abb. 5 *Gebiet nördlich der Postdamer Brücke bis zum Leipziger Platz, Karte von Berlin 1: 5000, 1946/50.*

tragen worden waren. Das war aus verschiedenen Gründen aber keineswegs der Fall. Ein Blick auf die vorhandenen Stadtpläne nach 1945 zeigt, dass nur Teile der bisherigen Bebauung abgebrochen oder umgekehrt, dass wesentliche Teile noch erhalten geblieben waren oder erst später durch die Bombardierungen im Krieg zerstört wurden.

Nach den Karten des Alsenviertels von 1950/51 blieben Teile der Bebauung der Straßen Am Kronprinzenufer, der Alsen- wie der Moltke-, Fürst-Bismarck- und Roonstraße erhalten. Ebenso ist die Bebauungsstruktur In den Zelten noch weitgehend vorhanden – ungeachtet der erfolgten Bombenschäden.

Ein ähnliches Ergebnis zeigen die Karten zum Gebiet des sogenannten „Runden Platzes": Das fertiggestellte „Haus des Deutschen Fremdenverkehrs" ist deutlich zu erkennen – und ebenso die benachbarte ältere Bebauungsstruktur, die 1945 zwar stark beschädigt, aber keinesfalls im Zuge der Speer'schen Neugestaltungsplanung abgeräumt worden war.

Die Sachverhalte, die die Karten widerspiegeln, werden durch Fotos, insbesondere durch spätere Luftaufnahmen, aber auch durch die Berliner Adressbücher bestätigt. Die Einträge in den Adressbüchern stimmen größtenteils mit den Darstellungen der Stadtpläne überein. In der Regel wurden Änderungen binnen eines Jahres oder zwei Jahren nachgetragen. Die Auswertung dieser Hilfsmittel zeigt, dass in den beiden angesprochenen Stadtgebieten bis 1942 allenfalls 30–40 Prozent der vorhandenen Bebauung abge-

Abb. 6 *Runder Platz Tiergartenviertel, Haus des Deutschen Fremdenverkehrs, Architekten Röttcher und Dierksmeyer, Fertigstellung Juni 1940.*

Abb. 7 *Luftaufnahme der Kriegszerstörungen im Tiergartenviertel, Runder Platz, 1945. Ein Vergleich der beiden Fotos macht deutlich, über welche Aussagekraft Fotos verfügen.*

rissen worden war. Diese beiden Viertel waren die exponiertesten Gebiete bei der bis dahin in Angriff genommenen Neugestaltung Berlins. Außerdem ist zu berücksichtigen, dass beide Viertel nur eine sehr geringe Wohndichte aufwiesen.

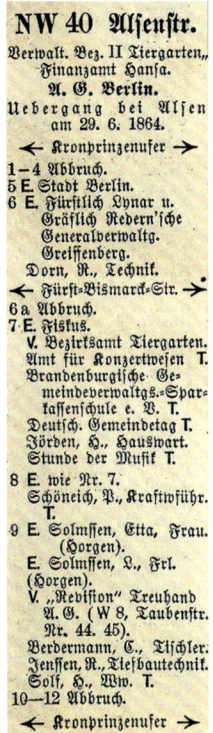

Abb. 8 *Auszug aus dem Berliner Adressbuch 1942, Teil IV, Haushaltungsvorstände, handelsgerichtlich eingetragene Firmen und Gewerbebetriebe nach Straße geordnet.*

Schleppender Verlauf der Abbrucharbeiten

Mehrere Gründe lassen sich für den schleppenden Fortgang der Abbrüche anführen:

1. Aufgrund der hohen Wohnungsnot wurde nach „Vorgaben des Führers" vorausgesetzt, dass Abrisse erst dann erfolgen sollten, wenn Ersatzwohnraum zur Verfügung stand.[14] Deswegen waren die Wohnungsbauprogramme der Stadt Berlin für

---

14   Fragen des Wohnungsbaus, Protokoll der Besprechung des GBI mit der Reichsbahn v. 17.12.1937–1939, LAB A Pr. Br. Rep. 107, Akte 311/2. Noch deutlicher formulierte Speer die Anforderungen für Abrissvorhaben bei einer Besprechung am 17. Januar 1938 im Reichsverkehrsministerium: „a) Der Führer wünscht, dass bei der Räumung von Wohnungen alle Härten vermieden werden und grösste Rücksicht auf die obdachlos werdenden Mieter genommen wird. Dazu gehört, dass zwischen dem Zeitpunkt der Kündigung und dem der Räumung mindestens 6 Monate liegen, es sei denn, dass durch freiwillige Vereinbarung eine frühere Räumung möglich wird. Zwangsmassnahmen dazu sind ausgeschlossen. b) Der Ersatzraum für abzureissende Wohnungen ist grundsätzlich und, soweit es irgend möglich ist, in unmittel-

Albert Speer so wichtig, deswegen griff er von 1937 bis 1939 regelmäßig in deren Planung ein. Er machte (unrealistische) Vorgaben und ließ den Baufortschritt von seinen Mitarbeitern akribisch nachverfolgen. Warum Speer die ihm bestens bekannten Engpässe und Restriktionen in der Bauwirtschaft ignorierte, die vor allem der massiven Aufrüstung geschuldet waren, kann nicht eindeutig beantwortet werden. Susanne Willems konnte detailliert nachweisen, dass sein Ehrgeiz und sein rücksichtsloses Machtstreben eine gewichtige Rolle spielten.[15] Nach der Planung sollten von 1937 bis 1940 in Berlin pro Jahr rund 30.000 Wohnungen fertiggestellt werden. Bezugsfertig wurden in diesen vier Jahren allerdings nicht 120.000, sondern nur 55.402 Neubauwohnungen. Davon stand allerdings nur ein geringer Teil als Umsetzwohnungen zur Verfügung.

2. Die Abrisse der Gebäude selbst wurden nicht vom GBI resp. der Durchführungsstelle vorbereitet, sondern waren Angelegenheit der Stadt Berlin und der jeweiligen Bezirksämter.[16] Da aber die Planungs- und Bauvorbereitungsarbeiten seitens des GBI und der Durchführungsstelle zum Teil erhebliche Verzögerungen aufwiesen, mussten die Räumungstermine regelmäßig um sechs bis zwölf Monate, teilweise auch noch darüber hinaus verschoben werden. Zwei Beispiele: Für das Gebiet am „Runden Platz" wurde u. a. bereits am 18. Mai 1938 der Räumungstermin für das Haus Viktoriastraße 26 auf den 1. Mai 1939 verlegt, am 3. Juni für die Häuser Viktoriastraße 6, 10, 11 auf den 1. April 1939 und am 22. Juni für das Haus Viktoriastraße 34a auf den 1. April 1940. Oder für die Umgebung der geplanten Großen Halle wurden die Räumungstermine für die Straßen In den Zelten, Schliefenufer usf. am 24. Juni 1938 auf den 1. Januar 1941 oder den 1. Januar 1943 verschoben.[17]
Bezogen auf die Validität der zeitgenössischen statistischen Angaben zu den Abrissen bleibt anzumerken, dass eine „Manipulation" der Zahlen zwar weiterhin denkbar ist, aber zumindest wesentlich aufwändiger gewesen wäre, wenn verschiedene Stellen einbezogen waren. Die Rückmeldung der Abrisszahlen erfolgte durch die städtischen Behörden.

3. Weitere Schwierigkeiten ergaben sich dadurch, dass die ersten Räumungstermine kurzfristig angesetzt worden waren, ohne dass Ersatzraum und sonstige Ausgleichsangebote gemacht werden konnten. Bereits kurz nach der Verkündigung der ersten Bereichsfestlegungen zur Neugestaltung und der damit verbundenen Räumungs-

---

barer Nähe, mindestens aber im gleichen Stadtteil bereitzustellen, in dem die abzureissenden Wohnungen liegen." Ebd.
15 Vgl. Willems, Der entsiedelte Jude. Bezeichnend ist auch, dass Speer parallel zum Auftrag der Neugestaltung Berlins u. a. den Bau der Neuen Reichskanzlei übernahm und hierbei bis zu 4.500 Arbeitskräfte band, die dringend für den Berliner Wohnungsbau benötigt wurden.
16 Schreiben von Albert Speer an die Deutsche Arbeitsfront v. 15. Juli 1938, Bundesarchiv Berlin (BArch), R 4606/231.
17 BArch, R 4606/3452, Bl. 69–71; allein in dieser Akte sind 105 Nummern mit den Anschreiben der Durchführungsstelle zur Verschiebung der Räumungstermine erhalten. Vgl. auch LAB A Pr. Br. Rep. 107, Akten 259/5, 276/5, 313/1 und Willems, Der entsiedelte Jude, S. 164.

aufforderungen am 4. November 1937 machte sich der erste Widerstand dagegen bemerkbar. Gerade die Bewohner*innen in den gehobenen Wohngebieten Alsenviertel und südliches Tiergartenviertel wussten sich durchaus zu wehren. Eine Woche nach der Räumungsanordnung informierte Stadtdirektor Müller-Wieland Albert Speer, dass sich der Staatssekretär des Reichswirtschaftsministeriums bei der Reichskanzlei wegen der kurzfristig anberaumten Räumungstermine beschweren wolle.[18]

Die Bezirksämter, die für die Räumung verantwortlich waren, standen in dem Spannungsfeld zwischen den rigorosen Vorgaben, dem Protest der Anwohner*innen und deren Notlage, keinen Ersatzraum zu finden. Eine Eingabe des Bürgermeisters des Bezirksamtes Tiergarten vom 24. Februar 1938 gibt ein treffendes Bild dieser Situation wieder. Er hielt es für seine Pflicht, „noch vor endgültiger Durchführung der Räumungsaktion des Baublocks [...] auf die in höchstem Maße bedenkliche Raumnot und auf die unmittelbar damit im Zusammenhang stehenden Begleitumstände aufmerksam zu machen. Der Block [...] wird nach dem gegenwärtigen Stande der Arbeiten voraussichtlich termingemäß geräumt und abgerissen werden können. Bei der Bearbeitung dieses Blocks habe ich jedoch feststellen können, mit welch' unendlichen Schwierigkeiten die Betroffenen haben kämpfen müssen, um nur einigermaßen geeignete Ersatzräumlichkeiten zu finden. Freilich sind in den abgelegenen Stadtteilen und evtl. in einigen Außenbezirken noch leere Läden und Geschäftsräume vorhanden, doch sind diese in der Regel nicht geeignet, den in erstklassiger Lage befindlichen Betriebsstätten zumutbaren Ersatzraum zu bieten. [...] In ganz wesentlich verstärktem Maße sind die Schwierigkeiten bei der Unterbringung der Wohnungsinhaber aufgetreten. Hier ist es nicht übertrieben, von einer katastrophalen Lage zu sprechen."[19]

Neben dem fehlenden Ersatz für die Geschäftsräume konnten auch keine Umsetzwohnungen angeboten werden. Im Gegenteil, die Lage auf dem Wohnungsmarkt war äußerst prekär, die Suche nach einer (adäquaten) Ersatzwohnung nahezu aussichtslos. Hierzu merkte der Bezirksbürgermeister lakonisch an: „Es dürfte allgemein bekannt sein, dass einfach keine Kleinwohnungen mehr zu haben sind. Auch das Stadtplanungsamt konnte keine brauchbare Hilfe leisten. Mit Wohnungen, die erst zum Juli bezugsfertig werden, kann ich nichts anfangen, wenn der Block am 31.3.1938 geräumt sein soll. Auch sind die von der städtischen Wohnungsbaugesellschaft angebotenen Wohnungen keine Ersatzobjekte für die hier in Abgang kommenden Wohnungen."

Und noch ein dritter Aspekt wurde kritisch aufgenommen. Um den Widerstand der Mieter*innen der zu räumenden Geschäfts- und Wohnräume gering zu halten, wurde von verschiedenen Seiten Druck auf diese ausgeübt. Angeführt wurden in diesem Zusammenhang die Wohnungsgesellschaften, aber auch die Finanzämter, die versuchten Entschädigungsforderungen gering zu halten: „[...] alsdann werden große Anforderungen an die Qualifikationen der Mieter gestellt – keine Mietreste, Bereitstellung eines

---

18 Protokoll der Besprechung v. 11. November 1937, LAB A Pr. Br. Rep. 107, Akte 315/1. Vgl. auch Haben, Berliner Wohnungsbau 1933–1945, S. 464–466. Die Beschwerde ist abgedruckt in Dülffer/Thies/Henke, Hitlers Städte, S. 126–128.
19 Schreiben v. 24. Februar 1938, LAB A Pr. Br. Rep. 107, Akte 259/5. Diesem Schreiben sind auch die nachfolgenden Zitate entnommen.

Viertels des Einkommens zur Deckung des Mietzinses usw. [...] Eine weitere, höchst unliebsame, [...] die Räumungsaktion geradezu lähmende Erscheinung [...] macht sich neuerdings bemerkbar durch den Eingriff des Finanzamtes, das wegen rückständiger Steuern im Pfändungswege auf die Entschädigungsbeträge die Hand legt."

Mehr resigniert als warnend schließt der Bezirksbürgermeister seinen Bericht. „Wenn sich diese Schwierigkeiten nun schon bei dem ersten Baublock gezeigt haben, um wieviel mehr werden sie bei der Erweiterung des Abrißgeländes auftreten. [...] Ich muß daher auf Grund dieser Erfahrungen auch zur Vermeidung nachteiliger Wirkungen auf die allgemeine Stimmung der Bevölkerung die ganz dringliche Bitte aussprechen, die Räumungsaktion erst dann weiterzutreiben, wenn hinreichender Ersatzraum zur Verfügung steht."

Bereits diese Sachverhalte weisen darauf hin, dass die Terminplanungen für die megalomane Neugestaltung Berlins überspannt und in Teilen unrealistisch waren. Wie gezeigt, musste die Durchführungsstelle noch vor dem Beginn des Zweiten Weltkrieges viele Räumungstermine verschieben – zum Teil sogar um mehrere Jahre.

*Beschaffung von Großwohnungen und Zugriff auf Wohnungen mit jüdischen Mieter*innen*

Eine besondere Schwierigkeit resultierte aus dem Umstand, dass kein Ersatz für die zu räumenden *Großwohnungen* in Aussicht gestellt werden konnte. Aus diesem Grunde wurde 1938 die Stadt Berlin gedrängt, eine neue Wohnungsgesellschaft, die Berliner Wohn- und Geschäftshaus GmbH (BEWOGE), zu gründen. Trotz der schwierigen bauwirtschaftlichen und finanziellen Lage bestand deren Aufgabe darin, Geschäftshäuser und Gebäude mit größeren Wohnungen zu errichten.

Eine andere Lösung für das Problem sah Albert Speer darin, für die als Umsetzwohnungen kurzfristig benötigten 2.500 Großwohnungen solche räumen zu lassen, die von Juden bewohnt wurden – und die jüdischen Bewohner*innen in einem Ghetto unterzubringen. Am 14. September 1938 schlug er bei einer Besprechung mit Vertretern der Stadt Berlin vor, möglichst am Stadtrand eine neue Siedlung mit 2.700 Kleinwohnungen bauen und die jüdischen Bewohner*innen der innerstädtischen Großwohnungen dorthin verfrachten zu lassen. Speer brachte zur Besprechung bereits eine Kalkulation der Baukosten mit: Anstelle der 67,5 Mio. RM, die der Neubau von 2.500 Großwohnungen kosten würde, wäre für 2.700 Kleinwohnungen nur ein Aufwand von 24,5 Mio. RM notwendig. Als Fertigstellungstermin wurde Sommer oder Herbst 1939 avisiert.[20] Als Ort für die Ghettosiedlung(en) machte die Stadt Berlin einen Monat später zwei Vorschläge: a) ein Gelände an der Koloniestraße im Wedding für 800 Wohnungen mit jeweils 75 Quadratmetern und b) ein Gelände in Buch-Süd für 4.000 Wohnungen (ohne Größenangabe).[21]

---

20   Niederschrift über die Besprechung beim Generalbauinspektor für die Reichshauptstadt am 14. September 1938, BArch, R 4606/4425. Dieses Protokoll wurde zuerst von Johann Friedrich Geist und Klaus Kürvers veröffentlicht: Geist/Kürvers, Tatort Berlin, Pariser Platz. Vgl. dazu auch weitere Dokumente in: LAB A Pr. Br. Rep. 107, Akte 315/1.
21   Schreiben v. 14. Oktober 1938, BArch, R 4606/3084.

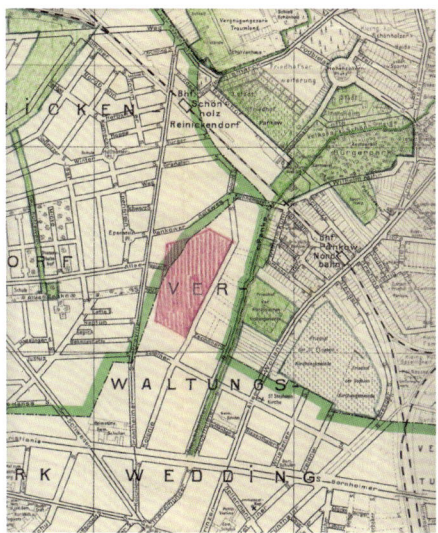

Abb. 9 *Gebiet für eine jüdische Ghettosiedlung mit 800 Wohnungen an der Koloniestraße in Berlin-Wedding.*

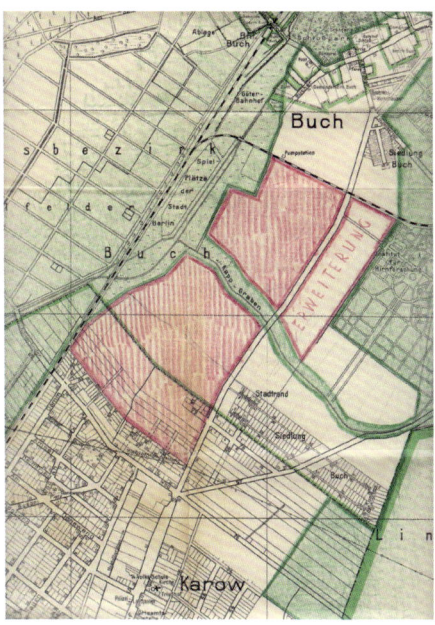

Abb. 10 *Siedlungsgebiet für eine Großsiedlung mit bis zu 4.000 Kleinwohnungen als jüdisches Ghetto in Buch-Süd; bemerkenswerterweise schlug die Stadt Berlin vor, diese Siedlung in direkter Nachbarschaft zu den drei Kleinsiedlungen in Berlin Karow zu bauen.*

Albert Speer hatte sich schon seit längerer Zeit mit dem Thema Großwohnungen befasst. Bei einer früheren Besprechung mit der Stadt Berlin argumentierte sein Mitarbeiter Dr. Hans Neikes, „dass Professor Speer im Mai d. J. [1938: MH] entschieden habe, dass für 2000 Grosswohnungen, mit denen man damals in den Abrissgebieten rechnete, nur 1200 Ersatzgrosswohnungen gebaut werden sollten, weil er annehme, dass die restlichen 800 Fälle sich in anderer Weise erledigen würden."[22] Daraufhin merkte der für die Abrissplanung zuständige Sachbearbeiter der Stadt, Dr. Werner Müller, an, dass man inzwischen von einem Bedarf von 2.500 Großwohnungen als Ersatz für die entsprechend geplanten Abrisse ausgehe müsse. Genau diese Zahl legte Speer seiner o. a. Baukostenkalkulation zu Grunde.

Es würde zu weit führen, hier auf die weiteren Vorgänge der Vertreibung und Deportation der jüdischen Bevölkerung im Zusammenhang mit der Neugestaltungsplanung Berlins einzugehen. Nur so viel: Aufgrund der bestehenden Schwierigkeiten in der Bauwirtschaft musste der Bau eines Ghettos wieder ad acta gelegt werden. Stattdessen ließ Speer zunächst die Wohnungen, die von Juden bewohnt wurden, akribisch erfassen, um sie später räumen lassen zu können. Gleichzeitig versuchte er, sich einen Zugriff auf die geräumten Wohnungen zu bewahren. Die Bewohner*innen wurden aus ihren Wohnungen vertrieben, in den sogenannten „Judenhäusern" unter unmenschlichen Bedingungen untergebracht und später in Konzentrationslager deportiert.[23]

Erfolgte Wohnungsabrisse für die Neugestaltung Berlins bis 1942

Es bleibt die Frage, wie viele Wohnungen in der Zeit von 1938 bis 1942 für die Neugestaltung Berlins abgerissen wurden? Neben den oben zitierten Angaben des Statistischen Amtes, die in ihrer Größenordnung durchaus verlässlich sind, ist ein interner Bericht eines Mitarbeiters des GBI, der für die Berliner Wohnungsbauplanung zuständig war, erhalten. Am 16. April 1942 schrieb Willi Jebens an Rudolf Wolters, um ihm „Das Wohnungsbauproblem in der Reichshauptstadt" darzulegen. Darin heißt es: „Durch die Initiative des Generalbauinspektors, der in Berlin den Wohnungsbau, soweit irgend möglich, von Einschränkungsmassnahmen ausgenommen hat, waren trotzdem bei Ausbruch des Krieges noch 23.930 Wohnungen im Bau. Neben der Errichtung von Neubauwohnungen liefen in diesen Jahren Massnahmen zur Verminderung des Wohnungsverlustes durch Umbau, Brand, Abbruch usw. Wenn 1934 noch 8540 und 1935 4909 Wohnungen aus diesen Gründen verloren gingen, so waren es 1937 nur noch 2426 und 1939 744 Wohnungen. 1940 ist diese Zahl durch feindliche Fliegerangriffe wieder auf 1270 angestiegen. Im Vergleich zur Zahl der Neubauwohnungen und der in normalen Jahren durch Um-

---

22 Niederschrift über die Besprechung der Lage des Wohnungsbaues am 7. September 1938 im Amtszimmer des Herrn Präsidenten der Durchführungsstelle, LAB A Pr. Br. Rep. 107, Akte 315/1.
23 Geist/Kürvers, Tatort Berlin, Pariser Platz; Willems, Der entsiedelte Jude.

bau, Brand und Abbruch verloren gegangenen Wohnungszahl spielen die für Zwecke der Neugestaltung von 1937 bis 1940 abgerissenen 2218 Wohnungen kaum eine Rolle."[24]

Die von Jebens zuerst angeführte Zahlenreihe zu „Umbruch, Brand, Abbruch" entspricht in etwa den Angaben, die das Statistische Amt der Stadt Berlin regelmäßig unter der Rubrik „Umbau und Ausbau" als „Abgang an Wohnungen" in seinen Publikationen angeführt hat. Davon zu unterscheiden sind die Angaben der oben angeführten Tabelle (siehe Abbildung 2), die das Amt unter der Rubrik „Abgang durch Abbruch usw." subsummierte. Deren Größenordnung (2.242) entspricht in etwa der Anzahl, die Jebens in seinem Schreiben anführt: 2.218 Wohnungen, die für die Neugestaltung abgebrochen wurden. Vorsichtig geschätzt darf man also davon ausgehen, dass von 1938 bis 1942 für die Neugestaltung Berlins insgesamt nicht viel mehr als 2.200 Wohnungen abgerissen worden waren. Selbst wenn man eine Ungenauigkeit von 25 Prozent addiert, liegt die Gesamtzahl deutlich unter 3.000 Wohnungen.

Wesentlich höher war die Zahl der geräumten Wohnungen und Häuser. Letztere wurden zum Teil temporär als sogenannte „Judenhäuser" genutzt. Daneben wurden die leerstehenden Wohnungen Personen zur Verfügung gestellt, die durch Bombenschäden obdachlos geworden waren. Erwähnt werden müssen auch Kriegsarbeiter, die eine Unterkunft benötigten, häufig mit einer Mehrfachbelegung pro Wohnung und Zimmer. Und nicht zu vergessen sind schließlich Personen, die über gute Beziehungen zu maßgeblichen NS-Stellen verfügten und sich auf diesem Wege eine der geräumten Wohnungen verschaffen konnten.

50.000 gegenüber 2.500 oder auch 3.000 abgerissenen Wohnungen machen mehr als einen „kleinen Unterschied" aus. Angesichts des vorhandenen Quellenmaterials ist es erstaunlich, dass dieser Topos über einen so langen Zeitraum nicht hinterfragt wurde. Ungeachtet der Intentionen, die hierbei eine Rolle spielten, darf abschließend festgehalten werden, dass die vorhandenen Unterlagen und nachweisbaren Fakten zur NS-Geschichte völlig ausreichen, die bis heute unfassbaren Verbrechen der Nationalsozialisten, ihrer Gehilfen und Mitläufer und die damit verbundene Willkür und Gewalt aufzuzeigen. Gerade für die Vermittlung an die jüngere Generation und die weitere Diskussion sollte die Darstellung der Sachverhalte den vorhandenen Quellen folgen – selbstverständlich mit der nötigen kritischen Distanz.

---

24 BArch, R 4606/870, Schreiben von Jebens S. 2; der letzte Satz wurde handschriftlich wie folgt korrigiert: „...für Zwecke der Neugestaltung ab 1937 abgerissenen 2218 Wohnungen kaum eine Rolle."

Maik Schmerbauch

Berlin als Kosmonautenstadt?

Zwischen Begeisterung, Propaganda und Staatssicherheit:
Drei Besuche von Kosmonauten der Sowjetunion in der Stadt Berlin
und in der DDR von 1961 bis 1965

Einleitung

Bis zur Wende 1989/1990 kannte wohl fast jedes Schulkind und jeder Erwachsene in der DDR und besonders Ost-Berlins die Namen der berühmtesten Kosmonauten[1] der Sowjetunion, die seit dem Beginn der bemannten Raumfahrt durch Juri Gagarin im April 1961 den gefährlichen Weg in das Weltall wagten. Die sowjetische Raumfahrt war mit Namen, Daten und Ereignissen in der Öffentlichkeit der DDR präsent, so im Schulunterricht, in den Medien, in Namen von Plätzen und Straßen. Hier sei besonders an die „Allee der Kosmonauten" in Ost-Berlin gedacht, die noch heute das Andenken der bedeutenden Raumfahrer ehrt. Daneben gab es in der DDR bedeutende Sternwarten wie beispielsweise in Tautenburg, und bedeutende Planetarien wie etwa in Jena und in Ost-Berlin. Das Fach Astronomie war im Rahmen der Physik an einigen Universitäten der DDR verortet, an der Humboldt-Universität zu Berlin im Osten der Stadt, und wurde auch an den Schulen gelehrt. Raumfahrt und Astronomie hatten eine wichtige Bedeutung in der Bildungskultur der DDR.[2] Für die Stadt Berlin hatte bis 1945 insbesondere die Archenhold-Sternwarte im Treptower Park seit dem Ende des 19. Jahrhunderts einen großen Stellenwert und wurde für die Bevölkerung Ost-Berlins nach 1949 noch wichtiger. Dennoch stand die DDR in der Raumfahrtentwicklung lange Zeit im Schatten des „großen Bruders" der Sowjetunion. Erst mit Siegmund Jähn (1937–2019) als dem ersten Deutschen im Weltraum gelang 1978 ein bedeutender Schritt in der bis dahin weniger bedeutenden deutschen Raumfahrtgeschichte.

Doch nicht nur die wissenschaftliche Bedeutung der Raumfahrt für die Menschheit war für die nach 1945 entstandenen Blöcke Ost und West, vertreten durch die Sowjet-

---

1 „Kosmonaut" wird in diesem Beitrag als historischer Begriff verwendet und daher im Sinne der damaligen Verwendung nicht gegendert.
2 Vgl. an der großen Auswahlliteratur über die DDR, z. B. Uwe Walther/Hans-Peter Schneider, Astronomieunterricht in der DDR und in den neuen Bundesländern. Erfahrungen und Perspektiven, in: Naturwissenschaften im Unterricht (NiU Physik) 4 (1993), S. 7–13.; Lehrplan der zehnklassigen allgemeinbildenden polytechnischen Oberschule. Astronomie Klasse 10, Berlin 1987, Dieter B. Hermann, Astronom in zwei Welten, Autobiografie, Halle 2008; Dieter B. Herrmann, Blick in das Weltall. Die Geschichte der Archenhold-Sternwarte, Berlin 1994; Dietrich Wattenberg, Himmelsfotografie mit dem Riesenteleskop von Tautenburg, Berlin 1962.

union und die USA, seit dem Ende der 1950er Jahre relevant, sondern immer auch die politische Dimension dieses „Wettrennens" beider Blöcke um eine „Vorherrschaft" im Weltraum. So konnte kaum eine Berufsgruppe wie die der Kosmonauten politisch so stark instrumentalisiert werden, um die Überlegenheit eines Blockes zu demonstrieren. Das geschah nicht nur in den Darstellungen der damaligen Medien, sondern auch durch die Persönlichkeiten der Kosmonauten selbst, und deren Möglichkeiten, in Kontakt mit der jeweiligen Bevölkerung eines Landes des zugehörigen Blockes zu treten. So wurde das geteilte Berlin beiderseits in den vier Jahrzehnten der Trennung nicht nur von zahlreichen politischen Würdenträgern aus dem Ost- und Westblock besucht, sondern es kam auch zu Besuchen der ersten erfolgreichen Kosmonauten. Diese Besuche wurden von den Sicherheitsorganen Ost- und Westberlins observiert, sorgten für Proteste und Diskussionen, aber auch für eine große Bewunderung innerhalb der Bevölkerung.[3]

Heute ist mit dem Ende des Sozialismus und der DDR und der Sowjetunion vor über 30 Jahren sowie dem schrittweisen Ableben der Erlebnisgeneration des Kalten Krieges auch das Wissen um die einstige so erfolgreiche sowjetische Raumfahrt in der jüngeren Generation kaum noch präsent. Dabei kamen die ersten sowjetischen Kosmonauten ganz nah an die Menschen der DDR in Ost-Berlin. Innerhalb der Jahre 1961 bis 1965 kam es zu drei der größten politischen, gesellschaftlichen und medialen Spektakeln der DDR und der Berliner Stadtgeschichte, als einige dieser ersten sowjetischen Kosmonauten Ost-Berlin und auch ausgewählte Bezirke der DDR besuchten: German Stepanowitsch Titow (1935–2000), Valentina Tereschkowa (*1937) und Juri Gagarin (1934–1968) sowie Pawel Iwanowitsch Beljajew (1929–1970) und Alexej Archipowitsch Leonow (1934–2019). Diese Besuche als bedeutende Ereignisse der DDR und der Berliner Geschichte sind bislang nicht wissenschaftlich zur Genüge aufgearbeitet worden, partiell nur der Besuch von Valentina Tereschkowa[4] und Juri Gagarin im Jahr 1963.[5] Doch dies blieb Anfang der 1960er Jahre nicht der einzige Besuch.

Der vorliegende Beitrag möchte die oben erwähnten drei „großen Besuche" unter der Nutzung bislang nicht publizierter historischer Quellen in den Blick nehmen. In chronologischer Abfolge werden die Besuche von Kosmonauten der Sowjetunion in den Jahren 1961, 1963 und 1965 als große Medienereignisse der marxistisch-leninistischen Presse der DDR und der gesellschaftlich-politischen Bedeutung untersucht. Es werden Reaktionen der Berliner und der DDR-Bevölkerung gegenüber den Kosmonauten ausgewertet, und die Rolle der im Hintergrund „arbeitenden" DDR-„Sicherheitsorgane" in den Blick genommen. Abschließend soll ein historisches Urteil über die vorgestellten Thesen der Besuche erfolgen. Als Quellen für diesen Beitrag dienen Presseartikel aus der systemtreuen Propaganda-Zeitung *Neues Deutschland (ND)*, Tonaufnahmen aus dem Deutschen Rundfunkarchiv sowie Dokumente aus dem Stasi-Unterlagenarchiv des Bundesarchivs.

---

3   Jens Schöne, Ronald Reagan in Berlin. Der Präsident, die Staatssicherheit und die geteilte Stadt, in: Ernst-Reuter Hefte 7, Berlin 2017, S. 8.
4   Monika Gibbas, „Venus vom Sternenstädtchen": Walentina Tereschkowa, Heldin der Moderne in der DDR, in: Silke Satjukow, Rainer Gries: Sozialistische Helden, Eine Kulturgeschichte von Propagandafiguren in Osteuropa und in der DDR, Berlin 2002, S. 147–157.
5   Gerhard Kowalski, Der „Rote Kolumbus": Juri Gagarin, der sowjetische Kosmosheld, in: ebd. S. 71–83.

Der erste Mensch, der von der Erde aus in den Erdorbit vorgestoßen war, war der Russe Juri Gagarin, als er im April 1961 diesen großen Schritt für die Menschheit vollzog. Die USA hatten in dem nach 1945 begonnenen Rennen um die Eroberung des Weltraums nur mühevoll nachziehen können, konnten dann aber im Juli 1969 mit der ersten Mondlandung ihren großen Erfolg der Raumfahrtgeschichte verbuchen. Zwischen diesen beiden primären Ereignissen kam es auf beiden Seiten zu weiteren erfolgreichen Raumfahrtmissionen. Für diese Leistungen wurden sowohl die Russen als auch die Amerikaner, trotz der bitteren Wahrheit des Kalten Krieges und der ständigen Bedrohung der beiden Blöcke untereinander, weltweit respektiert und anerkannt. Die Protagonistinnen und Protagonisten einmal persönlich zu begrüßen und zu ehren, schien ein großer Traum der Bevölkerung eines Landes zu sein. Die Sowjetunion präsentierte ihre „Helden" in der Heimat deshalb schon nach ihren Raumflügen auf großen öffentlichen Veranstaltungen – vor allem mit der Idee, ihren Bürgerinnen und Bürgern die Überlegenheit des Kommunismus gegenüber dem Westen zu präsentieren.

Die DDR wollte diese Form der Begeisterung, aber auch der Verblendung der Bevölkerung, ebenso nutzen, und lud im Zeitraum 1961 bis 1965 mehrere sowjetische Kosmonauten, darunter auch eine Frau, ein. Es war aber nicht Juri Gagarin, der als „Held der Sowjetunion" erstmals die DDR für einen großen Besuch avisierte, sondern 1961 besuchte der gleichfalls bedeutende Russe German Stepanowitsch Titow die DDR, der als zweiter Mann der Sowjetunion einen Weltraumflug nur wenige Monate nach Gagarin durchführte. Er war auch der erste Kosmonaut der Geschichte, der den Boden der geteilten Stadt Berlin und die DDR im Oktober 1961 betrat.

German Titow kommt im September 1961

Dieser erste Besuch eines russischen Kosmonauten in der DDR und in Ost-Berlin fand am 1. und 2. September 1961 statt. Titow hatte am 6. und 7. August 1961 mit der Kapsel „Wostok II" als zweiter Mensch vier Monate nach Juri Gagarin die Erde umrundet. Geboren wurde Titow am 11. September 1935 in Werchneje Shilino im russischen Altaigebiet. 1960 wurde der 25-Jährige als erster Ersatzmann für Juri Gagarin ausgewählt. Nachdem dieser seinen Flug im April 1961 erfolgreich absolvierte, durfte Titow am 6. August 1961 als Pilot der „Wostok II" den zweiten sowjetischen Raumflug durchführen. Er umkreiste 17 Mal die Erde in über 25 Stunden, und legte dabei über 700.000 Kilometer zurück.[6] Nach seiner Rückkehr wurde er in der Sowjetunion und über diese hinaus auch in vielen anderen Ländern gefeiert.

Die Gründe, warum er nur ganze drei Wochen nach seinem anstrengenden Flug zusammen mit seiner Frau in die Hauptstadt der DDR reiste, sind nicht ganz klar überliefert. Wahrscheinlich wollte die DDR-Regierung unter Walter Ulbricht (1893–1973) die Bevölkerung Ost-Berlins und der ganzen DDR von der Aufregung des Mauerbaus nur einige Wochen zuvor, am 13. August 1961, ablenken, indem man den Menschen einen „großen Helden" des Sowjet-Kommunismus präsentierte. Ebenso war wahrscheinlich

---

6 Peter Stache, Raumfahrt A–Z, Ein Wissensspeicher, Berlin 1990, S. 135.

der Besuch des sowjetischen Regierungschefs Nikita Chruschtschows (1894–1971) im Mai 1960 ein ideologischer Vormarsch gewesen. Er und Ulbricht vertraten ganz klar den Alleinvertretungsanspruch Ost-Berlins, so dass diese Besuche des „großen Bruders" diese Funktion gegenüber dem Westen demonstrieren sollten. Chruschtschow ließ sich von der Ost-Berliner Bevölkerung ganz nah „feiern". Insofern hatte man seitens der DDR-Regierung ideologische und praktische Erfahrungen mit hochrangigen Personen aus der Sowjetunion.[7]

Der von der DDR-Regierung angekündigte Besuch Titows mit seiner Frau Tamara für den 1. und 2. September 1961 löste – zumindest laut der DDR-Systempresse, für die die Tageszeitung *Neues Deutschland* als Hauptprotagonist steht, eine Welle der Begeisterung in der ganzen DDR aus, und so auch unter der Bevölkerung Ost-Berlins, die erst einige Wochen zuvor durch die neu errichtete Mauer von den Menschen im Westteil der Stadt getrennt wurde. Das *ND* berichtete in propagandistischem Ton von dem Besuch Titows ausführlich in seinen Ausgaben vom 1., 2. und 3. September.[8] Titow sollte am Nachmittag des 1. September am Flughafen in Berlin-Schönefeld landen, und von dort aus per Autokolonne durch „das Spalier"[9] einer jubelnden Menschenmenge über die Berliner Achse Schönefeld, Schöneweide, Köpenick, Lichtenberg schließlich bis nach Berlin Mitte fahren, und damit einen fast 30 Kilometer langen „Jubelzug" durch Ost-Berlin nehmen.[10] Zahlreiche Volkseigene Betriebe (VEB), Partei-Organisationen, Jugend- und Pioniergruppen, Kampfbrigaden usw. aus der Stadt und der Umgebung von Berlin wurden auf diesen Besuch vorbereitet. So landete Titow wie geplant am 1. September mit dem Flugzeug in Schönefeld.

Walter Ulbricht begrüßte Titow persönlich bereits auf dem Vorfeld der Landebahn am Flugzeug zusammen mit einem ausgewählten Partei-Anhang,[11] und hielt ihm eine erste Lobrede. Titow selbst war zum ersten Mal in der DDR und bekräftigte laut dem *ND* auch gleich die Kampfkraft des „Sozialismus für die Völkerfreundschaft, Frieden und die Vorherrschaft der Sowjetunion im Weltall"[12]. Er und Ulbricht überschütteten sich schon zu Beginn des Kennenlernens geradezu mit Adorationen für das sozialistische System in beiden Staaten. Vom Misstrauen nur 16 Jahre nach dem verheerenden Krieg zwischen beiden Ländern war nichts mehr zu vernehmen, obwohl die Wunden vor allem bei vielen Familien der Sowjetunion, die große Verluste in den Jahren 1941 bis 1945 erlitten hatten, immer noch tief saßen.[13] Nach dem vorher intensiv geplanten kilometerlangen „Jubelzug" in einer Autokolonne durch ein Spalier tausender jubelnder Menschen durch Ost-Berlin ging es für Titow ins Schloss Niederschönhausen, wo Walter Ulbricht in Anwesenheit hunderter ausgewählter Gäste des DDR-Machtapparats den ‚Karl-Marx-Orden'

---

7   Michael C. Bienert/Uwe Schaper/Hermann Wentker (Hg.), Hauptstadtanspruch und symbolische Politik. Die Bundespräsenz im geteilten Berlin 1949–1990 (= Zeitgeschichte im Fokus, Bd. 1), Berlin 2012, S. 119–124.
8   Vgl. Ausgaben des ND vom 1, 2. und 3. September 1961.
9   ND vom 31. August 1961, Art.: Berlin empfängt Kosmonaut German Titow, S. 1.
10 Ebd.
11 Vgl. Foto Begrüßung Titow durch Ulbricht 1961, Deutsche Fotothek, Datensatz 89004528.
12 ND vom 2. September 1961, Art.: Begrüßung auf dem Flugplatz, S. 1.
13 Ebd.

Abb. 1 *Walter Ulbricht begrüßt German Titow 1961 bereits auf dem Vorfeld des Flughafens Schönefeld.*

der DDR verlieh.[14] Am Abend kam es zu einem großen Festakt im Großen Saal des Gebäudes des Zentralkomitees der SED, wo erneut zahlreiche DDR-Politprominenz aus Berlin anwesend war, und Lobeshymnen auf Sozialismus und Titow gehalten wurden.[15]

Laut dem *ND* herrschte während des Besuchs geradezu ein „Kosmonautenwetter und Kosmonautenstimmung"[16] in der Stadt Ost-Berlin. Ebenso versuchte diese Zeitung, die Errichtung des „Antifaschistischen Schutzwalls" nur wenige Wochen zuvor zu idealisieren, sei die Mauer doch mit dem Erfolg des Kommunismus im Weltraum hinsicht-

---

14 ND vom 2. September 1961, Art.: Unser Land ist auf dem richtigen Weg, S. 1.
15 ND vom 2. September 1961, Art.: Festempfang für den Helden des siegreichen Kommunismus, S. 1.
16 ND vom 2. September 1961, Art.: Begrüßung auf dem Flugplatz, S. 1.

lich der Überlegenheit gegenüber dem Westen gleichzusetzen. Hierauf spekulierte man also seitens des DDR-Systems, Teile der Berliner Bevölkerung nach den aufwühlenden Augusttagen wieder besser auf die eigene Seite ziehen zu können, wenn man Erfolge des Kommunismus zelebrierte.[17] Titow besuchte auch das Brandenburger Tor mit der sich an vielen Stellen noch im Bau befindlichen Maueranlage. Ein später anlässlich des Besuchs Titows herausgegebener Propagandabildband der DDR im Verlag Kultur und Fortschritt zeigte ein Foto mit Titow am Brandenburger Tor und bezeichnete dieses als „Symbol des Friedens und Wahrzeichen der deutschen Arbeiter und Bauernmacht", und dass man seitens der Ost-Berliner Bevölkerung vor „den Herren in Westberlin" keine Angst habe.[18]

Am 2. September folgte eine große Kundgebung auf dem Marx-Engels-Platz für „das Volk": Dorthin fuhr Ulbricht zusammen mit Titow im offenen Wagen erneut durch ein Spalier durch die Berliner Straßen.[19] Die Berichterstattung der Systempresse auch an diesem Tag war erneut eine reinste Huldigung zur Überlegenheit des Sozialismus bis in den Weltraum. Das *ND* sprach von einer Viertelmillion Besuchern auf dem Marx-Engels-Platz, die dort „ein glühendes Bekenntnis für die unverbrüchliche deutsch-sowjetische Freundschaft gegeben" hätten.[20] Nach dieser Kundgebung erfolgte der Eintrag Titows ins Goldene Buch der Stadt Ost-Berlin, und anschließend ein ausgiebiges Treffen von Titow mit FDJ-Funktionären, Pionieren und auch mit Soldaten der Nationalen Volksarmee. Laut dem *ND* soll Titow den jungen Menschen gegenüber gesagt haben „nur der Sozialismus könne die Raumschiffe schaffen, die jetzt imstande sind, diese Flüge in den Kosmos durchzuführen."[21] Ob die Worte, die das *ND* Titow in den Mund legte, wirklich so gefallen sind, kann nicht nachgewiesen werden. Die Zeitung folgte kommunistischer Terminologie und unterlag auch der ideologischen Übersetzung und Zensur. Bei einem weiteren Empfang in der Humboldt-Universität zu Berlin hätte Titow dem *ND* nach in voller Huldigung sogar von seinem „kosmischen Vater, dem Genossen Chruschtschow" gesprochen. Immerhin habe der Kosmonaut aber auch ausgesagt, es sei sein Wunsch, dass sich irgendwann „alle Menschen aller Nationen auf einer Station im Weltraum friedlich treffen könnten", wofür er auch den „nichtsozialistischen" Ländern die Hand bot.[22] Ungeachtet der propagandistischen Ausschlachtung des Besuches Titows zeigten viele Berlinerinnen und Berliner trotz innerer Ablehnung des DDR-Systems ihre Verehrung für diese große menschliche Leistung und den Mut Titows, in das Weltall zu fliegen.

Dass die DDR-Regierung und Ulbricht dieses Ereignis dennoch mit Misstrauen sahen, zeigt der verdeckte Einsatz des Ministeriums für Staatssicherheit (MfS) an allen Tagen

---

17 ND vom 3. September 1961, Art.: 200 000 Berliner bei der größten Kundgebung der deutsch-sowjetischen Freundschaft, S. 1f.
18 Kosmos, Moskau, Berlin. Ein Bildband vom Besuch German Titows in der DDR, Berlin 1961, S. 52f.
19 Vgl. Foto von Titow im offenen Wagen mit Ulbricht vom 02.09.1961, Deutsches Historisches Museum Berlin, F 87/262.
20 ND vom 3. September 1961, Art.: 200 000 Berliner bei der größten Kundgebung der deutsch-sowjetischen Freundschaft, S. 1f.
21 ND vom 3. September 1961, Art.: 3 Fragen der Jugend an German Titow, S. 2.
22 ND vom 3. September 1961, Art.: Die Wissenschaft des Kommunismus siegt. S. 2.

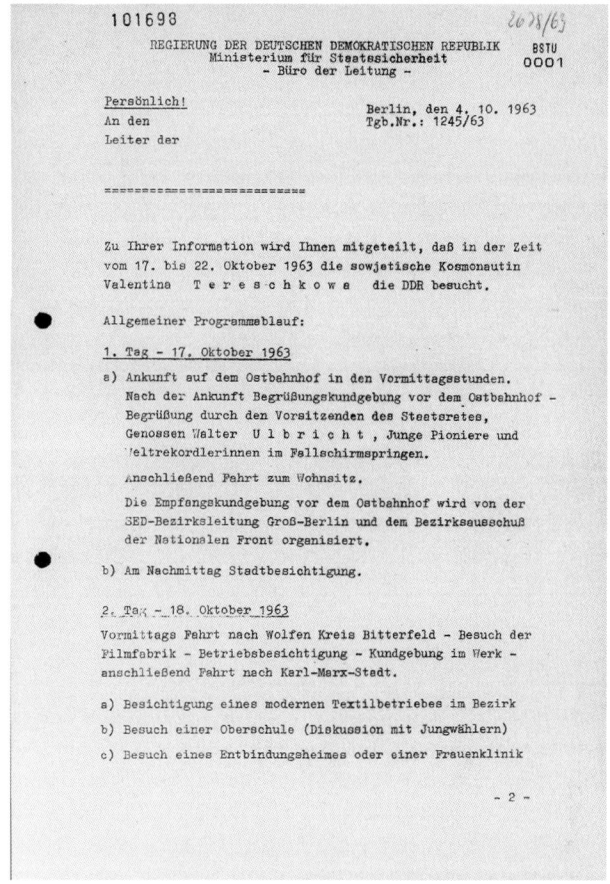

Abb. 2 *Mitteilung der Regierung der DDR an das MfS Büro der Leitung (BdL) Erich Mielke über den Besuch von Gagarin und Tereschkowa.*

des Besuchs Titows.[23] Ulbrichts Mann für die Staatssicherheit, Erich Mielke (1907–2000), setzte persönlich zahlreiche und auch radikale Sicherungsmaßnahmen für dieses Ereignis fest. Mit dem Befehl 379/61 vom 29. August 1961 erließ er Anordnungen nicht nur an die Berliner Dienststellen des MfS, sondern zur Unterstützung auch an Dienststellen des MfS in den Bezirken in Potsdam, Magdeburg und Leipzig. Er erwies in dem Befehl den größten Respekt „dem Genossen German Titow" gegenüber, denn dieser sei die „Verkörperung des tapferen und unbesiegbaren Sowjetvolks".[24] Titows Flug habe der

---

23 Siehe Bundesarchiv, Stasi-Unterlagenarchiv, Akte MfS-BdL Nr. 000583, Befehl Mielkes vom 29.8.1961, mss. Dok., 5 S.
24 Ebd.

Welt die unbedingte „Überlegenheit der sozialistischen Gesellschaft gezeigt". Für die „Sicherungsmaßnahmen" setzte Mielke den Operativen Vorgang (OV) „Kosmonaut" fest. Er befahl den Dienststellen, „verstärkt Maßnahmen zur Sicherung der Staatsgrenze in der Hauptstadt Berlin zu treffen", und zwar durch Anwendung „politisch operativer Maßnahmen".[25] In Berlin sowie in Magdeburg, Halle und Leipzig seien Inoffizielle Mitarbeiter (IM) mit den Maßnahmen zu betrauen, um in enger Zusammenarbeit mit der Volkspolizei mögliche systemkritische Aktionen im Keim zu ersticken. In Berlin sollte vor allem die Infrastruktur gesichert werden, vor allem Flugplätze, Titows Fahrstrecken, die Sowjetische Botschaft, das Rathaus und auch das Sowjetische Ehrenmal in Treptow sowie das Brandenburger Tor und diverse Grenzübergänge. Die gesamte Verkehrsinfrastruktur Berlin sollte gesichert und überwacht werden.

Es sollten dem Wunsche Mielkes nach auch Personen beobachtet werden, die vom MfS bereits erfasst waren, dazu auch diejenigen der Personengruppen, die vom MfS als „Grenzgänger, kriminelle Elemente, jugendliche Banden"[26] bezeichnet wurden. Mielke ahnte, dass eine große Masse der Bevölkerung Ost-Berlins an den Fahrtstrecken zwar ernsthafte Begeisterung für Titow zeigen werde, aber dennoch „aus dieser Masse Provokationen" erfolgen könnten, die von den Sicherungsorganen rigoros zu unterbinden seien. Dafür wurden vom MfS auch Gefängnisse vorbereitet. Diesem Befehl kamen die Sicherungsorgane während der beiden Septembertage nach, wie verschiedene Dokumente belegen.[27] So berichtete die Zentrale Auswertungs- und Informationsgruppe (ZAIG) des MfS über den 2. September: Es „wurde an verschiedenen Stellen des demokratischen Berlins (Dimitroffstr.–Lichtenberg/Friedrichsfelde) festgestellt, dass Plakate mit den Porträts der Kosmonauten Gagarin und Titow abgerissen bzw. zerstört wurden. Es kam in mehreren Fällen zu Festnahmen wegen staatsgefährdender Hetze."[28]

Dem Besuch zu Ehren, und der Propaganda wegen, wurde nach dem Ende des Besuches auch ein eigener Bildband vom Verlag Kultur und Fortschritt Berlin über den Besuch Titows wenige Wochen später herausgegeben. Es kann trotz des beeindruckenden Bildmaterials aber nur als ein ideologisches „Propagandabuch" größten Ausmaßes der DDR-Regierung zur vermeintlichen „Überlegenheit" des Kommunismus bewertet werden. In diesem Buch kamen fast nur Ulbricht, Titow und auch Chruschtschow mit vielen persönlichen Worten, seien sie nun so gefallen oder ihnen ideologisch in den Mund gelegt, zur Sprache. Titow wurde darin wie ein Heiliger zum „Helden der Sowjetunion" und damit zum „Helden der DDR"[29] stilisiert. Es erfolgte ein permanenter Lobgesang Ulbrichts und Titows auf den Sozialismus, und die grenzenlose Freundschaft zwischen der DDR und der Sowjetunion. Auch zu Hetztiraden gegen die westliche Welt kam es. Es wurden Sätze eines Interviews des sowjetischen Regierungschefs Nikita Chruschtschows abgedruckt, das dieser einem amerikanischen Journalisten namens Cyrus Salzberger

25 Ebd.
26 Ebd.
27 Bundesarchiv, Stasi-Unterlagenarchiv, Akte MfS-BdL Nr. 000583, Befehl Mielkes vom 29.8.1961, mss. Dok., 5 S.
28 Bundesarchiv, Stasi-Unterlagenarchiv, ZAIG 526, Bl. 152–161 (7. Expl.), Bericht zur Lage nach dem Bau der Berliner Mauer vom 2. September 1961, Nr. 530/61.
29 Bundesarchiv, Stasi-Unterlagenarchiv, Akte MfS-BdL Nr. 000583, Befehl Mielkes vom 29.8.1961, mss. Dok., 5 S.

gegeben hatte. Darin machte sich der Atheist Chruschtschow unverhohlen über den Glauben an Gott und ein himmlisches Paradies lustig, denn weder Gagarin noch Titow hätten einen Gott im Weltraum gesehen, und „sie konnten das Paradies nicht entdecken".[30] Dazu betonte Chruschtschow religionsaggressiv, die „Sowjetmenschen seien in der Mehrheit nicht gläubig." Dass man ihnen in den drei Jahrzehnten nach der russischen Oktoberrevolution 1917 zuvor den religiösen Glauben in radikalster Weise so gut wie verboten hatte, darauf ging er nicht ein.[31]

Der Besuch German Titows war der erste Besuch eines Kosmonauten der Sowjetunion in der DDR, ein großes Spektakel für die Berliner Bevölkerung, das propagandistisch in alle Bezirke der DDR kommuniziert wurde. Die Angst der DDR-Regierung vor möglichen Ausschreitungen in Ost-Berlin war merkbar real, denn MfS und polizeiliche Sicherungsorgane waren instruiert und aktiv. Ungeachtet der politischen Propaganda würdigte die Berliner Bevölkerung und die gesamte DDR durchaus den Mut Titows, auf die lebensgefährliche Mission gegangen zu sein und einen großen Schritt zur Erkundung des Weltalls getan zu haben. Schulen und Straßen wurden in der DDR nach ihm benannt, wenige gibt es noch bis heute. Titows Weltraumflug bleibt ein bedeutender Teil der Raumfahrtgeschichte, sein Besuch 1963 in Ost-Berlin diente aber in der Hauptsache der Glorifizierung der DDR, der Sowjetunion und des Kommunismus.

Eine Heldin und ein Held: Valentina Tereschkowa und Juri Gagarin kommen im Oktober 1963 zu Besuch

Nur zwei Jahre später nach diesem Ereignis kamen die beiden bis heute wohl prominentesten Kosmonauten der Sowjetunion zu Besuch nach Ost-Berlin und in die DDR. Er war der erste Mensch im Weltraum, der Russe Juri Gagarin, und die Russin Valentina Tereschkowa, die erste Frau der Geschichte im Weltraum. Gagarin hatte im April 1961 als erster Mensch die Erde umkreist, wenige Monate später war Titow ihm gefolgt. Tereschkowa konnte schon zwei Jahre nach Gagarin als erste Frau diese Leistung vollbringen. Sie hatte drei Tage lang, vom 16. bis 19. Juni 1963, mit der Raumkapsel „Sojus 6" die Erde umkreist. Begleitet wurde sie vom ebenfalls später berühmten sowjetischen Kosmonauten Valerie Bykowski (1934–2019), der parallel zu Tereschkowa in der Raumkapsel in der „Sojus 5" die Erde umflog. Bykowski kam später im Jahr 1978 in seinem Flug zusammen mit dem deutschen Kosmonauten Siegmund Jähn eine auch für die DDR-Geschichte bedeutende historische Rolle zu. Die propagandistische Ausschlachtung des Erfolgs Tereschkowas im Juni 1963, besonders für die Frauenbewegung jener Zeit, erfolgte sowohl in der gleichgeschalteten Presse der Sowjetunion wie auch wieder durch die systemtreue Presse der DDR. Laut dem *ND* „stach sie [Tereschkowa, MS] damit allein alle vier USA Raumflieger mit ihren insgesamt nur 34 Erdumflügen aus". Es folgten in der DDR-Propaganda wie 1961 bei den Flügen von Gagarin und Titow zahl-

---

30 Kosmos, Moskau, Berlin, S. 20.
31 Ebd.

reiche Huldigungen zur Überlegenheit der Sowjetunion im Weltraum, ungeachtet auch der bereits erkennbaren Erfolge der USA.[32]

Walter Ulbricht persönlich soll die Entscheidung gefällt haben, Gagarin und Tereschkowa zu einem gemeinsamen Besuch in die DDR einzuladen, der dann für die Tage vom 17. bis zum 22. Oktober 1963 geplant wurde. Es ist sehr wahrscheinlich, dass Ulbricht hier den Besuch Titows zwei Jahre vorher noch als politischen Maßstab legte, um für die vermeintliche Überlegenheit des Sozialismus zu propagieren, und die Bevölkerung Ost-Berlins und der DDR von anderen innenpolitischen Vorgängen abzulenken. Kollegen Ulbrichts im Ministerrat der DDR schienen von der Einladung wegen des erneuten zu erwartenden großen Aufwandes aber weniger begeistert gewesen zu sein.[33] Letztlich aber akzeptierte man den Willen Ulbrichts, der Gagarin und Tereschkowa wie zuvor Titow mit dem Karl-Marx-Orden auszeichnen wollte. Der Besuch wurde für beide aber als ein äußerst strenges Besuchsprogramm mit aufwendigen Reisen in der Stadt Berlin und ausgewählte Orte in den Bezirken der ganzen DDR gestrickt. Sie sollten noch über Titows Berühmtheit hinaus an vielen ausgewählten Orten außerhalb von Berlin bis in die Peripherie der DDR sichtbar werden, da ein Besuch der Hauptstadt vielen Menschen der Bezirke beruflich, finanziell und zeitlich wohl kaum möglich war. Die zu erwartende erneute „Kosmonautenuphorie"[34] in der DDR, dieses Mal um Gagarin und Tereschkowa, sollte deshalb die Provinz erfassen, und nicht nur im weit entfernten Regierungsumfeld Berlins stattfinden.

Noch während des Besuchs fanden die Volkskammerwahlen am 20. Oktober 1963 der DDR statt, für die man mit diesem Besuch noch Erfolge aus der Euphorie der Bevölkerung schöpfen wollte, auch wenn das Ergebnis in der Diktatur der DDR bei Wahlen in der Regel schon vorher feststand. Am 6. Oktober teilte die DDR-Presse der Öffentlichkeit offiziell mit, dass Tereschkowa zusammen mit Gagarin als „Helden der Sowjetunion" Berlin und die DDR besuchen würden. Wichtig war der gleichgeschalteten Presse in diesem Zusammenhang, dass sich beide „ein Bild von unserem Leben und unserer Arbeit beim Aufbau des Sozialismus verschaffen."[35] Am Donnerstag, den 17. Oktober, trafen beide mit dem Zug abends in Berlin am Ostbahnhof ein. Gagarin brachte auch seine Frau mit. Nach einem Empfang mit allen Ehren in der Hauptstadt sollte es am Folgetag „ins Land gehen": An diesem Freitag, den 18. Oktober, herrschte deshalb ein Ausnahmezustand in vielen Städten, Bezirken und Kreisen der DDR, bis in Dörfer, Betriebe und Schulen hinein. Das geschah dort, wo die beiden Helden ihre Besuche angekündigt hatten, aber auch anderswo zu deren Ehren und Gedenken.

---

32 ND vom 19. Juni 1963, Art.: Bykowski übertraf Kosmosrekord, S. 1.
33 Siehe Bundesarchiv Berlin, Bestand DDR mit Sowjetischer Besatzungszone, Ministerrat der DDR-Sitzungen des Präsidiums Sig. DC20 I/4, Film Nr. 128 mit Akte: 138-Sitzung des Präsidiums des MR vom 10. Okt. 1963; hier: Dokumente über den Besuch Gagarins und Tereschkowas vom 17.–22. Oktober 1963 in der DDR, Dok. vom 10. Oktober 1963, mss. Dok., 1 S.
34 Bundesarchiv Berlin, Bestand DDR mit Sowjetischer Besatzungszone, Ministerrat der DDR-Sitzungen des Präsidiums Sig. DC20 I/4, Film Nr. 128 mit Akte: 138-Sitzung des Präsidiums des MR vom 10. Okt. 1963; hier: Dokumente über den Besuch Gagarins und Tereschkowas vom 17.–22. Oktober 1963 in der DDR, Dok. vom 10. Oktober 1963, mss. Dok., 1 S.
35 ND vom 6. Oktober 1963, Art.: Unsere Republik umarmt Valentina und Juri, S. 1.

Berlin als Kosmonautenstadt? 151

Abb. 3 *Ankündigung des Besuches von Juri Gagarin und Valentina Tereschkowa in der DDR-Tageszeitung Neues Deutschland.*

Der DDR-Staat hatte für diesen Besuch erneut seine SED-Organe mobilisiert, die entsprechenden Vorbereitungen für feierliche Umzüge, Versammlungen, Kundgebungen und Feste organisieren sollten, „um überall die Kosmonauten und Kampfgefährten hochleben zu lassen." Wenn es auch durchaus einen politischen Druck für die Bevölkerung gab, an diesen Veranstaltungen teilzunehmen, kann dies die historische Bedeutung der Anerkennung der Leistung der beiden Helden und Würdigung durch viele DDR-Bürgerinnen und -Bürger nicht mindern. Auch ohne Wohlwollen gegenüber der Regierung wurden sie von den Menschen für ihre Leistung und ihren Mut geehrt.[36] Tereschkowa besuchte zum Beispiel am 18. Oktober eine Chemiefabrik in Wolfen, wo sie mit vielen Frauen sprach, nachmittags ging es in eine Strumpffabrik nach Auerbach und dann nach Karl-Marx-Stadt.[37] Gagarin besuchte unter Jubel der Bevölkerung am 19. Oktober die Stadt Gera, dann ging es nach Jena zu den Carl-Zeiss-Werken, wo er die neuesten Entwicklungen der Weltraumtechnik in der dortigen „Astrohalle" begutachten konnte. Abends ging es für ihn nach Erfurt, wo man ihm zu Ehren einen Fackelzug veranstaltete. Es wurde ein Ereignis, das vielen Bürgerinnen und Bürgern bis heute in Erinnerung bleibt.[38] Einen Tag vorher hatte er auch noch die Stadt Suhl besucht.[39] Die DDR-Presse kannte tagelang kaum ein anderes Thema in der Berichterstattung, die Wahl zur Volkskammer fand deshalb nur eine nachgeordnete Beachtung, was dem Wunsch der Regierung durchaus entsprach. Am 20. Oktober gab es einen großen „Kosmonautenball" in der Berliner Dynamo-Sporthalle mit Tereschkowa und Gagarin, die während ihres Aufenthaltes zahlreiche Gespräche durch Unterstützung von Übersetzerinnen und Übersetzern mit den Menschen Berlins und der DDR führten. Vorteilhaft war hier auch, dass bereits ein Teil der DDR-Bürgerinnen und Bürger die russische Sprache zumindest in Grundzügen verstand, oder sich an allen Orten befähigte Dolmetscherinnen und Dolmetscher oder Russischlehrerinnen und -lehrer für die Übersetzung engagierten.

Allerdings ließen sich beide Kosmonauten wie auch schon Titow zwei Jahre vorher, immer wieder stark politisieren, gaben sich offen als Vertreter des Kommunismus und große Anhänger der marxistisch-leninistischen Ideologie zu erkennen, die ihnen beiden den Erfolg überhaupt erst ermöglicht hatte. Tereschkowa soll sogar gesagt haben: „[I]ch bin froh, am Wahltag dabei zu sein".[40] Kritik am System der DDR wurde von beiden nicht (offen) geäußert. Ulbricht persönlich überreichte ihnen den Karl-Marx-Orden mit höchsten Worten der Verehrung. Für ihre Rückkehr am Morgen des 22. Oktober wurde noch einmal Spalier von Teilen der Ost-Berliner Bevölkerung gestanden, und zu einer letzten Kundgebung am Berliner Ostbahnhof geladen.[41] Am späten Nachmittag des 22. Oktober trafen beide mit dem Zug in Moskau ein, so dass sich dann auch die DDR-Presse wieder auf innere Themen konzentrierte.[42] Berichte über Repressalien gegen aufsässige Bür-

---

36   Rainer Gries/Silke Satjukow, Von Menschen und Übermenschen. Der Alltag und das Außertägliche der sozialistischen Helden, in: Aus Politik und Zeitgeschichte 17 (2002), S. 40–46.
37   ND vom 19. Oktober 1963, Art.: Auf einer Woge stürmischer Liebe durch unsere Republik, S. 1.
38   Eine Stadt steht Kopf: Juri Gagarin 1963 in Erfurt. Eine Ausstellung des Museums für Thüringer Volkskunde in der Erfurter Einkaufsgalerie „Anger 1" vom 8.–15. Oktober 2016.
39   Landesarchiv Thüringen, Staatsarchiv Meiningen, Bestand SED Bezirksleitung Suhl-Büro 1. Sekretär, 4-95-1201, Laufzeit 1963, Akte: Planung, Protokoll und Berichte über den Besuch von Juri Gagarin und Valentina Tereschkowa am 18. Oktober 1963 in Suhl und Merkers.
40   ND vom 20. Oktober 1963, Art.: Alle Herzen schlagen für die Helden des sozialistischen Zeitalters, S. 3.
41   ND vom 22. Oktober 1963, Art.: Valja Tereschkowa und Juri Gagarin mit dem Karl-Marx-Orden geehrt, S. 1.
42   ND vom 23. Oktober 1963, Art.: Auf Wiedersehen, Valja und Juri, S. 1. Während Juri Gagarin nur wenige Jahre später unter doch eher mysteriösen Umständen ums Leben kam, ist Valentina Tereschkowa heute weiterhin eine der bekanntesten noch lebenden Persönlichkeiten in Russland. Ihre Namen bleiben seit diesem Besuch 1963 eng mit der Stadt Berlin verbunden.

gerinnen und Bürger sind (bislang) während des Besuchs nicht dokumentiert, wohl aufgrund der erneut starken Sicherungsmaßnahmen und der Ängste der Bevölkerung vor Denunziation und Verfolgung. Auch dieser zweite Besuch russischer Kosmonauten zwei Jahre nach jenem von Titow war ein gelungener Propagandafeldzug des DDR-Regimes.

Beljajew und Leonow kommen 1965

Wiederum nur zwei Jahre später, 1965, wurde Berlin erneut zur Kosmonauten-Hauptstadt mit dem Besuch zweier weiterer sowjetischer Kosmonauten: Pawel Iwanowitsch Beljajew und Alexej Archipowitsch Leonow. Beljajew wurde am 26. Juni 1925 in dem Dorf Tschelistschewo im russischen Gebiet Wologda geboren. Er wurde bereits 1960 als möglicher Kandidat für den Erstflug ausgewählt, stand dann aber Gagarin hintenan. 1965 war schließlich sein erster Einsatz vorgesehen. Er verstarb aber schon recht jung 1970 nach einer schweren Krankheit.[43] Leonow wurde am 30. Mai 1930 in Listwjanka im russischen Gebiet Kemerowo geboren und ebenfalls 1960 als Kandidat für einen Erstflug als geeignet beurteilt.[44] Am 18. März 1965 startete Beljajew als Kommandant der Kapsel „Woßchod 2" zusammen mit Leonow in den Erdorbit, und die Kapsel legte dabei eine Gesamtflugzeit von über 26 Stunden mit einer Strecke von fast 720.000 Kilometern zurück. Leonow vollzog bei dieser Mission den ersten Außeneinsatz eines Menschen im schwerelosen Vakuum überhaupt, als er die Kapsel „nach draußen" verließ.[45] Dabei spielte wohl auch Glück eine Rolle, dass Leonow den Außeneinsatz erfolgreich vollzog und überlebte. So bekam er die Ehre, der erste Mensch der Raumfahrtgeschichte im natürlichen Vakuum zu sein.

Noch vor ihrem Besuch in Berlin im Oktober 1965 gaben beide Kosmonauten der „Aktuellen Kamera" ein Interview, in welchem sie der Bevölkerung der DDR „große Erfolge beim Aufbau des Sozialismus"[46] wünschten. Sie wollten auf ihrem avisierten Besuch von der „werktätigen Bevölkerung" der DDR erfahren, und zwar, „was in ihrem bewundernswerten Land neu ist".[47] Sie äußerten auch ein ganz besonderes Interesse an einem Besuch in der Stadt Dresden, um den Wiederaufbau nach dem Zweiten Weltkrieg zu sehen. Sie erwähnten dabei nicht die Hauptstadt Berlin. Kein Wort war in diesem Interview zudem zu hören über ihren erfolgreichen Flug, über das Universum oder über Astronomie überhaupt. Dem DDR-Regime kam es wieder fast ausschließlich auf die politische Dimension an, erneut zwei „Helden der Sowjetunion" dem Volk Ost-Berlins und der DDR präsentieren zu können.[48]

Die Unterlagen des MfS zeigen aber noch einen anderen Grund für den Besuch. Erich Mielke befahl jenen MfS-Bezirksvertretungen, bei denen Besuche für die beiden Kos-

---

43　Peter Stache, Raumfahrt A–Z, S. 21.
44　Ebd., S. 79.
45　Ebd., S. 21.
46　Aufzeichnung eines Interviews mit den Kosmonauten Pawel Beljajew und Alexej Leonow am 30.09.1965 für die „Aktuelle Kamera" der DDR, in: Deutsches Rundfunkarchiv.
47　Ebd.
48　Ebd.

monauten vorgesehen waren: „…es ist zu sichern, daß der Besuch der sowjetischen Kosmonauten in der Periode der Vorbereitung und Durchführung der Volkswahlen in der DDR […] sich zu einem vollen Erfolg gestaltet."[49] Es wurde ein ähnliches Ziel wie zwei Jahre zuvor mit Gagarin und Tereschkowa verfolgt, und zwar sollten die Kosmonauten als Sprachrohr des Kommunismus Teile der Bevölkerung durch die allgemeine Begeisterung auch zur Wahl und Loyalität gegenüber dem Regime bewegen.

Mielke befahl weiterhin „[I]n Zusammenarbeit mit der Deutschen Volkspolizei sind von Ihnen alle erforderlichen politisch-operativen Sicherungsmaßnahmen zu veranlassen." Er verlangte, „daß feindliche Störversuche rechtzeitig erkannt und unter allen Umständen verhindert werden."[50] Das Programm für die mit Terminen in Berlin und anderen Bezirken der DDR recht vollgepackten zehn Besuchstage gestaltete sich für beide Kosmonauten als äußerst stressig, allein der detaillierte Besuchsplan umfasste für das MfS fast 20 Seiten. Er wurde gefüllt mit zahlreichen Treffen in Berlin und mit Ausflügen nach Frankfurt, Schwerin, Eisenhüttenstadt, Cottbus, Magdeburg, Leuna, Halle, Neubrandenburg, Rostock, Potsdam, Dresden, Warnemünde, Leipzig und Altenburg. Damit sollten sie fast alle Bezirke der geografischen DDR bereisen, sich dort mit Jugend-, Arbeiter- und Soldatengruppen treffen, in Betrieben auflaufen, und von Parteipolitikern vor Ort begleitet werden. Inwiefern den beiden Kosmonauten dieser „politische Stressaufenthalt" überhaupt genehm war, ist nicht näher bekannt. Sie nahmen aber alle offiziellen Termine wahr, wahrscheinlich auch unter dem politischen Druck des immer heißer werdenden Kalten Krieges zwischen Ost und West, dem sie als „Helden der Sowjetunion" nicht ausweichen konnten. Ob sie persönlich mit dem Rummel und der politischen Instrumentalisierung ihrer Personen und des Besuches einverstanden waren, ist nicht bekannt. Ulbricht wollte aber auch seine Popularität durch die vorgeschobene Bewunderung und Verbundenheit mit den beiden „Helden der Sowjetunion" ins ganze Land tragen.[51]

Über alle Besuchsstationen berichtete die DDR-Presse täglich, vor allem das *ND*. Ein besonderer Besuch aus diesem Programm war der Auftritt beider Kosmonauten am 5. Oktober direkt bei der Mauer am Brandenburger Tor zusammen mit Politikern der DDR, worüber auch das Westfernsehen berichtete.[52] Dabei kam es durch das DDR-Regime und die beiden Kosmonauten wieder zur Propagation einer vermeintlichen Überlegenheit des Kommunismus gegenüber dem Kapitalismus. Bei einem Treffen in Leipzig machten beide sogar Werbung für die Bedeutung der anstehenden Wahlen zum „Obersten Sowjet" in der Sowjetunion im folgenden Jahr 1966.[53] Abgesichert wurden die vielen Stationen des Besuches in Berlin und in den anderen Teilen der DDR durchgängig durch eine permanente Observation der beiden Kosmonauten und der von ihnen

---

49 Bundesarchiv, Stasi-Unterlagenarchiv, BdL-Dok Nr. 004078, Mielke an die Leiter der Bezirksverwaltungen am 25. September 1965 und Programm des Besuches, hier Bl. 0001.
50 Ebd.
51 Bundesarchiv, Stasi-Unterlagenarchiv, BdL-Dok Nr. 004078, Mielke an die Leiter der Bezirksverwaltungen am 25. September 1965 und Programm des Besuches, hier Bl. 0002-00018.
52 Sowjetische Kosmonauten an der Berliner Mauer, Sendung vom 06.10.1965, aufgezeichnet in der Mediathek des Fernsehsenders Rundfunk Berlin-Brandenburg (RBB).
53 Vgl. Aufzeichnung der Sendung der „Aktuellen Kamera" vom 13.10.1965, in: Deutsches Rundfunkarchiv.

besuchten Gegenden durch Männer der MfS Hauptabteilung ‚Personenschutz'. Diese Abteilung fotografierte und dokumentierte viele der Besuchsstationen.[54]

Die Mauer und das Brandenburger Tor trennten beide Kosmonauten in überraschender Weise doch nicht vollends von West-Berlin – im Gegensatz zu den zwei Besuchen 1961 und 1963 zuvor. Am Abend des 12. Oktober traten sie recht unerwartet auch in West-Berlin auf. Im Besuchsplan des MfS war das weder bekannt noch vorgesehen, noch hatte es sich erahnen lassen. Die Gründe für den ad hoc Besuch über die Mauer hinweg nach West-Berlin sind nicht ganz klar, auch nicht, warum sowohl die DDR als auch die Botschaft der Sowjetunion diesen Besuch in der Kürze der Zeit überhaupt genehmigten, und auch die Westmächte in West-Berlin damit einverstanden waren.[55] Zwei Jahre zuvor hatte der amerikanische Präsident John F. Kennedy West-Berlin im Juni 1963 besucht, was einem großen Spektakel gleichkam. West-Berlin und Ost-Berlin als Besuchsort zahlreicher auswärtiger Würdenträger begeisterten die jeweiligen Bevölkerungsteile, sorgten aber bei Kritikern auch für Tumulte und häufig auf beiden Seiten der Mauer für Unmut und Kontroversen.[56] Und so war auch ein Besuch sowjetischer Kosmonauten in West-Berlin nicht ganz konfliktfrei, wie sich zeigen sollte.

Offiziell soll die unvorhergesehene Einladung der beiden Kosmonauten über die „Gesellschaft für Deutsch-Sowjetische Freundschaft in West-Berlin" als eine Einladung zu einem Forum im Weddinger Humboldt-Filmtheater erfolgt sein, an dem beide Kosmonauten sich Fragen der Anwesenden stellten.[57] Die „Aktuelle Kamera" vom 13. Oktober 1965 brachte sogar einen Bericht über den Besuch von Beljajew und Leonow in West-Berlin, an dem mehr als 1.000 West-Berlinerinnen und Berliner teilgenommen haben sollen, und gemäß der Kameraaufnahmen äußerst begeistert waren. Allerdings wurde vom MfS vermutet, die Zuschauer seien ein vorher ausgewählter Kreis gewesen. Beljajew hat zum Publikum gesagt, es werde bald Zeit, dass der Mensch auch andere Planeten betreten werde, wenn gleichzeitig die Menschen auf der Erde lernen, in Frieden und Freundschaft miteinander zu leben, sie sich gegenseitig tolerieren und achten würden.[58] Es ist auch erstaunlich, dass das ND in sehr ausgewogener Weise, aber im Gegensatz zu den DDR-Besuchsstationen nur kurz, über diesen abendlichen Besuch in West-Berlin berichtete. Die Zeitung sprach sogar von einer Begeisterung der Westberliner Besuchenden, bei der es jedoch auch zu Ausschreitungen kam, die das MfS dokumentierte.[59]

So hätten sich einem internen Bericht zufolge eine ganze Reihe „jugendlicher Personen" aus West-Berlin vor dem Filmtheater provokativ getroffen und „eine Anzahl Hetzplakate mit sich [geführt], deren Inhalt im Wesentlichen gegen den antifaschistischen Schutzwall gerichtet war". Auch seien „Hetzschriften der Vereinigung 17. Juni 1953 ver-

---

54 Bundesarchiv, Stasi-Unterlagenarchiv, HA PS (Personenschutz), Foto Nr. 972, Bild 9; Foto von Beljajew und Leonow im Alfred-Brehm-Haus.
55 Vgl. Aufzeichnung der Sendung für die „Aktuelle Kamera" der DDR vom 30.09.1965, in: Deutsches Rundfunkarchiv.
56 Schöne, Ronald Reagan in Berlin, S. 9.
57 Vgl. Aufzeichnung der Sendung für die „Aktuelle Kamera" der DDR vom 30.09.1965, in: Deutsches Rundfunkarchiv.
58 Vgl. Aufzeichnung der Sendung der „Aktuellen Kamera" vom 13.10.1965, in: Deutsches Rundfunkarchiv.
59 ND vom 13. Oktober 1965, Art.: Kosmonautengespräch mit Westberliner Bürgern, S. 1.

breitet worden, in denen zum Widerstand gegen die DDR aufgerufen" worden war. Auch hätten die Personen Parolen wie „Mörder" und „Kommunistenschweine"[60] gebrüllt. Die Westberliner Polizei hätte dabei nur zaghaft gegen diese Personen vor dem Filmtheater eingegriffen. Der „Zorn" der Aufwiegler richtete sich laut dem MfS nicht gegen die Kosmonauten selbst, sondern die Menge hätte geäußert, dass sich die Kosmonauten für die kommunistische Propaganda hätten missbrauchen lassen. Laut Bericht soll die Menge gerufen haben: „Wie lange sollen wir uns das noch gefallen lassen, dass unter Duldung der Militärbehörden Sowjets nach Westberlin kommen und reden dürfen. Warum sollen wir es uns gefallen lassen, dass die Kosmonauten hier bei uns ungestört auftreten können. Wir sollen uns wohl auch demnächst gefallen lassen, dass Walter Ulbricht unter dem Schutz der Franzosen nach Westberlin kommt und ungestört reden darf." Auch bei der Abfahrt der beiden Kosmonauten kam es zu Tumulten, bis Beljajew und Leonow dann gegen 22 Uhr die Grenzübergangsstelle Friedrichstraße zurück nach Ost-Berlin passieren konnten. Die West-Berliner Polizei hätte dann noch längere Zeit zu tun gehabt, bis sich die protestierende Menge auflöste. Ohne Angaben von Gründen vermutete das MfS sogar, der amerikanische Geheimdienst hätte diese Aufwiegler instruiert.[61]

Am folgenden Tag verließen beide Kosmonauten, erneut unter großer Anteilnahme der Berliner Bevölkerung auf dem Flughafen Berlin-Schönefeld, die DDR wieder. Das *ND* zitierte die „Abschiedsworte" beider Kosmonauten auf dem Flughafen, in denen diese sich bei der Regierung und der Bevölkerung bedankten, und ihnen „Glück beim Aufbau des Sozialismus" wünschten.[62] Damit verließen innerhalb von vier Jahren erneut zwei erfolgreiche sowjetische Kosmonauten der Raumfahrtgeschichte das Terrain der DDR und die Stadt Berlin. Nie wieder gab es innerhalb eines so kurzen Zeitraumes in den Folgejahren Besuche von sowjetischen Kosmonauten in der DDR. Erst 1978 gab es durch den gemeinsamen Raumflug des ersten deutschen Weltraumfahrers Siegmund Jähn zusammen mit Valerie Bykowski dann wohl die größte Begeisterung der DDR-Bevölkerung für die „Helden der Raumfahrt" in der Geschichte der DDR.

Zusammenfassung

Die Jahre 1961 bis 1965 mit den drei Besuchen der wohl wichtigsten Raumfahrer der beginnenden sowjetischen Raumfahrtgeschichte gingen durchaus als „Kosmonautenbesuchsjahre" in die Geschichte der DDR und die Geschichte Berlins ein. Diese Besuche werden den noch heute Lebenden der damaligen DDR-Generation und besonders der Ost-Berliner Bevölkerung weiter in Erinnerung bleiben. Menschen einer großen Raumfahrtnation, die als erste die Erde verlassen hatten und in den Erdorbit vordrangen, sogar

---

60 ND vom 14. Oktober 1965, Art.: Viele gute Freunde gewonnen. Ansprache von Oberst Pawel Beljajew, S. 2.
61 Bundesarchiv, Stasi-Unterlagenarchiv, ZAIG 1109, Bl. 1–6, Einzelinformation Nr. 882b/65 über Provokationen gegen den Besuch der sowjetischen Kosmonauten Leonow und Beljajew in Westberlin am 12. Oktober 1965 (2. Fassung), vom 13.10.1965.
62 ND vom 14. Oktober 1965, Art.: Viele gute Freunde gewonnen. Ansprache von Oberst Pawel Beljajew, S. 2.

das Vakuum der Schwerelosigkeit bestiegen, hatten bei diesen Besuchen den direkten Kontakt mit der DDR und der Berliner Bevölkerung bekommen.

Es ist bei den Ausführungen deutlich geworden, dass es durchaus mehrere historische Dimensionen dieser Besuche gab. Neben der doch eindeutigen Bewunderung für die großartige menschliche Leistung der Kosmonauten der Sowjetunion waren aufgrund der damaligen politisch-gesellschaftlichen Situation im Kalten Krieg zwischen Ost und West auch andere Gründe vorrangig: die Ablenkung der Ost-Berliner und der DDR-Bevölkerung von den Ereignissen um den Mauerbau und den anstehenden politischen Wahlen, der Missbrauch der sowjetischen Raumfahrterfolge zur Propagation und vermeintlichen Annahme einer Überlegenheit des sowjetischen Kommunismus beim Duell zwischen Ost und West um die Vorherrschaft auf dem Gebiet der Raumfahrt, die Unterdrückung von jeglicher Opposition während dieser Besuche in der DDR, und auch die Inszenierung jeder der drei Besuche als ein Medienspektakel, das der Manipulation der DDR-Bevölkerung diente. Dennoch gab es immer wieder einzelne kurze Augenblicke, etwa der Besuch von Beljajew und Leonow in West-Berlin 1965, die zeigten, dass die Raumfahrt auch über politisch-ideologische Grenzen von Kommunismus und Kapitalismus und über die Politik des Kalten Krieges zwischen beiden Blöcken hinweg, ein Anliegen der gesamten Menschheit sei.

Die Ausführungen haben gezeigt, dass der Staatsapparat der DDR bei allen drei Besuchen auch Befürchtungen hatte, oppositionelle Teile der Bevölkerung könnten die Besuche zu Aktionen gegen die Regierung nutzen. Dafür hatte sie ihren berüchtigten Geheimdienst der „Staatssicherheit" MfS aktiviert, nicht nur gegen Oppositionelle vorzugehen, sondern auch die sowjetischen Kosmonauten bei ihren Terminen strengstens zu überwachen. Für die Propaganda während der drei Besuche sorgte die DDR-Presse mit zahlreichen Artikeln, in denen auch Hetze gegen den anderen Block betrieben wurde. Alle Besuche waren von großer politischer Brisanz für die DDR-Hauptstadt, auch was die mündliche Propaganda der Kosmonauten selbst betraf, zumindest wenn deren Worte politisch instruiert und instrumentalisiert wurden. Unabhängig von diesen politischen Zielen wurden die Kosmonauten zu Alltagshelden und einer -heldin der Stadt Ost-Berlin und in der ganzen DDR, vor allem Valentina Tereschkowa wurde ein Vorbild für die Frauen. Die Anerkennung des menschlichen Mutes der Sowjetkosmonauten, sich auf eine lebensgefährliche Mission zu begeben, und diese auch erfolgreich zu bestehen, war immer existent. In der DDR und Berlin wurden später Straßen, Plätze und Schulen nach den Namen vieler sowjetischer Kosmonauten benannt. Die drei Besuche der Kosmonauten zu Beginn der 1960er Jahre sind aufgrund der dargestellten gesellschaftspolitischen Bedeutung deshalb ein wichtiger, aber auch kritisch zu bewertender Aspekt, aber für die Popularität der an Fahrt aufnehmenden Raumfahrtgeschichte in der Öffentlichkeit der Stadt Berlin und der ganzen Welt während des Kalten Krieges zugleich ein wichtiger Meilenstein.

Julia Bärnighausen

Bürokratien des Kunsthandels

Aktenlesen im Landesarchiv Berlin

Einleitung: Aktenlesen

Die Erforschung des Kunsthandels im 19. und 20. Jahrhundert hat in den vergangenen drei Jahrzehnten zunehmend an Bedeutung gewonnen. In Folge der *Washingtoner Konferenz* (1998) unterzeichneten Bund, Länder und Kommunen 1999 mit der *Gemeinsamen Erklärung* eine moralische Verpflichtung zur Erforschung der Provenienz und zur Rückgabe von NS-Raubkunst.[1] Im Zuge der dabei formulierten Forschungsdesiderate etablierte sich auch die Kunstmarktforschung, also die Auseinandersetzung mit den sozialen, kulturellen, wirtschaftlichen und politischen Strukturen des Kunsthandels, nach und nach als eigenständige akademische Disziplin.[2] Forschungs- und Digitalisierungsprojekte haben seitdem auf der Basis spezialisierter Förderstrukturen wissenschaftliche Grundlagenarbeit geleistet, Handreichungen und Rechercheempfehlungen entwickelt[3] und seit 1998 zu mehr als 7.690 Rückgaben „musealer Objekte" im Bereich NS-Raubkunst geführt.[4] Gleichwohl bleiben nach wie vor unzählige Werkbiografien ungeklärt. In der öffentlichen Wahrnehmung führt dies zu der häufig gestellten Frage: „Warum dauert das so lange?"[5]

Eine Antwort findet sich in der noch immer unübersichtlichen Quellenlage: Firmenarchive aus der Zeit vor 1945 sind selten überliefert, viele Unterlagen wurden im Krieg zerstört. Was an Archivalien erhalten blieb, ist in der Regel über zahlreiche Standorte

---

1 Gemeinsame Erklärung. Erklärung der Bundesregierung, der Länder und der kommunalen Spitzenverbände zur Auffindung und zur Rückgabe NS-verfolgungsbedingt entzogenen Kulturgutes, insbesondere aus jüdischem Besitz, 09.12.1999, https://kunstverwaltung.bund.de/DE/UeberUns/_documents/Gemeinsame-Erklaerung.html (letzter Zugriff: 20.02.2025).
2 Nadine Oberste-Hetbleck, Kunstmarktforschung – Ein Statement zur Bestandsaufnahme, in: Nathalie und Yasmin Mahmoudi (Hg.): Kunst – Wissenschaft / Recht – Management, Baden-Baden 2018, S. 387–395.
3 Siehe u. a. die Tätigkeiten des Deutschen Zentrums Kulturgutverluste (DZK), der Forschungsstelle „Entartete Kunst" an der Freien Universität Berlin und die Forschungsprojektreihe „German Sales" der Universitätsbibliothek Heidelberg, die seit 2010 in Kooperation mit verschiedenen Institutionen läuft.
4 DZK, Stand November 2024, https://kulturgutverluste.de/restitutionsmeldung (letzter Zugriff: 20.02.2025): außerdem mehr als 27.160 Bibliotheksgüter und Archivalien.
5 Vgl. Sven Haase, 25 Jahre Washingtoner Prinzipien – Zur aktuellen Kritik an der Provenienzforschung in Museen, in: Retour. Freier Blog für Provenienzforschende, https://retour.hypotheses.org/3032 (letzter Zugriff: 20.02.2025).

Abb. 1 *Akten zum Margraf-Konzern, seinen Filialen, Tochtergesellschaften und ehemaligen Mitarbeitenden aus dem Landesarchiv Berlin.*

verstreut. Nicht minder komplex ist der Prozess des Aktenlesens: Einmal aus der Schutzmappe entfernt, legen Aktenstapel (Abb. 1) teilweise Unmengen von Dokumenten frei.

Aus dieser häufig überwältigenden Masse an Informationen belastbare Ergebnisse zu Tage zu fördern, benötigt ein Verständnis für die Geschichte dieser Akten und die Bereitschaft zu einer „soliden Grundlagenforschung"[6].

Im Anschluss an diese Beobachtungen wendet sich der vorliegende Beitrag einer häufig zitierten, aber vergleichsweise wenig erforschten Quellengattung zu: dem Handelsregister. Im Zuge der deutschen Nationalstaatenbildung wurde das Handelsregister in der zweiten Hälfte des 19. Jahrhunderts als zentrales amtliches Organ institutionalisiert und hat in seinen Grundzügen bis heute Bestand.[7] Zweck des Handelsregisters war (und ist) es, Informationen über ein Unternehmen urkundlich zu bezeugen, systematisch zu verzeichnen und öffentlich zugänglich zu machen.[8] Auch Kunsthandlungen mussten sich unter bestimmten Voraussetzungen in das Handelsregister eintragen lassen. Die dabei anfallenden Dokumente wurden in den sogenannten Handelsregister-

---

6 Ebd.
7 Ortwin Krause, Die Entwicklung des Firmenrechts im 19. Jahrhundert, Frankfurt am Main 1995, S. 117–149, 154.
8 Handelsgesetzbuch für das Deutsche Reich (HGB). Mit Ausschluß des Seerechts, erläutert von Dr. Arthur Brand, Berlin 1911, Erstes Buch (Handelsstand): §§ 17–37, S. 35–67 (Handelsregister).

Abb. 2 *Der Bestand A Rep. 342-02, Amtsgericht Charlottenburg, Handelsregister, Landesarchiv Berlin.*

akten zusammengefasst. Das Landesarchiv Berlin (LAB) besitzt aktuell rund 82.300 konsultierbare Akteneinheiten[9] aus dem Registergericht des Amtsgerichts Charlottenburg (Abb. 2).

Darunter befinden sich auch Unterlagen zu Auktionshäusern, Antiquariaten, Galerien, Kunsthandlungen und Kunstverlagen.[10] Hinweise auf die Tätigkeiten von Händler*innen zeigen Verfolgungskontexte auf und können der Zuordnung von Provenienzmerkmalen dienen. Sie sind daher, neben der Recherche am Werk selbst, wichtige Anlaufstellen der Provenienz- und Kunstmarktforschung.

So auch an der Berlinischen Galerie: Aktuell widmet sich das DFG-Projekt „German Sales. Primary Market" der Erforschung des Galerienwesens im deutschsprachigen Raum

---

[9] Die Bestände A Rep. 342-02 (Amtsgericht Charlottenburg, Handelsregister, Löschjahrgänge vor 1945) beinhalten etwa 62.000 Akten. Daneben sind 20.300 Akten von West- und Ost-Berliner Firmen der Löschungsjahre nach 1945 in den Repositorien B Rep. 042-02 und C Rep. 304 erhalten. Heike Schroll/Bianca Welzing-Bräutigam, Vorwort: A Rep. 342-02 Amtsgericht Charlottenburg – Handelsregister, Landesarchiv Berlin (LAB), Berlin 2013, https://www.landesarchiv-berlin.findbuch.net/php/main.php#41205265702e203334322d3032 (letzter Zugriff: 20.02.2025).

[10] Allein in dem Bestand A Rep. 342-02 ist von über 500 relevanten Akten auszugehen. Nicht berücksichtigt sind die aus Datenschutzgründen eingeschränkt nutzbaren Bestände B Rep. 042 und C Rep. 304.

zwischen 1871 und 1949.¹¹ Parallel zu der Digitalisierung von rund 3.000 Ausstellungs- und Verkaufskatalogen durch die Universitätsbibliothek (UB) Heidelberg werden an der Berlinischen Galerie die Firmengeschichten derjenigen Unternehmen recherchiert, die diese Publikationen herausgegeben haben. Die Ergebnisse sind auf den Servern der UB Heidelberg und in dem Online-Informationssystem German Sales Institutions (GSI) frei abrufbar.¹² Das Projekt trägt dazu bei, Informationen zum Kunsthandel der Moderne zur Verfügung zu stellen. Im Rahmen der Recherchen wurden bislang mehr als 8.000 Seiten aus den Handelsregisterakten des LAB im Hinblick auf die Unternehmensgeschichte ausgewählter Galerien ausgewertet. Der Prozess glich zunächst einem tastenden Suchen, das sich zwischen den zahlreichen Briefen und Urkunden, Tabellen, Stempeln, Nummern und Annotationen nicht selten als Herausforderung darstellte und bisweilen ein Gefühl der Überwältigung heraufbeschwor. Eine konzise und zusammenhängende Geschichte des Berliner Handelsregisters, die einen ersten Überblick ermöglicht hätte, war zu diesem Zeitpunkt noch nicht geschrieben.¹³ An diesem Desiderat setzt der vorliegende Beitrag an.

Nach methodischen Überlegungen zur Analyse bürokratischer Dokumente folgt eine kurze Geschichte des Berliner Handelsregisters: Da eine detaillierte Darstellung den Rahmen eines Aufsatzes sprengen würde, werden hier vornehmlich Schlaglichter auf dessen Entwicklung geworfen. Die Handelsregisterakte des Berliner Kunsthandelskonzerns Margraf & Co.¹⁴ dient im Anschluss einer Fallanalyse: Bei diesem Konzern handelt es sich um ein besonders komplexes Beispiel. Mit mehreren Zweigstellen und Tochterunternehmen, die wiederum eigene Filialen etablierten, deckte Margraf (selbst im Uhren- und Schmuckgeschäft tätig) auch den Handel mit sogenannten Asiatika, Antiquitäten und moderner Kunst ab. In den vergangenen Jahren war der Konzern im Kontext laufender Restitutionsverfahren wiederholt Gegenstand wissenschaftlicher Untersuchungen.¹⁵ Es ist nicht möglich und auch nicht Thema dieses Beitrags, Restituti-

---

11 Kooperationsprojekt „German Sales. Primary Market: Galeriepublikationen im deutschsprachigen Raum (1871–1949)", Universitätsbibliothek Heidelberg und Berlinische Galerie – Landesmuseum für Moderne Kunst, Fotografie und Architektur, gefördert von der Deutschen Forschungsgemeinschaft (DFG), 2023–2025, https://www.arthistoricum.net/themen/portale/german-sales/primary-market (letzter Zugriff: 20.02.2025).
12 German Sales Institutions, https://sempub.ub.uni-heidelberg.de/gsi/de (letzter Zugriff: 20.02.2025).
13 Vgl. Schroll/Welzing-Bräutigam, Vorwort, o. S.; Christoph Kreutzmüller, Ausverkauf. Die Vernichtung der jüdischen Gewerbetätigkeit in Berlin 1930–1945, Berlin 2012. Die Publikation ist in vielerlei Hinsicht ein Standardwerk und wird im Rahmen dieses Aufsatzes fortlaufend zitiert: Sie beruht auf einer detaillierten Aktenanalyse und beschreibt wesentliche Aspekte aus der Geschichte des Berliner Handelsregisters. Vgl. auch die Analyse von Handelsregisterakten bei Katrin Richter, Die erste Berliner Börsenmaklerin Else Goldschmidt. Ein essayistischer Arbeitsbericht über das Auffinden und Rekonstruieren einer Lebensgeschichte, in: Berlin in Geschichte und Gegenwart. Jahrbuch des Landesarchivs Berlin 2023, S. 99–111, bes. S. 76–78.
14 Amtsgericht Charlottenburg, Margraf & Co. GmbH, B Rep. 042-02 Nr. 43516, Landesarchiv Berlin.
15 U. a. Silke Reuther, Margraf & Co. Ein jüdischer Kunsthandelskonzern in Berlin, in: Sabine Schulze/Silke Reuther (Hg.): Raubkunst? Provenienzforschung zu den Sammlungen des Museum für Kunst und Gewerbe Hamburg, Hamburg 2014, S. 41–52; Ilse von zur Mühlen,

onsfragen zu kommentieren. Vielmehr steht die Genese des Handelsregisters selbst im Zentrum, die Funktionsweise der Akten und ihre wissenschaftliche Auswertung. Dass Handelsregisterakten ebenso viele Fragen wie Antworten produzieren, zeigt das Kapitel „Lücken lesen": Dazu gehört letztlich auch die Reflektion des Mediums Datenbank: Wie lassen sich komplexe Inhalte adäquat in ein Online-Informationssystem wie GSI übertragen, das auf Maschinenlesbarkeit ausgerichtet ist? Ziel des Beitrags ist es, am Beispiel von Margraf & Co. eine erste Orientierung im Bürokratiegeflecht des Berliner Handelsregisters zu liefern und das DFG-Projekt mit einer Quellenkritik auszurüsten.

Facetten des Bürokratischen

Bürokratie gehört zu den ‚Schreckgespenstern' der Moderne: Seit der Mitte des 18. Jahrhunderts steht der Neologismus (franz. *bureau*, Büro und *-cratie*, griech. *krateia*, Herrschaft) für rigide Routinen, personelle Willkür und staatliche Kontrolle: Im Kontext des französischen Absolutismus definierte erstmals Vincent de Gournay (1712–1759) Bürokratie als administrative Tyrannei.[16] Dieser ursprünglich pejorativen Begriffsbestimmung steht Max Webers (1864–1920) Idealvorstellung gegenüber: Eine funktionierende Bürokratie sei, dem Ökonomen und Soziologen zufolge, mit einer „bis in das Optimum gesteigerten Maschine" vergleichbar.[17] Staatliche Verwaltungen, Gesetze, Institutionen und gesellschaftliche Phänomene wurden mit dem Begriff der Bürokratie belegt.[18] Mit ihrem Interesse für medientechnologische Praktiken und Wissensgeschichte reicherten jüngere Forschungen diese Bandbreite weiter an: Die Akte als bürokratisches Objekt rückte zunehmend in das Zentrum der Betrachtungen.[19] An diese Positionen schließt der vorliegende Beitrag an.

Die ambivalente Natur bürokratischer Medien wird in der Literatur häufig betont: Ordnung und Unordnung, Routine und Willkür, Materialüberfluss und Fehlstellen gehen Hand in Hand.[20] Diese Beobachtung trifft auch auf die historischen Berliner Handelsregisterakten zu. Die schiere Quantität der heute erhaltenen Unterlagen ist

---

Kunsthandlung van Diemen & Co. Aus der Geschichte des Konzerns Margraf & Co, in: DZK (Hg.): Provenienzforschung in deutschen Sammlungen: Einblicke in zehn Jahre Projektförderung, Bd. 1, Berlin 2019, S. 209–216; Raphael Groß, Überprüfung der Provenienzforschung der Stiftung Sammlung E. G. Bührle, Zürich 2024, S. 85–92.

16 Fred Riggs, Introduction: Shifting Meanings of the Term "Bureaucracy", in: International Social Science Journal XXXI (1979) 4, S. 563–584.

17 Max Weber, Wirtschaft und Gesellschaft. Grundriss der verstehenden Soziologie [1909–1920], Nachdr. 5. Aufl., Tübingen 2002, S. 561–562.

18 Matthew S. Hull, Documents and Bureaucracy, in: Annual Review of Anthropology 41 (2012), S. 251–267, hier S. 252, https://doi.org/10.1146/annurev.anthro.012809.104953 (letzter Zugriff: 20.02.2025).

19 Vgl. u. a. Cornelia Vismann, Akten. Medientechnik und Recht, Frankfurt am Main 2000; Ben Kafka, Paperwork. State of the Discipline, in: Book History 12 (2009), S. 340–353; Friedrich Balke/Bernhard Siegert/Joseph Vogl (Hg.), Medien der Bürokratie, Paderborn 2016; Matthew S. Hull/Stefan Nellen/Thomas Rohringer, Towards a History of Files, in: Zeitschrift für Verwaltungsgeschichte 4 (2019), S. 3–9.

20 Balke/Siegert/Vogl, Medien der Bürokratie.

Inbegriff einer Sammelpraxis, die unter dem Vorzeichen von Industrialisierung und internationalem Wettbewerb darauf ausgerichtet war, die „Welt" zu dokumentieren: von wissenschaftlichen Taxonomien und Klassifikationen über staatliche Erfassungs- und Verzeichnungspraktiken bis hin zu den vom Medienwissenschaftler Markus Krajewski untersuchten „Welt-Projekten".[21] Im Falle des Handelsregisters erfolgte diese Dokumentation mit dem erklärten Ziel, die Zuständigkeiten und Haftungsverhältnisse einer Firma offenzulegen, um die Sicherheit des Handelsverkehrs zu gewährleisten. Eine empirische Datenerhebung mittels standardisierter Abläufe war das leitende Prinzip, Vollständigkeit ein erklärter Anspruch. Doch hinter jeder durchstrukturierten Routine verbirgt sich immer auch der „Faktor Mensch".[22] Fehler sind nicht auszuschließen, Dokumente geraten durcheinander oder gehen verloren. Handelsregisterakten sind nicht für die lange Dauer angelegt, sondern werden in der Regel mit dem Ablauf einer Schutzfrist, die auf den Akten selbst vermerkt ist, kassiert (vernichtet). Der Anspruch auf Vollständigkeit ist, wie sich gerade an der Geschichte des Handelsregisters zeigt, selten umsetzbar. Nicht immer halten amtliche Unterlagen mit den historischen Realitäten Schritt. Bürokratien sind flexibel und anpassungsfähig, können unterwandert und missbraucht werden. Sie sind, mit Fred Riggs, „sowohl effizient als auch ineffizient, sowohl mächtig als auch machtlos, sowohl administrativer Instrumentalismus als auch Usurpation von Macht".[23]

Ohne die Bedeutung von Handelsregisterakten oder die Validität der in ihnen enthaltenen Informationen grundsätzlich anzuzweifeln, ist es vor diesem Hintergrund dennoch wichtig, ihnen kritisch zu begegnen: Sie sind nicht nur Quellen, die historische Ereignisse repräsentativ widerspiegeln, sondern auch von Menschen hergestellte Gebrauchsdinge.[24] Akten entstehen unter dem Einfluss der politischen, kulturellen, sozialen und wirtschaftlichen Verhältnisse der Zeit, die sie mitgestalten. Ihre Geschichte setzt sich entlang technologischer Innovationen in immer wieder neuen medialen ‚Gehäusen' fort: so zum Beispiel als Mikrofilm[25] oder als digitalisierte PDF-Datei.[26] Jede mediale Präsentationsform birgt ihre eigene Komplexität: Eine Digitalisierung in Schwarzweiß, wie sie für einige der Berliner Handelsregisterakten stattfand, wird unter Umständen der Nachvollziehbarkeit der amtlichen Abläufe, die in verschiedenfarbigen Notationen und

---

21 Markus Krajewski, Restlosigkeit. Weltprojekte um 1900, Frankfurt am Main 2006; Lorraine Daston/Peter Galison, Objektivität, Frankfurt am Main 2010; Gregg Mitman/Kelley Wilder, Documenting the World: Film, Photography, and the Scientific Record, Chicago 2016.
22 Balke/Siegert/Vogl, Medien der Bürokratie, S. 6.
23 Riggs, Introduction, S. 564.
24 Hull, Documents and Bureaucracy, S. 254–256. Vgl. entsprechende Positionen in der Fotogeschichte, bes. Elisabeth Edwards/Janice Hart (Hg.), Photographs, Objects, Histories: On the Materiality of Images, London 2004; Julia Bärnighausen/Costanza Caraffa/Stefanie Klamm/ Franka Schneider/Petra Wodtke (Hg.), Foto-Objekte. Fotografien als (Forschungs-)Objekte in Archäologie, Ethnologie und Kunstgeschichte, Bielefeld 2020.
25 Weiterführend u. a. Estelle Blaschke, Installed for your Protection. Mikrofilm als Medium der Bürokratie, in: Balke/Siegert/Vogl, Medien der Bürokratie, S. 151–162.
26 Weiterführend u. a. Lisa Gitelman, Near Print and Beyond Knowledge: Knowing by *.pdf, in: dies.: Paper Knowledge. Toward a Media Hisrory of Documents, Durham, London 2014, S. 111–135.

Blattnummern zum Ausdruck kamen, nicht gerecht.[27] Die Übertragung aktenkundiger Informationen in eine Datenbank wie GSI beinhaltet wiederum einen gewissen Interpretationsspielraum. Dieser Spielraum lässt sich nur auf der Basis einer gewissenhaften Aktenanalyse eingrenzen, die nicht nur Tatsachen aus Papierstapeln filtert, sondern auch Lücken und Problemstellungen identifiziert.

Das Berliner Handelsregister

Unter dem Vorzeichen der Nationalstaatenbildung wurde in der zweiten Hälfte des 19. Jahrhunderts die preußische Administration ausgebaut und professionalisiert.[28] In diesem Zusammenhang gilt das Allgemeine Deutsche Handelsgesetzbuch (ADHGB) von 1861 als der „vorläufige Abschluss" einer Reihe von Maßnahmen, die das Firmenrecht konsolidierten.[29] Dieser Publikation folgte 1897 ein Entwurf zum Handelsgesetzbuch (HGB), das im Januar 1900 in Kraft trat. Das Handelsgesetz definierte die Tätigkeiten, Rechte und Pflichten von Kaufleuten und Gesellschaften, deren Haftungsverhältnisse und die Prinzipien des Firmenrechts. Dazu zählten die Grundsätze der Firmenöffentlichkeit und der Firmenwahrheit: Gewerbetreibende mussten ihre Informationen in einem Handelsregister publizieren und die Richtigkeit und Vollständigkeit der Angaben gewährleisten.

In Berlin wurde das Handelsregister in einem zentralen Registergericht geführt, das ab 1900 dem Königlichen Amtsgericht Berlin I, später (Königliches) Amtsgericht Berlin-Mitte, angegliedert war: Es befand sich an wechselnden Standorten, bevor es 1904 in die Neue Friedrichstraße verlegt wurde.[30] Mit der Neustrukturierung der Berliner Gerichte nach der nationalsozialistischen Machtübernahme zog die Registerabteilung der nun in „Amtsgericht Berlin" umbenannten Behörde 1933 in den Tegeler Weg um, 1935 in die Gerichtsstraße. 1949 setzte das Amtsgericht Berlin-Mitte die Führung des Ost-Berliner Handelsregisters fort. Das Amtsgericht Charlottenburg übernahm die Registersachen für West-Berlin und nach der Wiedervereinigung die zentrale Registerführung. Von hier aus wurden erstmals in den 1950er Jahren, dann systematisch seit den 2000er Jahren, Akten an das Landesarchiv abgegeben.

Die Grundform des Handelsregisters ist die Tabelle: Auf großformatigen Doppelseiten sind Firmendaten in nummerierte Zeilen und Spalten eingetragen (Abb. 3).

Jede Zeile enthält einen eigenen Verwaltungsvorgang, beginnend mit der Eintragung einer Firma in das Handelsregister bis zu deren Löschung. Die Spalten erfassen Fir-

---

27 Vgl. Holger Berwinkel, Akten sind bunt: Farbstifte und ihr Wert für die Archivarbeit, in: Aktenkunde. Aktenlesen als Historische Hilfswissenschaft, Hypotheses-Blog des Universitätsarchivs Göttingen, https://doi.org/10.58079/axri (letzter Zugriff: 07.10.2024).
28 Peter Baumgart/Gerd Heinrich (Hg.), Verwaltungsgeschichte Ostdeutschlands 1815–1945: Organisation – Aufgaben – Leistungen der Verwaltung, Stuttgart 1993, S. 60–77.
29 Krause, Die Entwicklung des Firmenrechts, bes. S. 117–149, hier S. 154–157.
30 Alle Informationen in diesem Absatz: LAB, A Rep. 341: Amtsgericht Berlin-Mitte; in: Beständeübersicht, http://www.content.landesarchiv-berlin.de/php-bestand/ (letzter Zugriff: 20.02.2025); ebd., A Rep. 342-02: Amtsgericht Charlottenburg; ebd., C Rep. 304: Bezirksvertragsgerichte.

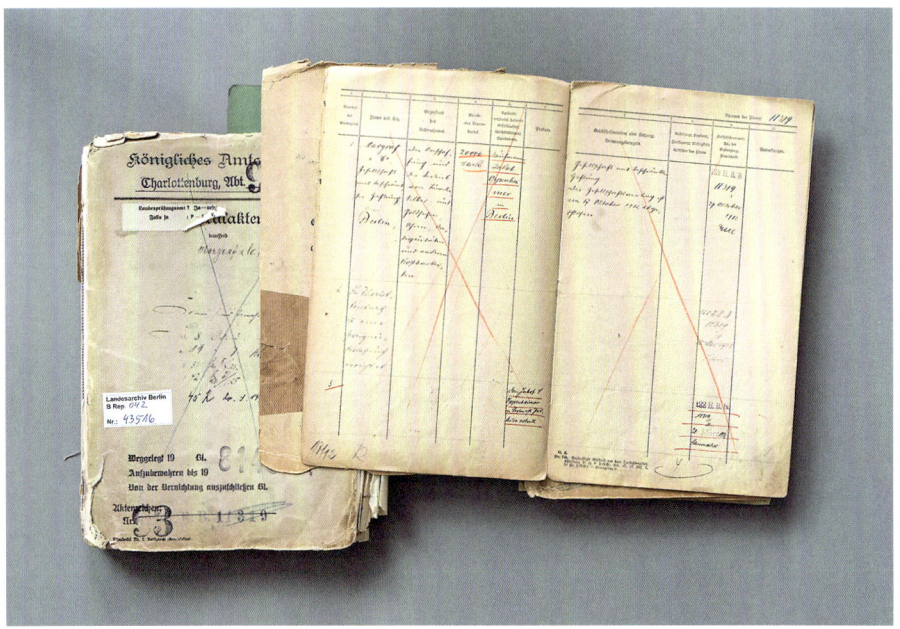

Abb. 3 „Tabelle" aus der Handelsregisterakte Margraf & Co. GmbH.

mennamen, Stammkapital, Leitungspersonen (Gesellschafter*innen, Geschäftsführung, Prokura) und Haftungsverhältnisse. Die Eintragungen erfolgten zunächst händisch in Kurrent- und Sütterlinschrift, die in den 1920er Jahren allmählich der Schreibmaschine, später dem Computer, wichen. Tabellen aus der Zeit vor 1945 sind in historischen Ordnern erhalten; zwischen 1945 und 1965 wurden sie in Büchern geführt, ab 1965 als „Karten" abgelegt.[31] Mit ihrer Übertragung in ein computerbasiertes System endete 2004 die analoge Tabellenführung des Handelsregisters. Unterlagen, die im Kontext eines Verwaltungsvorgangs anfielen, waren in Akten zusammengefasst – den Handelsregisterakten. Die noch sichtbaren mehrfarbigen Paginierungen gehen spätestens auf das Jahr 1939 zurück: Während die rot foliierten „Hauptakten" Dokumente zu gerichtsinternen Vorgängen enthalten, umfassen die blau nummerierten „Sonderakten" neben einer Kopie der Handelsregistertabelle („Handblatt") öffentlich einsehbare Unterlagen.[32]

Öffentlichkeit gehörte (damals wie heute) zu den Grundprinzipien des Handelsrechts: „Jedem" war ohne Angabe von Gründen während der Dienstzeiten des Amtsgerichts

---

31   Mein herzlicher Dank gilt Michael Albrecht, Landesarchiv Berlin, für die freundliche Beantwortung meiner Nachfragen; des Weiteren Heidemarie König für die Besichtigung des Karteiraumes im Handelsregister des Amtsgerichts Charlottenburg am 03.09.2024 sowie Kristin Repke und Elen Wolschke, Dezernatsleiterinnen, die diese Begehung ermöglicht haben.

32   Industrie- und Handelskammer (IHK), Zur Einsichtnahme in die Handelsregisterakten nach den neuen Verwaltungsvorschriften, in: Wirtschaftsblatt der Industrie- und Handelskammer zu Berlin 37 (1939) 21, S. 794.

Einsicht in das Handelsregister zu gewähren.[33] Täglich erschien ein Registerauszug als Beilage zum *Deutschen Reichsanzeiger*, dem amtlichen Presseorgan des Staates.[34] Jede Firmengründung oder -löschung musste zudem in mindestens einer weiteren Zeitschrift bekanntgegeben werden.[35] Ein gebundenes Verzeichnis zum Handelsregister[36], das jährlich herauskam, lag in den „Dienstgebäuden der Handelskammer", aber auch „in allen Banken und sämtlichen größeren Geschäften" aus.[37] Die Veröffentlichung der Verzeichnisse erfolgte in Zusammenarbeit mit der 1902 gegründeten Handelskammer, ab 1924 Industrie- und Handelskammer (IHK): Sie fungierte als Interessenvertretung der Gewerbetreibenden, nahm aber auch eine beratende Funktion gegenüber staatlichen Behörden ein, erstellte Gutachten und hatte die Börsenaufsicht inne.[38]

Dreh- und Angelpunkt dieser Medienvielfalt war die Handelsregisternummer. Als eindeutiger Identifikator durchzieht sie alle oben genannten Medien. Die Handelsregisternummer setzte sich aus dem Präfix „HR" (für Handelsregister), dem Abteilungskürzel „A" oder „B" und einer fortlaufenden Ziffernfolge zusammen.[39] Die Abteilungen waren nach Rechtsformen klassifiziert: Abteilung A umfasste Einzelunternehmen („Firmen der Einzelkaufleute") und Personengesellschaften. Dazu zählten die offene Handelsgesellschaft (OHG) und die Kommanditgesellschaft (KG).[40] Unter Abteilung B wurden Kapitalgesellschaften, zum Beispiel die Gesellschaft mit beschränkter Haftung (GmbH) oder die Aktiengesellschaft (AG), versammelt.[41] Rechtsformen definieren die Haftungsverhältnisse einer Firma: Während in einem Einzelunternehmen alle Rechte und Pflichten dem alleinigen Inhaber uneingeschränkt zufielen, setzten sich Gesellschaften aus mindestens zwei Personen zusammen: Je nachdem, ob diese mit ihrem privaten Vermögen oder in der Höhe ihrer Kapitaleinlagen hafteten, handelte es sich um eine Personen- oder Kapitalgesellschaft.[42] Neben dem Einzelunternehmen war zu Beginn des 20. Jahrhunderts die GmbH eine auch im Kunsthandel beliebte Gesellschaftsform: Ihr Vorteil war, dass sie eine personalisierte und flexible Unternehmensführung mit einem überschaubaren Haftungsumfang verband.[43]

---

33   Handelsgesetzbuch für das Deutsche Reich (HGB), 1911, § 9, Abs. 1, S. 44.
34   Schroll/Welzing-Bräutigam, Vorwort, o. S.; Christoph Kling, Deutscher Reichsanzeiger und Preußischer Staatsanzeiger. Einleitung zur Veröffentlichung der Digitalausgabe, 2016, https://digi.bib.uni-mannheim.de/periodika/reichsanzeiger/ (letzter Zugriff: 20.02.2025).
35   Handelsgesetzbuch für das Deutsche Reich (HGB), 1911, § 10, Abs. 1, S. 46.
36   Berliner Handels-Register. Verzeichnis der in den Amtsgerichtsbezirken Berlin-Mitte, Charlottenburg, […] eingetragenen Einzelfirmen, Gesellschaften und Genossenschaften, Jg. 45–67, 1909–1931, ZS 194, Bibliothek des LAB, Rara-Bestand (digital einsehbar in der Datenbank des Lesesaals).
37   Franz von Mendelssohn, Vorwort, in: Berliner Handelsregister 59 (1923), o. S., https://digital.zlb.de/viewer/image/34457317_1923/7/LOG_0008/ (letzter Zugriff: 20.02.2025).
38   Thomas Hertz, Die Industrie- und Handelskammer zu Berlin: ein Beitrag zur Wirtschaftsgeschichte Berlins, Berlin 2008.
39   Schroll/Welzing-Bräutigam, Vorwort, o. S.
40   Handelsgesetzbuch für das Deutsche Reich (HGB), 1911, § 8, Abs. 5, S. 7.
41   Ebd.
42   Albrecht Cordes/Heiner Lück/Dieter Werkmüller u. a. (Hg.), Handwörterbuch zur deutschen Rechtsgeschichte (HRG), seit 2004, https://www.hrgdigital.de/ (letzter Zugriff: 20.02.2025).
43   Deutsches Reichsgesetzblatt (RGBl.), Nr. 24, Ausg. 26.04.1892, S. 477–499: „Gesetz, betreffend die Gesellschaften mit beschränkter Haftung", in: Deutschsprachige Gesetzblätter seit 1800,

Im Zuge von „Umschreibungen" wurden mehrfach neue Handelsregisternummern vergeben: 1937 im Kontext des nationalsozialistischen Regimes, nach dem Zweiten Weltkrieg mit dem Zusatz „Nz." für „Neue Zählung" und seit 1965 mit der Einführung der oben beschriebenen Kartenablage.[44] Im Büroalltag des Registergerichts diente, neben gebundenen Nummernverzeichnissen, eine alphabetische Namenskartei als Findmittel: Sie gab dem noch heute als „Karteiraum" betitelten Zimmer des Registergerichts, das auch die historischen Ordner und Bücher enthält, seinen Namen.[45]

Zu Beginn des 20. Jahrhunderts waren firmenrechtliche Verwaltungsapparate etabliert, die in ihren Grundzügen bis in die Weimarer Republik Bestand hatten. Ab 1933 implementierte das nationalsozialistische Regime ein systematisches „Verfolgungsnetzwerk"[46], das sich vorrangig gegen jüdische Personen richtete. Über Verfolgte und ihre Betriebe brachen Gewalt- und Boykott-Aktionen herein. Mit steigender Intensität wurden bestehende bürokratische Strukturen ausgehöhlt, reorganisiert und ersetzt.[47] So behielt zwar das HGB weiterhin Geltung, jedoch ermöglichte der große Interpretationsspielraum eine Umdeutung entsprechend des nationalsozialistischen Weltbildes.[48] Eines der zentralen Organe der Reorganisation, das auch den Kunsthandel überwachte, war die „Reichskammer der bildenden Künste" (RdbK): Ein Beitritt, der in der Regel Voraussetzung für die Berufsausübung war, blieb Verfolgten zunehmend verwehrt.[49] Mit den „Nürnberger Gesetzen" spitzte sich die Lage weiter zu: Das „Reichsbürgergesetz" vom 15. September 1935 unterschied zwischen „Reichsbürgern" als „Staatsangehörige deutschen und artverwandten Blutes" und „Staatsangehörigen", denen politische Rechte entzogen wurden.[50] Dies betraf insbesondere Jüdinnen und Juden. Mit dem am selben Tag erlassenen „Gesetz zum Schutze des deutschen Blutes und der deutschen Ehre" wurden ihnen eheliche und außereheliche Beziehungen zu „Reichsbürgern" untersagt und bereits geschlossene Ehen für ungültig erklärt.[51] Die zahlreichen Durchführungs-

---

https://www.reichsgesetzblatt.de/D/RGBl-D/index.htm (letzter Zugriff: 20.02.2025); Sabine von Heusinger: Gesellschaft mit beschränkter Haftung, in: Cordes/Lück/Werkmüller u. a., Handwörterbuch, Sp. 286–288.

44 Auskunft Heidemarie König, ehemalige Mitarbeiterin des Handelsregisters, Amtsgericht Charlottenburg, Begehung 03.09.2024.

45 Datierung und Anzahl der Karteikarten bleibt zunächst unklar: Es müssen mehrere tausend sein. Da sie teilweise in Sütterlinschrift verfasst sind, liegt der Terminus post quem im Jahr 1911.

46 Christoph Kreutzmüller, Institutionen des Verfolgungsnetzwerks, in: Aktives Museum Faschismus und Widerstand e. V./Humboldt-Universität zu Berlin (Hg.): Verraten und Verkauft. Jüdische Unternehmen in Berlin 1933–1945, Aust.-Kat., Berlin 2008, S. 10–11.

47 Ebd.

48 Bernd Rüthers, Die unbegrenzte Auslegung. Zum Wandel der Privatrechtsordnung im Nationalsozialismus, 9. Aufl., Tübingen 2022, S. 3–6.

49 Anja Tiedemann (Hg.), Die Kammer schreibt schon wieder. Das Reglement für den Handel mit moderner Kunst im Nationalsozialismus, Berlin, Boston 2016.

50 Deutsches Reichsgesetzblatt (RGBl.), Nr. 100, Ausg. 16.09.1935, S. 1146: „Reichsbürgergesetz", in: ALEX – Historische Rechts- und Gesetzestexte Online, Österreichische Nationalbibliothek, https://alex.onb.ac.at/tab_dra.htm (letzter Zugriff: 20.02.2025).

51 Ebd., S. 1146f.

verordnungen zum „Reichsbürgergesetz"[52] definierten die rassistische Ideologie des Nationalsozialismus weiter aus, ordneten Berufsverbote und eine Erfassung „jüdischer Gewerbebetriebe" an, die nach und nach liquidiert wurden. Schrittweise wurden Möglichkeiten zur Auswanderung (zum Beispiel durch Vermögensentzug) erschwert, schließlich genommen. Ab 1941 setzte die systematische Deportation und Ermordung politisch, ideologisch und rassistisch verfolgter Menschen ein.[53]

Bei der Vertreibung Verfolgter aus der Wirtschaft spielte das Handelsregister eine nicht zu unterschätzende Rolle.[54] Spätestens seit 1934 arbeitete das Registergericht auf eine „Bereinigung"[55] des Handelsregisters hin: Unter diese Maßnahmen fiel, neben einer Vereinheitlichung der Verwaltungsvorgänge im gesamten Reichsgebiet, auch die Reduzierung der anonymen Kapitalgesellschaften zugunsten einer ideologisch aufgeladenen „Unternehmerpersönlichkeit"[56]. Die Überwachung von Firmennamen und Firmenzusätzen wie „Deutsch" war darauf angelegt, „nichtarische" Unternehmen zu identifizieren und Schritt für Schritt aus dem Handel zu verdrängen. Mit einer Reihe von Gesetzen fanden diese (hier nur anskizzierten) Maßnahmen in den folgenden Jahren Anwendung.[57] Entsprechend häufen sich in den Handelsregisterakten ab 1934, beispielsweise, Umwandlungen von GmbHs in OHGs sowie Umbenennungen von Firmen. Zwischen September 1937 und März 1938 überprüfte das Registergericht in Zusammenarbeit mit der IHK etwa 40.000 Firmen[58] und vergab neue Handelsregisternummern.[59] Im Juni 1938 legte die dritte Durchführungsverordnung zum „Reichsbürgergesetz" erstmals eine Definition „jüdischer Gewerbebetriebe" vor, erlaubte die Kennzeichnung entsprechender Geschäftslokale und ordnete die Erstellung eines Verzeichnisses an.[60] Den Pogromen am 9. November 1938, bei denen mindestens 10.000 „jüdische Gewerbe" geplündert

---

52 Für einen Überblick s. etwa Joseph Walk (Hg.), Das Sonderrecht für die Juden im NS-Staat. Eine Sammlung der gesetzlichen Maßnahmen und Richtlinien: Inhalt und Bedeutung, 2. Aufl., Heidelberg 1996, S. 127, 131–246.

53 Bundeszentrale für politische Bildung, Historisch-politische Karten, https://www.bpb.de/themen/holocaust/gerettete-geschichten/149160/historisch-politische-karten/ (letzter Zugriff: 20.02.2025).

54 Herzlichen Dank an Dr. Christoph Kreutzmüller für den Austausch über das Handelsregister 1933–1945 und an Wolfgang Schöddert, Berlinische Galerie, für die Lektüre dieses Beitrags und die hilfreichen Kommentare.

55 Hans Groschuff, Zur Bereinigung und Vereinheitlichung des Handelsregisters [Wiederabdruck des gleichnamigen Artikels aus der Deutschen Juristen-Zeitung, vom 15.06.1934, Heft 12], in: Wirtschaftsblatt der Industrie- und Handelskammer 35 (1937) 24, S. 1076. Die Mitteilungen der Industrie und Handelskammer (später Wirtschaftsblatt) sind eine einmalige Quelle zur Wirtschaftsgeschichte Berlins, die im Berlin-Brandenburgischen Wirtschaftsarchiv zugänglich ist. Herzlichen Dank an Björn Berghausen und Tania Estler-Ziegler für die freundliche Betreuung bei der Konsultation.

56 Matthias Stupp, Das GmbH-Gesetz im Nationalsozialismus, Berlin 2002, S. 96, 128–129.

57 Für einen Überblick siehe z. B. IHK, Vereinheitlichung des Handelsregisters, in: Wirtschaftsblatt der Industrie- und Handelskammer 35 (1937) 24, S. 1076.

58 Kreutzmüller, Ausverkauf, S. 202.

59 Ebd., S. 33: Die neuen Ziffernfolgen setzten jeweils dort an, wo die letzten Nummern vergeben worden waren: in der Abteilung A ab 85570, in der Abteilung B ab 50170.

60 Kreutzmüller, Ausverkauf, S. 21, 205–207. Vgl. Deutsches Reichsgesetzblatt (RGBl.), Nr. 91, Ausg. 15.06.1938, S. 627–629: „Dritte Verordnung zum Reichsbürgergesetz", in: ALEX.

wurden,[61] folgte wenige Tage später die „Verordnung zur Ausschaltung der Juden aus dem Wirtschaftsleben": Sie untersagte jüdischen Einzelhändler*innen das Führen von Betrieben.[62] Im Jahr 1939 waren 90 Prozent aller betroffenen Berliner Firmen liquidiert, weitere Löschungen erfolgten bis März 1945.[63]

Die Margraf & Co. GmbH

Die Handelsregisterakte der Firma Margraf & Co. ist mit etwa 400 Blättern besonders umfangreich. Diese Menge an Dokumenten lässt sich auf die lange Laufzeit des Unternehmens und die Verfahren der Nachkriegsjahre zurückführen: Die Unterlagen reichen von der Gründung der Firma im Jahr 1912 über verschiedene Generationen der Unternehmensführung im Kontext der Hyperinflation (1922), der Währungsreform (1923), des anschließenden Wirtschaftsbooms, der Weltwirtschaftskrise Ende der 1920er Jahre und der 1933 einsetzenden nationalsozialistischen Verfolgung bis hin zu der nach wie vor laufenden Nachtragsliquidation.[64] Auf den Titelseiten sind Annotationen, Stempel und Etiketten miteinander verwachsen (Abb. 4): Anhand der Korrekturen von Behördennamen und Abteilungsnummern lassen sich jedoch Zuständigkeiten, politischer Wandel und Umzüge ablesen: von dem (Königlichen) Amtsgericht und dem Amtsgericht Berlin-Mitte über das Amtsgericht Berlin am Tegeler Weg und in der Gerichtsstraße bis hin zum Amtsgericht Charlottenburg.

Zwischen den Zahlen und Signaturen ist die ursprüngliche Handelsregisternummer mit der Ziffernfolge 11319 auf den Titelseiten der Mappen kaum mehr auszumachen: Die Umschreibungen (1938 zu Nr. 51306, in den späten 1940er Jahren zu Nr. 2384/Nz. und 1974 zu Nr. 8143) erschließen sich dann im Rückgriff auf die Akteninhalte. Das auffallend weiße Etikett zeigt die Übernahme der Unterlagen durch das Landesarchiv an.

Während ein historisch informierter Blick auf die materiellen Eigenheiten einer Akte für eine Orientierung dienlich sein kann, lassen sich die einzelnen Dokumente auch unter Zuhilfenahme zeitgenössischen Firmenrechts weiter kontextualisieren. Sowohl das Handelsgesetzbuch als auch das GmbH-Gesetz schlüsseln die bürokratischen Vorgänge detailliert auf.[65] Auszüge aus ihnen finden sich teilweise auf den Formularen selbst wieder.

---

61 Christoph Kreutzmüller, Vernichtung der jüdischen Gewerbetätigkeit im Nationalsozialismus. Abläufe, Blickwinkel und Begrifflichkeiten, Version: 1.0, in: Docupedia-Zeitgeschichte, 04.11.2016, S. 9, DOI: https://doi.org/10.14765/zzf.dok.2.717.v1 (letzter Zugriff: 20.02.2025).
62 Deutsches Reichsgesetzblatt (RGBl. I), Nr. 189, Ausg. 14.11.1938, S. 1580: „Verordnung zur Ausschaltung der Juden aus dem deutschen Wirtschaftsleben", in: ALEX.
63 Kreutzmüller, Vernichtung, S. 9–10.
64 Unter einer Nachtragsliquidation versteht man die Abwicklung noch offener Vermögensfragen nach der Löschung einer Firma. Im Kontext des angesetzten Forschungszeitraumes, aber auch aus personen- und urheberrechtlichen Gründen, werden nur die Registerakten bis zur Löschung der Firma 1942 betrachtet.
65 Deutsches Reichsgesetzblatt (RGBl.), Nr. 24, Ausg. 26.04.1892, S. 477–499: GmbH-Gesetz, in: Deutschsprachige Gesetzblätter.

Abb. 4 *Handelsregisterakte Margraf & Co. GmbH.*

Eine „Anmeldung zur Eintragung in das Handelsregister" war nicht nur bei Firmengründungen, sondern auch bei maßgeblichen Veränderungen notwendig, zum Beispiel bei der Überarbeitung der Satzung, der Erhöhung des Grundkapitals, der Einrichtung einer Filiale oder der Bestellung von Geschäftsführer*innen. Selbst die Auflösung einer Firma musste auf diese Weise „angemeldet" werden. Der Vorgang der Anmeldung unterlag einer Routine, die in der Regel die immer gleichen Dokumente produzierte: Dem Anschreiben eines Notars mit der Bitte um „Anmeldung zur Eintragung in das Handelsregister" folgte die eigentliche Anmeldung mit einer Kurzdarstellung der Sachverhalte und einer Liste angehängter Dokumente, von den Geschäftsführer*innen unterzeichnet und notariell beglaubigt. Der Anhang umfasste üblicherweise einen Gesellschaftsvertrag, zudem Vollmachten, Gebührenrechnungen und Zeitungsausschnitte,[66] die als Nachweise über die Bekanntmachung einer Firmengründung oder -löschung dienten. Handschriftliche „Verfügungen" protokollierten jede Eintragung intern. Von dem Aufsetzen eines Gesellschaftsvertrags über dessen notarielle Bescheinigung bis hin zur Anmeldung und Eintragung in das Handelsregister konnten mehrere Tage oder Wochen vergehen. In der Zwischenzeit dokumentierten Postzustellungsurkunden den Prozess. Zum Jahresende waren sogenannte „Gesellschafterlisten" vorzulegen: Sie enthielten die Namen

---

66 Zu den gängigen Zeitungen zählten z. B. der *Deutsche Reichsanzeiger* und *Preußische Staatsanzeiger*, die *Vossische Zeitung – Berlinische Zeitung von Staats- und gelehrten Sachen*, der *Berliner Börsen-Courier* und der *Berliner Lokal-Anzeiger – Central-Organ für die Reichshauptstadt*.

und Anschriften der Gesellschafter*innen, den Standort der Firma und das vorhandene Stammkapital.

Nahezu alle wesentlichen Entwicklungen in der Geschichte von Margraf & Co. sind auf diese Weise dokumentiert: die Gründung der Firma 1912 durch die Uhrmacher Georg Ströhlau und Karl Margraf (Lebensdaten unbekannt) mit Jakob Oppenheimer (1879–1942) als Geschäftsführer, ihre Übernahme durch die Kaufmannsbrüder Leo Loeske (gest. 1925) und Albert Loeske (1869–1929) im selben Jahr, die Etablierung der ersten Filiale 1918 und die Umstellung des Firmenkapitals auf die Goldmark im Zuge der Währungsreform von 1923. Die Prokura hatte zwischen 1923 und 1931 der Kaufmann Jakob S. Oppenheimer (geb. 1874) inne. Margrafs Entwicklung zu einem Konzern in den 1920er Jahren spiegelt sich in dieser Akte nur im Kontext der Firmenauflösung wider. Auch dies hat seinen Grund: Während Filialen auch unter ihrem Hauptsitz verzeichnet waren, wurden für die Tochtergesellschaften[67] separate Akten geführt. Nach dem Tod von Albert Loeske gingen Grundbesitz und Firmenanteile an die testamentarisch bedachten Erb*innen über: Loeskes Lebensgefährtin Rosa Beer (1870–1943), Jakob Oppenheimer und dessen Ehefrau, Rosa Oppenheimer (1877–1943).

Für die Zeit des Nationalsozialismus haben der Historiker Benno Nietzel und andere ein „Spannungsverhältnis zwischen auf traditionelle Normen gestützten bürokratischen Prozeduren und Abläufen und einer offenen verbrecherischen Beraubungspraxis"[68] beobachtet. Dies deutet sich auch in der Handelsregisterakte der Firma an. Materiell blieben Listen, Tabellen und Formulare zunächst die gleichen. Sie unterstanden nun aber der Staatsgewalt einer Diktatur, die das Handelsregister Schritt für Schritt, wie oben skizziert, umgestaltete. Gleichzeitig zeichnet sich hier auch im Ansatz ab, was Christoph Kreutzmüller als „Gegenstrategien" beschrieben hat, also Maßnahmen, die jüdische Unternehmer*innen angesichts der zunehmenden Verdrängung aus der Wirtschaft zwischen 1933 und 1945 ergriffen: So nahmen einige Firmen beispielsweise nicht-jüdische Personen in die Leitung auf, während die ehemaligen Eigentümer*innen auf Zweigstellen im Ausland auswichen.[69]

In der Akte der Firma Margraf & Co. sind ähnliche Abläufe nachvollziehbar. Ab 1933 häufen sich Gerichtsbeschlüsse und Einsprüche. Personelle Abberufungen und die schrittweise Liquidation des Unternehmens schlagen eine Bresche in die relative Ordnung der Unterlagen. Im März 1933 flüchtete Jakob Oppenheimer mit seiner Ehefrau nach Frankreich. Er setzte seinen Schwiegersohn, den in Berlin lebenden Schweizer Ivan Bloch (1896–1961), als weiteren Geschäftsführer ein. Das Finanzamt unternahm Anstrengungen, Oppenheimer und Bloch aus ihren Positionen zu entfernen: Für einige Monate wurden die Kaufleute Bolko Freiherr von Richthofen (1899–1983) und Ernst Bange (Lebensdaten unbekannt) – ersterer als „Vertrauensmann des Finanzamtes" –

---

67 Altkunst GmbH, HRB 14821; Dr. Otto Burchard & Co. GmbH., HRB 38991, LAB A Rep. 342-02 Nr. 19719–20; Galerie van Diemen & Co. GmbH., HRB 16320, LAB A Rep. 342-02 Nr. 23000; Dr. Benedict & Co. GmbH., HRB 37320, LAB A Rep. 342-02 Nr. 66642.
68 Benno Nietzel, Die Vernichtung der wirtschaftlichen Existenz der deutschen Juden 1933–1945. Ein Literatur- und Forschungsbericht, in: Archiv für Sozialgeschichte 49 (2009), S. 561–613, hier S. 590.
69 Kreutzmüller, Ausverkauf, S. 257–357.

in die Geschäftsführung berufen, traten im Dezember 1933 jedoch wieder zurück.[70] Bis 1938 wickelte Ivan Bloch als alleiniger Geschäftsführer und Liquidator die Auflösung der Tochtergesellschaften ab,[71] bevor er 1938 in die Schweiz zurückkehrte. Bis 1942 war von Richthofen mit der Liquidation des verbliebenen Mutterkonzerns beschäftigt. Die Filiale Unter den Linden 5–6 ging im Prozess der „Teil-Arisierung"[72] an den Schmuckhändler Gebhard Duve über.

Über die Schicksale der Eheleute Oppenheimer und der Lebensgefährtin Albert Loeskes, Rosa Beer, gibt die Handelsregisterakte kaum Auskunft. Mit dem allmählichen Verschwinden von Jakob und Rosa Oppenheimer aus den Unterlagen Ende der 1930er Jahre deutet sich bereits an, was sich anhand weiterführender Recherchen schließlich bewahrheitet hat: Beide überlebten das Regime nicht. Auch Rosa Beer fiel der nationalsozialistischen Diktatur zum Opfer: Ein nach dem Krieg ausgestelltes Schreiben enthält den Hinweis, dass sie am 3. Juli 1947 zum 30. September 1942 für tot erklärt wurde.[73] Vor diesem Hintergrund ist es wichtig, die Erwartungshaltung an eine Handelsregisterakte mit ihrem eigentlichen Zweck (der Erfassung aller in einer Firma aktiven Personen) abzugleichen – und darüber entstehende Lücken und Fragestellungen an anderen Stellen zu klären.

Lücken lesen

„Das Archiv ist kein Lager, aus dem man nach Belieben schöpft, es ist stets ein Mangel."[74] Mit dieser ebenso pointierten wie treffenden Beobachtung beschreibt die Historikerin Arlette Farge ein Paradox, das jedem Archiv und jeder Akte innewohnt: Materialfülle kann zu der Vorstellung verleiten, *alles* in Erfahrung bringen zu können. Doch mit zunehmendem Informationsgehalt beginnen die Fragen nur noch deutlicher hervorzutreten. Forschende haben diesen Umstand, das Wissen um Fehlstellen, unzuverlässige Daten und zum Schweigen gebrachte Stimmen, vielfach thematisiert.[75] Wie lässt sich vor diesem Hintergrund ein Bild komplexer historischer Vorgänge zeichnen, deren Resonanz gerade im Kontext der Provenienz- und Kunstmarktforschung so unmittelbar und gegenwärtig wie nur denkbar ist? Letztlich bleibt nur, den „Mangel" zu identifizieren und Lücken lesen zu lernen: Es kann vorkommen, dass Unterlagen nicht aktuell sind oder fehlen. Bestimmte Informationen lassen sich nur unter Zuhilfenahme weiterer Quellen

---

70 Amtsgericht Charlottenburg, Margraf & Co. GmbH, Bl. 81–86, hier Bl. 85.
71 Von zur Mühlen, Kunsthandlung van Diemen & Co., S. 212f.: Schon unter Oppenheimer wurden Tochterfirmen und Filialen Ende der 1920er Jahre fusioniert; als letzte Kunsthandlung des Konzerns wurde van Diemen 1938 liquidiert.
72 Amtsgericht Charlottenburg, Margraf & Co. GmbH, Bl. 81–86, hier Bl. 149. Gemeint ist die Übernahme einer vormals unter „nicht-arischer" Leitung stehenden Firma durch eine als „arisch" ausgewiesene Person im Prozess der Liquidation. Zum Begriff vgl. Benno Nietzel, Handeln und Überleben. Jüdische Unternehmer aus Frankfurt am Main 1924–1964, Göttingen 2012, S. 159.
73 Amtsgericht Charlottenburg, Margraf & Co. GmbH, Bl. 159 (blau).
74 Arlette Farge, Der Geschmack des Archivs [1989], Göttingen 2011, S. 45.
75 Vgl. u. a. Michael Moss/David Thomas, Archival Silences, London: Routledge 2021.

ans Tageslicht befördern, andere werden gar nicht erst aktenkundig: So ist immer auch die „den Akten abgewandte Seite"[76], die kleine Firma, das persönliche Schicksal und die mündliche Überlieferung mitzudenken.

Selbst das Handelsregister, dem als amtliches Verzeichnungsmedium ein besonderes Gewicht zukommt, liefert immer nur ein unvollständiges Bild unternehmerischer Tätigkeiten. So waren 1937 Klein- und Kleinstunternehmen, die weniger als 30.000 RM Jahresumsatz vorweisen konnten, nicht zur Eintragung verpflichtet und liefen daher häufig unter dem Radar des Handelsregisters.[77] Trotz der Verpflichtung für alle größeren Firmen konnte das Handelsregister weder den Anspruch auf Vollständigkeit noch auf Richtigkeit gewährleisten: Dass tatsächlich nicht jede Firma der Verpflichtung zur Publikation nachkam, machen die Vorworte der Berliner Handelsregisterverzeichnisse nur allzu deutlich. Wie ein roter Faden zieht sich dieses Bedauern über unwahre, fehlende oder nicht aktualisierte Informationen durch die Jahrgänge: So werde bei der Auflösung eines Gewerbes gelegentlich vergessen, die Löschung aus dem Handelsregister zu beantragen. Ebenso unterließen es einige Firmen ihren Umzug oder Standortwechsel zu übermitteln, wie beispielsweise das Vorwort des Handelsregisters von 1923 monierte.[78]

Neben Überlieferungslücken, die sich innerhalb einer Handelsregisterakte manifestieren, fehlen bisweilen ganze Jahrgänge. Dies kann verschiedene Gründe haben: von amtsinternen Vorgängen über kriegsbedingte Umstände bis hin zur gängigen Praxis der Kassation. Offenbar vermisste man schon 1940 die Unterlagen derjenigen Firmen, die zwischen 1922 und 1926 aus dem Handelsregister gelöscht worden waren.[79] Die Akten der Löschjahre 1933–1935 sind zwar als Kriegsverlust eingestuft worden, könnten aber auch, so Kreutzmüller, bei Umzügen vergessen worden sein.[80] Zudem sei es vorgekommen, dass dienstliche Leihgaben ihren Weg nicht zurückfanden. Zwischen dem Kriegsjahr 1942 und der deutschen Teilung 1949 erschien kein gebundenes Handelsregisterverzeichnis. Die im Februar 1945 angeordnete Dokumentenvernichtung, die das Berliner Gewerbeamt und „fast alle" Finanzämter betraf, ging an den Handelsregisterakten vorüber.[81] Dass die Unterlagen nach dem Ablauf der Schutzfrist nicht kassiert wurden, ist auch auf ihre Bedeutung für die Restitutions- und Entschädigungsprozesse zurückzuführen, die nach dem Zweiten Weltkrieg begannen.

Als staatlich verwaltetes Instrumentarium gibt eine Handelsregisterakte in der Regel keine Auskunft über persönliche Schicksale. Dies ist insbesondere im Hinblick auf politisch und rassistisch Verfolgte der Fall, denen das nationalsozialistische Regime jegliche Lebens- und Arbeitsgrundlage entzog. Vor diesem Hintergrund dürfte auch ein öffentlicher Handelsregistereintrag kaum im Interesse derjenigen gewesen sein, die um ihre Existenz zu fürchten hatten. Beschrieb Nietzel 2003 die oft einseitige Konzentration

---

76 Balke/Siegert/Vogl, Medien der Bürokratie, S. 5.
77 Kreutzmüller, Ausverkauf, S. 18.
78 Berliner Handels-Register 59 (1923), o. S.
79 Kreutzmüller, Ausverkauf, S. 34. Dies betrifft vermutlich auch die Margraf-Tochtergesellschaft Lutz & Co. GmbH (1922–1925), HRB 22799. Vgl. Berliner Handels-Register 61 (1925), S. 1062, https://digital.zlb.de/viewer/image/34457317_1925/1070/ (letzter Zugriff: 20.02.2025).
80 Kreutzmüller, Ausverkauf, S. 34.
81 Ebd., S. 31–32. Kreutzmüller hält es nicht für ausgeschlossen, dass die Akten auch nach 1945 „verschwunden" sein könnten.

Abb. 5 *Personenforschung im Landesarchiv: Das Nebenregister zum Sterbebuch von 1929 enthält die Sterbeurkunde des Margraf-Inhabers Albert Loeske.*

auf Staatsdokumente noch als eine „sehr charakteristische Schlagseite der deutschen Forschung"[82], haben seitdem viele Studien zu einer Erweiterung der Perspektive beigetragen.[83] Auch im Fall der Margraf GmbH reicht es nicht, die Handelsregisterakte zu studieren. Lücken müssen identifiziert und weitere Dokumente konsultiert werden. Angesichts der sich stetig lichtenden Quellenlage konnten einige Fragen, so etwa zu den Schicksalen der Akteur*innen oder den Details der Firmenliquidationen, beantwortet werden – andere bedürfen weiterer Forschungen.

Die Konsultation weiterer Handelsregisterakten und standesamtlicher Unterlagen (Geburten-, Heirats- und Sterbeverzeichnisse) können zum Beispiel bei der genealogischen Ermittlung von Lebensdaten (Abb. 5), der Klärung von Identitäten und Rekonstruktion einzelner Lebensläufe helfen.[84]

So wurden in der Vergangenheit Jakob Oppenheimer und Jakob S. Oppenheimer, beide Kaufleute aus Frankfurt am Main, bisweilen verwechselt. Erst die weiterführende

---

82 Nietzel, Vernichtung, S. 584.
83 Vgl. u. a. Angelika Enderlein, Der Berliner Kunsthandel in der Weimarer Republik und im NS-Staat. Zum Schicksal der Sammlung Graetz, Berlin 2006; Bianca Welzing-Bräutigam, Spurensuche: Der Berliner Kunsthandel 1933–1945 im Spiegel der Forschung, Berlin 2016; Forschungsstelle „Entartete Kunst", Freie Universität Berlin.
84 Landesarchiv Berlin, Standesamtabfrage. Namensverzeichnis zu den Personenstandsregistern, http://www.content.landesarchiv-berlin.de/labsa/show/index.php (letzter Zugriff: 19.02.2024).

Recherche verschaffte im Abgleich mit genealogischen Dokumenten Klarheit: Jakob S. Oppenheimer machte sich mit seiner Ehefrau, Dorothea Devora (geb. Japhet), 1931 in Berlin als Makler selbstständig.[85] Den Namenszusatz „S." (für Seligman) hatte er gewählt, um Verwechslungen zu vermeiden.[86] Den Einbürgerungsunterlagen des Staatsarchivs Israel zufolge gelang ihnen 1938 die Auswanderung nach Tel Aviv.[87] Den Akten des Schweizerischen Bundesarchivs ist des Weiteren zu entnehmen, dass Ivan Bloch in Folge der Novemberpogrome 1938 mit seiner Familie in die Schweiz zurückkehrte: Dort bemühte er sich um die Rückerlangung einiger wertvoller Schmuckstücke, die er auf der Flucht in der Schweiz hatte zurücklassen müssen.[88] Das vom Bundesarchiv herausgegebene *Gedenkbuch der Opfer des Nationalsozialismus* hilft dabei, das Schicksal der anderen Protagonist*innen zu rekonstruieren: Jakob Oppenheimer starb 1941 nach seiner Internierung als „feindlicher Ausländer" in Nizza, Frankreich.[89] Rosa Oppenheimer und Rosa Beer wurden Anfang der 1940er Jahre deportiert und ermordet.[90]

Personenakten und Auktionsprotokolle der Reichskammer der bildenden Künste erlauben Einblicke in die Versteigerungen der Margraf-Bestände durch die Auktionshäuser Paul Graupe 1935 (Abb. 6) und Walter Achenbach 1937.[91]

Diese Unterlagen waren, zusammen mit den Akten der sogenannten Wiedergutmachungsämter (WGA) (Abb. 7) und des Bundesamts für zentrale Vermögensfragen (BADV)[92] in den vergangenen Jahren für die Provenienzforschung von großer Bedeutung: Sie kreist vor allem um die Frage, inwiefern die Folgen der Weltwirtschaftskrise Ende der 1920er Jahre und die hohe Erbschaftssteuer, die nach dem Tod Albert Loeskes erhoben wurde, den Konzern bereits vor 1933 in eine finanzielle Problemlage brachten.

---

85 Amtsgericht Charlottenburg, Jakob Oppenheimer. Vermittlung von kaufmännischen Geschäften, Handelsregisterakte, 1931–1936, LAB A Rep. 342-02 Nr. 42869.
86 Ebd., Bl. 4.
87 Oppenheimer, Jakob, Einbürgerungsantrag, Bestand Mandat zur Einbürgerung in Palästina, 1937–1947, Staatsarchiv Israel, Signatur פ- 6838/15.
88 Abteilung für Auswärtiges, Bloch, Ivan. Berlin, Dossier, 1937–1947, Schweizerisches Bundesarchiv BAR Bern, E2001D#1000/1553#2510*. Vgl. Löffler/von zur Mühlen, Wiedergutmachungsakten, S. 6.
89 Bundesarchiv, Oppenheimer, Jakob, in: Gedenkbuch. Opfer der Verfolgung der Juden unter der nationalsozialistischen Gewaltherrschaft in Deutschland 1933–1945, https://www.bundesarchiv.de/gedenkbuch/de2034646 (letzter Zugriff: 20.02.2025).
90 Ebd., Beer, Rosa Rachel Rosalie, https://www.bundesarchiv.de/gedenkbuch/de1043711; Ebd., Oppenheimer, Rosa, https://www.bundesarchiv.de/gedenkbuch/de1129927 (letzter Zugriff: 20.02.2025).
91 RdbK, Aufsicht über Versteigerungen: Paul Graupe, LAB A Rep. 243-04 Film-Nr 16, A5193–94, A5204; Patrick Golenia/Kristina Kratz-Kessemeier/Isabelle le Masne de Chermont, Paul Graupe (1881–1953): ein Berliner Kunsthändler zwischen Republik, Nationalsozialismus und Exil, Köln 2016.
92 ARK-Bund-Länder-Arbeitsgruppe „Wiedergutmachung" (Hg.), Übersicht über die Überlieferung und Rechtsgrundlagen zur Wiedergutmachung nationalsozialistischen Unrechts in der Bundesrepublik Deutschland in den staatlichen Archiven, Düsseldorf 2010, https://www.bundesarchiv.de/assets/bundesarchiv/de/Downloads/Erklaerungen/wiedergutmachung-dokumentation.pdf (letzter Zugriff: 20.02.2025).

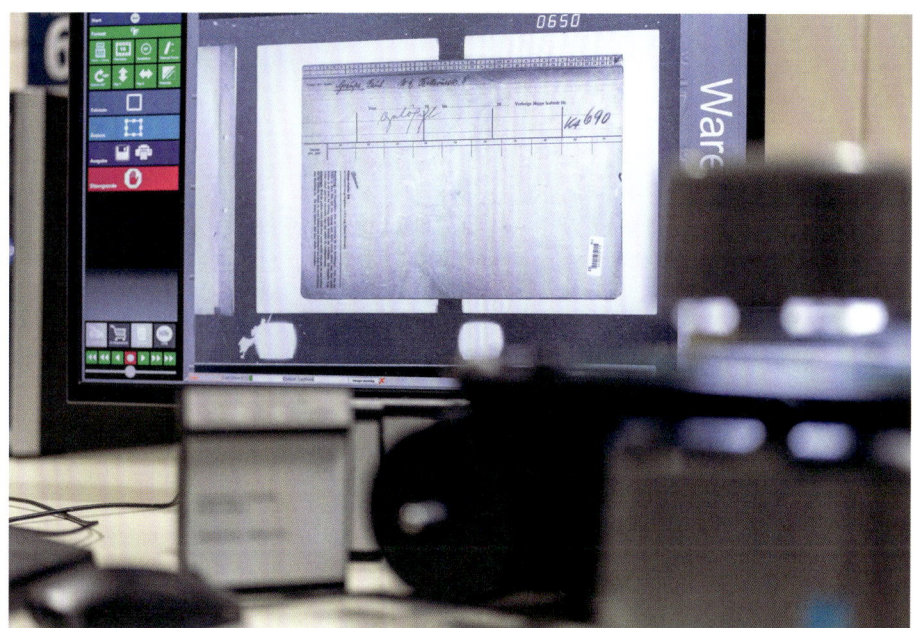

Abb. 6 *Personenakte Paul Graupe, Reichskammer der bildenden Künste, 1933–1945, Mikrofilm.*

Zu einem Konsens, inwiefern sich „verfolgungsbedingte und verfolgungsunabhängige Eingriffe in die Unternehmensstruktur"[93] des Konzerns vermischen, kam es bisher nicht – auch weil große Teile der Unternehmensgeschichte nach wie vor ungeklärt sind.[94] Tochtergesellschaften, internationale Filialen, die Tätigkeiten der in das Ausland emigrierten Händler*innen und der in Berlin verbliebenen Angestellten benötigen weitere Recherchen.[95] Letztlich sind es aber vor allem Einzelfallprüfungen betroffener Werke, die – auf der Basis solider Firmengeschichten – zu belastbaren Ergebnissen führen können.

---

93 Reuther, Margraf & Co., S. 48.
94 Vgl. etwa Emily Löffler/Ilse von zur Mühlen, Wiedergutmachungsakten als Quellen für die Provenienzforschung – Erfahrungen und Perspektiven, Beitrag auf der Konferenz „Kriegsfolgenarchivgut", Bundesarchiv Bayreuth, 14.10.2019, https://www.bundesarchiv.de/DE/Content/Publikationen/Aufsaetze/kriegsfolgenarchivgut-muehlen-loeffler.html (letzter Zugriff: 20.02.2025) und jüngst Groß, Überprüfung, S. 85–92.
95 So etwa die Übernahme der Margraf-Filiale Hotel Bristol durch Gebhard Duve. Siehe: RdbK, Duve, Gebhard, Personenakte (Mikrofilm), LAB A Rep. 243-04 Nr. 1872, Film Nr. 31, Bilder 1828–1840; Amtsgericht Charlottenburg, Duve, Gebhard, früher Margraf & Co. GmbH, LAB A Rep. 342-02 Nr. 21787. Vgl. Falk Möller, Silberwaren-Fabrik Franz Bahner 1895–1962: „Echt silberne Bestecke nach künstlerischen Entwürfen", Books on Demand 2021, S. 50–55. Weiterführende Forschungen in den National Archives in Washington, USA, wären lohnenswert.

Abb. 7 *Detail einer WGA-Akte: Wiedergutmachungsämter von Berlin, Firmenanteile Margraf & Co., 1958–1959.*

Schluss: Maschinenlesen

Max Webers Vorstellung einer rationalen und objektiven Bürokratiemaschine verlieh einem vormals fast ausschließlich abwertend verwendeten Begriff eine positive Konnotation.[96] Sie ist und bleibt jedoch eine Imagination: Dem Automatismus administrativer Vorgänge stehen immer auch Unordnung und Fehlstellen gegenüber. Mahnungen, Strafzahlungen und die drohende Liquidation gehörten zu den Instrumenten, die dem Registergericht in unterschiedlicher Auslegung und Härte zur Verfügung standen. Politische Umstände konnten dabei eine Instrumentalisierung bis hin zur völligen Zweckumkehrung bürokratischer Abläufe zur Folge haben, die Akten zum Werkzeug von Unterdrückung, Verdrängung und Vernichtung machen. In diesem Zwiespalt verhandeln Bürokratien permanent Macht.

Wie lassen sich solche Prozesse in einem Online-Informationssystem wie German Sales Institutions abbilden (Abb. 8)?

Ziel der Datenbank ist es, eine Verlinkung von Informationen zu gewährleisten: Firmen-Datensätze bilden zusammen mit Orts- und Personendaten, Literatur- und Quellenzitationen ein semantisch verknüpftes Informationsnetzwerk, an das eine Reihe

---

96 Riggs, Introduction, S. 564, 569–570.

Abb. 8 *Datensatz Margraf & Co. GmbH (Ausschnitt), German Sales Institutions.*

intelligenter Abfragen gerichtet werden kann (Maschinenlesbarkeit).[97] Dafür ist ein gewisser Grad an Standardisierung notwendig. Um komplexe historische Vorgänge in ein standardisiertes Onlineformat zu übertragen, ist ein kontinuierliches Abwägen notwendig, ein wissenschaftlich informiertes Gegenlesen von Informationen. Wie lässt sich, beispielsweise, der „Existenzbeginn" einer Firma definieren? Gesetzlich war ein anmeldepflichtiges Unternehmen nicht existent, wenn es nicht in das Handelsregister aufgenommen war.[98] Dass viele Unternehmen schon vor der Anmeldung bei dem Handelsregister Geschäftsräume führten, Ausstellungen zeigten und Kunst verkauften – der Geschäftsbeginn also der Registereintragung vorausging –, spiegelt eine Akte nicht immer wieder. So liegen bei der Kunsthändlerin Johanna Ohlhoff, die in der Nachfolge des auf Kunstdrucke und -reproduktionen spezialisierten Gustav Schauer Verlags zwischen 1935 und 1944 in Berlin aktiv war, Geschäftsbeginn und Handelsregistereintragung besonders

---

97 Dies geschieht mit Hilfe der Software WissKI (Wissenschaftliche Kommunikations-Infrastruktur), die auf dem Ontologiemodell CIDOC-CRM und kontrollierten Vokabularen basiert.
98 „Was nicht in den Akten steht, ist nicht in der Welt." Vgl. Vismann, Akten, S. 89–90.

weit auseinander: Aus noch unbekannten Gründen meldete sie ihre Firma erst 1943 im Registergericht an.[99]

Die Registereintragung selbst besteht ihrerseits, wie oben dargelegt, aus mehreren Schritten: Wird eine Firma als Gesellschaft gegründet, so ist zunächst ein Gesellschaftsvertrag aufzusetzen; der „Anmeldung zur Eintragung in das Handelsregister" folgt oft erst Wochen später die eigentliche Eintragung. Für das Informationssystem German Sales Institutions wird in der Regel das früheste bekannte Datum mit einem Vermerk zum Datierungskontext gewählt. Ähnlich verhält es sich mit dem „Existenzende" einer Galerie oder Kunsthandlung, das sich besonders im Falle einer Liquidation über Jahre erstrecken kann. Der schlichte Vermerk „Liquidation" deckt, wie der Fall Margraf & Co. illustriert, in keiner Weise die komplexen Vorgänge ab, die im Hintergrund einer Löschung aus dem Handelsregister im Kontext von Wirtschaftskrisen, Erbschaftsangelegenheiten und NS-verfolgungsbedingten Entzugsmaßnahmen ablaufen können. Wie lange solche Vorgänge mitunter dauern konnten, deutet sich an, wenn in einzelnen Fällen, so auch bei Margraf & Co., statt einer Jahreszahl ein Zeitraum angegeben wird. Schließlich ist auch die Zitation der Handelsregisterakten nicht unproblematisch. Ihre Unterteilung in interne Hauptakten und öffentliche Sonderakten lässt sich in der Regel kaum noch nachvollziehen: Aktenbestandteile liegen durcheinander, Titelseiten und Mappen fehlen. Allein die verschiedenfarbigen Paginierungen erlauben häufig einen Rückschluss auf die Zugehörigkeit der Unterlagen. Aus diesem Grund, und um sich doppelnde Paginierungen auseinanderzuhalten, werden die Farben der Blattzahlen mitzitiert.

Dies sind nur einige Beispiele der Auslegungsarbeit, die im Hintergrund einer Onlinedatenbank abläuft. Sie beruht auf der Grundlage wissenschaftlicher Kriterien, alle Eingaben werden redaktionell geprüft. Gleichwohl gilt es, insbesondere vor dem Hintergrund aktueller Debatten um Künstliche Intelligenz, nicht dem Maschinenglauben zu verfallen, der sich mit jeder technischen Innovation – von Weber bis in das Web – erneut zu reaktivieren scheint. Auch eine maschinenlesbare Datenbank kann nie ein vollständiges Bild liefern. Die genormten Daten zugrundeliegende menschliche Arbeit transparent zu machen, ist Teil der in jedem wissenschaftlichen Kontext notwendigen Quellenkritik. Analoge und digitale Kompetenz sind dabei, nach dem „Mixing Methods"[100]-Prinzip, untrennbar miteinander verbunden. Semantische Datenbanken ermöglichen intelligente Verknüpfungen und automatisierte Abfragen in einem neuen Ausmaß – jedoch auch vieles mehr: So hält GSI über das Margraf-Universum hinaus eine ganze Reihe weiterer Themen zur Erforschung bereit: die Geschichte weiblicher und queerer Akteur*innen im Kunsthandel, die Tätigkeiten der zahlreichen kleinen Berliner Kunsthandlungen, die längst nicht erschöpfend recherchiert sind, und die sich über Europa bis in die USA erstreckenden Filialnetzwerke – um nur einige zu nennen. Als Open Access-Datenbank ist GSI darauf angelegt und dafür gedacht, solche Forschungen anzuregen und zu begleiten.

---

99 Johanna Ohlhoff, German Sales Institutions, https://sempub.ub.uni-heidelberg.de/gsi/wisski/navigate/30479/view (letzter Zugriff: 20.02.2025).
100 Birgit Schneider/Beate Löffler/Tino Mager/Carola Hein (Hg.), Mixing Methods. Practical Insights from the Humanities in the Digital Age, Bielefeld 2023, https://doi.org/10.14361/9783839469132 (letzter Zugriff: 20.02.2025).

Björn Bürger

Entwicklung der archivischen Behördenberatung im Landesarchiv Berlin

Ein Rückblick[1]

Ein jedes Staatsarchiv, somit auch das Landesarchiv Berlin, bewegt sich in seinem täglichen Handeln im gesetzlich vorgegebenen Rahmen der jeweiligen Archivgesetze. Die Existenz von Archivgesetzen ist jedoch keinesfalls selbstverständlich. So wurden in der Bundesrepublik erst Mitte der 1980er Jahre auf Bundes- und Länderebene erste Gesetzestexte ausgearbeitet. Trotz früher Bemühungen im Berliner Senat im Jahr 1983[2] konnte erst zehn Jahre später, in der nun wiedervereinigten Stadt das erste Berliner Archivgesetz in Kraft treten.[3]

Im Kern regeln die Archivgesetze der Länder dabei die Archivierung der Unterlagen der staatlichen Stellen sowie die Organisation der Archive selbst. In § 3 des Berliner Gesetzes ist dabei die Beratungskompetenz und -pflicht des Landesarchivs hinsichtlich der Archivierung gegenüber den Behörden, Gerichten und sonstigen Stellen zentral verankert.[4] Hinter dem Begriff der „Beratung" verbirgt sich jedoch eine zentrale Aufgabe der Informations- und Wissensvermittlung, die entscheidend für die Überlieferungsbildung und damit die Glaubwürdigkeit der Institution Archiv selbst ist.

Die Produktion und die Verwaltung des Schriftgutes (genannt Schriftgutverwaltung) einer Behörde liegt bis zum Tag der Aussonderung in deren Zuständigkeitsbereich. Die anschließende Sicherung und fachgerechte Aufbewahrung der als archivwürdig bewerteten Unterlagen aus allen Bereichen der Berliner Verwaltung obliegt dem Landesarchiv. Nach dem Abschluss der aktiven Bearbeitungsphase der Akten werden diese anschließend je nach Dauer der dafür geltenden Aufbewahrungsbestimmungen in der Altregis-

---

1 Der Beitrag ist als eine erweiterte und überarbeitete Fassung des Kapitels 2.4. einer Masterarbeit im Studienfach Informationswissenschaften an der Fachhochschule Potsdam entstanden, vgl. Björn Bürger, Behördenberatung als zentrale archivische Fachaufgabe am Beispiel des Landesarchivs Berlin – Analyse und Potenziale im Kontext der landesweiten Verwaltungsdigitalisierung, Potsdam 2022 (unveröffentlicht).
2 LAB B Rep. 125 Nr. 2183, Referentenbesprechung Protokoll 18.07.1983 (keine Paginierung).
3 Inkrafttreten am 29. November 1993 nach dem Gesetz- und Verordnungsblatt Berlin (GVBl, S. 576).
4 Nach dem aktuellen Stand (Mai 2024) haben das Baden-Württembergische Landesarchivgesetz (LarchG, § 2, Abs. 1) und das Saarländische Archivgesetz (SarchG, § 9, Abs. 2) nur eine Kann-Bestimmung implementiert; Das Niedersächsische Archivgesetz (NArchG) und das Archivgesetz Sachsen-Anhalt (ArchG LSA) haben keine Beratungsaufgabe fixiert.

tratur der Behörden gelagert. Sobald die Aufbewahrungsfristen abgelaufen sind und das Schriftgut nicht mehr für die Aufgabenerfüllung benötigt wird, wird es ausgesondert und dem zuständigen Archiv in einem geordneten Übergabeverfahren angeboten. Aufbewahrungsfristen können je nach Entstehungszweck des Schriftgutes eine Dauer von einem oder wenigen Jahren bis zu mehreren Jahrzehnten umfassen und werden durch die Behörden selbst festgelegt.[5]

Nicht erst durch medienwirksame Skandale wie die mutmaßlichen Schredder- und Löschaktionen im Bundeskanzleramt unter Helmut Kohl,[6] die sogenannten „Bundeslöschtage" oder jene der Verfassungsschutzbehörden zu den NSU-Verbrechen[7] wurde deutlich, dass dies allzu oft nicht passiert. In den überwiegenden Fällen zwar nicht mutwillig und aus einem politischen Interesse, sondern meistens aus Unwissenheit oder fehlenden organisatorischen Kapazitäten. Im Ergebnis heißt dies jedoch, dass potenziell relevantes Verwaltungsschriftgut der historischen Forschung und der allgemeinen Öffentlichkeit unwiederbringlich entzogen wird. Um eine geordnete und transparente archivische Überlieferungsbildung zu gewährleisten, treten die staatlichen Archive daher permanent in eine beratende Rolle.

Die Schriftgutverwaltung als Dauerproblem

Die heute mit aller Deutlichkeit zu Tage tretenden Probleme in der behördlichen Schriftgutverwaltung sind eminentes Kernthema der archivischen Behördenberatung und lassen sich auf zahlreiche historische Entwicklungen und Brüche innerhalb der Registraturtraditionen zurückführen.

Die Schriftgutverwaltung der Behörden, oder historisch korrekt, das Registraturwesen,[8] war über Jahrhunderte eng mit den Archiven verbunden. Bis zur Herausbildung der modernen Geschichtswissenschaften im 19. Jahrhundert lag die primäre Motivation Unterlagen als Archivgut dauerhaft aufzubewahren, in deren administrativ-rechtssicherndem Charakter. Mit der Professionalisierung der Geschichtsforschung, unter zunehmender Beachtung wissenschaftlicher Kriterien, änderte sich gleichermaßen das Berufsbild und damit das Selbstverständnis der Archivare. Nicht zuletzt trugen die in

---

5　Für viele Verwaltungsbereiche oder Sachgebiete gelten übergreifende gesetzliche Vorgaben und Richtwerte, vgl. dazu: Heinz Hoffmann, Behördliche Schriftgutverwaltung, München 2000, S. 347.

6　Vgl. dazu: Hartmut Weber, Kohl und der Aktenschwund, in: DIE ZEIT vom 8. November 2001, Nr. 46; Wolfgang Stock, Gutachten, Es gab keine „Bundeslöschtage", in: Welt am Sonntag vom 25. August 2002; Martin Klingst, Aktion Löschtaste, Daten gelöscht, Verfahren eingestellt, in: DIE ZEIT vom 19. Februar 2004, Nr. 9; Günter Buchstab, „Bundeslöschtage?", Wie Kanzleramt und Medien einen Skandal inszenierten, in: Bernhard Löffler/Karsten Ruppert (Hg.): Religiöse Prägung und politische Ordnung in der Neuzeit, Köln/Weimar/Wien 2006.

7　Toralf Staud, NSU-Aktenvernichtung, Verfassungsschutz muss über Aktenschredderer Auskunft geben, in: ZEIT-Online vom 13. Oktober 2020.

8　Registratur bezeichnete einerseits den physischen Aufbewahrungsort des produzierten Schriftgutes einer Behörde und andererseits die mit der Schriftgutverwaltung beauftragte Stelle oder Organisationseinheit. Mit „Altregistratur" oder oftmals auch fälschlicherweise „Archiv" bezeichnet man hingegen den von der Bearbeitung abgeschlossenen Teil des Schriftgutes.

Entwicklung der archivischen Behördenberatung im Landesarchiv Berlin   183

der „Ordnung für sämtliche Städte der Preußischen Monarchie" (verkürzt: Preußische Städteordnung) vom 19. November 1808 formulierten Pflichten zur Anfertigung und Führung von Stadtchroniken dazu bei, dass vielerorts, auch in Berlin, Initiativen zur Herausbildung von Archiven im modernen Sinne entstanden.[9]

Im Zuge dessen entwickelte sich das Registraturwesen im Verlauf des 19. Jahrhunderts unabhängig vom Einfluss der Archive weiter und war von einem gut ausgebildeten Berufsstand von Registratoren geprägt.[10] Zentrales Merkmal des Registraturwesens war die klare Trennung zwischen dem Verwalten und dem Bearbeiten von Schriftgut auf der einen Seite und dessen Registrierung, Ordnung und Ablage nach einheitlichen Grundsätzen in den zentralen Altregistraturen der Behörden auf der anderen. Regelmäßige Aussonderungen gab es nicht, wodurch nur in großen Zeitabständen und sehr sporadisch Schriftgut an Archive abgegeben wurde. Diese mussten daher in einer passiven Rolle verharren.

Das Registraturwesen im Deutschen Kaiserreich begann jedoch langsam durch das stark anwachsende Verwaltungsschriftgut zu erodieren und löste dadurch einen Reformstau aus, der in seiner Konsequenz zum ersten großen Paradigmenwechsel innerhalb der Schriftgutverwaltung führte. Gleichfalls kam es Anfang des 20. Jahrhunderts zu bürotechnischen Neuerungen wie dem Einsatz von Schreibmaschinen, Hektographen und Stehordnern, wodurch die Geschwindigkeit der Aktenproduktion rapide zunahm und damit die klassischen Registratoren zusätzlich belastete.[11] Für die Berliner Verwaltung beispielsweise wurde erstmals im September 1924 ein sogenannter „Multigraph" angeschafft und im Rathaus in der Kanzlei des Generalbüros aufgestellt.[12] Ein Multigraph war ein Vervielfältigungsapparat, der mittels abfärbender Vorlage, der Matrize, bis zu mehrere 1.000 Abzüge ausführen konnte und damit in seiner Funktion einen Vorläufer des modernen Fotokopierers darstellt.

Die sogenannte „Büroreform" in den 1920er und 1930er Jahren war Teil einer umfassenden Verwaltungsreform in den deutschen Staaten und zielte auf die Modernisierung der Schriftgutverwaltung, um diese auf die Anforderungen der Gegenwart durch Vereinfachung und Verbesserung der Arbeitsschritte zu befähigen. Wichtigste Neuerung war die Auflösung der meisten Zentralregistraturen zugunsten einer dezentralisierten (Sach-) Bearbeiterablage,[13] welche die Verwaltungsarbeit einfacher, schneller und vor allem kostengünstiger machen sollte. Durch diese umfangreichen Rationalisierungsmaßnahmen

---

9   Amtsblatt der Königlich Kurmärkischen Regierung, Nr. 34 vom 13. August 1813, vgl. auch LAB A Rep. 001-02 Nr. 3276, Bl. 31b.
10 Vgl. dazu: Alexandra Lutz, Schriftgutverwaltung in der Ausbildung von Verwaltungsmitarbeitern – bisherige Praxis und zukünftige Notwendigkeiten, in: dies. (Hg.): Zwischen analog und digital – Schriftgutverwaltung als Herausforderung für Archive (= Veröffentlichungen der Archivschule Marburg, Bd. 49), Marburg 2009, S. 269.
11 Siehe auch: Hoffmann, Schriftgutverwaltung, S. 25–28; Hans-Jürgen Höötmann, Schriftgutverwaltung und Überlieferungsbildung, in: Norbert Reimann (Hg.): Praktische Archivkunde, Münster 2014, S. 59f.; Michael Hochedlinger, Aktenkunde, Urkunden- und Aktenlehre der Neuzeit, Wien, München 2009, S. 61f.
12 LAB A Rep. 021-02 Nr. 3, Bl. 24.; dazu auch: LAB A Rep. 001-02 Nr. 3573.
13 Oft auch Sachbearbeiterregistratur oder in der damaligen Zeit auch „Expedientenregistratur" bzw. „registraturlose Arbeit" genannt. Vgl. dazu: Hoffmann, Schriftgutverwaltung, S. 29.

Abb. 1 *Werbeanzeige für Multigraphen aus der Deutschen Allgemeinen Zeitung (DAZ), Ausgabe 9. Dezember 1925.*

verloren einerseits die Registratoren ihr Ansehen und ihre zentrale Stellung und andererseits die Archivare ihre vornehmlichen Ansprechpartner.[14] Eine weitere wesentliche Neuerung war die Abschaffung des sogenannten Tagebuches zugunsten der Einführung von Aktenplan und Aktenzeichen.[15] Ein Tagebuch hatte die Funktion, den Lauf eines Schriftstückes im Geschäftsgang vom Posteingang über die verschiedenen Stationen der Bearbeitung bis hin zum finalen Abheften nachverfolgbar zu machen. 1927 trat der „Allgemeine Teil" der „Gemeinsamen Geschäftsordnung der Reichsministerien" (GGO I) als „Basisdokument" der Büroreform mit einer angehängten Registraturordnung in Kraft[16] und trug erheblich zur Vereinheitlichung des Verwaltungshandelns bei.[17] Analog dazu wurde für die höheren Reichsbehörden die „Gemeinsame Geschäftsordnung für die höheren Reichsbehörden" (GOH) 1928 in Kraft gesetzt.[18]

Stadtarchiv bis 1948

Das Archiv der Stadt Berlin geht in seinen Ursprüngen bis ins Mittelalter zurück, von der langsamen Herausbildung moderner archivfachlicher Standards kann man jedoch erst ab der Einführung der Preußischen Städteordnung im Jahr 1808 sprechen.

1818 musste der Stadtverordnetenvorsteher noch eingestehen, dass in „früheren Zeiten zu wenig darauf geachtet [wurde], im rathhäuslichen Archiv diejenigen Notizen zu

---

14   Zur Abwertung des Registraturdienstes vgl.: Hoffmann, Schriftgutverwaltung, S. 45–47.
15   Vielfach blieb aber eine vereinfachte Tagebuchführung, die auf den Eingangsnachweis beschränkt blieb, erhalten. Ähnlich Posteingangsbücher, vgl. dazu: Ebd., S. 31.
16   BArch R 2/50433, Bl. 30–85.
17   Erstmalig wurde in „§ 7 Abgabe an das Reichsarchiv" der Aussonderung und Abgabe an das Archiv Beachtung geschenkt.
18   Hoffmann, Schriftgutverwaltung, S. 39.

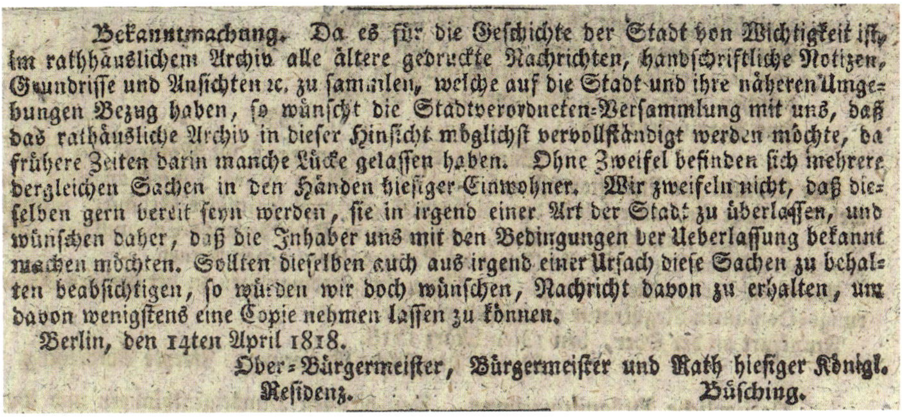

> **Bekanntmachung.** Da es für die Geschichte der Stadt von Wichtigkeit ist, im rathhäuslichen Archiv alle ältere gedruckte Nachrichten, handschriftliche Notizen, Grundrisse und Ansichten ꝛc. zu sammeln, welche auf die Stadt und ihre näheren Umgebungen Bezug haben, so wünscht die Stadtverordneten-Versammlung mit uns, daß das rathhäusliche Archiv in dieser Hinsicht möglichst vervollständigt werden möchte, da frühere Zeiten darin manche Lücke gelassen haben. Ohne Zweifel befinden sich mehrere dergleichen Sachen in den Händen hiesiger Einwohner. Wir zweifeln nicht, daß dieselben gern bereit seyn werden, sie in irgend einer Art der Stadt zu überlassen, und wünschen daher, daß die Inhaber uns mit den Bedingungen der Ueberlassung bekannt machen möchten. Sollten dieselben auch aus irgend einer Ursach diese Sachen zu behalten beabsichtigen, so würden wir doch wünschen, Nachricht davon zu erhalten, um davon wenigstens eine Copie nehmen lassen zu können.
> Berlin, den 14ten April 1818.
> Ober=Bürgermeister, Bürgermeister und Rath hiesiger Königl. Residenz. Büsching.

Abb. 2 *Bekanntmachung an die Einwohner*innen aus dem Berliner Intelligenz-Blatt, Nr. 95, 21. April 1818.*

sammeln, welche für die Geschichte der Stadt Berlin von Wichtigkeit sind".[19] So erschienen im April und Mai desselben Jahres im „Berliner Intelligenz-Blatt" und der „Königlich priviligierten Zeitung" mehrere Aufrufe an die Berliner Einwohner*innen „alle ältere[n] gedruckten Nachrichten, handschriftliche Notizen, Grundrisse, Ansichten etc." dem Archiv zu überlassen,[20] da man vermutete, dass sich zahlreiche Dokumente auch in privater Hand befanden.[21]

Bis zur Ernennung Johann Friedrich Zanders als Betreuer des städtischen Archivs im Jahr 1824[22] und damit de facto ersten Stadtarchivar, wurden die notwendigen archivischen Arbeiten durch die Registratoren der Magistratskanzlei übernommen. Diese übernahmen auch die Durchsicht und Aussonderung der Akten aus den städtischen Registraturen, bevor diese als Altpapier verkauft wurden.[23] Erst mit Zander begann die Entwicklung des Stadtarchivs als eigenständige Institution innerhalb der städtischen Verwaltung. Einen Schwerpunkt legte er in einem 1827 formulierten Papier auf die Bestandsergänzung durch Übernahme „alle[r] reponierte[r] Aktenstücke von geschichtlichem Werthe", der „Einrangierung aller in den Magistratsregistraturen noch vorhandenen Originale" und der Fertigung von Abschriften wichtiger Privilegien.[24] Damit wurde erstmals eine aktive Überlieferungsbildung als konkretes Ziel formuliert.

Auf seine Bemühungen hin wurde am 30. Dezember 1836 eine erste „Verfügung betr. die Herauslösung von Akten aus dem Akten-Repositorio der Haupt-Registratur und

---

19   LAB A Rep. 001-02 Nr. 3276, Bl. 67.
20   Ebd., Bl. 76–79.
21   Ebd., Bl. 74.
22   Siehe dazu: Heike Schroll, „Herrn Zander zum Archiv", in: Berlin in Geschichte und Gegenwart. Jahrbuch des Landesarchivs Berlin 1995, S. 67–83.
23   LAB A Rep. 000-02-01 Nr. 2365, Bl. 2–4.
24   LAB A Rep. 001-02 Nr. 3276, Bl. 190.

Abb. 3 *Illustration einer Zerfasermaschine aus dem Briefkopf der Firma Josef Schimek (Pappen u. Papierabfälle), 1919.*

deren Abgabe zum Archiv" veröffentlicht[25], welche die weit verbreitete Praxis des Aktenverkaufs eindämmen sollte.[26] Diese Maßnahmen gingen einher mit der auch von der preußischen Staatsverwaltung erkannten Notwendigkeit, den Erhalt und die sachgerechte Aufbewahrung der städtischen Unterlagen zu fördern[27] und festigte die Funktion des Archivs in der Schriftgutverwaltung der Magistratsbehörden nachhaltig.[28]

Darauf aufbauend wurde erstmals im Mai 1884 eine quasi Anbietungspflicht in der Berliner Verwaltung durch Verfügung festgeschrieben, nach der Akten vor Verkauf oder Vernichtung „vorher dem Archivar behufs der Prüfung, ob sich Konservierung eines Teils dieser Akten empfiehlt, Nachricht zu geben ist".[29] Nicht vergleichbar mit der heute

---

[25] LAB A Rep. 001-02 Nr. 3303, Bl. 24; die Verfügung selbst ist laut H. Schroll nicht ermittelbar, vgl. Schroll, „Herr Zander zum Archiv", S. 78, Fn. 56.

[26] Der Rohstoff Papier wurde bis zur Industrialisierung mit Hadern (Lumpen) aus Leinen, Hanf oder Baumwolle hergestellt und hatte eine hohe Wertigkeit. Nicht mehr benötigtes Papier in Form von Akten wurde daher gewinnbringend verkauft und dem Verwertungskreislauf wieder hinzugefügt, vgl. dazu auch: LAB A Rep. 000-02-01 Nr. 1234.

[27] Vgl. dazu: Cirkular-Reskript des Königl. Ministeriums des Innern und der Polizei an sämtliche Königl. Ober-Präsidien, die sichere Aufbewahrung städtischer Akten und Urkunden betreffend vom 3. März 1832; v. Kamptz, Karl Albert: Annalen der preußischen innern Staats-Verwaltung Bd. XVI, H. 3, S. 666; Wiederholung der Verordnung durch Rundschreiben in den Jahren 1854 (Ministerialblatt 1855, S. 3) und 1859 (Ministerialblatt 1860, S. 89).

[28] In den Jahren 1873 (Verfügung des Magistrats vom 30.12.1873 betr. Kassation von Akten) und 1880 (Verfügung des Magistrats vom 3.2.1880) folgten erneute Maßnahmen des Magistrats, die verhindern sollten, dass „Akten kassiert oder eingestampft werden", welche aus der „Zeit vor dem Jahre 1820 herstammen", indem eine Genehmigung des Magistrats verpflichtend wurde. Magistrat von Berlin (Hg.), Berliner Gemeinderecht, Bd. 4, Berlin 1914, S. 171f.

[29] Verfügung des Magistrats vom 16. Mai 1884 betr. Die Kassation von Akten (1232 G.B. 84).

archivgesetzlich verankerten Pflicht der Aktenanbietung, hatte das Stadtarchiv dadurch dennoch eine Handhabe, historisch relevante Unterlagen zu sichern.

Der durch den Ersten Weltkrieg verschärfte Papiermangel führte allerdings dazu, dass der Magistrat 1916 wiederum verordnete, dass „möglichst alle Akten und ähnliches Material – auch Drucksachen, auch etwa auf dem Boden bewahrtes – welches nicht mehr gebraucht wird oder wertlos ist, durch Verkauf der Papierverfertigung zuzuführen" sei.[30] Insbesondere in Zeiten der Krise und des Mangels rückte die Bedeutung der Archive in ihrer bewahrenden Funktion somit zunächst wieder hinter die akuten praktischen Bedürfnisse zurück. Erst im Dezember 1919 machte der Magistrat einschränkend deutlich, dass trotz dieser Regelung Akten und Drucksachen nicht ohne Genehmigung des Archivs veräußert werden durften.[31] Welche Überlieferungsverluste in dieser Zeit entstanden sind, lässt sich nur mutmaßen. 1923 wird nochmals bekräftigt, dass eine Beachtung dieser Vorschrift erforderlich sei, um „die Vernichtung wertvollen historischen Materials zu verhüten": Der Archivar hatte demnach Bescheinigungen zu erteilen, die dem Anschaffungsamt, ab 1923 der „Berliner Anschaffungs-Gesellschaft m.b.H"[32] beim Verkauf von Altakten vorzulegen waren.[33] Aktenanbietungen bzw. Vernichtungsersuche an das Stadtarchiv sind ab 1922 nachgewiesen.[34] Diese zentralen Bestimmungen bildeten in der Folgezeit das Fundament für eine sich aufbauende wechselseitige Kommunikationsbeziehung zwischen Stadtarchiv und städtischen Dienststellen.

Trotz der institutionellen Festigung des Stadtarchivs fristete es aufgrund der unangemessenen räumlichen Unterbringung im städtischen Rathaus (Rotes Rathaus) ein Schattendasein, so dass durch den Platzmangel nur partielle Übernahmen von Archivgut realisiert werden konnten. Mit dem Amtsantritt Ernst Kaebers als Stadtarchivdirektor im Jahr 1913 begann im Vorfeld des Ersten Weltkrieges ein langjähriger Kampf um die Verbesserung dieser Zustände.[35] Nach der Bildung der Stadtgemeinde Groß-Berlin 1920 und der Eingemeindung der Vororte und Landgemeinden wurde im September 1921 auch eine Zentralisierung des gesamten Berliner Archivwesens beschlossen,[36] welche jedoch den Druck auf das Stadtarchiv hinsichtlich Aktenübernahmen nochmals verstärkte.

Obwohl die Räumlichkeiten keine größeren Übernahmen ermöglichten, setzte sich Kaeber dennoch nachdrücklich dafür ein, dass die bestehenden Verordnungen zur Aussonderung und Vernichtung von Akten eingehalten und angewendet werden. So sprach er im September 1924 die Empfehlung aus, die Verfügung zur Vernichtung von Akten vom 19. September 1923 fortan jährlich im Dienstblatt zu wiederholen, um beim „Fort-

---

30 Verfügung des Magistrats vom 27. Mai 1916 (J.Nr. 449, G.B. 2/1916).
31 LAB A Rep. 021-02 Nr. 19, Verfügung des Magistrats vom 11. Dezember 1919 (J. Nr. 1608 G.B. 2/19.).
32 Das Anschaffungsamt mit der „Abteilung für Verwertung von Altmaterialien" unterstand der Deputation für Anschaffung und Bekleidung und wurde 1923 in die „Berliner Anschaffungs-Gesellschaft m.b.H." umgewandelt, vgl. LAB A Rep. 001-02 Nr. 307.
33 LAB A Rep. 021-02 Nr. 19, Bl. 12, Verfügung des Magistrats vom 19. September 1923 (Dienstblatt des Magistrats von Berlin, Teil I 1923, Nr. 917).
34 Ebd., Bl. 1–3.
35 LAB A Rep. 021-02 Nr. 1, Bl. 1–3.
36 LAB A Rep. 021-02 Nr. 19, Bl. 3.

fall der Registraturen die dauernde Beobachtung der Vorschrift zu gewährleisten".[37] 1925 wurde im Dienstblatt unter dem Titel „Aussonderung geschichtlich wertvoller Akten" tatsächlich ein Aufruf an alle Dienststellen und Bezirksämter veröffentlicht, ihre älteren Akten, welche im regulären Geschäftsgang nicht mehr gebraucht würden, einer Durchsicht zu unterziehen und diese dem Stadtarchiv zu übergeben.[38]

Gleichzeitig schritt auch die Umsetzung der Büroreform in den 1920er Jahren unaufhörlich voran. Zwar waren die meisten Zentralregistraturen in Berlin bereits abgeschafft bzw. nie existent, jedoch gab es keine dienststellenübergreifenden Bestimmungen, die den Geschäftsbetrieb einheitlich regelten. Bereits Ende 1923 versuchte Kaeber in Vorbereitung einer „Allgemeinen Satzung" bzw. einer möglicherweise aufzustellenden „Geschäftsordnung" für sämtliche Dienststellen durch den Magistrat, darauf hinzuwirken, dass eine solche verpflichtende Anbietung an das Stadtarchiv auch dort zentral zu verankern sei.[39] Trotz der frühen Initiative trat erst am 17. Dezember 1930 die erste „Geschäftsordnung für die Verwaltung der Stadt Berlin (GO)" in Kraft. Diese war im Vergleich zur Registraturordnung der GGO I der Reichsministerien von 1927 deutlich konsequenter in der Umsetzung. So wurde hier ausschließlich auf die „Bearbeiter-Aktei" (GO Abschnitt 34) gesetzt und festgehalten, dass der „Einsatz besonderer Kräfte zu diesem Zweck (nach Art der früheren, vom Bearbeiter getrennten Registraturen) unzulässig [ist]". Ebenso wurde das Führen eines „Tagebuchs" als Ordnungshilfsmittel anders als in der GGO I (RegO § 9) komplett untersagt (GO Abschnitt 38). Zudem wurde dem Stadtarchiv Berlin eine deutlich höhere Entscheidungskompetenz bei der Aktenaussonderung und Vernichtung zugestanden. Anders als auf Reichsebene (GGO I RegO § 7), wo das Reichsarchiv als Annahmestelle von Altakten auf eine passive Rolle verwiesen blieb, wurde nun mit dem Passus „Akten dürfen nur vernichtet werden, nachdem das Stadtarchiv bescheinigt hat, daß sie weder historisch oder kulturgeschichtlich Wertvolles enthalten, noch sonst von bleibendem Werte sind" (GO Abschnitt 42, Abs. 2) dem Stadtarchiv eine aktive Rolle im Sinne einer Bewertung zugestanden. Eine detaillierte Richtlinie (GO Abschnitt 42, Abs. 3) gab zudem eine Orientierung über allgemeine Aufbewahrungsfristen und darüber, welches Aktenmaterial grundsätzlich von der Vernichtung ausgeschlossen war.

Besondere Erwähnung sollte an dieser Stelle die Rolle der Bezirksämter finden. Diese waren zwar ebenso wie die zentralen Dienststellen per Verordnung angehalten, vor Vernichtung und Verkauf ihrer Akten eine Genehmigung beim Stadtarchiv einzuholen, wurden jedoch davon freigestellt, wenn sie über „geeignete Räume" zur Aktenaufbewahrung verfügten. Trotz der Zentralisierung des Berliner Archivwesens bildeten sich dadurch umfangreiche Altregistraturen, welche quasi die Funktion von Bezirksarchiven einnahmen. Der Missstand aus Sicht eines zentralisierten städtischen Archivwesens wurde zwar früh erkannt[40] und auch Kaeber sprach sich 1925 in einer Aktennotiz für die baldige

---

37 Ebd., Bl. 44.
38 Dienstblatt des Magistrats von Berlin, Teil I 1925 Nr. 48 & Nr. 400 vom 15.01.1925; vgl. LAB A Rep. 021-02 Nr. 19, Bl. 85f.
39 LAB A Rep. 021-02 Nr. 19, Bl. 20.
40 Am 30. Oktober 1926 wird nochmals darauf hingewiesen, dass zahlreiche Dienststellen, namentlich die Bezirksämter diese Vorgaben zum Aktenverkauf nicht beachten, vgl. Dienstblatt des Magistrats von Berlin, Teil I 1926, Nr. 311.

Auflösung der Bezirksarchive aus[41], allerdings entwickelte sich daraus nichtsdestotrotz die bis in die Gegenwart bestehende Problematik, dass einige zentrale Aktenbestände nicht oder nur lückenhaft dem zuständigen Zentralarchiv angeboten werden. Kaeber als Stadtarchivdirektor übernahm damit bereits vor 100 Jahren eine zentrale Beratungsaufgabe, indem er die Dienststellen über die Stellung und Funktion des Stadtarchivs proaktiv aufklärte. Die Autonomiebestrebungen der Bezirksebene bestehen indes bis in die heutige Zeit fort, da auch im Archivgesetz vom 24. Oktober 2020 den Bezirken die Einrichtung von „Heimatarchiven" explizit erlaubt ist[42] und es damit seitens der Bezirksämter und deren Dienststellen zu Unklarheiten in der Zuständigkeit kommen kann.

Ebenso gab es auch mit anderen städtischen Kultureinrichtungen wie dem Märkischen Museum[43] Zuständigkeitskonflikte. Im Juni 1925 wurde aktenkundig, dass bereits wichtige Aktenbestände der Städtischen Baupolizei dorthin abgeliefert wurden. Erst nach Intervention von Kaeber konnte das Stadtarchiv seinen Anspruch als zentrale Archiveinrichtung durchsetzen, was letztlich dazu führte, dass die bereits an das Museum abgelieferten Akten dem Stadtarchiv übergeben wurden. Infolgedessen entwickelte sich aus diesem Fall die bis heute gängige Praxis, dass im Nachgang Akten, welche im Zuge der archivischen Bewertungsentscheidung vom Landesarchiv als nicht archivwürdig oder historisch relevant eingestuft wurden, anderen Einrichtungen wie dem Märkischen Museum überlassen werden können.[44] Dieses Vorgehen führte jedoch in der praktischen Anwendung zu einer aufgesplitterten und auf mehrere Standorte verteilten Überlieferung trotz klarer Zuständigkeit und erfolgter Bewertung.

Im Oktober 1928 berichtete Kaeber in einem Schreiben an den Stadtarchivar von Brüx (Most), dass er demnächst einen Vortrag über die „Bedeutung des Stadtarchivs und über die Notwendigkeit der sorgfältigen Aufbewahrung bis zur Abgabe der Akten" vor den Bürovorstehern und Bürodirektoren aller zentralen Dienststellen und der Bezirksämter der Stadt Berlin halten werde, da seiner Meinung nach bei den besonderen Verhältnissen eines so großen Gemeinwesens wie Berlin neben den geltenden Verordnungen eine „persönliche Fühlungnahme besonders notwendig" sei.[45] Ebenso versuchte die Deputation für Kunst und Bildungswesen, ein Vorläufer der Senatsverwaltung für Kultur, beim Vorstand der Verwaltungs-Seminare darauf hinzuwirken, dass in den Vorlesungen über Bürowesen explizit auf die Bestimmungen hinzuweisen sei.[46]

In all diesen Bemühungen und Aktivitäten von Kaeber lassen sich bereits zentrale Merkmale der modernen archivischen Behördenberatung erkennen. Mit der rechtlichen Handhabe der damit einhergehenden verpflichtenden Einholung einer Vernichtungsgenehmigung gelang es Kaeber, bedeutende Archivgutübernahmen zu realisieren.

41　LAB A Rep. 021-02 Nr. 19, Bl. 100.
42　ArchGB, § 2 Abs. 3; „Die Bezirke können Heimatarchive für die Geschichte des Bezirkes einrichten. Die Aufgaben des Landesarchivs Berlin nach § 3 sowie das Recht zur Übernahme von archivwürdigen Unterlagen auch der Bezirke durch das Landesarchiv Berlin nach §§ 5 und 6 dieses Gesetzes bleiben davon unberührt."
43　Seit 1995 ist das Märkische Museum Teil der Stiftung Stadtmuseum Berlin.
44　LAB A Rep. 021-02 Nr. 19, Bl. 169–170.
45　LAB A Rep. 021-02 Nr. 1, Bl. 248. Der Vortrag ist unter LAB A Rep. 021-02, Nr. 176 nachgewiesen.
46　LAB A Rep. 021-02 Nr. 1, Bl. 251.

Dadurch entstanden so erste Kontakte zwischen den Dienststellen und dem Stadtarchiv, auf die in der Folgezeit aufgebaut werden konnte. Bereits früh stellte er auch eigeninitiativ Nachforschungen zum Verbleib von Aktenbeständen bei den städtischen Behörden an.[47]

Die gefestigte Position des Stadtarchivs gegenüber den städtischen Dienststellen lässt sich maßgeblich auf Kaeber zurückführen, der trotz der unzureichenden Unterbringung und weniger Mitarbeiter*innen einen hohen fachlichen Standard etablieren konnte.

Nach der politisch motivierten Zwangspensionierung Kaebers im Jahr 1937 und der Übernahme der Leitung des Stadtarchivs durch Eberhard Faden 1939 konnten bis zum Ausbruch des Zweiten Weltkriegs keine bedeutenden Aktenübernahmen mehr realisiert werden. Unter Faden wurden die Aufgabenschwerpunkte im Sinne der nationalsozialistischen Ideologie verschoben, wodurch Beratungstätigkeiten und Fragen der Überlieferungsbildung fast vollständig in den Hintergrund rückten.[48] Mit dem Ausbruch des Krieges konzentrierte man sich hauptsächlich auf den Schutz und die Verlagerung des Archivguts, was fast sämtliche archivarischen Kapazitäten band.

Mit dem Zusammenbruch des deutschen Staatswesens 1945 und dem Neuaufbau der Verwaltungen in Bundesrepublik und DDR entwickelte sich auch die Schriftgutverwaltung in unterschiedliche Richtungen. Anders als in Westdeutschland wurden in der DDR zentrale Funktionen der Schriftgutverwaltung und vorhandene Ansätze der Büroreform abgeschafft oder vereinfacht. Mit der administrativen Spaltung der städtischen Verwaltung im Jahr 1948 in Berlin begann auch die Spaltung des ehemaligen Stadtarchivs.

Das Stadtarchiv befand sich im sowjetisch besetzten Teil der Stadt, während Anfang der 1950er Jahre in West-Berlin ein neues Stadtarchiv gegründet wurde. Mit Inkrafttreten der Berliner Verfassung am 1. Oktober 1950 erhielt dieses den Rang eines Staatsarchivs und führte fortan die Bezeichnung Landesarchiv Berlin. Beide Archive waren sowohl für die Überlieferung der Stadt- bzw. Landesverwaltung als auch für die bezirkliche Ebene zuständig.[49]

Stadtarchiv Berlin (Ost)

Die Reorganisation des staatlichen Archivwesens in der DDR sah vor, dass in allen Verwaltungen ab 1951 sogenannte Verwaltungsarchive einzurichten seien.[50] Entsprechend ordnete der Magistrat von Berlin im November 1951 die Bildung eines zentralen Ver-

---

47 So zum Beispiel Akten zur Lebensmittelorganisation im Ersten Weltkrieg (Kriegswirtschaft) oder Akten der umliegenden Gutsverwaltungen über die Stadtgüter GmbH, vgl. dazu: LAB A Rep. 021-02 Nr. 19, Bl. 51f.
48 In den Mittelpunkt rückten Bemühungen zur Erstellung von Chroniken (LAB A Rep. 021-02 Nr. 122) und umfangreiche Recherche- und Registerarbeiten zur Klärung von Abstammungsfragen.
49 Jürgen Wetzel (Hg.), Das Landesarchiv Berlin und seine Bestände (= Schriftenreihe des Landesarchivs Berlin, Bd. 1), Berlin 1992, S. 14f.
50 Anordnung zur Errichtung von Verwaltungsarchiven vom 26. Februar 1951 (MinBl. DDR, Nr. 9, 1951, S. 29). Die Anordnung wurde durch eine Verwaltungsanordnung des Magistrats von

waltungsarchivs mit Nebenstellen in den Bezirksämtern an. Neben dem Stadtarchiv Berlin als „Endarchiv" wurde somit nun eine weitere Archivierungseinrichtung geschaffen.[51]

Das Verwaltungsarchiv war zuständig für die Übernahme, Sicherung und Bewertung des archivwürdigen Schriftgutes aus den Magistratsverwaltungen. Im heutigen Sinne hatten die Verwaltungsarchive somit den Charakter eines Zwischenarchivs und sollten „von Archivaren verwaltete Altregistaturen"[52] sein und damit gewissermaßen „Klärbecken zwischen Behörde und Staatsarchiv".[53] Sie legten Abgabetermine fest, organisierten die Abgabe mithilfe von Ablieferungsverzeichnissen und übernahmen die gesamte Kommunikation mit den abgebenden Stellen. Nach der archivischen Lehre der DDR bestand deren „besondere Aufgabe" darin, die seit der Büroreform entstandenen Mängel im modernen Aktenwesen auszugleichen, indem sie auf Aktenbildung und Aktenführung Einfluss nehmen sollten. Als eine der wichtigsten Aufgaben wurde dort die Erstellung von guten Aktenplänen gesehen, die „(1) vorausschauend durchdacht, (2) nach den Bedürfnissen der Sachbearbeitung aufgestellt und (3) systematisch aufgebaut" sein sollten.[54]

Die organisatorische Aufgabenverteilung zwischen Verwaltungsarchiv und dem Stadtarchiv Berlin als „Endarchiv" hatte zur Folge, dass die dortigen Archivar*innen im überwiegenden Fall keinen direkten Kontakt mehr zu den abgebenden Stellen hatten. In einem Grundsatzpapier vom 9. Februar 1962 wurde festgehalten: „Verwaltungsarchivare müssen Vorbereiter des Stadtarchivs sein."[55]

Seit den 1960er Jahren gab es aufgrund der Sonderstellung Berlins als Hauptstadt der DDR Unsicherheiten in der Stellung des Stadtarchivs Berlin innerhalb des Archivwesens der DDR und der anderen Staatsarchive.[56] Erst mit der Archivverordnung von 1976[57] bekam das Stadtarchiv Berlin den Rang eines Staatsarchivs und war damit auch für die Überlieferung der regionalen staatlichen Mittelbehörden sowie die Berliner volkseigenen Betriebe, Kombinate und wirtschaftsleitende Einrichtungen[58] zuständig. In diesem Zuge wurde auch die Zusammenarbeit von Verwaltungsarchiv und den Mitarbeitenden der aktenführenden Stellen rechtlich fixiert. Als eine der zentralen Aufgaben wurde die „Anleitung und Kontrolle der aktenführenden Stellen zur Sicherung des dienstlichen

---

Groß-Berlin vom 18. Oktober 1951 übernommen (Dienstblatt des Magistrats von Groß Berlin vom 15.11.1951).
51 Vgl. dazu: LAB C Rep. 104-02 Nr. 1, 2, 20.
52 Gerhard Enders, Archivverwaltungslehre (= Schriftenreihe des Instituts für Archivwissenschaft der Humboldt-Universität zu Berlin, Nr. 1), Berlin 1962, S. 68.
53 Ebd. S. 77.
54 Ebd. S. 68f.
55 LAB C Rep. 104-02 Nr. 105.
56 LAB C Rep. 104-02 Nr. 176.
57 Verordnung über das Staatliche Archivwesen der DDR vom 11. März 1976 und Durchführungsbestimmungen GBl. DDR, Teil I, Berlin (1976), Nr. 10, S. 165–167.
58 Heike Schroll, Geschichte und Bestandsentwicklung des Stadtarchivs Berlin, Staatsarchiv für die Hauptstadt der DDR, in: Das Landesarchiv Berlin und seine Bestände, Übersicht der Bestände Berlin (Ost) aus der Zeit von 1945 bis 1990 (Tektonik-Gruppe C) (= Schriftenreihe des Landesarchivs Berlin, Bd. 1, Teil III), bearbeitet von Heike Schroll und Regina Rousavy, Berlin 2004, S. 7–17; LAB C Rep. 104-02 Nr. 176.

Schriftgutes für die Erfassung und Übernahme" festgelegt[59]. Im Lehrmaterial *Wissensspeicher für das Lehrgebiet Schriftgutverwaltung* der Fachschule für Archivwesen (FfA) ist dazu festgehalten: „In Wahrnehmung seiner verantwortungsvollen Anleitungs- und Kontrollfunktion macht der Verwaltungsarchivar Vorschläge zur Verbesserung der Schriftgutverwaltung, deckt Mängel auf und setzt sich bei den zuständigen Leitern für deren Beseitigung ein. Die Realisierung dieser Aufgaben erfordert von ihm viel Kleinarbeit und Überzeugungskraft. Die Qualität seiner Anleitung und die Berücksichtigung seiner Hinweise durch die aktenführenden Stellen haben entscheidenden Einfluß auf die späteren Arbeitsprozesse der Bewertung, Erschließung und Auswertung im Verwaltungsarchiv und im zuständigen Endarchiv. Der Verwaltungsarchivar sollte jedoch darüber hinaus stets zur Lösung aller grundlegenden Probleme der Schriftgutverwaltung herangezogen werden."[60]

Im Kern wird hier ein gegenwärtig noch aktuelles Aufgabenportfolio der archivischen Behördenberatung beschrieben. In der Praxis konnten jedoch viele dieser Idealvorstellungen kaum eingehalten werden. Ein Bericht zum Stand der Berliner Verwaltungsarchive in den Bezirken vom 30. Oktober 1971 zeigt deutlich, dass diese personell schlecht ausgestattet waren und die vorhandenen Mitarbeiter*innen oftmals nur geringe fachliche Qualifikationen hatten,[61] wodurch eine adäquate Erfüllung der angedachten Aufgaben kaum möglich war. Dass die personelle und organisatorische Realität kaum mit den gesetzten Zielen und den erlassenen gesetzlichen Regelungen mithalten konnte, war jedoch kein berlinspezifisches Problem, sondern galt innerhalb des gesamten Archivwesens der DDR.[62]

Die Rolle des Stadtarchivs, die Verwaltungsarchive fachlich anzuleiten, wurde jedoch flächendeckend wahrgenommen und durch praktische Arbeitseinsätze unterstützt.[63] Mit der Neuordnung der Zuständigkeiten 1976 wurde das Stadtarchiv in verschiedene Sektoren (Abteilungen) untergliedert, wobei sich die Erfassung und Übernahme in einem Sektor konzentrierte. Gleichfalls erhöhte sich der Arbeitsaufwand, der im Vorfeld bei Betreuung der Verwaltungsarchive im Sprengel notwendig wurde, deutlich.[64] Als Arbeitsmittel zur Überlieferungsbildung wurden 1982 durch die Staatliche Archivverwaltung der DDR (StAV) Karteibögen, sogenannte „Archivpäße", eingeführt, die eine umfangreiche Dokumentation der abgebenden Stellen (Registraturbildner) mit Kerndaten zur

---

59 Verordnung über das staatliche Archivwesen vom 11. März 1976, GBl. DDR, Teil I, Berlin (1976) Nr. 10, S. 165–167; Erste Durchführungsbestimmung vom 19. März 1976, GBl. DDR, Teil I, Berlin (1976), Nr. 10, S. 169 ff.
60 Hans-Heinz Schütt, Wissensspeicher für das Lehrgebiet Schriftgutverwaltung, 1987, (Manuskript) S. 94.
61 LAB C Rep. 104-02 Nr. 105, Stand der Verwaltungsarchive vom 30.10.1971.
62 Dazu auch: Kerstin Risse, Schriftgutverwaltung und Archivierung in DDR-Ministerien – Anspruch und Realität der Verwaltungsarchive, in: Irmgard Christa Becker u. a. (Hg.): Neue Strukturen – bewährte Methoden?: Was bleibt vom Archivwesen der DDR (= Veröffentlichungen der Archivschule Marburg, Bd. 53), Marburg 2011, S. 271; Bis 1983 war nur ein Drittel der Verwaltungsarchive der zentralen DDR-Behörden mit einem Facharchivar oder einer Facharchivarin besetzt. Ebd., S. 273.
63 LAB C Rep. 104-02 Nr. 105, vgl. Vermerke und Berichte zu den einzelnen Verwaltungsarchiven der Stadtbezirke.
64 Schroll, Geschichte und Bestandsentwicklung des Stadtarchivs, S. 15.

Entwicklung der archivischen Behördenberatung im Landesarchiv Berlin

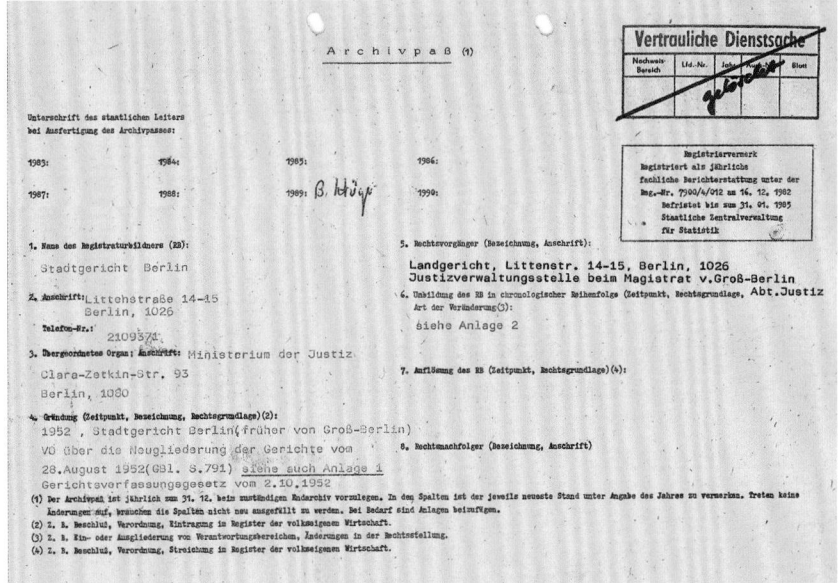

Abb. 4a *Erste Seite eines ausgefüllten Archivpasses am Beispiel des Stadtgerichts Berlin mit Basisangaben (Name, Anschrift, Gründung und Auflösung, Rechtsvorgänger und -nachfolger) zum Registraturbildner.*

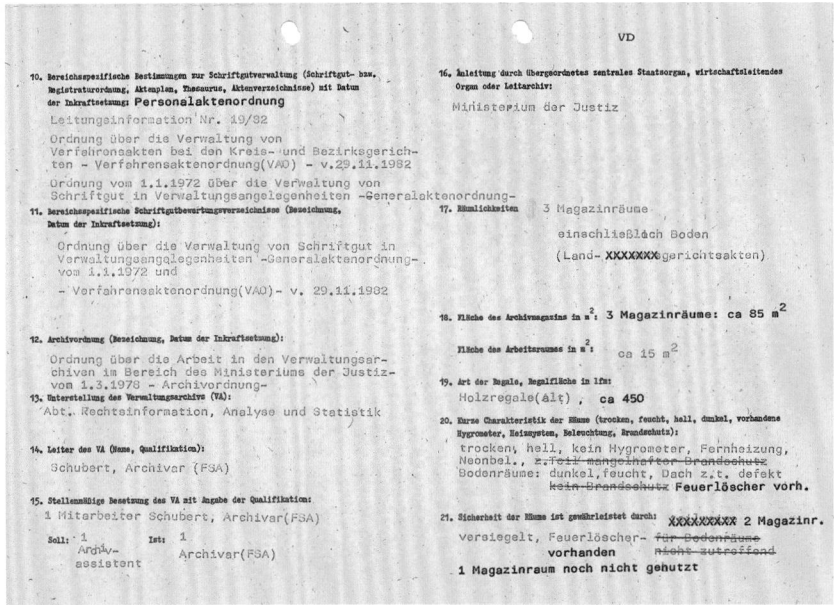

Abb. 4b *Dritte von insgesamt vier Seiten des Archivpasses mit Angaben u. a. zu bereichsspezifischen Bestimmungen und Verordnungen zur Schriftgutverwaltung, Zuständigkeiten sowie den Lagerungsbedingungen beim Registraturbildner.*

Behörde, Kontaktdaten, zuständigem Verwaltungsarchiv und vor allem der dort bereits übernommenen Aktenmengen enthielten.[65] Detaillierte Informationen zur Beratungspraxis im Stadtarchiv Berlin sind nicht bekannt. Der Aussonderung von Schriftgut wurde jedoch, unterstützt durch die Schaffung von Verwaltungsarchiven, eine größere Bedeutung als in der Bundesrepublik zugemessen.

Landesarchiv Berlin (West)

Nach der Spaltung der Berliner Verwaltung wurde das Stadtarchiv Berlin am 1. Dezember 1948 in West-Berlin vom 1937 zwangspensionierten alten Stadtarchivdirektor Ernst Kaeber neu gegründet und nahm ab 1951 unter der Bezeichnung Landesarchiv Berlin die Funktion eines Staatsarchivs des Bundeslandes Berlin wahr.

Bis 1951 galt noch die Geschäftsordnung (GO) von 1946[66], die dem Archiv in § 35 die Vernichtungshoheit zugestand, was bedeutete, dass theoretisch jede Vernichtung von Altakten zuvor einer Genehmigung des Stadtarchivs bedurfte. Da jedoch fast sämtliche Archivalien im Stadtarchiv (Ost) verblieben, kaum Personal vorhanden war[67] und bis 1951 faktisch keine Aussonderungen von Altakten stattfanden[68], hatte dies keine praktischen Auswirkungen. Das Landesarchiv konzentrierte sich daher zunächst auf die aktive Einwerbung (Sammlung) von nicht amtlichen Unterlagen wie Zeitungsausschnitten, Plakaten, Zeitschriften und amtliche Drucksachen[69], bis in den 1950er Jahren erste größere Aktenbestände übernommen werden konnten. Mit der neuen Geschäftsordnung von 1951[70] blieben die Regelungen zur Schriftgutverwaltung und Aktenaussonderung (§§ 28–35) nahezu unverändert, was bis zur Vereinigung mit dem Stadtarchiv 1991 so bleiben sollte.

Mitte der 1950er Jahre zeichnen sich in den Korrespondenzen mit den abgebenden Stellen, auch Registraturbildner genannt, zwei Punkte deutlich ab: Zum einen baten die Behörden auf Grundlage von § 49 GGO I um Freigabebescheinigung zur Aktenvernichtung. Das bedeutete, dass das Landesarchiv in seiner institutionellen Funktion innerhalb der Berliner Verwaltung zunehmend bekannt und anerkannt wurde. Zum anderen wurden auch erhebliche Bemühungen in eine proaktive Überlieferungsbildung gesteckt.[71] Dies zeigt beispielhaft ein Schreiben des Direktors Kaeber vom 11. November 1954 an

---

65 LAB C Rep. 104-03 Nr. 90, Musterbogen.
66 Magistrat der Stadt Berlin, Abteilung für Personalfragen und Verwaltung – Organisationsamt (Hg.), Geschäftsordnung für die Verwaltung der Stadt Berlin (GO), Berlin 1946.
67 Vgl. Jürgen Wetzel, Geschichte und Bestandsentwicklung des Landesarchivs Berlin, in: Das Landesarchiv Berlin und seine Bestände, Übersicht der Bestände Berlin (West) aus der Zeit von 1945 bis 1990 (Tektonik-Gruppe B), (= Schriftenreihe des Landesarchivs Berlin, Bd. 1, Teil II), bearbeitet von Heike Schroll und Regina Rousavy, Berlin 2003, S. 8.
68 LAB B Rep. 125 Nr. 1972, Zugangsbuch 1949–1965.
69 Wetzel, Geschichte und Bestandsentwicklung, S. 12f.
70 Senat von Berlin, Inn III (Hg.), Gemeinsame Geschäftsordnung (GO) für die Verwaltung, Berlin 1951. Im Zuge der nächsten Änderung 1954 dann als „Allgemeiner Teil (GGO I)" bezeichnet.
71 Vgl. dazu exemplarisch einen Schriftwechsel mit dem Bezirksamt Wilmersdorf, LAB B Rep. 125 Nr. 214.

den Bezirksbürgermeister von Zehlendorf, in dem er schreibt: „Wie dem Landesarchiv bekannt geworden ist, ruhen im Vermessungsamt Zehlendorf eine Reihe von Aktenstücken, die offenbar nur noch historischen Wert haben und höchstens in Ausnahmefällen noch für die Verwaltung in Betracht kommen. [...] [W]äre es nicht vorteilhaft, wenn solche und ähnliche Aktenstücke dem Landesarchiv als der zentralen wissenschaftlichen Stelle für die Geschichte Berlins zur dauernden Aufbewahrung übergeben würden? Die Benutzung durch die Vertreter der Wissenschaft und Presse wären u.E. im Landesarchiv viel bequemer möglich. K[aeber]"[72]. Angestoßen wurden Aktenaussonderungen zudem durch entsprechende Rundschreiben mit Aufforderungen und Informationen zur Aktenvernichtung und Aussonderung.[73] 1958 besuchten Mitarbeiter*innen des Landesarchivs nach einer vorausgegangenen Rundverfügung systematisch eine große Zahl von abgebenden Stellen (Registraturbildner) und informierten die dortigen Mitarbeitenden ausführlich über die Modalitäten der Aufbewahrung, Aussonderung und Abgabe an das Landesarchiv.[74]

Die Tatsache, dass eine intensive „Vorfeldarbeit"[75] prioritär verfolgt werden konnte, war sicherlich auch dem Umstand geschuldet, dass in den Anfangsjahren kaum Archivgut vorhanden war. Dies führte als Ergebnis zu den ersten umfangreicheren Aktenzugängen.[76] Immer wieder kam es auch zur Übernahme von noch nicht archivreifen Unterlagen,[77] wie der damalige Direktor Gerhard Kutzsch 1974 in einer Publikation mit dem Nebensatz „über ein paar Bestände [verfügt das Landesarchiv], denen man zwischenarchivischen Charakter zusprechen könnte"[78], zugesteht. Solche Unterlagen konnten jedoch aufgrund der fehlenden Archivreife (was zumeist bedeutete, dass die Aufbewahrungsfristen noch nicht abgelaufen waren), nicht als Archivgut genutzt werden.

Trotz der eindeutigen Regelungen der GGO I hinsichtlich der Vernichtungsfreigabe und dem Einsichtsrecht durch das Landesarchiv gab es von Seiten der Behörden oft

72   LAB B Rep. 125 Nr. 218.
73   LAB B Rep. 125 Nr. 214, Schreiben des Senators für Inneres vom 9. Juni 1959 Az.: I G 1-0235/03 – an die Bezirksämter von Berlin; Rundschreiben über die Archivierung von Akten, Dienstblatt des Senats von Berlin I/1967, S. 132, enthalten in: LAB B Rep. 125 Nr. 2030.
74   LAB B Rep. 125 Nr. 644, Rundverfügung Org. Ref. Nr. 124/1958 des Senators für Inneres vom 25. September 1958 betr. Aufbewahrungsfristen für Schriftgut sowie Aussonderung und Vernichtung von Akten; dort heißt es im Wortlaut: „Unter Bezugnahme auf die oben angeführten §§ [...] wird in den nächsten Tagen ein Referent des Landesarchivs bei Ihnen vorsprechen, um sich über die Aufbewahrung, Aussonderung und evtl. Abgabe an das Landesarchiv der nicht mehr kurrenten Aktenbestände zu informieren. Wir bitten unseren Referenten dabei die nötige Unterstützung zuteil werden zu lassen. Dr. Berthold Schulze".
75   Der Begriff entstammt dem archivwissenschaftlichen Sprachgebrauch innerhalb der ehemaligen DDR, ist aber inzwischen auch in den gesamtdeutschen Fachdiskurs eingeflossen. Mit Vorfeldarbeit bezeichnet man heute die systematisierte, umfassende und kontinuierliche Betreuung der abgebenden Stellen hinsichtlich der Schriftgutverwaltung, um einen nachhaltigen Austausch und Kommunikationskanäle zu etablieren.
76   Wetzel, Geschichte und Bestandsentwicklung, S. 17.
77   Ein Beispiel dazu von Grundstücksakten aus dem Vermessungsamt des Bezirksamts Wilmersdorf, in: LAB B Rep. 125 Nr. 217.
78   Gerhard Kutzsch, Über das Berliner Landesarchiv (= Berliner Forum, Bd. 7), Berlin 1974, S. 11.

Vorbehalte und Bedenken. Das zeigt beispielhaft ein Schriftwechsel mit dem Gesundheitsamt Zehlendorf, welches die Einsichtnahme in zu vernichtende Gesundheitsakten verweigerte. Erst durch Intervention des damaligen Direktors Joachim Lachmann mit einhergehender rechtlicher Beratung und Einordnung konnte das Gesundheitsamt überzeugt werden, dem Landesarchiv Zugang zu den Aktenbeständen zu gewähren, damit die archivische Bewertung durchgeführt werden konnte.[79]

In den beschriebenen exemplarischen Fällen lassen sich unzweifelhaft die klassischen Elemente einer Beratungstätigkeit im Rahmen der Überlieferungsbildung – und deren Tücken – erkennen. Im Jahr 1982 wurde auf Grundlage des Senatsbeschlusses 505/1982 erstmalig eine sogenannte Aufgabenkritik im Landesarchiv durchgeführt, wodurch sämtliche Behörden einen Aufgabenkatalog gegliedert nach Haupt-, Teil- und Einzelaufgaben aufzustellen hatten. In diesem Kontext wurden innerhalb der Teilaufgabe *1. Erfassung von staatlichem Schriftgut* die Einzelaufgaben *1. Absprachen über den Aufbau der Registraturen in den Behörden*, *2. Beratung für die Anlage von Altregistraturen der Behörden* und *3. Vorgespräche mit den Behörden über Bewertung der Akten und Kassation* als drei von insgesamt sieben Aufgaben definiert.[80]

In der Organisationsstruktur des Landesarchivs spiegelte sich die Behördenberatung jedoch nicht wider, da sich der Zuschnitt der Abteilungen und Referate nach Bestands- und Funktionseinheiten strukturierte.

Das Landesarchiv Berlin ab 1991

Der Zusammenschluss des Landesarchiv West mit dem Stadtarchiv Ost und dem Verwaltungsarchiv des Magistrats zum neuen Landesarchiv Berlin am 27. Juni 1991[81] führte zu einem in der Archivwelt unvergleichlichen Aufeinandertreffen von sehr unterschiedlichen archivischen Traditionen und Arbeitsabläufen des Archivpersonals unter einem organisatorischen Dach. Die Wahrnehmung der Aufgabe der Behördenberatung war gleichsam ein besonders starker Kontrast zwischen dem institutionell durchorganisierten Vorgehen in Ost-Berlin und den individuelleren und institutionell weniger verankerten Arbeitsabläufen im Westen der Stadt. Für das vereinigte Landesarchiv standen in den Anfangsjahren jedoch primär die Sicherung der Registraturen der Ost-Berliner Magistratsbehörden im Vordergrund,[82] wodurch eine systematische Behördenberatung und Überlieferungsbildung kaum möglich war.

Mit der Verabschiedung des Berliner Archivgesetzes Ende 1993 wurde endlich Rechtssicherheit für die Übernahme des Archivgutes geschaffen, die bis dahin allein durch die GGO I geregelt war. Gleichzeitig wurde dort auch die Aufgabe der Behördenberatung gesetzlich verankert. Die primären Anstrengungen lagen jedoch trotz der nun geschaf-

---

79 LAB B Rep. 125 Nr. 218.
80 LAB B Rep. 125 Nr. 1947.
81 Gesetz zum Nachtragshaushalt 1991.
82 Jürgen Wetzel, Das Landesarchiv Berlin in einem neuen Gebäude, in: Landesarchiv Berlin. Ein Archiv zwischen gestern, heute und morgen, Berlin 2001, S. 13.

fenen gesetzlichen Grundlage auf der inhaltlichen, strukturellen und personellen Zusammenführung der Häuser.[83]

Die Teilung spiegelte sich auch über das Jahr 1991 hinaus noch lange in den sechs Standorten des Berliner Landesarchivs wider, was zu einem vergleichsweise überdimensionierten Organisationsaufbau führte. Die Zuteilung der Abteilungen strukturierte sich im Kern nach Bestandsverantwortlichkeiten und Funktionsbereichen, wobei es bedingt durch die räumliche Teilung zu Doppelungen bei Magazinen und Lesesälen kam. So existierten im Jahr 1993 insgesamt neun Abteilungen,[84] welche bis 1997 in drei Abteilungen mit sieben Unterorganisationseinheiten (Referate) umgewandelt wurden,[85] und schließlich im Zuge der räumlichen Vereinigung des Hauses pragmatisch angepasst wurden.[86]

Im Zusammenhang mit der Verwaltungs- und Gebietsreform, die 2001 zur Reduzierung der Anzahl der Bezirke von 23 auf 12 führte, löste der daraus resultierende Handlungsdruck durch die Auflösung und Zusammenlegung von Dienststellen proaktive Beratungsinitiativen seitens des Landesarchivs aus. So fanden im Zeitraum von Juni bis November 1998 beratende Gesprächsrunden zu Fragen der Archivierung von Unterlagen mit Vertreter*innen von 19 Bezirken statt. Es offenbarten sich bereits dort gravierende Defizite: vom fehlenden Verständnis für archivrechtliche Grundlagen über unklare oder fehlende Zuständigkeiten in der Schriftgutverwaltung bis hin zur Vernachlässigung von Aktenplänen.[87] Immer wieder wurden auf Einladung des Landesarchivs gezielte Informationsoffensiven für Senatsverwaltungen, nachgeordnete Behörden und Bezirksämter im Rahmen von „Aktenaussonderungsinitiativen" ergriffen und umgesetzt, welche bei den Behörden auf großes Interesse stießen.[88] Ebenso gab es 2002 und 2008 Bestrebungen innerhalb der Verwaltung und unter Mitwirkung des Landesarchivs ein zentrales Altaktenarchiv für die Berliner Verwaltung einzurichten. Beide Anläufe, welche zu einer, dem Verwaltungsarchiv des Magistrats von Ost-Berlin ähnlichen, zentralen Serviceeinheit (Zwischenarchiv) geführt hätten, wurden jedoch letztendlich nicht umgesetzt.[89] Eine solche zwischengeschaltete zentrale Anlaufstelle hätte, unter der Voraussetzung einer fachlich ausgebildeten Besetzung, das Potenzial gehabt, eine regulierte und fachlich betreute Aussonderung von Altakten zu ermöglichen.

1996 wurden durch das Landesarchiv Berlin erstmals im Rahmen der Berliner Verwaltungsakademie (VAk) Fortbildungsveranstaltungen zur Aussonderung und Archivierung von Akten angeboten. Das Schulungsangebot beschränkte sich auf jährlich zwei bis drei Veranstaltungen und richtete sich gezielt an die Mitarbeiter*innen in den Ver-

---

83 Rainer E. Klemke, „Ein Landesarchiv – Ein Haus", Vom Kampf Jürgen Wetzels um die Zusammenführung des Berliner Staatsarchivs, in: Klaus Dettmer (Hg.): „Es wächst zusammen, was zusammengehört" (= Schriftenreihe des Landesarchiv Berlin, Bd. 7), Berlin 2004, S. 81f.
84 Vgl. Organigramm Landesarchiv Berlin 1993, nachgewiesen in LAB B Rep. 125 Nr. 2101.
85 Vgl. Organigramm in Jahresbericht Landesarchiv Berlin 1997, nachgewiesen in LAB D Rep. 865 Nr. 291.
86 Vgl. dazu Referentenbesprechungen 2001–2004, in: LAB D Rep. 865 Nr. 164.
87 Jahresbericht 1998 des Landesarchivs Berlin, S. 12f, nachgewiesen in LAB D Rep. 865 Nr. 291.
88 Vgl. Referentenbesprechung 22.02.2002, 17.05.2002. Auch die Unterbindung von schädlichen Materialien soll initiativ beim Landesverwaltungsamt angeregt werden, in: LAB D Rep. 865 Nr. 164.
89 LAB D Rep. 865 Nr. 164, Referentenbesprechung 26. März 2002.

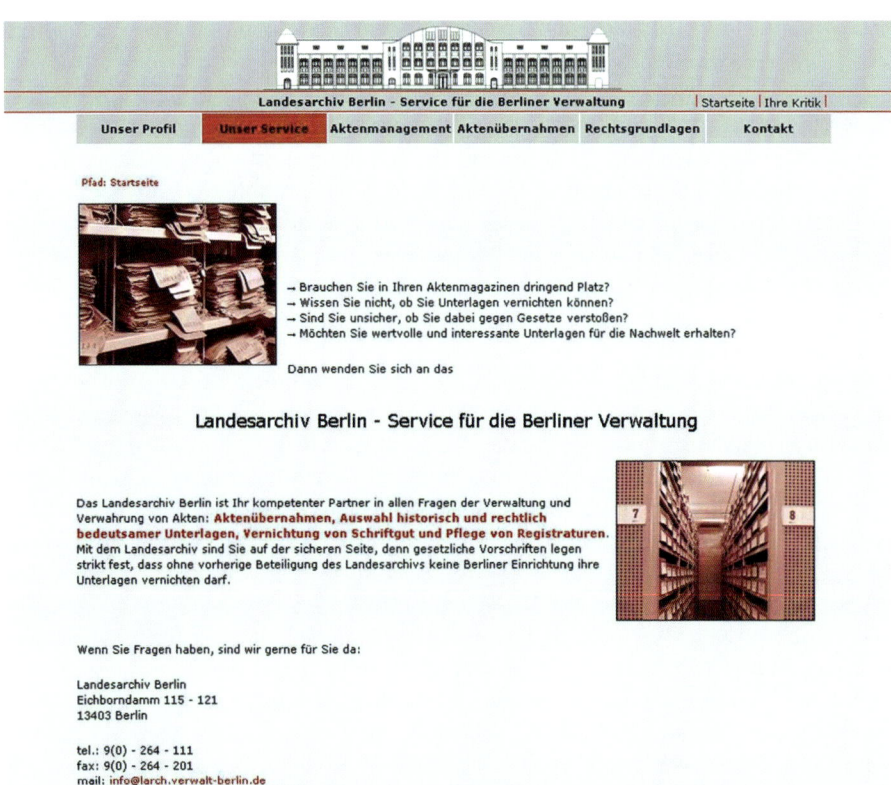

Abb. 5 *Startseite des ersten Intranetauftritts des Landesarchivs Berlin, Juli 2004.*

waltungen, welche mit der Aussonderung von Schriftgut betraut waren. Zudem wurden auch unregelmäßig Sonderveranstaltungen für einzelne Behörden oder Verwaltungsbereiche durchgeführt.[90]

Im Zuge des dynamischen Prozesses der nach 1991 begonnenen schrittweisen Verwaltungsreform kam es auch im Landesarchiv zu strukturellen Modernisierungsmaßnahmen.[91] Hier wurde zur Umsetzung der Verwaltungsreform 2002 eine Arbeitsgruppe „AG Verwaltungsreform" eingesetzt,[92] welche Entwürfe zu einem Leitbild mit konkreten strategischen und operativen Zielbestimmungen erarbeitete. Die Ergebnisse der Arbeitsgruppe führten dazu, dass die Organisationsstruktur und Geschäftsverteilung des

---

90 2003 für alle Beschäftigten von Justizvollzugsanstalten (JVA), in: LAB D Rep. 865 Nr. 164.
91 Einführung der Kosten- und Leistungsrechnung im Rahmen der Realisierung eines „Neuen Führungs- und Steuerungssystems" am Beispiel des „Neuen Steuerungsmodells" der Kommunalen Gemeinschaftsstelle für Verwaltungsmanagement (KGSt), vgl. dazu: LAB D Rep. 865 Nr. 183.
92 LAB D Rep. 865 Nr. 163.

Landesarchivs, das ein Mischmodell nach unterschiedlichen Zuständigkeiten (sachlich, Verwaltungsebenen, ehemalige Archivkörper, Funktionsbereiche) bildete und keinem nachvollziehbaren Prinzip mehr folgte, überarbeitet wurde. Die eigentliche Zielstellung, Fachaufgaben zu bündeln und das Landesarchiv damit serviceorientiert neu auszurichten, gelang nur teilweise. Es wurden verschiedene Modelle mit unterschiedlicher Orientierung (archivische Kernaufgaben, Beständeorganisation, Herkunft des Schriftgutes, Zeitschnitte) diskutiert[93] und im Ergebnis wiederum eine Mischform zwischen Kernaufgaben und bestandsbezogenen Zeitschnitten gewählt, die am 1. April 2006 in Kraft trat.[94]

Trotz der zahlreichen Reformansätze und Umstrukturierungen innerhalb des Landesarchivs konnten die zentralen Kernaufgaben Behördenberatung und Überlieferungsbildung in den Folgejahren nur unzureichend wahrgenommen werden. Mit der erstmaligen Bereitstellung eines zentralen Intranetangebots für die Berliner Verwaltung im Jahr 2004[95] machte man zwar einen großen Schritt nach vorne, um auch den wachsenden digitalen Informationsbedürfnissen gerecht zu werden, jedoch sind zahlreiche neue und innovative Ansätze[96] dem auferlegten Sparzwang der frühen 2000er Jahre in Berlin zum Opfer gefallen. Dennoch ergaben sich immer wieder auch Möglichkeiten zielgerichtet Beratungs- und Serviceangebote zu realisieren. So konnten in den Jahren 2006 bis 2007 sogenannte „Archivierungsteams" aus dem Stellenpool des Zentralen Personalüberhangmanagements (ZeP) aufgestellt werden.[97] Diese fünf bis zehn Mitarbeiter*innen umfassenden Teams wurden durch das Landesarchiv fachlich angelernt, betreut und gesteuert und unterstützten die Behörden bei der Verwaltung ihrer Altakten. Aufgrund der organisatorischen und fachlichen Steuerung durch das Landesarchiv konnten so zahlreiche größere Archivgutübernahmen realisiert werden.

Insbesondere seit Mitte der 2000er Jahre weitete sich der Beratungsbedarf zudem auch auf den Bereich der elektronischen Verwaltungsarbeit aus. Mit der Einführung von IT-Systemen wie beispielsweise dem Senatsinformations- und Dokumentationssystem (SIDOK) der Senatskanzlei[98] war das Landesarchiv auch in technischen Fragestellungen zunehmend gefordert. Seit Mitte der 1990er Jahre etablierte sich die Nutzung von Computern zunehmend in den Verwaltungen, wodurch bereits umfangreiche elektronische Unterlagen und Datenbestände angehäuft wurden. In den Berliner Verwaltungen

---

93 LAB D Rep. 865 Nr. 183, Vorschläge über die Neugestaltung der Geschäftsverteilung am 01. Juni 2004.
94 Vgl. Referentenbesprechung 23. März 2006 (unveröffentlicht).
95 Vgl. dazu Referentenbesprechung 17. März 2003, in: LAB D Rep. 865 Nr. 164 und Michael Klein, Neues Intranetangebot des Landesarchivs Berlin für die Berliner Verwaltung, in: Archivar 57 (2004) 3, S. 236–238.
96 Einführung von Behördentagen (Tag der offenen Tür) und Beteiligung an der Verwaltungsausbildung der VAk, vgl. Referentenbesprechung 17.03.2003, in: LAB D Rep. 865 Nr. 164; zu Diskussionen über praxisbezogene Wertigkeitskonzepte vgl. Referentenbesprechung vom 11. Mai 2004 (unveröffentlicht).
97 Als nachgeordnete Behörde der Senatsverwaltung für Finanzen zur Umsetzung des sogenannten sozialverträglichen Personal- und Stellenabbaus bis zu deren Auflösung im Jahr 2013, siehe dazu: Drucksache 17/ 0447 Abgeordnetenhaus Berlin.
98 LAB D Rep. 865 Nr. 206, 208, 209. Seit 2010 ist das Landesarchiv Teil der länderübergreifenden AG „Entwicklung eines VISkompakt- Aussonderungsmoduls", vgl. Jahresstatistik Landesarchiv Berlin 2010, S. 1.

wurden verstärkt sogenannte Fachverfahren und Vorgangsbearbeitungs- (VBS) und Dokumentenmanagementsysteme (DMS) eingeführt[99], in denen große Datenbestände vorgehalten werden. Um die Daten und elektronischen Unterlagen nach Ablauf der Aufbewahrungsfristen aus den Systemen auszusondern, ist im Idealfall die Entwicklung von Aussonderungsmodulen oder Exportmöglichkeiten nötig, die einen erhöhten Beratungsbedarf durch das Landesarchiv erfordern.

Um auch die Daten auf Seiten des Landesarchivs auf Dauer und unter den strengen fachlichen Standards vorhalten zu können, gab es früh erste Anläufe zur Realisierung eines elektronischen Archivs. Diese verliefen zunächst erfolglos,[100] sowohl mit der Eigenentwicklung eLAB (elekronisches Landesarchiv Berlin) in den Jahren 2006 bis 2011, als auch 2015 mit dem Projekt „Pilot für den Gesamt-Lebenszyklus von Schriftgut mit Langzeitspeicherung" (PILZ) zur Entwicklung eines Aussonderungsmoduls. Erst seit 2021 ist mit dem Beitritt zum Kooperationsverbund „Digitale Archivierung Nord (DAN)" eine erfolgsversprechende E-Archivlösung in Vorbereitung.[101] Nicht zuletzt durch das Fehlen eines funktionierenden digitalen Archivsystems konnten die Beratungen zur Aussonderung und Übergabe von elektronischen Unterlagen oft nur unzureichend umgesetzt werden.

Aus heutiger Sicht führten die strukturellen Mängel der Vergangenheit dazu, dass notwendige Beratungsangebote nur notdürftig umgesetzt werden konnten. Auch die zentrale Arbeitsgrundlage der Berliner Schriftgutverwaltung, die seit fast nunmehr 100 Jahren existierende Gemeinsame Geschäftsordnung (GGO I) der Berliner Verwaltung, ist noch nicht vollständig den neuen Gegebenheiten im Sinne einer Digitalisierung der Arbeitsprozesse und Unterlagen angepasst. Insbesondere die Bedarfe, die sich in jüngerer Vergangenheit aus den hohen Zielsetzungen der Berliner E-Government-Strategie[102] ergeben, erfordern seitens des Landesarchiv dem Informations- und Kommunikationsverhalten angepasste Serviceangebote.

---

99 2008 war das Landesarchiv am Projekt „ProOrgBeSchul-DMS/VBS" zur Vorbereitung eines landesweiten Schulungssystems sowie Organisationsangebots für die Berliner Verwaltung zur Arbeit mit DMS/VBS der Senatsverwaltung für Inneres und Sport mitwirkend eingebunden; 2010 erfolgte die Einbeziehung in zwei Arbeitsgruppen der SenInnSport zur „Erarbeitung eines Landesreferenzmodells für die Einführung von DMS/VBS".

100 Voruntersuchung zur Langzeitspeicherung und Aussonderung elektronischer Akten von Berliner Behörden am Beispiel von SIDOK (Senatsinformations- und Dokumentationssystem) mit Empfehlungen für die Landes-E-Akte, LAB D Rep. 865 Nr. 473; Susanne Knoblich, Übernahme und Archivierung elektronischer Unterlagen durch das Landesarchiv Berlin – Ein Werkstattbericht, in: Susanne Wolf (Hg.): Neue Entwicklungen und Erfahrungen im Bereich der digitalen Archivierung: Von der Behördenberatung zum Digitalen Archiv. 14. Tagung des Arbeitskreises „Archivierung von Unterlagen aus digitalen Systemen" vom 1. und 2. März 2010 in München (= Sonderveröffentlichungen der Staatlichen Archive Bayerns, Nr. 7), München 2010.

101 Senatsbeschluss vom 06. Oktober 2020 (S-3756/2020).

102 Gesetz zur Förderung des E-Government (E-Government-Gesetz Berlin – EGovG Bln) vom 30. Mai 2016.

Mareike Vennen

Berlin-Chronik 2023

1. Januar
In der Silvesternacht 2022/23 kommt es in mehreren Berliner Vierteln zu schweren Ausschreitungen. Randalierende Gruppen attackieren Rettungs- und Einsatzkräfte der Feuerwehr mit Böllern und anderen Wurfgeschossen, während diese zu Einsätzen ausrücken.[1]

In diesem Jahr leitet Iris Spranger, Senatorin für Inneres, Digitalisierung und Sport, als neue Vorsitzende die Amtsgeschäfte der Innenminister*innenkonferenz (IMK), die seit 1954 das politische Gremium für die innerdeutsche fachliche Zusammenarbeit im Bereich des Innern und der Sicherheit bildet. Spranger ist die erste Frau in dieser Funktion in der Geschichte Deutschlands. Die inhaltlichen Schwerpunkte des Berliner Vorsitzes liegen unter anderem auf dem Schutz und der Gestaltung einer sicheren Vielfaltsgesellschaft und der Stärkung zukunftsfähiger Sicherheitsbehörden.

Ab dem 1. Januar gilt die Solarpflicht für neue Dächer. Gemäß dem Berliner Solargesetz sind nun private Eigentümer*innen verpflichtet, auf Neubauten eine Photovoltaik-Anlage zu installieren und zu betreiben.

Das Wohngeld wird nach dem Wohngeldgesetz (WoGG) mit der Wohngeld-Plus-Reform zum 1. Januar 2023 erhöht, von durchschnittlich 173 Euro auf 349 Euro pro Monat.

Das Märkische Museum der Stiftung Stadtmuseum Berlin schließt wegen umfangreicher Sanierung für mehrere Jahre. In dem Museum werden Ausstellungen zur Geschichte, zur Kultur und zum Alltag Berlins gezeigt. Während der Schließzeit sollen verschiedene Werke in Ausstellungen anderer Institutionen zu sehen sein, etwa im Museum Pankow oder der Berlinischen Galerie.

Die Sängerin Christiane Ufholz stirbt im Alter von 75 Jahren in Berlin. Sie hat mit Klaus Renft, Günther Fischer oder Manfred Krug gesungen und gehörte zu den bedeutendsten Sängerinnen der DDR. Ufholz begann ihre Gesangskarriere im Leipziger Rundfunk-Kinderchor, später war sie als Rock- und Jazzsängerin erfolgreich. 1976 musste sie die DDR verlassen, nachdem sie eine Petition gegen die Ausbürgerung von Wolf Biermann

---

1   Siehe auch den Chronik-Eintrag vom 6. Juni 2023.

unterzeichnet hatte. Nach der Wende trat die Berlinerin wieder häufiger auf, vor allem auf Festivals.

2. Januar

Nach den Vorkommnissen in der Silvesternacht, in der Rettungs- und Einsatzkräfte mit Böllern und Raketen angegriffen und 47 Dienstkräfte der Polizei sowie 15 Feuerwehrleute verletzt wurden,[2] diskutiert die Politik über ein Böllerverbot und -verkaufsverbot sowie zusätzliche Überwachungstechnik für Einsatzkräfte und -fahrzeuge. Die Regierende Bürgermeisterin Franziska Giffey etwa schlägt eine Ausweitung der Böllerverbotszonen vor; Berlins Kultursenator Klaus Lederer und die Gewerkschaft der Polizei Berlin sprechen sich für ein Böllerverkaufsverbot aus.

Dr. Luciana Degano Kieser, die u. a. in der Suchthilfe und der partizipativen Forschung gearbeitet hat, wird neue Landesbeauftragte für psychische Gesundheit.

Klimaaktivist*innen der Gruppe Extinction Rebellion haben nach eigener Darstellung im Großraum Berlin und Brandenburg Verkehrsschilder zur Aufhebung von Tempolimits auf Autobahnen abmontiert. Einem Sprecher des Lagezentrums des Polizeipräsidiums in Potsdam zufolge ist im Bereich der Polizeidirektion Ost am Wochenende die Demontage von 13 Verkehrsschildern registriert worden.

6. Januar

Der langjährige Generalmusikdirektor der Berliner Staatsoper Unter den Linden, der Dirigent und Pianist Daniel Barenboim, kündigt aus gesundheitlichen Gründen seinen Rücktritt für Ende Januar an. Unter der Leitung des heute 80-Jährigen, der dieses Amt seit 1992 innehat, entwickelte sich die Staatskapelle zu einem international gefeierten Orchester, und Barenboim selbst wurde im Jahr 2000 zum Chefdirigenten auf Lebenszeit gewählt.

9. Januar

Bei drohenden Strom- oder Gassperren können Berliner*innen seit diesem Montag finanzielle Hilfe aus einem Härtefallfonds online über das Landesportal Berlin beantragen. Der Fonds soll Menschen mit niedrigen und mittleren Einkommen helfen, die wegen der aktuellen Preisentwicklung ihre Strom- oder Wärmerechnung nicht mehr bezahlen können.

Am 33. Jahrestag der Erstürmung der Stasi-Zentrale erinnern die Partner der „Stasi-Zentrale. Campus für Demokratie" mit einem Thementag daran, wie im Januar 1990 Demonstrierende auf das abgeriegelte Gelände des Ministeriums für Staatssicherheit (MfS) vordrangen.

---

2 Pressemitteilung der Senatskanzlei vom 10. Januar 2023: Bericht über die Ereignisse in der Silvesternacht und Maßnahmen zum weiteren Vorgehen, online unter: https://www.berlin.de/rbmskzl/aktuelles/pressemitteilungen/2023/pressemitteilung.1282348.php (letzter Zugriff: 25.02.2025).

Rund 500 Menschen demonstrieren am Abend in Friedrichshain gegen die Räumung des Ortes Lützerath in Nordrhein-Westfalen, den der Energiekonzern RWE zur Kohlegewinnung abreißen will.

10. Januar
Der Berliner Senat beschließt den Bebauungsplan 3-64 zur planungsrechtlichen Sicherung der Erweiterungsfläche des Mauerparks zwischen Bernauer Straße und Gleimstraße im Prenzlauer Berg. Der beliebte Park wurde Mitte der 1990er Jahre auf dem ehemaligen Grenzstreifen zwischen Prenzlauer Berg und Wedding realisiert. Die Parkerweiterung umfasst eine Fläche von knapp 6,4 Hektar.

Heute jährt sich Heinrich Zilles (1858–1929) Geburtstag zum 165. Mal. Der Radeburger Maler, Zeichner, Grafiker und Fotograf avancierte in Berlin zum populären Künstler. Das privat betriebene Zille-Museum im Nikolaiviertel richtet ihm und seinem „Milljöh" ein Geburtstagsfest aus.

Im Alter von 78 Jahren stirbt Berlins ehemaliger Kultur- und Wissenschaftssenator Prof. Dr. Christoph Stölzl. 1944 in Bayern geboren, wurde der Historiker 1980 zum Direktor des Münchner Stadtmuseums, bis ihn 1987 die Bundesregierung unter Kanzler Helmut Kohl zum Gründungsdirektor des Deutschen Historischen Museums in Berlin berief, das er bis 1999 leitete. Anschließend war Stölzl publizistisch tätig, unter anderem als Feuilletonressortleiter der Tageszeitung *Die Welt*. Kurzzeitig war er von April 2000 bis Oktober 2001 in der Ära des Regierenden Bürgermeisters Eberhard Diepgen Senator für Wissenschaft und Kultur und anschließend Mitglied des Berliner Abgeordnetenhauses. Er war außerdem Gründungsdirektor des im Aufbau begriffenen Exil-Museums in Berlin.

11. Januar
Heute findet der Auftakt zu einem ersten Gipfel gegen Jugendgewalt statt, zu dem die Regierende Bürgermeisterin von Berlin, Franziska Giffey, Vertreter*innen aus Politik, Polizei, Staatsanwaltschaft und Justiz sowie der Integrations- und Sozialarbeit lädt. Anlass sind die Ereignisse in der Silvesternacht, in der durch Angriffe auf Einsatz- und Rettungskräfte im Stadtgebiet 47 Dienstkräfte der Polizei Berlin und 15 Dienstkräfte der Berliner Feuerwehr verletzt wurden. Seit dem Jahreswechsel sind die gewalttätigen Ausschreitungen in der Silvesternacht eines der bestimmenden Themen in Berlin. Auf dem Gipfel soll u. a. über den Ausbau von Präventionsangeboten und neue Lösungsansätze diskutiert werden. Kritik hatte es im Vorfeld gegeben, weil die Jugendstadträte der Bezirke nicht zu dem Treffen eingeladen worden waren.[3]

12. Januar
Die vom Bildhauer Gustav Seitz geschaffene, überlebensgroße Bronzeplastik von Käthe Kollwitz wird nach 35 Jahren von der Stadtvilla in der Fasanenstraße abtransportiert. Für

---

3   Siehe auch die Chronik-Einträge vom 1. Januar, 22. Februar 2023 und vom 24. Oktober 2023.

Abb. 1 *Die Regierende Bürgermeisterin Franziska Giffey im Gespräch mit Cassius de Caifaz und Philipp Jose Richter vom Verein Gangway e. V. auf dem ersten Gipfel gegen Jugendgewalt, 11. Januar 2023.*

den letzten Schritt des Umzugs des Käthe-Kollwitz-Museums in das Schloss Charlottenburg muss die über zwei Meter große Plastik in mehrere Teile zerlegt und mit einem Kran aus dem Dachgeschoss gehoben werden. 2024 soll sie nach der Sanierung des Schlossgartens ihren Platz vor dem neuen Museumsgebäude am Spandauer Damm erhalten.

15. Januar

Wie jedes Jahr im Januar findet das traditionelle Gedenken an Karl Liebknecht (1871–1919) und Rosa Luxemburg (1871–1919) statt. Mit einer Demonstration und einer Veranstaltung gedenken Tausende Menschen der Ermordung der Mitbegründer der Kommunistischen Partei Deutschlands vor 104 Jahren. Nach einem Marsch vom Frankfurter Tor zum Zentralfriedhof Berlin-Friedrichsfelde legen viele Menschen rote Nelken an der Gedenkstätte der Sozialisten nieder.

16. Januar

Das Bezirksamt Lichtenberg weiht heute um 11 Uhr den neugestalteten „Odesaplatz" zwischen Rheinsteinstraße und Ehrenfelsstraße in Berlin-Karlshorst ein. Der bislang namenlose Marktplatz an der Treskowallee erhält per Beschluss des Bezirksamtes vom 16. August 2022 den Namen der ukrainischen Stadt am Schwarzen Meer Odesa.

Abb. 2 *Modenschau „At Dusk" von Olivia Ballard auf der Berlin Fashion Week, 19. Januar 2023.*

16.–21. Januar
Zur Berlin Fashion Week versammelt sich vom 16. bis 21. Januar die internationale Modeszene in Berlin. Zum Programm gehören neben Modenschauen auch Installationen, Panels und Konferenzen. Beim neuen Format „Berlin Contemporary" präsentieren sich 18 Modelabels.[4]

Das Jugendforum vom Berliner Abgeordnetenhaus denk!mal, bei dem Kinder und Jugendliche mit verschiedenen Erinnerungsformaten der Opfer des Nationalsozialismus gedenken, feiert 20-jähriges Jubiläum. Es findet jährlich anlässlich des 27. Januars, dem Tag des Gedenkens an die Opfer des Nationalsozialismus, statt. Das Jubiläumsmotto lautet: „Man darf nicht nur dagegen sein, man muss etwas tun."

16./17. Januar
In der Nacht vom 16. auf den 17. Januar zünden Unbekannte 25 Kleintransporter des Internetkonzerns Amazon an. Die Fahrzeuge auf einem Firmen-Parkplatz in Berlin-Tempelhof werden dabei beschädigt oder zerstört. Wegen des starken Rauches muss die Autobahn zwischen den Ausfahrten Tempelhofer Damm und Oberlandstraße für kurze Zeit gesperrt werden. Der Staatsschutz nimmt die Ermittlungen auf.

4 Vom 10. bis 15. Juli 2023 präsentiert sich die Berlin Fashion Week zum zweiten Mal in diesem Jahr.

Abb. 3 *REWE und die Deutsche Bahn (DB) präsentieren den Einkaufs-Bus für ländliche Regionen auf der Internationalen Grünen Woche, 26. Januar 2023.*

19. Januar
Der langjährige Geschäftsführer des Vereins Berliner Kaufleute und Industrieller (VBKI), Udo Marin, erhält das Verdienstkreuz am Bande der Bundesrepublik Deutschland für sein Engagement in und für Berlin. Verliehen wird die Auszeichnung von Franziska Giffey, Regierende Bürgermeisterin von Berlin, im Auftrag des Bundespräsidenten. Marin war u. a. Leiter der Hermann-Ehlers-Akademie, des Bildungswerkes Lüneburg der Konrad-Adenauer-Stiftung und Geschäftsführer des Wirtschaftsrates der CDU für Berlin, Brandenburg und Mecklenburg-Vorpommern. Marin, der von 2000 bis zu seinem Renteneintritt Ende 2020 als VBKI-Geschäftsführer fungierte, hat Projekte wie die „Berliner Lesepaten" (2005) oder das Geflüchtetenprojekt „Einstieg zum Aufstieg" initiiert.

Der Theaterschauspieler Werner Riemann stirbt im Alter von 88 Jahren. Riemann, geboren am 25. Januar 1934, war fast 65 Jahre am Berliner Ensemble (BE) tätig. Der gelernte Apotheker wurde noch persönlich von Bertolt Brecht und Helene Weigel am BE engagiert und arbeitete als Schauspieler und Regieassistent, unter anderem bei Fritz Marquardt, Manfred Wekwerth, B.K. Tragelehn, Einar Schleef und Peter Palitzsch. Seit 1999 bot Riemann zudem Theaterführungen an.

Im Zuge einer Protestaktion von Menschen, die unter Corona-Langzeitfolgen leiden und eine Anerkennung der Krankheit sowie Therapie- und Medikamentenstudien (u. a. zum

Chronischen Erschöpfungs-Syndrom) fordern, werden 400 Feldbetten vor dem Reichstagsgebäude aufgestellt. Auf diesen sind Porträts von Menschen aus ganz Deutschland zu sehen, die nach Angaben der Demonstrierenden unter den Langzeitfolgen einer Coronavirus-Infektion leiden.

20. –29. Januar
Heute findet der Auftakt der Internationalen Grünen Woche in den Hallen der Messe Berlin statt. Nachdem 2022 die Grüne Woche aufgrund der COVID-19-Pandemie abgesagt worden war, findet die Messe dieses Jahr wieder mit Publikum statt und zählt rund 1.400 Aussteller aus 60 Ländern sowie ca. 300.000 Besuchende.

Begleitet wird die Veranstaltung am 21. Januar erneut von Protesten und der „Wir haben es satt!"-Demonstration, zu der ein breites Bündnis aus Landwirtschaft und Gesellschaft aufgerufen hat. Unter dem diesjährigen Motto „Gutes Essen für alle – statt Profite für wenige!" demonstrieren mehrere Tausend Menschen für eine sozial gerechte Agrar- und Ernährungswende.

21. Januar
Im Rahmen eines Warnstreiks bei der Deutschen Post bleiben laut eigenen Angaben allein am heutigen Samstag rund drei Millionen Briefe und etwa eine Million Pakete liegen, nachdem rund 9.400 Beschäftigte dem Streikaufruf gefolgt sind.

23. Januar
Der Berliner Ehrenbürgerin Dr. h.c. Margot Friedländer wird im Säulensaal des Roten Rathauses im Rahmen einer Höherstufung das Bundesverdienstkreuz 1. Klasse von der Regierenden Bürgermeisterin Franziska Giffey im Auftrag des Bundespräsidenten ausgehändigt. Vor elf Jahren, am 9. November 2011, war Margot Friedländer das Verdienstkreuz am Bande der Bundesrepublik Deutschland verliehen worden, am 1. Oktober 2016 wurde sie mit dem Verdienstorden des Landes Berlin ausgezeichnet. Am 26. Juni 2018 wurde sie Ehrenbürgerin von Berlin. Im Anschluss präsentiert Giffey an der Gedenktafel für verfolgte Stadtverordnete und Magistratsmitglieder im Roten Rathaus im Beisein von Margot Friedländer und der Künstlerin Stephanie von Dallwitz die Büste der Berliner Ehrenbürgerin.

25. Januar
Für den Berliner Ehrenbürger Dr. Wolfgang Schäuble wird aus Anlass seines 80. Geburtstags am 18. September 2022 ein Mittagessen im Roten Rathaus ausgerichtet. Schäuble, der 1990 den Einigungsvertrag mitausgehandelt hat und dessen Rede in der Hauptstadtdebatte des Deutschen Bundestags am 20. Juni 1991 als historisch gilt, erhielt am 24. Oktober 2016 die Ehrenbürgerwürde Berlins.

27. Januar
Auf einer bezirklichen Freifläche hinter dem Ostbahnhof in Friedrichshain eröffnen Vertreter*innen der Senatsverwaltung für Integration, Arbeit und Soziales sowie der Bezirke Friedrichshain-Kreuzberg und Neukölln die erste geschützte Fläche, auf der von Obdachlosigkeit betroffene Menschen übergangsweise wohnen können. Das Modell-

projekt „Safe Place" startet mit drei mobilen Wohnboxen aus Holz, die sichere Orte und geschützte Flächen in der Stadt für obdachlose Menschen bieten sollen.

Zum Gedenktag für die Opfer des Nationalsozialismus finden verschiedene Veranstaltungen in der Stadt statt. Die Gedenkstätte und Museum Sachsenhausen lädt am 78. Jahrestag der Befreiung des Konzentrations- und Vernichtungslagers Auschwitz gemeinsam mit dem Landtag Brandenburg dazu ein, sich an alternativen Gedenkritualen anstelle der traditionellen Kranzniederlegung zu beteiligen. Alle Antworten, die vor Ort auf die Frage „Warum erinnerst Du heute?" auf Klebeband geschrieben oder vorab online mitgeteilt wurden, werden Teil einer Tape-Art-Gedenkinstallation. Die Nachbarschaftsinitiative „Hufeisern gegen Rechts" und der Britzer Bürgerverein wiederum zeigen im Diakoniehaus Britz die Ausstellung „Schmetterlinge hab' ich hier nie gesehen!"; in der Kinderbilder aus dem KZ Theresienstadt gezeigt werden.

Bei der 110. Ausgabe des Berliner Sechstagerennens feiern die zweimaligen Weltmeister Roger Kluge und Theo Reinhardt einen erneuten Sieg. Das Radsportrennen fand zuletzt im Jahr 2020 ohne Einschränkungen statt, wurde jedoch zum diesjährigen Neustart aus wirtschaftlichen Gründen auf drei Tage verkürzt.

30. Januar
Am heutigen Tag jährt sich die Ernennung Adolf Hitlers (1889–1945) zum Reichskanzler in Berlin zum 90. Mal. Der Tag wird mit Mahnwachen und Gedenkveranstaltungen begangen, um an die Gefahren von Diktatur und Faschismus zu erinnern. Am Brandenburger Tor – exakt dort, wo die Nationalsozialisten 1933 ihre Machtübernahme mit einem Fackelzug feierten – findet am Abend eine antifaschistische Kundgebung unter dem Motto „30. Januar 1933 – Erinnern heißt antifaschistisch handeln!" statt.

2. Februar
Nach fast zwei Jahren entfällt in Berlin die Maskenpflicht im öffentlichen Personennahverkehr. Ab heute müssen Fahrgäste in Bussen, U- und S-Bahnen sowie Regionalzügen keine FFP2-Maske mehr tragen. Damit setzen Berlin und Brandenburg die letzten Corona-Schutzvorgaben im Nahverkehr außer Kraft und stellen das Maskentragen in das Ermessen jeder und jedes Einzelnen.

4. Februar
Im Alter von 81 Jahren stirbt der Regisseur und Intendant Jürgen Flimm, der als einer der bedeutendsten Theatermacher in Deutschland gilt und sieben Jahre lang Intendant der Staatsoper Unter den Linden war. Nach ersten Stationen in Mannheim und am Hamburger Thalia Theater leitete er ab 1979 das Kölner Schauspiel. Flimm begründete das Festival Theater der Welt und holte international gefeierte Regisseure wie Robert Wilson, Jürgen Gosch oder Luc Bondy nach Köln. Vom Herbst 2010 bis Frühjahr 2018 fungierte er als Intendant der Berliner Staatsoper.

Abb. 4 *Kühlturm der VEB Kühlautomat während der Abrissarbeiten auf dem ehemaligen Flugplatz Johannisthal, 8. Februar 2023.*

7. Februar
Der Schriftsteller und Verleger Gerhard Wolf stirbt im Alter von 94 Jahren. Er wurde am 16. Oktober 1928 in Bad Frankenhausen geboren und lebte die längste Zeit seines Lebens in Berlin. Wolf, der Mitte der 1970er Jahre aus der SED ausgeschlossen wurde, der er seit 1946 angehörte, etablierte u. a. in den 1980er Jahren als Lektor im Aufbau Verlag die Edition „Außer der Reihe", in der bis dahin in der DDR nicht gedruckte Autoren erschienen. Nach der Wende gründete der Mann von Christa Wolf mit Gerhard Wolf Janus press einen eigenen Kleinverlag. Für sein Wirken als Schriftsteller und Verleger wurde er unter anderem mit dem Heinrich-Mann-Preis und der Rahel Varnhagen von Ense–Medaille des Landes Berlin ausgezeichnet.

8. Februar
Die Überreste des 1909 eröffneten ehemaligen Flugplatzes Johannisthal in Treptow-Köpenick werden nach und nach abgerissen. Der Geschäftsmann Arthur Müller hatte hier Anfang des 20. Jahrhunderts den ersten privat betriebenen Flugplatz Deutschlands eröffnet und die Gebrüder Wright ihre Fliegerschule auf dem Gelände angesiedelt. 1952 endete der reguläre Flugverkehr in Johannisthal. Die endgültige Schließung erfolgte 1995. Ein Bebauungsplan von 2021 sieht vor, dass auf einer Fläche von ca. 214.000 Quadratmetern das neue Stadtquartier Segelflieger Quartier mit rund 1.800 Wohnungen entstehen soll, wofür große Teile der denkmalgeschützten Gebäude abgerissen werden.

9. Februar
Frank Ebert wird von den Mitgliedern des Berliner Abgeordnetenhauses einstimmig zum Landesbeauftragten zur Aufarbeitung der SED-Diktatur gewählt. Der Berliner Senat hatte Ebert, der sich in der DDR in verschiedenen oppositionellen Gruppen engagierte und seit 1993 in der Robert-Havemann-Gesellschaft maßgeblich das Archiv der DDR-Opposition aufbaute, für das Amt vorgeschlagen. Er tritt die Nachfolge von Tom Sello an.

10. Februar
Hans Modrow stirbt 95-jährig in Berlin. Von November 1989 bis April 1990 war er der letzte SED-Regierungschef und verhandelte nach dem Mauerfall erste Annäherungen mit der Bundesregierung. Später war Modrow Mitglied des Deutschen Bundestages und des Europäischen Parlaments.

12. Februar
Berlin wählt heute erneut ein Landesparlament, nachdem die Wahl von 2021 wegen Pannen annulliert worden war. Durch das Urteil des Verfassungsgerichtshofes des Landes Berlin im November 2022 muss die Wahl zum 19. Abgeordnetenhaus von Berlin und den Bezirksverordnetenversammlungen vom 26. September 2021 wiederholt werden. Bei der Wiederholungswahl wird die CDU mit ihrem Spitzenkandidat Kai Wegner mit 28,2 % der Stimmen erstmals seit 1999 wieder stärkste Kraft. Die regierende SPD erhält 18,4 % der Stimmen – das schlechteste Ergebnis ihrer Landesgeschichte. Die Grünen erreichen ebenfalls 18,4 %. Die Linke erlangt 12,2 %, die AfD 9,1 %, während die FDP mit 4,6 % an der Fünf-Prozent-Hürde scheitert.[5] Die Wahlbeteiligung liegt mit rund 63 % etwas niedriger als 2021, die Wahl verläuft aber organisatorisch diesmal ohne größere Probleme. Die historische Wiederholungswahl leitet einen politischen Umbruch im Land Berlin ein.

15. Februar
Im ersten Stock des Neuen Kreuzberger Zentrums am Kottbusser Tor wird eine neue Polizeiwache eingeweiht. Sie soll rund um die Uhr besetzt und offen sein. Die Planungen wie auch die Eröffnung heute werden von Protesten gegen die neue Polizeipräsenz begleitet.

16.–26. Februar
Die 73. Internationalen Filmfestspiele Berlin werden mit dem US-amerikanischen Spielfilm „She Came to Me" von Rebecca Miller eröffnet. Die Berlinale präsentiert über 287 Filme aus 67 Ländern. Den Goldenen Bären für den Besten Film vergibt die Jury unter dem Vorsitz der US-amerikanischen Schauspielerin Kristin Stewart dieses Jahr an die französische Psychiatrie-Dokumentation „Sur l'Adamant" von Nicolas Philibert. Den Silbernen Bären, Großer Preis der Jury, erhält der Film „Roter Himmel" von Christian

---

5   Vgl. die Ergebnisse der Wiederholungswahl zum 19. Abgeordnetenhaus von Berlin, online unter: https://www.wahlen-berlin.de/wahlen/BE2023/AFSPRAES/agh/index.html (letzter Zugriff: 25.02.2025). Siehe auch den Chronik-Eintrag vom 16. November 2022.

Petzold (Deutschland). Mit dem Silbernen Bären „Preis der Jury" zeichnet die siebenköpfige Jury den Film „Mal Viver (Bad Living)" von Joao Canijo (Portugal/Frankreich) aus. Für die Beste Regie wird Philippe Garrel für den Wettbewerbsbeitrag „Le grand chariot" („The Plough)" (Schweiz) mit einem Silbernen Bären geehrt. Den Silbernen Bären für die Beste Schauspielerische Leistung in einer Hauptrolle erhält die achtjährige Spanierin Sofia Otero für ihre Darstellung in „20.000 especies de abejas" („20.000 Species of Bees"), verfilmt von der spanischen Regisseurin Estibaliz Urresola Solaguren. Der Silberne Bär für die Beste Schauspielerische Leistung in einer Nebenrolle geht an die Österreicherin Thea Ehre im deutschen Wettbewerbsbeitrag „Bis ans Ende der Nacht" von Christoph Hochhäusler. Den Silbernen Bären für das Beste Drehbuch vergibt die Jury an „Music" der deutschen Regisseurin Angela Schanelec. Mit dem Silbernen Bären für eine Herausragende Künstlerische Leistung wird Hélène Louvart für die Kamera in „Disco Boy" des italienischen Regisseurs Giacomo Abbruzzese prämiert. Insgesamt verzeichnet die Berlinale nach zwei Pandemie-Jahren mit 320.000 verkauften Tickets wieder deutlich mehr Publikum.

Klimaaktivist*innen der Gruppe „Die Letzte Generation" stören die Eröffnungsgala der Berlinale, indem sich zwei Mitglieder mit Sekundenkleber auf dem Roten Teppich am Berlinale-Palast festkleben, um auf den Klimawandel aufmerksam zu machen.

18. Februar
Der ehemalige Abgeordnete und Stadtälteste Dr. Dieter Biewald stirbt im Alter von 90 Jahren. Der gebürtige Berliner wurde 1973 in das Abgeordnetenhaus von Berlin gewählt und gehörte dem Parlament bis 1999 an. Für sein vielseitiges Engagement wurde Biewald 1992 mit dem Bundesverdienstkreuz 1. Klasse gewürdigt; 2008 folgte die Stadtältestenwürde.

21. Februar
Der Berliner Senat beschließt den Bericht 2023 über die Umgestaltung des Jahnsportparks zum Inklusionspark. Der Beginn des Stadionneubaus ist für 2025 geplant.

Die Berliner Tafel feiert ihr 30-jähriges Bestehen. Als Anlaufstelle für Obdachlose war sie 1993 die erste ihrer Art in Deutschland und wird seitdem von Tausenden Ehrenamtlichen unterstützt.

Der Todestag des ehemaligen Präsidenten des Abgeordnetenhauses und Stadtältesten von Berlin, Walter Sickert, jährt sich zum 10. Mal. Von 1964 bis 1967 war er stellvertretender Vorsitzender der SPD-Fraktion im Abgeordnetenhaus und 1967 bis 1975 Präsident des Berliner Abgeordnetenhauses. 1979 wurde er mit dem Großen Bundesverdienstkreuz mit Stern und Schulterband ausgezeichnet und 1982 erhielt er die Ernst-Reuter-Plakette für seine Verdienste um Berlin. 1986 wurde Walter Sickert zum Stadtältesten von Berlin ernannt.

22. Februar
Im Anschluss an die Ausschreitungen in der Silvesternacht 2022/23 findet der zweite Gipfel gegen Jugendgewalt im Roten Rathaus statt, bei dem die Umsetzung und

Abb. 5 *Im Rahmen einer Solidaritätsveranstaltung zum ersten Jahrestag des Angriffs Russlands auf die Ukraine wird das Brandenburger Tor in den ukrainischen Nationalfarben angestrahlt, 24. Februar 2023.*

Finanzierung eines konkreten Maßnahmenpakets beschlossen wird. Dafür werden im Jahr 2023 Finanzmittel in Höhe von 18,4 Millionen Euro bereitgestellt. Die Initiativen reichen von Eltern- und Schulsozialarbeit über Bildungsangebote, berufliche Orientierung und Freizeitaktivitäten bis hin zur Verstärkung der Justizbehörden.[6]

In Berlin ist erstmals in diesem Winter ein Fall von Geflügelpest bei einem Wildvogel nachgewiesen worden. Es handelt sich um einen Höckerschwan, der in Friedrichshain-Kreuzberg gefunden wurde und in der Kleintierklinik der Freien Universität Berlin eingeschläfert werden musste. Das Virus vom Subtyp H5N1 war in den Wochen zuvor mehrfach bei Wildvögeln und gehaltenen Vögeln in Deutschland und Europa festgestellt worden.

23. Februar
Die Filmemacherin und Filmwissenschaftlerin Birgit Hein stirbt mit 80 Jahren in Berlin. Hein, die auch als Performancekünstlerin und Hochschullehrerin tätig war, gilt als wichtige Wegbereiterin des deutschen Underground- und Experimentalfilms. Seit 2007 war

---

6 Siehe auch die Chronik-Einträge vom 31. Dezember 2022, vom 1. und 11. Januar sowie 22. Februar 2023.

sie Mitglied der Akademie der Künste sowie bis ins Jahr 2021 stellvertretende Direktorin der Sektion Bildende Kunst.

24. Februar
Zum ersten Jahrestag des Angriffs Russlands auf die Ukraine finden wie in anderen deutschen Städten auch in Berlin zahlreiche Demonstrationen und Solidaritätsveranstaltungen mit mehr als 10.000 Menschen statt. Am Abend wird das Brandenburger Tor erneut in den ukrainischen Nationalfarben angestrahlt, als Zeichen der Solidarität mit den Menschen in der Ukraine.

Das Café Moskau in der Karl-Marx-Allee wird im Rahmen einer Kunstaktion zum ersten Jahrestag des russischen Angriffskriegs in der Ukraine 2022 für einige Tage in Café Kyiv umbenannt, um ein Zeichen der Solidarität mit der Ukraine zu setzen.

Der Autor und Verleger Wieland Giebel und der Aktivist Enno Lenze haben am Morgen das Wrack eines in der Ukraine zerstörten russischen Panzers vom Typ T-72 vor der Botschaft Russlands am Boulevard Unter den Linden abgestellt. Ein Wochenende lang soll es dort als Zeichen der Solidarität mit der Ukraine stehen.

25. Februar
Am Brandenburger Tor versammeln sich mehrere Tausend Menschen zu einer Kundgebung, die Friedensverhandlungen mit Russland und einen Stopp der Waffenlieferungen an die Ukraine fordert. Zu der Demonstration hatten die Linken-Politikerin Sahra Wagenknecht und die Frauenrechtlerin Alice Schwarzer aufgerufen, die kurz zuvor mit ihrem „Manifest für Frieden" für Kontroversen gesorgt hatten. Die Polizei spricht von etwa 13.000 Teilnehmenden, die Veranstalter von 50.000 Menschen.

27. Februar
Heute erinnert Berlin an den 80. Jahrestag der NS-„Fabrik-Aktion" und den Protest gegen die Deportation jüdischer Zwangsarbeiter. Der Initiativkreis und die Ständige Konferenz der NS-Gedenkorte im Berliner Raum hat zum Gedenken in der Rosenstraße eingeladen. Rund 200 Gäste nehmen an der Gedenkzeremonie und dem anschließenden Schweigemarsch zur Skulptur von Ingeborg Hunziger teil.

2.–31. März
Der European Month of Photography (EMOP) öffnet dieses Jahr zum 10. Mal zahlreiche Türen zu Ausstellungen und Veranstaltungen, beginnend mit den Opening Days in der Akademie der Künste am Pariser Platz. „Touch" ist das Leitmotiv des diesjährigen Festivals und Thema der Jubiläumsausstellung. Ihre Exponate blicken auf die Hauptstadt und ihre internationalen Künstler*innen. Die Berliner Jubiläumsausgabe feiert die Fotofestivalkultur mit über 500 beteiligten Fotograf*innen und über 100 Ausstellungen und Projekten von Museen, Ausstellungsinstitutionen, Gedenkstätten, Archiven, Bibliotheken, Sammlungen, Kulturinstituten, Fotofachschulen sowie privaten oder öffentlichen Galerien und Projekträumen aus Berlin und Potsdam.

Udo Lindenberg eröffnet in Berlin im Lichthof des Bundesratsgebäudes eine Kunstausstellung mit eigenen Bildern, sogenannten Likörelle – eine Mischung aus Likören und Farbe.

3. März

An diesem Freitag ruft die Bewegung „Fridays for Future" zum Globalen Klimastreik auf. Unter dem Motto „Morgen ist es zu spät" protestieren geschätzte 20.000 Menschen in Berlin für mehr Klimaschutz. Die weltweiten Klimastreiks finden zum zwölften Mal statt und fordern eine Verkehrswende und die Einhaltung der Pariser Klimaziele. Die Teilnehmenden solidarisieren sich auf der Kundgebung erstmals mit den Warnstreiks der Dienstleistungsgewerkschaft ver.di im Öffentlichen Nahverkehr, die zeitgleich stattfinden, um höhere Löhne einfordern.

6. März

In der Kaiser-Wilhelm-Gedächtniskirche spielen junge Musiker aus der Ukraine gemeinsam mit Mitgliedern des Orchesters der Deutschen Oper Berlin ein Benefizkonzert. Die Erlöse werden an Hilfsorganisationen gespendet, die Menschen in der Ukraine unterstützen.

7. März

Die Sozialunternehmerin Amal Abass erhält im Rahmen einer Festveranstaltung im Roten Rathaus den Berliner Frauenpreis 2023 durch die Senatorin für Wissenschaft, Gesundheit, Pflege und Gleichstellung, Ulrike Gote. Mit dem Preis werden seit 1987 Berlinerinnen ausgezeichnet, die sich mit besonderem Engagement und zukunftsweisend für die Gleichstellung der Geschlechter einsetzen. Die in Berlin lebende Amal Abbass, gebürtige Dresdnerin mit sudanesischem Hintergrund, wird für ihren langjährigen Einsatz für die Gleichstellung von Frauen gewürdigt, die aufgrund ihrer Hautfarbe oder ihrer sexuellen oder geschlechtlichen Identität besonderen Benachteiligungen ausgesetzt sind.

7.–9. März

Die heute eröffnete Internationale Tourismus-Börse Berlin (ITB) in der Messe Berlin findet dieses Jahr erstmals exklusiv für Fachbesucherinnen und -besucher statt. Die seit 1966 veranstaltete Leitmesse der weltweiten Reisebranche hat diesmal Georgien als Partnerland.

8. März

Berlin begeht den Internationalen Frauentag am 8. März erneut als gesetzlichen Feiertag – als bisher einziges Bundesland. In der ganzen Stadt finden Aktionen und Veranstaltungen statt, um auf Gleichberechtigung und Frauenrechte aufmerksam zu machen. Am Brandenburger Tor hisst der Senat die Flagge zum Frauentag, und die Regierende Bürgermeisterin Franziska Giffey hebt in einer Ansprache die Leistungen von Frauen in Gesellschaft und Wirtschaft hervor. Unter dem Motto „Equality Now!" ziehen Demonstrierende vom Alexanderplatz durch die Innenstadt, um gegen Gehaltsunterschiede, Gewalt an Frauen und Diskriminierung zu protestieren. In Mitte wird an historische Vorkämpferinnen wie Clara Zetkin und die Berliner Frauen der Revolution 1918 erinnert. Viele Museen und Kulturorte bieten an diesem Tag Sonderausstellungen zur Frauengeschichte an.

Der am 8. März 1923 geborene Prof. Dr. Walter Jens wäre heute 100 Jahre alt geworden. Der Träger der Ernst-Reuter Plakette und des Großen Bundesverdienstkreuzes war in den 1970er und 80er Jahren Präsident des PEN-Zentrums Deutschland und von 1989 bis 1997 Präsident der Akademie der Künste.

14. März
Eine Skulptur des Sandmann wird auf dem Ullrichplatz in Mahlsdorf-Süd aufgestellt, in dessen Nähe der Schöpfer Gerhard Behrendt (1929–2006) wohnte. Die für den Entwurf des rund 1,20 Meter hohen Denkmals durch Bildhauer Claus Lindner, den Guss in Bronze und die Aufstellung mit Sockel benötigten rund 33.000 Euro wurden hauptsächlich durch Spenden zusammengetragen. Am 22. November 1959 wurde die Sendung „Unser Sandmännchen" das erste Mal im ostdeutschen Fernsehen ausgestrahlt.

15. März
Die im Zuge einer Razzia in der Reichsbürgerszene verhaftete Berliner Juristin und frühere AfD-Bundestagsabgeordnete Birgit Malsack-Winkemann darf vorerst nicht weiter als Richterin tätig sein. In einem Eilverfahren hat das Richterdienstgericht des Landes Berlin Malsack-Winkemann vorläufig des Dienstes enthoben und die Einbehaltung der Hälfte ihrer monatlichen Bezüge angeordnet. Das Gericht folgt damit einem entsprechenden Antrag der Senatsverwaltung für Justiz, Vielfalt und Antidiskriminierung. Anfang Dezember 2022 erließ der Ermittlungsrichter beim Bundesgerichtshof gegen die Richterin einen Haftbefehl wegen des dringenden Tatverdachts der Mitgliedschaft in einer inländischen terroristischen Vereinigung.

Die ersten 19 Abstellflächen für Mietfahrzeuge der Mikromobilität, sogenannte Jelbi-Standorte, eröffnen heute am Brandenburger Tor, in der Friedrichstraße und am Potsdamer Platz. Es sollen mehr als 100 anbieterneutrale Standorte für (E-)Mieträdern, E-Scooter und E-Mopeds entstehen, die von der Senatsverwaltung für Umwelt, Mobilität, Verbraucher- und Klimaschutz finanziert und von den Berliner Verkehrsbetrieben (BVG) umgesetzt werden.

Für ihre Studien in der frühneuzeitlichen Romanistik erhält die an der Freien Universität Berlin tätige Wissenschaftlerin Prof. Dr. Anita Traninger den mit 2,5 Millionen Euro dotierten Gottfried Wilhelm Leibniz-Preis. Zehn Wissenschaftler*innen aus verschiedenen Fachgebieten werden mit dem renommierten Forschungspreis ausgezeichnet.

16. März
Im Ergebnis der Wiederholungswahl vom 12. Februar 2023 findet am heutigen Tag die konstituierende Sitzung des Abgeordnetenhauses Berlin statt und die Ausschüsse nehmen ihre Arbeit auf. Die Arbeit der bisherigen Ausschüsse der 19. Wahlperiode endet damit.

Abb. 6 *Zum 175-jährigen Jubiläum der Märzrevolution von 1848 zeigen (v.l.n.r.) Berlins Regierende Bürgermeisterin Franziska Giffey, Bundespräsident Frank-Walter Steinmeier und die Präsidentin des Berliner Abgeordnetenhauses, Cornelia Seibeld, Plakate vor einer Barrikaden-Installation, 18. März 2023.*

Israels Ministerpräsident Benjamin Netanjahu ist auf Staatsbesuch in Berlin und erinnert u. a. mit Bundeskanzler Olaf Scholz am Holocaust-Mahnmal Gleis 17 am Bahnhof Grunewald an die Deportation von Berliner Jüdinnen und Juden. Der Besuch und die Gespräche werden von Protesten und Kundgebungen gegen die Regierungspolitik begleitet.

Auf dem Areal des ehemaligen Flughafens Tegel entsteht unter anderem der neue Campus der Berliner Hochschule für Technik (BHT). Nach dem Auszug ukrainischer Kriegsflüchtlinge hat das Landesamt für Flüchtlingsangelegenheiten Berlin (LAF) das ehemalige Terminal A an die BHT übergeben. Auf dem TXL-Gelände soll innerhalb der Urban Tech Republic ein zweiter Campus der BHT entstehen.

Das private DDR Museum, bekannt durch seine Dauerausstellung in Berlin-Mitte, feiert die Eröffnung seines neuen „DDR Museum Depot" in Marzahn mit einer der größten Sammlungen von Alltagsobjekten aus der DDR – rund 360.000 Exponaten, die dort in zwei Hallen untergebracht sind.

18./19. März
Mit einem Wochenende der Demokratie erinnert Berlin 175 Jahre nach der Märzrevolution an die Barrikadenkämpfe vom 18. und 19. März 1848. Auf dem Friedhof der Märzgefallenen im Volkspark Friedrichshain findet eine Gedenkzeremonie statt. Vor dem Brandenburger Tor (am Platz des 18. März) sind historische Audioinstallationen und Redebeiträge zu hören; und der Berliner Pop-Art-Künstler Jim Avignon hat zwischen Friedrichstraße und Humboldt Forum eine Route der Revolution markiert und dafür überlebensgroße Figuren von zehn Berliner Persönlichkeiten gemalt, die 1848 eine Rolle spielten.

Der norwegische Filmregisseur und Drehbuchautor Joachim Trier, der zuletzt den Film „Der schlimmste Mensch der Welt" ins Kino gebracht hat, erhält den Großen Kunstpreis Berlin 2023 in der Akademie der Künste am Pariser Platz. Die Akademie vergibt den mit 15.000 Euro dotierten Preis im Turnus ihrer sechs Sektionen im Auftrag des Landes Berlin. Gemeinsam mit Bettina Böhler und Zsuzsanna Király bildete Christian Petzold die Jury.

21. März
Das bundesweit erste Regenbogenfamilienzentrum feiert zehnjähriges Jubiläum. Das Zentrum in Schöneberg richtet sich speziell an LSBTIQ*-Familien: Lesbische, schwule, bisexuelle, trans- und intergeschlechtliche Familien werden hier in Fragen rund um Familienplanung, Kinderwunsch, Pflegeelternschaft und Adoption beraten und begleitet.

25./26. März
Mit einem zweitägigen Veranstaltungsprogramm wird die „Werkstatt Exilmuseum" in der Fasanenstraße 24 eröffnet. Sie begleitet die Entstehung des künftigen Exilmuseums, das am Anhalter Bahnhof entsteht, von wo 1933–1945 viele von den Nationalsozialisten Verfolgte ins Exil aufbrechen mussten. Die Stiftung Exilmuseum Berlin will einen Erinnerungsort schaffen, bei dem die Lebensgeschichten der Exilierten im Mittelpunkt stehen. Die Eröffnung ist für 2028 geplant; der Neubau entsteht nach Entwürfen des Kopenhagener Architekturbüros Dorte Mandrup.

26. März
Beim Volksentscheid „Berlin 2030 klimaneutral" am 26. März sprechen sich rund 50,9 % der Teilnehmenden (442.210 Stimmen) für die Vorlage aus, die das Land Berlin gesetzlich zu Klimaneutralität bis 2030 verpflichten sollte. 48,8 % (423.594 Stimmen) lehnen dies ab. Die erforderliche Mindestzustimmung von etwa 608.000 Ja-Stimmen (entsprechend 25 % aller Wahlberechtigten) wird deutlich verfehlt – nicht zuletzt, da die Beteiligung an der Volksabstimmung nur 35,7 % beträgt.[7] Damit gilt der Gesetzentwurf als abgelehnt.

---

7 Siehe hierzu die Angaben des Landeswahlleiters Berlin/Amt für Statistik Berlin-Brandenburg, online unter: https://www.wahlen-berlin.de/wahlen/Be2023/AFSPRAES/ve/index.html#:~:text=Stimmen%20Sie%20den%20%C3%84nderungen%20des,Ung%C3%BCltige%20Stimmen%202.948%200%2C3 (letzter Zugriff: 25.02.2025).

Abb. 7 Berlins Regierende Bürgermeisterin Franziska Giffey begrüßt I.I.M.M. König Charles III. während seines ersten Staatsbesuchs in Deutschland, 30. März 2023.

27. März
Im Zuge eines bundesweiten Verkehrs-Warnstreiks legen die Gewerkschaften ver.di und EVG nahezu den gesamten Bahn-, Flug- und Schiffsverkehr lahm. In Berlin fahren den ganzen Tag über keine S-Bahnen und Regionalzüge und am Flughafen BER werden alle Passagierflüge abgesagt. Die Busse, Trams und U-Bahnen der BVG verkehren dagegen planmäßig.

28. März
Die Regierende Bürgermeisterin von Berlin, Franziska Giffey, empfängt den Botschafter der Französischen Republik, seine Exzellenz François Delattre, anlässlich seines Antrittsbesuchs im Roten Rathaus.

Der Schauspieler, Hörspielsprecher und Lyriker Robert Gallinowski stirbt überraschend im Alter von 53 Jahren. Er besuchte von 1990 bis 1993 die Hochschule für Schauspielkunst „Ernst Busch" in Berlin und debütierte 1992 am Deutschen Theater in Berlin. Es folgten weitere Theaterstationen sowie ab 1993 zahlreiche Film-, Fernseh- und Hörspielproduktionen. Bekannt wurde er v. a. durch seine Auftritte in Krimiserien wie „Tatort" und „Polizeiruf 110".

29.–31. März
König Charles III. und Königin-Gemahlin Camilla des Vereinigten Königreichs Großbritannien und Nordirland besuchen vom 29. bis 31. März 2023 Berlin. Bundespräsident Frank-Walter Steinmeier und Elke Büdenbender empfangen sie anlässlich ihres ersten Staatsbesuchs in Deutschland, der noch vor der Krönungszeremonie am 6. Mai stattfindet. Zum Programm gehört unter anderem am Nachmittag des 29. die Begrüßung mit militärischen Ehren, gefolgt von einem Empfang zum Thema „Energiewende und Nachhaltigkeit" im Schloss Bellevue und einem Staatsbankett. Die Staatsoberhäupter besuchen zudem das Ukraine-Ankunftszentrum im ehemaligen Flughafen Tegel.

30. März
In der Wittelsbacher Straße 33a wird eine Gedenktafel für den Dramatiker, Publizisten, Dichter und Politiker Ernst Toller enthüllt, der dort 1930 bis 1933 wohnte. Nach Beteiligung an der Münchner Räterepublik 1919 und anschließender Haft lebte er ab 1925 in Berlin, wo seine Dramen auf verschiedenen Bühnen gezeigt wurden. Mit dem Stück „Hoppla, wir leben!" eröffnete Erwin Piscator 1927 sein politisches Theater am Nollendorfplatz. Während der Zeit des Nationalsozialismus wurden seine Theaterstücke verboten und seine Werke am 10. Mai 1933 in Berlin verbrannt. Im Exil in New York nahm er sich 1939 das Leben.

31. März
Heute endet das vom Land Berlin finanzierte 29-Euro-Ticket für den Berliner Nahverkehr, das am 26. September 2022 als Nachfolgelösung für das 9-Euro-Ticket aus dem Sommer 2022 eingeführt wurde.[8]

1. April
Sibylle Hoiman ist seit heute neue Direktorin des Kunstgewerbemuseums der Staatlichen Museen zu Berlin, wie der Stiftungsrat der Stiftung Preußischer Kulturbesitz entschieden hat. Die Kunsthistorikerin war zuvor bereits in Berlin am Bauhaus-Archiv und bei der Stiftung Preußische Schlösser und Gärten tätig, bevor sie das Botanische Museum Berlin und seit 2020 das Baukunstarchiv der Akademie der Künste leitete. Sie folgt auf Prof. Dr. Sabine Thümmler, die seit Ende Mai 2022 im Ruhestand ist.

2. April
CDU und SPD einigen sich am Abend auf einen gemeinsamen Koalitionsvertrag. Die beiden Parteien entscheiden über die Verwendung der bis zu zehn Milliarden Euro Sondervermögen für Klimaschutz.

4. April
Die in Berlin geborene Schauspielerin Maria Sebaldt stirbt im Alter von 92 Jahren. Sie lebte und arbeitete größtenteils in Berlin, u. a. am Renaissance-Theater, am Theaterensemble im British Centre, an der Komödie und am Theater am Kurfürstendamm. Zu

---

[8] Siehe die Chronik-Einträge vom 22. März, 1. Juni, 31. August und 15. Dezember 2022.

ihren bekanntesten Fernsehrollen gehören Auftritte in ZDF-Serien, darunter „Ich heirate eine Familie" (1983–1986) und „Die Wicherts von nebenan" (1986–1991). Sie spielte in Komödien wie „Charleys Tante" mit, aber auch in Krimiserien wie „Der Kommissar", „Derrick" oder „Der Alte".

Auf dem wiedererrichteten Berliner Stadtschloss wird am Eosander-Portal, dem Haupteingang des Humboldt Forums, eine zwei mal zwei Meter große vergoldete Krone angebracht, die auf einer vier Tonnen schweren Wappenkartusche thront.

7. April
Traditionell beginnt am heutigen Karfreitag die Berliner Badesaison im Strandbad Wannsee.

9. April
Die 1848 geborene Lehrerin Helene Lange, eine der Protagonistinnen der bürgerlichen Frauenbewegung mit Vorsitz des „Allgemeinen Deutschen Frauenvereins" wäre heute 175 Jahre alt geworden.

11. April
Heute wäre Gustav Böß 150 Jahre geworden. Der 1873 geborene Böß war von 1920 bis 1929 Oberbürgermeister von Groß-Berlin.

Der 2004 verstorbene Klaus Franke, 1981 bis 1983 stellvertretender Präsident des Abgeordnetenhauses und 1983 für drei Jahre Senator für Bau- und Wohnungswesen, wäre heute 100 Jahre geworden. 1993 erhielt er das Große Verdienstkreuz des Verdienstordens der Bundesrepublik Deutschland und 2000 wurde er zum Stadtältesten von Berlin ernannt.

14. April
Mit einem Festakt begeht Berlin den 70. Jahrestag der Einweihung des früheren Notaufnahmelagers Marienfelde am 14. April 1953 in der dortigen Erinnerungsstätte. Das Notaufnahmelager im amerikanischen Sektor war bis 1990 die erste Anlaufstelle für rund 1,5 Millionen DDR-Bürger*innen, die in den Westen übersiedelten oder flohen.

16. April
Der älteste Sportverein Berlins, die Neuköllner Turngemeinde in Berlin (TiB), feiert 174-jähriges Bestehen.

17. April
Die Regierende Bürgermeisterin von Berlin, Franziska Giffey, händigt im Säulensaal des Roten Rathauses im Rahmen einer Höherstufung das Verdienstkreuz 1. Klasse des Verdienstordens der Bundesrepublik Deutschland an die Vorsitzende der Berliner Tafel Sabine Werth sowie an den Berliner Unternehmer und Hotelier Ekkehard Streletzki aus. Die Übergaben erfolgen im Auftrag des Bundespräsidenten.

18. April
Der Berliner Senat beschließt ein Gesamtstädtisches Aufarbeitungskonzept zu Berlins kolonialer Vergangenheit. Das Konzept soll die bereits bestehenden Dekolonisierungsinitiativen in Berlin dokumentieren, aber auch Lücken und notwendige Maßnahmen für eine umfassende Aufarbeitung der kolonialen Vergangenheit der Stadt aufzeigen.

19. April
Im Säulensaal des Roten Rathauses gibt die Regierende Bürgermeisterin von Berlin, Franziska Giffey ein Essen zu Ehren des Berliner Ehrenbürgers Edzard Reuter anlässlich seines 95. Geburtstags am 16. Februar.

21. April
Der argentinisch-israelische Pianist und Dirigent Daniel Barenboim erhält im Rahmen eines Festaktes im Roten Rathaus die Ehrenbürgerwürde der Stadt Berlin. Gewürdigt wird sein künstlerisches Lebenswerk und sein umfassendes gesellschaftliches Engagement in Berlin sowie seine internationale Friedensarbeit mit jungen Musiker*innen. Er ist der 123. Ehrenbürger der Stadt.[9]

22. April
Die Schauspielerin und Hörspielsprecherin Karin Gregorek stirbt im Alter von 81 Jahren in Berlin. Ihre Karriere begann in den 1960er Jahren am Theater. Anschließend spielte sie in zahlreichen Film- und Fernsehproduktionen der DEFA und des DDR-Fernsehens mit sowie später in der ARD-Serie „Um Himmels Willen".

23. April
In Neukölln eröffnet mit dem Spore-Haus ein neues Kulturprojekt mit einem Neubau an der Hermannstraße und der dahinter angesiedelten gemeinnützigen Stiftung Spore Initiative, die sich mit Kultur- und Lernprogrammen für biokulturelle Vielfalt einsetzt.

24. April
In der letzten Aprilwoche führt die Gruppe „Letzte Generation" in Berlin großangelegte Klima-Protestaktionen durch. Dutzende Mitglieder der Gruppe besetzen gleichzeitig zahlreiche große Verkehrsadern im morgendlichen Berufsverkehr. Sie kleben sich auf wichtigen Straßen wie dem Sachsendamm, der A100-Auffahrt und der Frankfurter Allee fest, um gegen die aktuelle Klimapolitik zu protestieren. Das führt zu kilometerlangen Staus und zahlreichen Polizeieinsätzen, um die Blockaden zu räumen und die Demonstrierenden von der Straße zu lösen.[10]

Das Ankunftszentrum für Geflüchtete aus der Ukraine im Terminal C des ehemaligen Flughafen Tegel wird bis mindestens Ende September 2023 genutzt, wie der Berliner

---

9   Siehe den Chronik-Eintrag vom 11. September 2023.
10 Am 28. April erreicht die Aktionswoche ihren Höhepunkt mit mehreren Blockaden im ganzen Stadtgebiet und zeitweiligem Stillstand auf der Stadtautobahn.

Abb. 8 *Auf dem Weg zur Überreichung der Ernennungsurkunden im Roten Rathaus nach der Wahl: die bisherige Regierende Bürgermeisterin von Berlin, Franziska Giffey, und ihr Nachfolger Kai Wegner.*

Senat heute mit der Vereinbarung einer Verlängerungsoption beschlossen hat. Auch die Nutzung der Notunterkünfte in den Leichtbauhallen am Terminal C wird verlängert.[11]

26. April
Die CDU Berlin und die SPD Berlin unterzeichnen den gemeinsamen Koalitionsvertrag.

Für Ernst Ludwig Kirchner (1880–1938) wird an dem Haus Durlacher Straße 15 eine Gedenktafel enthüllt. Der Maler und Grafiker, der bis 1917 in Berlin lebte, war Mitbegründer der expressionistischen Künstlergruppe „Brücke". In diesem Haus gründete er mit dem Künstler Max Pechstein das MUIM-Institut, eine private Kunstschule für „Modernen Unterricht in Malerei".

27. April
Knapp zweieinhalb Monate nach der Berlin-Wahl hat das Berliner Abgeordnetenhaus in seiner heutigen Sitzung Kai Wegner im dritten Wahlgang zum neuen Regierenden Bürgermeister von Berlin gewählt. Er erhält 86 Stimmen, genau so viele wie die schwarz-rote Koalition Abgeordnete hat. In den ersten beiden geheimen Abstimmungen hatte Weg-

---

11   Siehe die Chronik-Einträge vom 19. März 2022 und 11. Oktober 2023.

ner die nötige Stimmenzahl verfehlt, obwohl seine Schwarz-Rote Koalition (CDU und SPD) gemeinsam 86 von 159 Sitzen hält. Schließlich kommt er mit genau 86 Stimmen ins Amt – der absoluten Mehrheit. Wegner übernimmt das Amt von Franziska Giffey (SPD), die nach dem SPD-internen Votum für die Koalition mit der CDU auf ihren Posten verzichtete. Nach seiner Wahl und Vereidigung ernennt Wegner die zehn Senatorinnen und Senatoren des schwarz-roten Senats, die anschließend im Abgeordnetenhaus im Amt vereidigt werden. Das neue CDU-SPD-Kabinett (Senat) tritt noch am selben Tag zusammen. Außerdem ernennt Wegner Franziska Giffey zur Bürgermeisterin und Stefan Evers zum Bürgermeister. Mit Kai Wegner steht erstmals seit über 20 Jahren wieder ein Christdemokrat an der Spitze des Roten Rathauses.

28. April
Zum 75. Jahrestag der Staatsgründung Israels findet in Berlin wie jedes Jahr der deutschlandweit gefeierte Israeltag statt. Verschiedene Organisationen kommen zusammen, um auf dem Wittenbergplatz ein Straßenfest zu feiern, sich über Israel auszutauschen und sich gegenseitig über laufende Projekte im deutsch-jüdisch-israelischen Kontext zu informieren.

1. Mai
Beim traditionellen Maifeiertag zählen die Behörden rund 28.000 Teilnehmende bei 19 verschiedenen Versammlungen im Stadtgebiet, darunter Gewerkschaftskundgebungen am Brandenburger Tor sowie ein Familienumzug in Friedrichshain. Die Polizei verzeichnet bei den zahlreichen Demonstrationen und Straßenfesten am Tag der Arbeit wieder vergleichsweise wenig Gewalt – mit insgesamt nur 67 Festnahmen und keinen direkten Angriffen auf Einsatzkräfte. Damit gilt der 1. Mai 2023 als einer der friedlichsten in der jüngeren Berliner Geschichte.

Im heutigen Finale gegen die SVG Lüneburg gewinnt das Team der BR Volleys mit einem 3:0 Sieg die Meisterschaft der Deutschen Volleyball-Bundesliga, nachdem es im Februar dieses Jahres bereits den DVV-Pokal erhalten hat.

2. Mai
Die Kunsthistorikerin und Provenienzforscherin Prof. Dr. Bénédicte Savoy erhält den Berliner Wissenschaftspreis. Er wird der Professorin für Kunstgeschichte der Moderne an der Technischen Universität Berlin vom Regierenden Bürgermeister Kai Wegner im Roten Rathaus verliehen. Savoy forscht u. a. zu Kunstraub und Beutekunst sowie zur Kolonial- und Museumsgeschichte. Den Nachwuchspreis erhält Dr. Anja Maria Wagemans, Juniorprofessorin für Food Colloids der Technischen Universität Berlin.

6. Mai
Der Berliner Architekt Rüdiger Patzschke, der gemeinsam mit seinem Zwillingsbruder Jürgen an rund 300 Gebäuden in Berlin mitgewirkt hat, stirbt im Alter von 84 Jahren. Zu seinen bekanntesten Arbeiten zählen der Neubau des Adlon-Hotels, das Forum an der Museumsinsel, das Simon-Palais oder das Haupttelegraphenamt.

Abb. 9 *Die Kunsthistorikerin Prof. Dr. Bénédicte Savoy, Preisträgerin des Berliner Wissenschaftspreises 2023 bei der Verleihung, 2. Mai 2023.*

8. Mai
Zum 78. Jahrestag des Endes des Zweiten Weltkrieges wird in Berlin die Befreiung vom Nationalsozialismus gefeiert. Beim Stillen Gedenken und der Niederlegung eines Blumengebindes sind u. a. Oleksij Makejew, Botschafter der Ukraine in Deutschland, der Regierende Bürgermeister Kai Wegner und der Staatsminister bei der Bundesministerin des Auswärtigen Tobias Lindner in der Neuen Wache anwesend.

Das Verwaltungsgericht Berlin hebt ein Verbot ukrainischer Flaggen rund um sowjetische Ehrenmale am 8. und 9. Mai auf. Die Polizei hatte ursprünglich ein Verbot beider Flaggen, sowohl ukrainischer als auch russischer, erlassen. Die ukrainische Flagge darf nun aber doch gezeigt werden, während russische weiterhin verboten sind.

9. Mai
Zum Europatag wird das Brandenburger Tor am Montagabend erneut in den Farben der ukrainischen Flagge beleuchtet. In zahlreichen europäischen Städten erstrahlen einzelne Gebäude als Zeichen der Solidarität mit der Ukraine in Blau-Gelb – eine Initiative, die auf die französische Ratspräsidentschaft zurückgeht.

10. Mai
Am heutigen Tag jährt sich die Bücherverbrennung der Nationalsozialisten zum 90. Mal. Neben Veranstaltungen im Berliner Dom und in der Akademie der Künste findet auf dem

Bebelplatz mit Micha Ullmanns Denkmal „Bibliothek" das traditionelle Lesen gegen das Vergessen statt. Persönlichkeiten wie Claudia Roth, Klaus Lederer, Tessa Ganserer, Maxim Leo, Natalia Wörner und Wissenschaftler*innen der HU lesen vor rund 500 Zuschauenden Literatur, die während der NS-Zeit indiziert und verbrannt wurde, musikalisch begleitet von den Ensembles der Barenboim-Said-Akademie und der Staatsoper Unter den Linden.

12. Mai
Am Luftbrückendenkmal wird mit einer Gedenkveranstaltung und Kranzniederlegung dem 74. Jahrestag der Beendigung der Berlin-Blockade gedacht.

14. Mai
Bundeskanzler Olaf Scholz empfängt den ukrainischen Präsidenten Wolodymyr Selenskyj mit militärischen Ehren im Kanzleramt in Berlin. Am Morgen hatte Bundespräsident Frank-Walter Steinmeier Selenskyj in seinem Amtssitz Schloss Bellevue in Berlin getroffen. Dort dankte Selenskyj Deutschland für die Unterstützung im Abwehrkampf gegen den Angriffskrieg Russlands. Zum Abschluss des Besuches in Berlin sind Beratungen im Rahmen des Sicherheitskabinetts geplant.

15. Mai
Der Journalist Klaus Feldmann, der die DDR-Nachrichtensendung „Aktuelle Kamera" von 1961 bis 1989 moderierte, stirbt im Alter von 87 Jahren in Berlin. Gelernt hatte Feldmann zunächst Buchdrucker. Vor seinem Wechsel ins Fernsehen war er zudem vier Jahre lang Nachrichtensprecher beim Deutschlandsender.

16. Mai
Auf der Wiese vor dem Reichstag weidet heute eine Herde Kühe – damit protestieren die Arbeitsgemeinschaft bäuerliche Landwirtschaft (AbL) und die Umweltschutzorganisation Greenpeace für Weidehaltung bei Milchkühen und gerechte Milchpreise. Sie fordern von der Regierung ein bundesweites Förderprogramm für Weidehaltung, um so den Trend zur ganzjährigen Stallhaltung umzukehren.

20. Mai
Das Fußball-Traditionsteam Hertha BSC steigt in die 2. Bundesliga ab. Am heutigen vorletzten Spieltag der Saison 2022/23 besiegelt ein Last-Minute-Gegentor gegen den VfL Bochum den Abstieg. Auf dem letzten Tabellenplatz kann der Hauptstadtclub den Klassenerhalt damit rechnerisch nicht mehr schaffen, nachdem Hertha BSC zehn Jahre lang in der Ersten Bundesliga gespielt hat.

Im Haus der Berliner Festspiele wird heute der Theaterpreis Berlin an die Dramatikerin Sivan Ben Yishai verliehen. Die Preisverleihung wird von der Stiftung Preußische Seehandlung veranstaltet, die in diesem Jahr ihr 40-jähriges Jubiläum feiert.

22. Mai
HRH Prince Edward, Duke of Edinburgh verleiht heute während eines zweitätigen Berlinaufenthalts in der James-Simon-Gallery den zweimal verschobenen Duke of Edin-

Abb. 10 *Straßenumzug zum Karneval der Kulturen in Kreuzberg, 26. Mai 2023.*

burgh International Award. Die gleichnamige Wohltätigkeitsorganisation unterstützt junge Menschen bei außerschulischem, ehrenamtlichen Engagement. Zu diesem Anlass trägt sich Prinz Edward zudem ins Goldene Buch der Stadt ein.

Das Abgeordnetenhaus richtet heute eine Feierstunde aus: Vor dreißig Jahren, am 28. April 1993, zog das Gemeinsame Berliner Abgeordnetenhaus aus dem Rathaus Schöneberg offiziell in den umgebauten ehemaligen Preußischen Landtag ein. Nach einer Bauzeit von knapp zwei Jahren zogen die Berliner Abgeordneten in das modernisierte historische Parlamentsgebäude.

26. Mai
Die United Airlines nimmt den Flugverkehr mit ihrer neuen Direktverbindung zwischen Berlin und Washington D.C. auf.

26.–29. Mai
Nach dreijähriger Pause aufgrund der COVID-19-Pandemie findet in diesem Jahr der Karneval der Kulturen in Kreuzberg wieder statt. Höhepunkt der 25. Ausgabe ist der große Straßenumzug am Pfingstsonntag, 28. Mai, mit rund 50 Umzugsgruppen, die von der Gneisenaustraße über die Hasenheide bis zum Hermannplatz ziehen. Die Veranstalter sprechen von einer halben Million Menschen, die das viertägige Straßenfest besuchen.

Abb. 11 *Antrittsbesuch in Berlin: Israels Botschafter S.E. Prof. Ron Prosor (links) mit Berlins Regierendem Bürgermeister Kai Wegner.*

27. Mai
Der Berliner Fußballclub Union Berlin qualifiziert sich erstmalig für die UEFA Champions League. Am heutigen letzten Bundesliga-Spieltag sichern sich die „Eisernen" durch einen 1:0-Heimsieg gegen Werder Bremen den 4. Tabellenplatz, der zur Teilnahme an der Champions-League-Gruppenphase berechtigt.

29. Mai
Im Alter von 76 Jahren stirbt der Schauspieler Peter Simonischek. Der Österreicher war in vielen Rollen auf der Bühne, im Film und Fernsehen zu sehen. Ab 1979 gehörte er 20 Jahre lang dem Ensemble der Berliner Schaubühne an. 1999 kehrte er an das Wiener Burgtheater zurück. Von 2002 bis 2009 verkörperte Simonischek bei den Salzburger Festspielen den „Jedermann". In der preisgekrönten Vater-Tochter-Geschichte „Toni Erdmann" von 2016 spielte er im Kinofilm den Vater an der Seite von Sandra Hüller. 2016 erhielt der Mime den Ehrentitel Kammerschauspieler.

1. Juni
Der Regierende Bürgermeister von Berlin, Kai Wegner, begrüßt den Botschafter des Staates Israel, S.E. Prof. Ron Prosor zu einem Gespräch im Roten Rathaus anlässlich seines Antrittsbesuches.

Abb. 12 *Zeremonielle Performance von Houngan Jean-Daniel Lafontant mit Claude Saturne zur Wiedereröffnung des HKW, 2. Juni 2023.*

2.–4. Juni
Nach mehrmonatiger Sanierung feiert das bundeseigene Haus der Kulturen der Welt (HKW) seine Wiedereröffnung mit einem mehrtätigen Festival und neuem Programm. Neuer Intendant ist der Kurator Bonaventure Soh Bejeng Ndikung, der 2009 den Berliner Projektraum Savvy Contemporary gründete. Der aus Kamerun stammende promovierte Biotechnologe und Ausstellungsmacher hat u. a. 2017 die Documenta 14 mitkuratiert und wurde 2020 mit dem Verdienstorden des Landes Berlin ausgezeichnet.[12] Zu dem dreitätigen Eröffnungsfest „Acts of Opening Again. Eine Choreografie der Konvivialität" mit vielfältigem Programm kommen laut HKW mehr als 15.000 Menschen. Die Wiedereröffnung markiert auch eine neue Ausrichtung des HKW, die sich auf die Suche nach Strategien für ein besseres Zusammenleben konzentriert.

4. Juni
Rund 50.000 Menschen nehmen an der ADFC-Sternfahrt teil, die dieses Jahr unter dem Motto „Mehr Recht fürs Rad – Viva la Radvolution!" steht. Auf 20 Routen fahren die Radfahrer*innen aus ganz Berlin und Brandenburg durch die Stadt und über Autobahnen zum Großen Stern.

---

12 Siehe den Chronik-Eintrag vom 10. Oktober 2021.

6. Juni
Im ersten öffentlichen Prozess zu den Silvester-Krawallen in Berlin ist ein 23-Jähriger vom Amtsgericht Tiergarten zu acht Monaten Gefängnisstrafe auf Bewährung verurteilt worden. Das Gericht befand den Mann des Angriffs auf Vollstreckungsbeamte und der versuchten gefährlichen Körperverletzung für schuldig. Er hatte einen Böller in Richtung eines Polizisten geworfen, der der Feuerwehr beim Löschen eines Brandes geholfen hatte.[13]

8. Juni
Die Stadt Berlin erinnert seit heute mit einer Gedenktafel an den Architekten Alfred Messel (1853–1909). Von 1896 bis 1901 lebte Messel in der damaligen Potsdamer Privatstraße 121d, heute Bissingzeile 13 in Tiergarten. Mit wegweisenden Bauten wie dem Kaufhaus Wertheim und dem Pergamonmuseum revolutionierte Messel, der 1907 zum Architekten der Königlich Preußischen Museen ernannt wurde, das Berliner Stadtbild. Als erster namhafter Architekt setzte er sich außerdem mit dem Arbeiterwohnungsbau auseinander und spielte eine große Rolle beim Entstehen der Baugenossenschaften und Wohnungsbauvereine. Für den „Berliner Spar- und Bauverein" lieferte er kostenlos mehrere Entwürfe für Wohnanlagen.

10. Juni
Am Langen Tag der StadtNatur zeigt die Stiftung Naturschutz Berlin gemeinsam mit vielen Akteur*innen bei Führungen, Wanderungen und Mitmachaktionen, welche tierischen Bewohner und Naturräume es in Berlin gibt – vom wild-grünen Hinterhof bis zum streng geschützten Naturschutzgebiet. Im Mittelpunkt des Programms steht in diesem Jahr der Artenreichtum Berlins.

14. Juni–14. September
Mit Ausstellungen, Interventionen und Veranstaltungen bespielt die 13. Berlin Biennale, kuratiert von der Autorin und Kuratorin Zasha Colah, vier Ausstellungsorte in der Stadt: das KW Institute for Contemporary Art, die Sophiensæle, den Hamburger Bahnhof – Nationalgalerie der Gegenwart und ein ehemaliges Gerichtsgebäude in der Lehrter Straße in Moabit. Mit letzterem öffnet die Berlin Biennale einen neuen Ort für die Präsentation zeitgenössischer Kunst in der Stadt.

17. Juni
Anlässlich des 70. Jahrestages erinnert Berlin mit mehreren Veranstaltungen an den Volksaufstand in der DDR vom 17. Juni 1953. An zentralen Erinnerungsplätzen wie am Bodendenkmal vor dem heutigen Bundesfinanzministerium, am Gedenkstein auf dem Steinplatz oder auf der zentralen Erinnerungsstätte auf dem Friedhof Seestraße finden Gedenkveranstaltungen statt. Hinzu kommen Interventionen im Stadtraum wie die großformatigen historischen Bilder vom Volksaufstand, die auf der Straße Unter den Linden und vor dem Bundesfinanzministerium aufgestellt sind.

---

13 Siehe den Chronik-Eintrag vom 1. Januar 2023.

Abb. 13 *Kranzniederlegung am Bodendenkmal vor dem Bundesfinanzministerium zum 70. Jahrestag des Volksaufstands am 17. Juni 1953.*

Der Filmwissenschaftler und Autor Hans Helmut Prinzler stirbt im Alter von 84 Jahren in seiner Heimatstadt Berlin. Prinzler war neben seiner zehnjährigen Arbeit als Studienleiter an der Deutschen Film- und Fernsehakademie als Vorstand der Deutschen Kinemathek, Direktor des Filmmuseums Berlin und Leiter der Retrospektive der Berlinale tätig. Seit 1996 war er Mitglied der Akademie der Künste in der Sektion Film- und Medienkunst. Die Bewahrung und Vermittlung von Film und Filmgeschichte stand im Mittelpunkt seines Schaffens.

Wissenschaftliche und wissenschaftsnahe Einrichtungen in Berlin und Potsdam öffnen zur Langen Nacht der Wissenschaften, die mit 26.000 verkauften Tickets wieder ein großer Erfolg ist.

17.–25. Juni
Mit einer Feier im Olympiastadion beginnen die Special Olympics World Games 2023 in Berlin. Die Sommerspiele der weltweit größten inklusiven Sportveranstaltung für Menschen mit geistiger Behinderung und Mehrfachbehinderung finden erstmals in Deutschland statt. Vor ca. 50.000 Zuschauer*innen erklären Bundespräsident Frank-Walter Steinmeier und Berlins Regierender Bürgermeister Kai Wegner die Spiele mit rund 7.000 Sportler*innen aus 170 Ländern offiziell für eröffnet. Das deutsche Team stellt mit 413 Sportler*innen die größte Delegation. Vom 18. bis 25. Juni finden an acht

Berliner Wettkampfstätten Wettbewerbe in 26 Sportarten statt, vom Schwimmen über Basketball bis Reiten.

18. Juni
Hunderte Fische verenden im Landwehrkanal. Die Behörden gehen von Starkregen als Ursache aus, der das Rohrsystem überfordert habe. Dadurch fließe das Wasser von den Straßen über in den Kanal, in dem es dann zu einem Mangel an Sauerstoff kommen könne.

21. Juni
Am Tag des Sommeranfangs sind anlässlich der Fête de la Musique zahlreiche Konzerte in der ganzen Stadt umsonst zu hören. Das Musikfest findet seit 1995 alljährlich in Berlin statt, in diesem Jahr mit einem Rekord von über 200 Musikorten – auf Bühnen, vor Ladentüren, in Clubs und Konzerthäusern und erstmals auch in Krankenhäusern und Pflegestationen, um auch Menschen zu erreichen, die weniger mobil sind.

23. Juni
Zum 25. Mal startet das Kunstfestival 48 Stunden Neukölln an 300 Orten im Bezirk mit rund 1.200 Künstler*innen.

24. Juni
An diesem Tag feiert Berlin doppelt: Mit einem „Freundschaftsfest" vor dem Rathaus Schöneberg wird sowohl an den Beginn der Berliner Luftbrücke vor 75 Jahren wie auch an die historische Rede des damaligen US-amerikanischen Präsidenten John F. Kennedy vor 60 Jahren erinnert. Hunderte Berliner*innen und US-amerikanische Gäste versammeln sich auf dem John-F.-Kennedy-Platz zu einem Open-Air-Festakt. Auf einer Großbildleinwand wird Kennedys Rede vom 26. Juni 1963 gezeigt. US-Botschafterin Amy Gutmann und Berlins Regierender Bürgermeister Kai Wegner heben in ihren Ansprachen die historische Freundschaft zwischen den USA und Berlin hervor und Zeitzeug*innen berichten von ihren Erinnerungen an die Blockade 1948/49, als West-Berlin über fast ein Jahr lang ausschließlich durch alliierte Flugzeuge versorgt wurde. Außerdem wird am ehemaligen Flughafen Tempelhof die Freiluft-Ausstellung „Blockierte Sieger – geteiltes Berlin" mit Dokumenten und Objekten jener Zeit eröffnet.

Zur Langen Nacht der Unterwelten, organisiert vom Verein Berliner Unterwelten, ist erstmals eine Tunnel- und Bunkeranlage unter der Dresdener Straße geöffnet. Der rund 450 Meter lange Tunnel einschließlich eines Bahnhofsrohbaus stammt aus der Kaiserzeit und den 1920er Jahren. Während des Nationalsozialismus wurde in einen Teil der Anlage ein Bunker eingebaut, weitere Abschnitte des Tunnels 1942 zum Luftschutzraum umfunktioniert. 1961 wurden im Bunker Grenzsicherungsanlagen eingebaut, da ein Teil der Anlage unter Kreuzberg in West-Berlin, der andere Teil unter Ost-Berlin lag. Bunker und Tunnel sind 2022 unter Denkmalschutz gestellt worden.

Abb. 14 *Besucher*innen bei einer Open-Air-Vorführung von John F. Kennedys Rede vom 26. Juni 1963 vor dem Rathaus Schöneberg, 24. Juni 2023.*

26. Juni
Zu seinem 90. Geburtstag wird in der Ludwigkirchstraße 9a eine Gedenktafel für Claudio Abbado (1933–2014) enthüllt, der hier von 1989 bis 2001 lebte. Der Pianist und Dirigent war von 1989 bis 2002 Chefdirigent der Berliner Philharmoniker und wirkte als Chefdirigent der Mailänder Scala, des London Symphony Orchestra und als ständiger Gastdirigent der Wiener Philharmoniker.

Der heutige Starkregen setzt das Physik-Gebäude der Technischen Universität (TU) in Berlin-Charlottenburg unter Wasser.

27. Juni
Der gebürtige Berliner Rockmusiker und Komponist Ulrich „Ed" Swillms stirbt mit 76 Jahren in seiner Heimatstadt. Swillms, Gründungsmitglied und Keyboarder der Band Karat, komponierte u. a. den Song „Über sieben Brücken musst du gehen".

28. Juni
Die vom Senat eingesetzte Expert*innenkommission zum Volksentscheid „Deutsche Wohnen & Co enteignen" legt ihren über 150-seitigen Abschlussbericht vor und übergibt diesen im Roten Rathaus. Das Gremium aus 13 Expert*innen kommt mehrheitlich zu dem Schluss, dass eine Vergesellschaftung großer privater Wohnungskonzerne in Berlin verfassungsrechtlich zulässig wäre, wohingegen Finanz- und Umsetzungsfragen offen-

blieben. Der Senat muss entscheiden, ob und wie er die Empfehlungen der Kommission in praktische Politik übersetzt.[14]

Zum dritten Mal wird der Preis „Vielfalt unternimmt" durch das Land Berlin vergeben. In verschiedenen Kategorien werden herausragende Unternehmen mit Preisen von jeweils 10.000 Euro ausgezeichnet, die von Migrant*innen gegründet und betrieben werden. Der Wettbewerb hat zum Ziel, die Bedeutung von Unternehmer*innen mit Migrationshintergrund für Berlin sichtbar zu machen und ihre wirtschaftlichen und innovativen Leistungen zu würdigen. Die Preise werden durch Wirtschaftssenatorin Franziska Giffey im Festsaal des Roten Rathauses überreicht.

30. Juni

Auf dem Gelände des ehemaligen Flughafen Tempelhof wird nach umfassender Renovierung des denkmalgeschützten Gebäudes die Aussichtsplattform auf dem historischen Flughafentower eingeweiht. Die Eröffnung des Towers mit Aussichtsplattform und Ausstellungsebene markiert zugleich den 100. Geburtstag des Flughafens Tempelhof, der 1923 seinen Flugbetrieb aufnahm. Nach dem Eröffnungswochenende am 15./16. Juli mit Führungen und Rahmenprogramm ist die Tower-Plattform und das Museum im 6. Stock regulär für Besucher*innen zugänglich.

1. Juli

Ulrich Khuon gibt seinen Posten als Intendant des Deutschen Theaters auf, den der heute 72-Jährige seit 2009 innehat. Mit ihm gehen etliche der 280 Mitarbeitenden. Im Herbst nimmt am Deutschen Theater mit der 141. Spielzeit die neue Intendantin Iris Laufenberg die Arbeit auf.

Nach gut zweieinhalb Jahren autofreier Testphase ist die Friedrichstraße wieder für Pkws befahrbar.[15] Die neue Verkehrssenatorin Manja Schreiner (CDU) lässt den bis dahin als Fußgängerzone ausgewiesenen Abschnitt in Mitte vorläufig für den Autoverkehr freigeben und lässt dafür die Poller und Sitzmöbel wieder entfernen. Die Entscheidung stößt auf kontroverse Reaktionen: Händler und CDU begrüßen die Öffnung als Schritt zur Belebung der angeschlagenen Geschäftsstraße. Dagegen protestieren Anwohnende und Umweltinitiativen.[16]

4. Juli

Zum 21. Berliner Hoffest lädt dieses Jahr erstmals Kai Wegner als neuer Regierender Bürgermeister. Zahlreiche Vertreter*innen aus Politik, Wirtschaft, Wissenschaft, Diplomatie, Kultur, Medien und Sport kommen in den Höfen des Roten Rathauses zusammen.

---

14 Siehe den Chronik-Eintrag vom 29. März 2022.
15 Siehe den Chronik-Eintrag vom 25. Oktober 2022.
16 Unter dem Motto „Freie Friedrichstraße – statt Blechlawine" versammeln sich am 3. Juli einige Hundert Demonstrierende, um gegen die Entscheidung zu demonstrieren.

6. Juli

Das Verwaltungsgericht (VG) Berlin entscheidet, dass die umstrittene Umbenennung der Mohrenstraße zulässig ist.[17] Der Bezirk Mitte hatte 2021 die Umbenennung des kolonial belasteten Namens in Anton-Wilhelm-Amo-Straße, nach einem afrikanischstämmigen Gelehrten im 18. Jahrhundert in Berlin, beschlossen. Das Gericht weist nun die Klage des Historikers und Journalisten Götz Aly und weiterer Anwohner*innen gegen die Umbenennung aus verwaltungsrechtlichen Gründen zurück. Es stellt klar, dass die Zuständigkeit für Straßennamen beim Bezirk liegt und dieser sein Ermessen korrekt ausgeübt habe. Die Entscheidung ist aber noch nicht rechtskräftig, weil mindestens ein Anwohner eine Berufung vor dem Oberverwaltungsgericht Berlin-Brandenburg beantragte.

8. Juli

Als Nachfolgerin der Loveparade findet die Techno-Veranstaltung „Rave The Planet" dieses Jahr zum zweiten Mal statt.[18] Unter der Devise „Music is the Answer" verläuft die Parade vom Kurfürstendamm über die Siegessäule bis zum Brandenburger Tor. Laut Schätzungen nehmen mehrere Hunderttausend Menschen teil. Der als politische „Kultur-Demonstration" angemeldete Umzug verläuft friedlich.

10. Juli

Am Roten Rathaus hisst der Regierende Bürgermeister Kai Wegner die Regenbogenflagge zur Berliner Pride-Saison im Beisein von Sozial- und Arbeitssenatorin Cansel Kiziltepe und dem Landesgeschäftsführer des Lesben- und Schwulenverbandes, Alexander Scheid. Im Rahmen der Pride Weeks finden u. a. am 15./16. Juli in Schöneberg das lesbisch-schwule Stadtfest und am 22. Juli die Christopher-Street-Day-Parade (CSD) statt.[19]

11. Juli

Der Berliner Senat beschließt in seiner heutigen Sitzung den Entwurf des Landeshaushalts für die Jahre 2024 und 2025. Der Doppelhaushalt wird im Herbst in den Ausschüssen des Berliner Abgeordnetenhauses beraten und soll im Dezember vom Parlament verabschiedet werden. Mit einem Volumen von rund 39 Milliarden Euro für 2024 und über 40 Milliarden Euro für 2025 liegt der Entwurf über dem aktuellen Haushalt von 37 Milliarden Euro. Der Fokus liegt laut Landesregierung auf Bildung, dem Ausbau der Sicherheit, Wohnungsbau, Digitalisierung, auf sozialer Sicherheit und der Wirtschaft.

12. Juli

Der Erweiterte Akademische Senat der Hochschule für Musik Hanns Eisler Berlin wählt mit absoluter Mehrheit im ersten Wahlgang die Professorin und Prorektorin Andrea

17 Mit Allgemeinverfügung vom 29. April 2021 setzte das Bezirksamt Berlin-Mitte einen Beschluss der Bezirksverordnetenversammlung um, die Mohrenstraße in Anton-Wilhelm-Amo-Straße umzubenennen. Vgl. die entsprechende Pressemitteilung des Verwaltungsgerichts, online unter: https://www.berlin.de/gerichte/verwaltungsgericht/presse/pressemitteilungen/2023/pressemitteilung.1342986.php
18 Siehe den Chronik-Eintrag vom 25. Oktober 2022.
19 Siehe den Chronik-Eintrag vom 22. Juli 2023.

Tober zur neuen Rektorin der Hochschule für eine Amtszeit von vier Jahren. Die Musikerin, Musikpädagogin und Kulturmanagerin unterrichtet seit 2012 als Professorin an der Eisler und leitete parallel dazu bis 2020 das Education-Programm der Berliner Philharmoniker. Sie hat als Prorektorin bereits kommissarisch die Amtsgeschäfte der bisherigen Rektorin Sarah Wedl-Wilson übernommen.

15. Juli
Bei einem ausverkauften Konzert vor 60.000 Fans der bekannten Berliner Rockband Rammstein im Olympiastadion versammeln sich vor den Toren hunderte Demonstrierende und fordern „Keine Bühne für Täter": Hintergrund sind die Vorwürfe sexueller Übergriffe, die mehrere Frauen im Frühsommer gegen Frontmann Till Lindemann erhoben haben. Die Polizei trennt Protestierende und Konzertbesuchende, um Zwischenfälle zu vermeiden. Zuvor hatte es eine Petition gegeben, die Absage der zwei Konzerte zu prüfen, wofür es jedoch rechtlich keine Handhabe gebe. Die Debatte um #MeToo-Vorwürfe in der Musikszene erreicht mit dem „Fall Lindemann" einen Höhepunkt.

In den Freibädern der Berliner Bäderbetriebe (BBB) gilt ab heute eine Ausweispflicht. Diese wird eingeführt, um Hausverbote besser durchzusetzen und die Sicherheit zu erhöhen, nachdem es in mehreren Bädern wie dem Columbiabad in Neukölln zu Ausschreitungen und Massenschlägereien gekommen war und Bäder wiederholt frühzeitig geschlossen und geräumt wurden.

17. Juli
Im Alter von 96 Jahren stirbt der Architekt, Architekturhistoriker und Publizist Bruno Flierl. Er galt als Experte für die Architektur und den Städtebau der DDR. Flierl befürwortete den Erhalt des Palastes der Republik in der Debatte um den Wiederaufbau des Berliner Stadtschlosses. Nach der Wende engagierte er sich für den Erhalt des baulichen Erbes des Sozialismus. 2008 erhielt er die Stadtältestenwürde von Berlin.

20. Juli
Mit einer Feierstunde wird heute, am 79. Jahrestag des Attentats- und Umsturzversuchs gegen Hitler, an den Widerstand gegen die nationalsozialistische Gewaltherrschaft erinnert. Rund 650 Menschen, darunter Vertreter*innen aus Politik und Gesellschaft, versammeln sich im Ehrenhof des Bendlerblocks in der Stauffenbergstraße zu einer Gedenkveranstaltung mit Totengedenken und Kranzniederlegung. Bundesverteidigungsminister Boris Pistorius fordert in seiner Rede mehr Wachsamkeit gegen aktuelle extremistische Gefahren. Bundeskanzler Olaf Scholz hebt anlässlich des Gedenktages die Notwendigkeit des Schutzes der Demokratie hervor.

Im brandenburgischen Kleinmachnow und Berliner Südbezirken suchen hunderte Polizist*innen nach einer angeblich frei umherlaufenden Löwin, die Augenzeug*innen in Kleinmachnow gesichtet haben wollen. Mit Wärmebildkameras, Hubschraubern und Betäubungsgewehren durchkämmen Einsatzkräfte Wälder und Gärten an der Stadtgrenze. Nachdem trotz intensiver Fahndung kein Großraubtier gefunden wird, gibt die Polizei am 21. Juli Entwarnung: Expert*innen kommen nach der Analyse eines Handyvideo zu

Abb. 15 *Teilnehmende des 45. Christopher Street Day am Potsdamer Platz, 22. Juli 2023.*

dem Schluss, dass es sich bei dem Tier höchstwahrscheinlich um ein Wildschwein und nicht um eine Löwin handelte.

Im Rahmen der Berliner Pride Weeks feiern heute Menschen den Christopher Street Day (CSD) auf der Spree, auch bekannt als Canal Pride, mit mehreren teilnehmenden Schiffen. Dieses Jahr wird der Canal Pride nicht mehr von der 2021 neu gegründeten, inzwischen nicht mehr existenten Genossenschaft CSD auf der Spree eG organisiert, sondern wieder von dem Unternehmen Wattskonzept.

22. Juli
Der 45. Christopher Street Day (CSD) verzeichnet mit rund einer halben Million Menschen einen neuen Besucherrekord. Die große Pride-Parade zieht vom Kurfürstendamm über die Siegessäule bis zum Brandenburger Tor – begleitet von Wagen, lauter Musik und Regenbogenfahnen. Das diesjährige Motto lautet „Be their voice – and ours! … für mehr Empathie und Solidarität!" Damit ruft die Community dazu auf, nicht nur die eigene Stimme für LGBTQ+-Rechte zu erheben, sondern sich auch für jene einzusetzen, die keine eigene Stimme haben. Politiker*innen wie Familienministerin Lisa Paus und Berlins Regierender Bürgermeister Kai Wegner laufen ebenfalls beim friedlich verlaufenden Umzug mit. Am Brandenburger Tor findet am Abend die Abschlusskundgebung statt, auf der Redner*innen – darunter Vertreter*innen von LGBTQ+-Organisationen –

an die nach wie vor bestehenden Probleme wie Hasskriminalität und Diskriminierung erinnern.

24. Juli
Der Regierende Bürgermeister Kai Wegner empfängt US-Botschafterin Dr. Amy Gutmann zum Antrittsbesuch im Roten Rathaus.

25. Juli
Der Berliner Senat beschließt gemäß des Koalitionsvertrages den Gesetzesentwurf zur Errichtung eines Sondervermögens „Klimaschutz, Resilienz und Transformation" mit einem Volumen von zunächst fünf Milliarden Euro.

6. August
Der Politiker Walter Rasch stirbt im Alter von 81 Jahren. Er war u. a. von 1981 bis 1989 Vorsitzender des FDP-Landesverbands, amtierte 1975 bis 1981 als Senator für Schulwesen und war zudem von 1971 bis 1975 stellvertretender FDP-Vorsitzender im Abgeordnetenhaus, bevor er 1981 den Vorsitz übernahm und bis 1989 besetzte. Er war zudem Mitgründer der Stiftung Preußische Seehandlung, deren erster Vorstandsvorsitzender er bis 2019 war.

13. August
Anlässlich des 62. Jahrestages des Baus der Berliner Mauer finden an verschiedenen Orten in Berlin Gedenkveranstaltungen statt, darunter eine Andacht in der Kapelle der Versöhnung. An der Mauergedenkstätte in der Bernauer Straße/Ecke Ackerstraße kommen Persönlichkeiten aus Politik und Gesellschaft sowie Angehörige zusammen, um mit einer Kranzniederlegung und einem Schweigemoment der Menschen zu gedenken, die bei Fluchtversuchen starben oder getötet wurden.

16. August
Im Alter von 79 Jahren stirbt der Schauspieler, Synchron- und Hörspielsprecher Jürgen Kluckert, der vor allem als die Stimme von Benjamin Blümchen bekannt war. Er prägte die Kindheit von Millionen Hörspielfans und war auch die deutsche Stimme zahlreicher Hollywood-Stars. Der 1943 geborene Kluckert besuchte die Staatliche Schauspielschule Ernst Busch in Ost-Berlin. Es folgten u. a. ein zwölfjähriges Engagement am Maxim Gorki Theater in Berlin sowie die Synchronisation von Filmen für die DEFA. 1980 verließ er die DDR und übernahm in den 1990er Jahren den Hauptpart in der beliebten Serie „Benjamin Blümchen" von Edgar Ott nach dessen Tod.

25. August
Der Produzent und Verleiher Claus Boje, Gründungsmitglied der Deutschen Filmakademie, stirbt im Alter von 65 Jahren. Zunächst als Kinobetreiber und Verleiher (Delphi Filmverleih) tätig, gründete er gemeinsam mit Detlev Buck die Boje/Buck Filmproduktion. Zu seinen größten Erfolgen gehören u. a. „Männerpension", „Sonnenallee" und „Herr Lehmann". Claus Boje wurde mehrfach mit dem Deutschen Filmpreis ausgezeichnet.

26. August
Die 41. Lange Nacht der Museen verzeichnet mit mehr als 50.000 Besuchenden einen neuen Rekord. Über 75 Museen und Ausstellungsorte öffnen von 18 Uhr bis weit nach Mitternacht ihre Türen. Allein das Museum für Naturkunde besuchen rund 10.600 Menschen und das Humboldt Forum zählt ca. 8.900 Besuchende. Viele Häuser bieten Sonderprogramme: Im Technikmuseum fahren historische Dampfzüge; das Deutsche Historische Museum zeigt Live-History-Darsteller in historischen Kostümen; im Bode-Museum gibt es Taschenlampen-Führungen durch die Skulpturensammlung.

28. August
Die U2 fährt nach fast einem Jahr wieder regulär zwischen Ruhleben und Pankow im gewohnten Takt. Im Oktober 2022 wurde auf der Linie ein Pendelverkehr eingerichtet, nachdem die Hochhaus-Baustelle am Alexanderplatz zu einer Absenkung des Tunnels der U2 geführt hatte und ein Gleis gesperrt werden musste.

29. August
Den vom Berliner Senat verliehenen, mit 25.000 Euro dotierten Hannah-Höch-Preis erhält diesmal der Fotograf Akinbode Akinbiyi für sein Lebenswerk. Der Hannah-Höch-Förderpreis 2023, der Künstlerinnen in der Mitte ihrer Karriere unterstützt, wird an Özlem Altın verliehen.

30. August
Das Projekt „Housing First für Frauen" des Sozialdienstes katholischer Frauen e. V. Berlin erhält in diesem Jahr die Louise-Schroeder-Medaille für sein Engagement für Gleichberechtigung und soziale Gerechtigkeit. Für das Kuratorium ist Housing First für Frauen mit seiner innovativen Methode ein erfolgreicher und nachhaltiger Baustein zur Beendigung frauenspezifischer Wohnungs- und Obdachlosigkeit. Bei der Feierstunde im Festsaal des Abgeordnetenhauses nimmt Dr. Dagmar Löttgen, Vorstandsvorsitzende des Sozialdienstes katholischer Frauen e. V. Berlin, die Auszeichnung entgegen.

Die österreichische Choreografin Florentina Holzinger zeigt die Inszenierung „Schrott-Etüde – (Scrap Etude): An Etude for Extinction" auf dem Parkplatz des Olympiastadions, komponiert von der Komponistin Katharina Ernst und dem Sounddesigner Stefan Schneider. Es ist die vierte „Etüde", die Holzingers mit ihrem Ensemble seit 2020 im öffentlichen Raum in und um Berlin aufführt.

30. August–23. September
Das Musikfest Berlin findet in der Philharmonie Berlin, in deren Kammermusiksaal und im Konzerthaus Berlin statt.

31. August
Die Dirigentin Joana Mallwitz ist ab der Saison 2023/24, die am heutigen Tage eröffnet, neue Chefdirigentin und Künstlerische Leiterin des Konzerthausorchesters Berlin. Sie tritt die Nachfolge von Christoph Eschenbach an. Ein neues Format unter den Online-Angeboten bietet etwa #reingehört – Konzerteinführungen per Video.

1. September
Ulrike Demmer ist ab heute neue Intendantin im Rundfunk Berlin-Brandenburg (RBB). Die 50-jährige Demmer tritt die Nachfolge von Katrin Vernau an, die auf ihren früheren Posten beim WDR zurückkehrt.

1.–5. September
Auf dem Gelände der Messe Berlin präsentiert sich die Internationale Funkausstellung Berlin (IFA), die weltweit größte Technologie- und Industrie-Messe für Unterhaltungselektronik und Haushaltstechnik.

2. September
Rund 7.000 Menschen beteiligen sich an Protesten gegen den Weiterbau der Stadtautobahn A100 nach Friedrichshain, der das Ende für viele der dort angesiedelten Clubs bedeuten würde. Zu der Musik-Kundgebung „A100 wegbassen! Umweltschutz statt Autoschmutz" sind nahe dem Bahnhof Ostkreuz zahlreiche Bühnen aufgebaut, auf denen bis 22 Uhr Musik gespielt wird.

Die ehemalige Senatorin für Justiz in Hamburg und Berlin, Lore Maria Peschel-Gutzeit, stirbt im Alter von 90 Jahren in Berlin. Peschel-Gutzeit war von 1994 bis 1997 Senatorin für Justiz in Berlin; für ihre Verdienste erhielt sie zahlreiche Auszeichnungen und wurde 2004 zur Stadtältesten von Berlin ernannt.

3. September
Der Westhafen feiert seinen 100-jährigen Geburtstag mit einem Hafenfest.

8. September
Die Stadt Berlin enthüllt in der Paradestraße 35 in Tempelhof eine Gedenktafel für die Physikerin und Kinderärztin Gertrud Rothgiesser (1888–1944). Rothgießer lebte und arbeitete dort zwischen 1926 und 1933. Sie kämpfte gegen die Beschränkungen für Frauen im Bildungsbereich, promovierte in Physik und Medizin und eröffnete eine sozial engagierte Kinderarztpraxis. Aufgrund ihrer jüdischen Herkunft wurde sie 1933 aus dem Beruf verdrängt, überlebte zunächst in der Tschechoslowakei und wurde später Opfer des Holocaust in Auschwitz.

Nach über 60 Jahren rollt in Moabit wieder die Straßenbahn: Die Tram-Linie M10 wird um einen 2,2 Kilometer langen Neubauabschnitt vom Berlin Hauptbahnhof bis zum U-Bahnhof Turmstraße verlängert. Seit dem Mauerbau 1961 gab es in West-Berlin keine Straßenbahn mehr in diesem Gebiet. Die neue Strecke schafft eine umsteigefreie Ost-West-Verbindung mit fünf neuen Haltestellen.

9./10. September
Der 31. Tag des offenen Denkmals mit mehr als 300 Denkmalen und Touren findet dieses Jahr unter dem Motto „Voller Energie" statt.

Lollapalooza Berlin präsentiert an zwei Tagen bei der siebten Ausgabe des internationalen Musikfestivals auf dem Gelände des Berliner Olympiastadions eine breite Palette von Musikgenres, von Pop und Rock bis hin zu Hip-Hop und Elektro.

11. September
Das Porträt des neuen Berliner Ehrenbürgers Daniel Barenboim wird im Festsaal des Abgeordnetenhauses von Berlin feierlich enthüllt.[20] Damit wird das künstlerische Lebenswerk des 80-Jährigen sowie sein umfassendes gesellschaftliches Engagement in Berlin gewürdigt. Barenboims Porträt, das vom chinesischen Maler Du Wenjie stammt, wird in die Ehrenbürger-Galerie des Abgeordnetenhauses aufgenommen.

13./14. September
Unter dem Motto „Pamoja – gemeinsam stärker" laden Bundespräsident Frank-Walter Steinmeier und Elke Büdenbender am 13. und 14. September zum Bürgerfest in den Park von Schloss Bellevue ein. Mit dem Bürgerfest des Bundespräsidenten und dem Tag des offenen Schlosses wird das ehrenamtliche Engagement in Deutschland gewürdigt. Rund 50 Partner des Bürgerfestes – von kleinen Vereinen und Initiativen bis zu großen Organisationen und Unternehmen – präsentieren ihr gesellschaftliches Engagement. Internationales Partnerland des Festes ist zum ersten Mal ein außereuropäisches Land: die Republik Kenia, deren Präsident William Ruto am Bürgerfest teilnimmt.

13.–17. September
In ganz Berlin wird vom 13. bis zum 17. September bei der Berlin Art Week (BAW) zeitgenössische Kunst in Museen und Kunstinstitutionen, Privatsammlungen und Projekträumen sowie zahlreichen Galerien gezeigt, diesmal mit den Schwerpunkten Digitalisierung, Nachhaltigkeit und Krieg. Eröffnet wird das stadtweite Festival, das laut der veranstaltenden Kulturprojekte Berlin insgesamt mehr als 130.000 Besucher*innen zählt, mit der Performance „Cut Piece" (1964) von Yoko Ono, die von Berliner Performer*innen ausgeführt wird. Die Neue Nationalgalerie ist Festivaltreffpunkt der diesjährigen BAW.

14. September
Hans Werner Henzes Musiktheater „Das Floß der Medusa" in der Inszenierung von Regisseur Tobias Kratzer eröffnet die Saison 2023/24 der Komischen Oper Berlin – mit einem Gastspiel in Hangar 1 im ehemaligen Flughafen Tempelhof. Sechs Vorstellungen in zwei Wochen werden gezeigt. Das Gebäude der Komischen Oper wird derzeit saniert, so dass die Oper aktuell im Charlottenburger Schillertheater spielt. Die Eröffnungspremieren zum Spielzeitbeginn sollen in den kommenden Spielzeiten jeweils an einem ungewöhnlichen Ort in der Stadt präsentiert werden.

14. September
Das schwedische Fotografiemuseum Fotografiska eröffnet auf 5.500 Quadratmetern im historischen Kunsthaus Tacheles in der Oranienburger Straße in Mitte seine Berliner

---

20 Siehe den Chronik-Eintrag vom 21. April 2023.

Abb. 16 *Demonstration zum 13. Globalen Klimastreik von Fridays for Future und weiteren Organisationen, 15. September 2023.*

Dependance. Neben den Standorten in Stockholm, New York und Tallinn ist dies die vierte Filiale des Fotografiemuseums. Zum Start zeigt das Museum mehrere Ausstellungen: „Ussyphilia" von Juliana Huxtable (bis 10. Januar 2024), die Gruppenausstellung „Nude" (bis 14. Januar 2024) und „Whiteface" von Candice Breitz (bis 4. Dezember 2023).

14.–17. September
In diesem Jahr findet das Dekoloniale Festival vier Tage lang in Charlottenburg-Wilmersdorf statt. Am Abend des 14. September eröffnet in der Villa Oppenheim gemeinsam mit dem Museum Charlottenburg-Wilmersdorf die Dekoniale Kooperationsausstellung „Solidarisiert euch! Schwarzer Widerstand und globaler Antikolonialismus in Berlin, 1919–1933". Die Ausstellung thematisiert die politische Organisierung diasporischer Gemeinschaften sowie die Erfahrung und die Grenzen transnationaler Solidarität im Umfeld der Kommunistischen Internationale.

15. September
Unter dem Motto „End Fossil Fuels" versammeln sich an diesem Freitag zehntausende Menschen vor dem Brandenburger Tor zum globalen Klimastreik der Bewegung Fridays for Future. Insgesamt folgen rund 24.000 Menschen dem Aufruf. Die Redner*innen – darunter Klimaaktivistin Luisa Neubauer – kritisieren die Bundesregierung für das Verfehlen ihrer Klimaziele und fordern einen schnelleren Fossilausstieg. Zeitgleich finden

Abb. 17 *Das Brandenburger Tor, nachdem es von Mitgliedern der Klimaschutzgruppe „Letzte Generation" mit Farbe besprüht wurde, 17. September 2023.*

in über 250 deutschen Städten ähnliche Proteste statt. In Berlin endet der Zug mit einer Kundgebung am Großen Stern.

17. September
Mitglieder der Klimaschutzgruppe „Letzte Generation" besprühen im Rahmen einer Protestaktion alle sechs Säulen des Brandenburger Tors mit oranger und gelber Farbe, um auf die Klimakrise aufmerksam zu machen. Neben Straßenblockaden gehören Farbattacken regelmäßig zu den Aktionen der Klimaaktivist*innen. Die Polizei nimmt 14 Aktivist*innen fest, mehrere von ihnen werden wegen gemeinschaftlicher Sachbeschädigung angeklagt.

19. September
Der ehemalige Berliner Polizeiführer Michael Knape stirbt im Alter von 72 Jahren. Knape begann seine Polizeikarriere 1970, durchlief verschiedene Stationen und leitete unter anderem die Direktion 6 für die Bezirke Lichtenberg, Marzahn-Hellersdorf und Treptow-Köpenick. Bekannt wurde er im Kampf gegen Rechtsextremismus.

21. September
Der Schriftsteller Lutz Seiler erhält den Berliner Literaturpreis 2023 der Stiftung Preußische Seehandlung. Die mit 30.000 Euro dotierte Auszeichnung würdigt Autor*innen, die mit ihrem literarischen Werk einen wesentlichen Beitrag zur Entwicklung der

deutschsprachigen Gegenwartsliteratur geleistet haben. Verliehen wird der Berliner Literaturpreis im Rahmen des 40-jährigen Stiftungsjubiläums in der Berlin-Brandenburgischen Akademie der Wissenschaften (BBAW). In diesem Jahr übergibt Sarah Wedl-Wilson, Staatssekretärin für Kultur, in Vertretung von Berlins Regierendem Bürgermeister Kai Wegner, die Auszeichnung an Seiler. „Lutz Seiler bewegt sich seit Mitte der 1990er Jahre als ein Grenzgänger durch die Genres und gewinnt jeder Gattung neue faszinierende Schattierungen ab, gerade auch durch literarische Wechselwirkung", konstatiert die Preisjury u. a. mit Blick auf seine bekannten Romane „Kruso" (2014) oder „Stern 111" (2020).

Eine Klima-Aktivistin der Gruppe „Letzte Generation" wird zu einer achtmonatigen Haftstrafe ohne Bewährung verurteilt. Die 41-Jährige hatte im Zeitraum vom 10. bis 19. Oktober 2022 an mehreren Straßenblockaden der Gruppe teilgenommen. Die Freiheitsstrafe ohne Bewährung wird wegen versuchter Nötigung sowie Nötigung und Widerstand gegen Vollstreckungsbeamte gegen die Angeklagte ausgesprochen. Die Höhe der Strafe ist neu.

22. September
In der Zeit von 15 bis 19 Uhr werden heute zum Internationalen Autofreien Tag in allen zwölf Bezirken insgesamt 40 Straßenabschnitte im Nebenstraßennetz für den Auto- und Radverkehr gesperrt. Berlin nimmt zum vierten Mal am Tag der temporären Spiel- und Nachbarschaftsstraßen teil.

24. September
Beim Berlin-Marathon 2023 läuft die Äthiopierin Tigst Assefa mit 2:11:53 Stunden die schnellste jemals von einer Frau gelaufene Marathonzeit. Sie unterbietet die alte Weltrekordzeit von 2:14:04 um über zwei Minuten. Der Kenianer Eliud Kipchoge gewinnt unter den Männern und ist damit der erste Läufer mit fünf Berlin-Siegen. Zudem stellt Amanal Petros als Neuntplatzierter mit 2:04:58 einen deutschen Rekord auf. Insgesamt nehmen über 47.000 Läufer*innen aus 156 Nationen am 49. BMW-Berlin-Marathon teil, bejubelt von Hunderttausenden Zuschauenden entlang der Strecke.

26. September
Der KinderKulturMonat, eine gemeinnützige Initiative des WerkStadt Kulturvereins Berlin e.V., wird heute in Schloss Biesdorf eröffnet. Ab Sonntag, dem 1. Oktober 2023, öffnen dann über 100 Berliner Kulturorte wie Museen, Theater, Tanzschulen und Bibliotheken ihre Türen mit über 230 Veranstaltungen zum Mit-Malen, Mit-Musizieren, Mit-Tanzen und Mit-Drucken. Kindern zwischen vier und zwölf Jahren ermöglichen die kostenfreien Workshops, Vorstellungen und Führungen, die Kulturorte ihrer Stadt zu entdecken und selbst künstlerisch tätig zu werden.

30. September
Der Synchronsprecher Thomas Danneberg stirbt im Alter von 81 Jahren. Der gebürtige Berliner, der seine Karriere als Schauspieler begann, feierte seinen Durchbruch als

Abb. 18 *Diesen zwölf Berliner*innen wird im Roten Rathaus der Verdienstorden des Landes Berlin für ihr Engagement verliehen, 1. Oktober 2023.*[21]

deutscher Synchronsprecher etwa von Sylvester Stallone, Arnold Schwarzenegger, John Travolta, Terrence Hill oder Dennis Quaid.

1. Oktober

Der Regierende Bürgermeister von Berlin, Kai Wegner, verleiht am 1. Oktober 2023, am Verfassungstag des Landes Berlin, im Roten Rathaus an zwölf Bürgerinnen und Bürger den Verdienstorden des Landes Berlin. Mit dem Berliner Landesorden 2023 werden geehrt: Der Initiator des Stolperstein-Projekts Gunter Demnig, der diese seit 1996 verlegt, um an die Opfer des Nationalsozialismus zu erinnern; Jutta Kämper, die sich seit über 30 Jahren für gemeinschaftlich organisiertes Wohnen und Leben von Frauen in Berlin einsetzt; Alexandra Knauer, die u. a. für die Initiative „Frauen unternehmen" aktiv ist und seit 1995 Geschäftsführerin des Zehlendorfer Familienunternehmens Knauer Wissenschaftliche Geräte GmbH, das während der COVID-19-Pandemie Produktions-Anlagen zur Einkapselung von Impfstoff in Lipid-Nanopartikel entwickelt hat; Elke Lehning-Fricke für ihr 40-jähriges politisches Engagement für frauen- und gleichstel-

21 V.l.n.r.: Dieter Puhl, Gabriele Schlimper, Johannes Vogel, Markus Voigt, Berndt Schmidt, Alexandra Knauer, Kai Wegner, Elke Lehning-Fricke, Düzen Tekkal, Gunter Demnig, Christiane Theobald-Gabler, Michael Wolffsohn. Jutta Kämper, die den Termin nicht wahrnehmen kann, erhält den Landesorden nachträglich am 26. Oktober vom Regierenden Bürgermeister. Siehe den Chronik-Eintrag vom 26. Oktober 2023.

lungspolitische Themen sowie Belange von Menschen mit (Seh-)Behinderungen; Dieter Puhl, der von 2009 bis 2019 die Bahnhofsmission Berlin Zoologischer Garten leitete und sich dort nun als Rentner weiterhin engagiert; Prof. Dr. Gabriele Schlimper, die u. a. für ihre Tätigkeit als Geschäftsführerin des Paritätischen Landesverbands Berlin geehrt wird, welcher sich für die Rechte hilfebedürftiger Menschen und für die Förderung der Zivilgesellschaft einsetzt; Dr. Berndt Schmidt, seit 2007 Geschäftsführer und Intendant des Friedrichstadt-Palastes Berlin und u. a. Mitglied im „Jüdischen Forum für Demokratie und gegen Antisemitismus"; Düzen Tekka, die sich mit Aufklärungs- und Öffentlichkeitsarbeit für Menschen jesidischer Herkunft einsetzt, die Hilfsorganisation „HAWAR.help" gegründet und die Bildungsinitiative „GermanDream" initiiert hat; Dr. Christiane Theobald-Gabler, die u. a. 2004 im Zuge des Zusammenschlusses des zuvor den drei Opernhäusern angeschlossenen Ballett-Ensembles an der Bildung des Staatsballetts Berlin als eigenständiger Compagnie beteiligt hat; Prof. Johannes Vogel, Ph.D., seit 2012 Generaldirektor des Museums für Naturkunde in Berlin; Markus Voigt, Berliner Unternehmer und seit 2011 ehrenamtlicher Präsident des „Vereins Berliner Kaufleute und Industrieller", der Leuchtturmprojekte wie die „Berliner Lesepaten" mit 2.300 Freiwilligen initiiert hat sowie Prof. Dr. Michael Wolffsohn, der sich seit Jahrzehnten für die Versöhnung zwischen Deutschen, Juden und Muslimen sowie eine lebendige Erinnerungskultur engagiert, u. a. mit der gemeinnützigen Lichtburg-Stiftung in Wedding, wo er mit seiner Ehefrau Rita Wolffsohn Lernwerkstätten als jüdisch-islamisch-interkulturelle Kultur-, Bildungs- und Integrationsprojekte realisiert.

3. Oktober
In Berlin kommt es am Tag der Deutschen Einheit zu verschiedenen politischen Demonstrationen.[22] Nach Polizeiangaben versammeln sich etwa 5.000 Anhänger*innen der Alternative für Deutschland (AfD) zu einem Aufzug vom Lustgarten zum Brandenburger Tor. Unter dem Motto „Für Frieden, Freiheit und Souveränität" versuchen sie, in Anlehnung an den Nationalfeiertag, ihre rechtspopulistischen Botschaften zu platzieren. Gleichzeitig mobilisiert ein breites Bündnis aus demokratischen Parteien, Gewerkschaften und zivilgesellschaftlichen Gruppen Gegendemonstrationen entlang der Route. Mehrere Tausend Berliner*innen stellen sich unter dem Motto „Kein Schulterschluss mit Faschisten" gegen den AfD-Aufzug. Der Einheitstag verläuft insgesamt ohne größere Ausschreitungen der beiden Lager.

4. Oktober
Der neu gewählte Landesbeirat für Partizipation kommt zu seiner ersten konstituierenden Sitzung zusammen. Das Gremium, für den sich alle Berliner*innen mit Migrationsgeschichte bewerben konnten, berät den Senat zu Partizipation und Teilhabe von Menschen mit Migrationsgeschichte. Es wird alle drei Jahre von Vereinen und Selbstorganisationen gewählt und trifft sich bis zu viermal im Jahr.

---

22 Die Stadt Hamburg ist in diesem Jahr Gastgeberin für die offiziellen Feierlichkeiten zum Tag der Deutschen Einheit. Im Mittelpunkt steht das „Festival der Einheit" vom 2. bis 3. Oktober 2023.

In der Berliner Philharmonie wird das 140-jährige Jubiläum der diplomatischen Beziehungen zwischen Korea und Deutschland mit einem Jubiläumskonzert des Korean National Symphony Orchestra unter der Leitung von Seokwon Hong gefeiert. Grundgelegt wurden die beidseitigen diplomatischen Kontakte durch einen im Jahre 1883 unterzeichneten „Handels-, Freundschafts- und Schifffahrtsvertrag".

6.–10. Oktober
Vom 6. bis 10. Oktober 2023 öffnet der Flughafen Tempelhof seine Pforten für 100 Stunden Programm zum 100. Jubiläum des Flughafengebäudes – dem größten Baudenkmal Europas. Das historische Terminal wird zum Schauplatz der Feier unter dem Motto „100 Jahre – 100 Stunden"; die Live-Konzerte, DJs, Lesungen, Radioshows, Kinovorführungen, Führungen, Kunstausstellungen, Kinderunterhaltung, Sportangebote umfassen.

7. Oktober
Nach dem Überraschungsangriff der Terrororganisation Hamas auf Israel verstärkt die Polizei den Schutz israelischer und jüdischer Einrichtungen. In Neukölln versammeln sich einige Dutzend Menschen zu einer pro-palästinensischen Demonstration.

10. Oktober
Der Senat beschließt die Agenda der Verwaltungsreform im Land Berlin. Im Zentrum steht hierbei die Ablösung des Allgemeinen Zuständigkeitsgesetzes (AZG) durch ein neues Gesetz, das die Aufgabenverteilung und Verantwortlichkeiten zwischen Senats- und Bezirksebene sowie das Vergabewesen neu regelt und das System der bezirklichen Finanzierung überprüft. Zur Erarbeitung verständigt sich der Senat auf ein Beteiligungskonzept zur Einbindung aller Akteure.

Der Berliner Senat beschließt die Einführung des neuen Berlin-Tickets für 29 Euro pro Monat, das Mitte 2024 eingeführt werden soll. Das Berlin-Abo gilt im gesamten Stadtgebiet von Berlin (Tarifbereich Berlin AB) und ist personengebunden.

11. Oktober
Der Senat beschließt, im Ankunftszentrum Tegel auf dem Gelände des ehemaligen Flughafens aufgrund der erhöhten Nachfrage nach Unterkünften 760 zusätzliche Plätze für Geflüchtete einzurichten. Das Ankunftszentrum Tegel wurde als temporäre Unterkunft für Geflüchtete eingerichtet. Derzeit leben etwa 4.500 Menschen im Terminal C des ehemaligen Flughafens.[23]

Auf dem biomedizinischen Campus Berlin-Buch wird ein neues Gründerzentrum für Start-ups in den Life Sciences eröffnet. Der BerlinBioCube bietet 8.000 Quadratmeter Fläche für Labore und Büros und ist Teil des BiotechParks Berlin-Buch, einer der größten Biotechparks in Deutschland.

---

23   Siehe die Chronik-Einträge vom 19. März 2022 und 24. April 2023.

Abb. 19 *Im Ankunftszentrum Tegel auf dem Gelände des ehemaligen Flughafens werden 760 zusätzliche Plätze für Geflüchtete eingerichtet, 11. Oktober 2023.*

18. Oktober
Vor dem Hintergrund des Gaza-Kriegs kommt es im Bezirk Neukölln zu schweren Ausschreitungen. Am Abend folgen Hunderte Menschen einem Aufruf in sozialen Medien zu einer von der Polizei verbotenen pro-palästinensischen Demonstration. Auf der Sonnenallee und am Hermannplatz entwickeln sich stundenlange Ausschreitungen. Es kommt zu 194 Festnahmen, 274 Ordnungswidrigkeits- und Strafanzeigen und 65 verletzten Polizeibeamt*innen. Bereits in den Tagen zuvor hatte es Zusammenstöße in Neukölln gegeben. Kurz nach Mitternacht hat sich laut Polizei die Lage vor Ort beruhigt.

Berlin feiert den 160. Geburtstag von Edvard Munch mit einer von der Berlinischen Galerie und dem Potsdamer Museum Barberini präsentierten Doppelschau.

22. Oktober
Zwei Wochen nach den Angriffen der Terrororganisation Hamas auf Israel versammeln sich Tausende Menschen in Berlin zu einer Kundgebung gegen Antisemitismus. Unter dem Motto „Gegen Terror und Judenhass – Solidarität mit Israel" hat ein breites Bündnis aus Jüdischer Gemeinde, Bundestagsparteien, Gewerkschaften und Verbänden zu der Veranstaltung am Brandenburger Tor aufgerufen. Rund 25.000 Teilnehmer*innen sind nach Angaben der Organisatoren zusammengekommen. Bundespräsident Frank-Walter Steinmeier und andere Redner*innen betonen Deutschlands besondere Verantwortung, jüdisches Leben zu schützen. Vertreter*innen jüdischer

Organisationen schildern ihre Sorge angesichts jüngster antisemitischer Vorfälle – so war z. B. eine Berliner Synagoge mit einem Brandsatz attackiert worden. Parallel sind pro-palästinensische Demonstrationen in Berlin bis auf wenige Ausnahmen weiterhin verboten.

Heute ist der letzte Öffnungstag des Pergamonmuseums auf der Museumsinsel für voraussichtlich 14 Jahre. Tausende besuchen an diesem Tag noch einmal das Museum, das grundsaniert wird. Der seit 2013 laufende erste Sanierungsabschnitt (der südliche Gebäudeteil) geht nun in einen zweiten, umfassenden Bauabschnitt über, bei dem auch der Saal des Pergamonaltars erneuert wird. Die Wiedereröffnung des Gesamtmuseums ist für 2037 geplant.

23. Oktober
Der Regierende Bürgermeister von Berlin, Kai Wegner, gibt heute Mittag im Säulensaal des Roten Rathauses ein Essen für den Stadtältesten und ehemaligen Regierenden Bürgermeister von Berlin, Klaus Wowereit, zu dessen 70. Geburtstag.

24. Oktober
Auf dem dritten Gipfel gegen Jugendgewalt wird eine Zwischenbilanz der eingesetzten Initiativen gezogen und der Fortschritt bewertet.[24]

26. Oktober
Der Regierende Bürgermeister von Berlin, Kai Wegner, händigt im Roten Rathaus den Verdienstorden des Landes Berlin an Jutta Kämper aus. Diese setzt sich seit über 30 Jahren für gemeinschaftlich organisiertes Wohnen und Leben von Frauen in Berlin ein.

27. Oktober
Seit heute erinnert am Kurfürstendamm 111 eine Gedenktafel an die Widerstandskämpferin Edith Schumann (1886–1943), die hier bis zu ihrer Verhaftung 1935 wohnte. Die in Königsberg geborene Lehrerin mit Studium der Medizin, Nationalökonomie und einer Promotion in Staatswissenschaften engagierte sich seit 1911 in der SPD und ab 1919 in der KPD. Nach einer „Schutzhaft" 1933 bis 1934 gehörte sie im Nationalsozialismus der Widerstandsgruppe „Neu Beginnen" an. 1936 verurteilte das Kammergericht Schumann nach erneuter Festnahme zu fünf Jahren Zuchthaus. Bis zu ihrem Tod stand sie unter polizeilicher Aufsicht.

29. Oktober
100 Jahre nach der ersten Funk-Stunde des Rundfunk-Sinfonieorchesters Berlin, die am 29. Oktober 1923 vom Potsdamer Platz aus das erste Mal sendete, gibt das Orchester sein Jubiläumskonzert mit Musik wichtiger Radio-Etappen in der Philharmonie Berlin.

---

24 Siehe die Chronik-Einträge vom 11. Januar und 22. Februar 2023.

2. November
In der Wichmannstraße 9 wird eine Gedenktafel für den jüdischen Verleger Erich Caesar Reiss (1887–1951) enthüllt. Sein gleichnamiger Verlag existierte von 1908 bis 1936 und war einer der führenden Literaturverlage in Deutschland. Hier erschien auch von 1909 bis Mitte 1912 die bekannte Zeitschrift *Die Schaubühne*. Als Folge der Machtübertragung an die Nationalsozialisten verlegte Reiss ab 1933 nur noch Bücher jüdischer Schriftsteller. Nach mehrwöchiger Haft im KZ Sachsenhausen emigrierte er 1939 durch Vermittlung des schwedischen Königs und der Nobelpreisträgerin Selma Lagerlöf über Schweden nach New York.

3. November
Die Landesregierungen von Brandenburg und Berlin beschließen den neuen Staatsvertrag für den Rundfunk Berlin-Brandenburg (RBB). Bei einer gemeinsamen Kabinettssitzung betonen die Regierungschefs Dietmar Woidke und Kai Wegner die Notwendigkeit zur Neuaufstellung der Landesrundfunkanstalt. Anfang kommenden Jahres soll der neue RBB-Staatsvertrag ratifiziert werden und in Kraft treten. Mit dem Vertrag werden die Grundlagen des RBB neu geregelt. Dazu gehört ein Gehaltsdeckel für die Intendanz sowie eine Stärkung der Gremien und der Kontrolle über den Sender. Auch die regionale Berichterstattung wird ausgeweitet. Die Novelle des neuen RBB-Staatsvertrages ist vor dem Hintergrund der Vorwürfe der Vetternwirtschaft und umstrittenen Beraterverträge gegen die fristlos entlassene ehemalige Intendantin Patricia Schlesinger zu sehen.[25]

4. November
Mehrere Tausend Menschen demonstrieren am Samstagnachmittag in Berlin-Mitte für Palästina und gegen die Angriffe Israels im Gazastreifen. Die Polizei spricht von 8.500 Teilnehmenden. Die Proteste richten sich insbesondere gegen das militärische Vorgehen Israels im Gazastreifen. Zu der Veranstaltung aufgerufen hatte ein Bündnis mehrerer pro-palästinensischer Gruppen. Es gibt mehrere Anzeigen und Festnahmen, bleibt aber überwiegend friedlich.

6. November
Der Staatssekretär für Soziales, Aziz Bozkurt, verleiht heute die Berliner Ehrennadel für besonderes soziales Engagement im Festsaal des Roten Rathauses. Die Auszeichnung verleiht der Berliner Senat jedes Jahr an 24 Personen, die sich seit mindestens zehn Jahren freiwillig in Vereinen, Organisationen und Initiativen oder bei der Betreuung und Begleitung von Personen engagieren.

8. November
Die digitale Meldebescheinigung für das Land Berlin wird offiziell in Betrieb genommen. Jede*r kann nun eine sogenannte qualifizierte Meldebescheinigung gebührenfrei online erhalten.

---

25 Siehe die Chronik-Einträge vom 4. und 22. August 2022.

Abb. 20 *Die Zeitzeugin Margot Friedländer bei einer Gedenkveranstaltung zum 85. Jahrestag der Novemberpogrome von 1938, 9. November 2023.*

7. November
10 Jahre nach der ersten Open Data Strategie beschließt der Berliner Senat auf Vorlage des Regierenden Bürgermeisters von Berlin, Kai Wegner, die neue Open Data-Strategie des Landes Berlin als Grundlage für die Verwaltungsmodernisierung.

9. November
Zum 34. Jahrestag des Mauerfalls erstreckt sich unter dem Motto „Haltet die Freiheit hoch!" eine vier Kilometer lange Open-Air-Installation des Gedenkens und der Demokratie entlang des ehemaligen innerstädtischen Mauerverlaufs zwischen Invalidenstraße und Axel-Springer-Straße. Entlang der Strecke werden von Berliner*innen gestaltete Plakate gezeigt, die historische Transparente mit aktuellen Botschaften für Freiheit und Demokratie verbinden. An sieben Orten bieten Ausstellungen, Vorträge und Performances Einblicke in die Ereignisse von 1989 und deren Bedeutung für die Gegenwart. Ein Höhepunkt ist das „Fest für Freiheit" mit fünf Bühnen und rund 700 Musiker*innen. Die Feierlichkeiten enden mit dem Aktionstag „Revolution! – und dann?" auf dem Campus der Demokratie, bei dem die Band Pussy Riot ein Open-Air-Konzert gibt.

Der Regierende Bürgermeister von Berlin, Kai Wegner, begrüßt an der Gedenkstätte Berliner Mauer das norwegische Kronprinzenpaar Haakon und Mette-Marit in Berlin. Die Gäste nehmen mit dem Regierenden Bürgermeister an der Gedenkveranstaltung

Abb. 21 *Die frühere Sprecherin der Demokraten im US-Repräsentantenhaus Nancy Pelosi trägt sich im Beisein von Kai Wegner und US-Botschafterin Amy Gutmann in das Gästebuch der Stadt Berlin ein, 10. November 2023.*

zum 34. Jahrestag der Öffnung der Berliner Mauer sowie an der Andacht in der Kapelle der Versöhnung in der Bernauer Straße teil.

85 Jahre nach den Novemberpogromen von 1938 erinnern zahlreiche Veranstaltungen in Berlin an die Opfer. Die zentrale Gedenkveranstaltung findet am Vormittag in der Synagoge in der Brunnenstraße statt, die kurz nach Wiederaufflammen des Nahost-Konflikts attackiert worden war. Bei der Gedenkveranstaltung des Zentralrats der Juden in Deutschland spricht u. a. Bundeskanzler Olaf Scholz. Im Gemeindehaus Fasanenstraße findet in der Jüdischen Gemeinde zu Berlin am Abend eine Gedenkveranstaltung mit Berlins Regierendem Bürgermeister Kai Wegner und dem israelischen Botschafter Ron Prosor statt. Im Berliner Dom wird am Abend ein Gottesdienst abgehalten.

10. November
Die American Academy in Berlin verleiht Jens Stoltenberg, dem Generalsekretär der NATO, den Henry-A.-Kissinger-Preis 2023. Die Festreden werden von Bundespräsident Frank-Walter Steinmeier und der ehemaligen Sprecherin des US-Repräsentantenhauses Nancy Pelosi gehalten.

Die frühere Sprecherin der Demokraten im US-Repräsentantenhaus Nancy Pelosi besucht Berlin anlässlich der Verleihung des Henry-A.-Kissinger-Preises an Nato-Generalsekretär Jens Stoltenberg. Im Roten Rathaus wird sie von Berlins Regierendem Bürgermeister Kai Wegner empfangen und trägt sich in das Gästebuch der Stadt Berlin ein.

11. November
In Kreuzberg findet am Samstagnachmittag eine pro-palästinensische Demonstration mit mehr als 6.000 Teilnehmenden statt. Unter dem Motto „Decolonize Human Rights" wird in Sprechchören sowie auf Schildern und Transparenten unter anderem Freiheit für Palästina gefordert. Laut Polizei hat es einige Festnahmen gegeben, doch sei die Demonstration ohne größere Störungen verlaufen.

14. November
Die Planungen und Vorbereitungen für den Bau der Stadtschnellstraße Tangentialverbindung Ost (TVO) beginnt mit der Einreichung des entsprechenden Antrags bei der zuständigen Verwaltung für Stadtentwicklung. Der nördliche und südliche Abschnitt dieses Verkehrsweges ist als Märkische Allee und Spindlersfelder Straße bereits langjährig in Betrieb. Die vorhandene Lücke zwischen der B1/B5 (bzw. der Märkischen Allee) im Bezirk Marzahn-Hellersdorf im Norden und der Straße An der Wuhlheide (bzw. Spindlersfelder Straße) im Bezirk Treptow-Köpenick im Süden soll mit der von Protesten begleiteten geplante Straßenverbindung geschlossen werden. Die Fertigstellung der TVO mit einer Länge von 7,2 Kilometern wird ab 2032 erwartet.

17. November
Am heutigen Freitag kommt der türkische Präsident Recep Tayyip Erdogan nach Berlin und trifft sich mit Bundespräsident Frank-Walter Steinmeier und Bundeskanzler Olaf Scholz. Wie bei seinem vorigen Besuch als Staatsgast erfährt er den Schutz der höchsten Sicherheitsstufe.

19. November
Am Volkstrauertag wird bundesweit der Opfer von Krieg und Gewaltherrschaft gedacht. Ursprünglich als Gedenktag an die Opfer des Ersten und später auch Zweiten Weltkriegs eingeführt, soll er angesichts der kriegerischen Auseinandersetzungen, terroristischen Anschläge und Krisen weltweit heute an alle Opfer von Krieg, Gewaltherrschaft und Terrorismus erinnern.

22. November
Prof. Dr. Aletta Bonn ist für die kommenden fünf Jahre neue Berliner Landesbeauftragte für Naturschutz und Landschaftspflege. Sie tritt die Nachfolge von Prof. Dr. Ingo Kowarik an, der von 2001 bis 2021 Berlins Naturschutzbeauftragter war. Die Landesbeauftragte berät die Senatsverwaltung für Mobilität, Verkehr, Klimaschutz und Umwelt in fachlichen und wissenschaftlichen Fragen des Naturschutzes und der Landschaftspflege und wirkt damit bei ausgewählten Entscheidungen mit. Bonn leitet hauptamtlich das Department Ökosystemleistungen am Helmholtz-Zentrum für Umweltforschung und die gleichnamige Professur an der Friedrich-Schiller-Universität Jena im Rahmen des Deutschen Zentrums für integrative Biodiversitätsforschung.

23. November
Im wiedereröffneten Kino Colosseum in Berlin-Prenzlauer Berg veranstaltet der Verein für Popkultur e.V. die siebte Verleihung des Preises für Popkultur. Die Nominierung von Kayla Shyx für ihr YouTube-Video über Rammstein-Afterpartys in der Kategorie „Schönste Geschichte" sorgt für Kontroversen, woraufhin die Kategorie in „Bewegendste Geschichte" umbenannt wird. Nina Chuba wird mehrfach ausgezeichnet, unter anderem in der Kategorie „Lieblingsalbum" für ihr Debutalbum „Glas" und den Song „Wildberry Lillet".

25. November
Zum Internationalen Tag zur Beseitigung von Gewalt gegen Frauen startet der Senat in Berlin die multimediale Anti-Gewalt-Kampagne #DasIstGewalt, um von Gewalt betroffene Frauen zu stärken und zu unterstützen. Ausgehend von der Istanbul Konvention will sie Berliner*innen über das Thema informieren und Betroffene ermutigen, sich Hilfe zu suchen.

1. Dezember
Im Rechtsstreit um das Sport- und Erholungszentrum (SEZ) kann das Land Berlin mit dem heute übermittelten Beschluss des Bundesgerichtshofs wieder über das Grundstück an der Landsberger Allee verfügen und dieses neu entwickeln. Das Grundstück war 2003 vom Land Berlin an einen Investor verkauft worden. Seit 2016 wurde vor Gericht verhandelt, ob der damalige Käufer seine vertraglichen Pflichten eingehalten hat. Das Kammergericht hat im Jahr 2022 entschieden, dass der Investor das SEZ-Gelände an das Land zurückgeben muss. Eine dagegen gerichtete Nichtzulassungsbeschwerde des Investors hat der Bundesgerichtshof nun abgewiesen. Damit bleibt das Urteil des Kammergerichts bestehen. Der derzeit für das Grundstück geltende Bebauungsplan 2-43 vom 13.12.2018 sieht u. a. eine Bebauung mit ca. 500 Wohnungen vor.

Das Georg Kolbe Museum mit Sitz im ehemaligen Künstlerhaus des Bildhauers Georg Kolbe (1877–1947) hat eine neue Leitung. Die Kuratorin und Kunsthistorikerin Dr. Kathleen Reinhardt hat bisher bei den Staatlichen Kunstsammlungen Dresden gearbeitet und u. a. an der Freien Universität Berlin, der Technischen Universität Dresden und der Hochschule für Bildende Künste Braunschweig gelehrt. Sie tritt die Stelle im Kolbe Museum als Nachfolgerin von Dr. Julia Wallner an.

4. Dezember
Die Freie Universität feiert 75-jähriges Jubiläum. Die Hochschule wurde 1948 von Studierenden und Forschenden gegründet, unterstützt von den amerikanischen Alliierten und Berliner Politikern. Am 23. Juni 1948 wurde der Gründungsaufruf veröffentlicht, den Festakt zur Gründung eröffnete Ernst Reuter am 4. Dezember 1948 im Steglitzer Titania-Palast. Unter dem Motto „75 Jahre freies Denken. Verantwortung bilden. Veränderung gestalten." beging die Freie Universität Berlin ihr Jubiläum bereits am 1. Juni mit einem Festakt. Im gesamten Jubiläumsjahr fanden und finden zahlreiche Veranstaltungen wie ein Sommerfest mit Campusrun statt, zu denen die Öffentlichkeit eingeladen ist.

Abb. 22 *Berlins Regierender Bürgermeister empfängt das belgische Königspaar I.I.M.M. König Philippe und Königin Mathilde während ihres Staatsbesuchs in Berlin, 5. Dezember 2023.*

5. Dezember
Der frühere Bürgermeister von Berlin, Senator für Justiz, Abgeordneter im Abgeordnetenhaus und Bundestag sowie Stadtältester von Berlin, Wolfgang Wieland, stirbt im Alter von 75 Jahren. Er gehörte zu den Gründungsmitgliedern der Alternativen Liste für Demokratie und Umweltschutz (AL) in Berlin (später der Landesverband von Bündnis 90/Die Grünen), war langjähriger Fraktionsvorsitzender im Abgeordnetenhaus und wurde 2001 Bürgermeister von Berlin und war von 2001 bis 2002 Justizsenator.

5.–7. Dezember
Der Regierende Bürgermeister von Berlin, Kai Wegner, empfängt am 5. Dezember das belgische Königspaar in der Hauptstadt. I.I.M.M. König Philippe und Königin Mathilde sind bis zum 7. Dezember zu einem Staatsbesuch in der Bundesrepublik Deutschland. Nach der Begrüßung im Roten Rathaus und der Eintragung in das Goldene Buch von Berlin ist am 6. Dezember ein gemeinsamer Besuch im Jugendhilfeprojekt „S27 – Kunst und Bildung" (früher „Schlesische 27") mit Round-Table-Gespräch geplant.

6. Dezember
Knapp drei Monate nachdem Klimaaktivist*innen das Brandenburger Tor mit Farbe besprüht haben, sind die Reinigungsarbeiten abgeschlossen worden. Das Tor war wochen-

lang eingerüstet. Eine erste Reinigung mit heißem Wasser aus Hochdruckstrahlern funktionierte nicht. Die Kosten liegen bei rund 115.000 Euro.

6./7. Dezember
Das Land Berlin übernimmt in diesem Jahr den Vorsitz der 100. Arbeits- und Sozialministerkonferenz (ASMK), die am 6. und 7. Dezember 2023 in der Hauptstadt stattfindet. Die Konferenz der Ministerinnen und Minister, Senatorinnen und Senatoren für Arbeit und Soziales gehört zu den größten und traditionsreichsten Fachministerkonferenzen in Deutschland. Den Vorsitz hat Cansel Kiziltepe, Senatorin für Arbeit, Soziales, Gleichstellung, Integration, Vielfalt und Antidiskriminierung. Als wichtige Ergebnisse haben sich die Teilnehmenden u. a. auf ein umfassendes Konzept zur Fachkräftegewinnung, auf die zielgerichtete Bekämpfung der Obdachlosigkeit, die Verbesserung der Arbeitsbedingungen bei Paketzusteller*innen und mehr betriebliche Mitbestimmung in Zeiten der Künstlichen Intelligenz verständigt.

7.–15. Dezember
Anlässlich der jüdischen Chanukka-Feiertage, die mit dem heutigen Sonnenuntergang beginnen und am 15. Dezember enden, hat die Jüdische Gemeinde Chabad Berlin zum 19. Mal einen großen Chanukka-Leuchter vor dem Brandenburger Tor aufgestellt. Das Chanukka-Lichterfest findet dieses Jahr vor dem Hintergrund des Angriffs der Terrororganisation Hamas auf die israelische Zivilbevölkerung am 7. Oktober 2023 statt.

9. Dezember
Die 36. Verleihung des Europäischen Filmpreises von der Europäischen Filmakademie (EFA) findet diesmal – wie alle zwei Jahre – in Berlin statt. In der Arena Berlin wird der Film „Anatomie eines Falls" von Justine Triet in allen vier nominierten Hauptkategorie als Bester Film, Beste Regie, Beste Darstellerin und Bestes Drehbuch ausgezeichnet und erhält außerdem den European University Film Award.

10. Dezember
„Nie Wieder Ist Jetzt! – Deutschland steht auf" ist das Motto der Solidaritätsveranstaltung unter der Schirmherrschaft von Bundestagspräsidentin Bärbel Bas, die von einem breiten Bündnis aus allen gesellschaftlichen Bereichen organisiert wird, um gegen zunehmenden Antisemitismus, Hass und Fremdenfeindlichkeit in Berlin und Deutschland zu demonstrieren. Der Zug startet um 13 Uhr am Großen Stern und zieht über die Straße des 17. Juni zum Brandenburger Tor. Nach Angaben der Polizei beteiligen sich rund 3.000 Menschen an der Demonstration, darunter Berlins Regierender Bürgermeister Kai Wegner, Bundesarbeitsminister Hubertus Heil und der Publizist Michel Friedman.

13. Dezember
Der Verfassungsgerichtshof des Landes Berlin lehnt den Antrag des Abgeordneten Robert Gläser ab. Der AfD-Politiker wollte den Senat von Berlin im Rahmen eines Organstreitverfahrens dazu verpflichten, ihm – über die bereits mitgeteilten Staatsangehörigkeiten hinaus – die Vornamen sämtlicher Tatverdächtigen der Krawalle aus

der Silvesternacht 2022/23 mitzuteilen.[26] Der Verfassungsgerichtshof hat den Antrag als unzulässig zurückgewiesen.

14. Dezember
Mitglieder der Studierendengruppe „Students for Free Palestine" besetzen im Zuge einer Protestaktion am Vormittag einen Hörsaal der Freien Universität in Dahlem. Im Rahmen dieser Aktion, die nicht von der Freien Universität veranstaltet oder genehmigt wurde, werden Forderungen an die Universität gestellt und es kommt zu antisemitischen Äußerungen und Auseinandersetzungen. Am Nachmittag entscheidet sich die Leitung der Freien Universität Berlin, von ihrem Hausrecht Gebrauch zu machen und in Absprache mit den Senatsverwaltungen für Wissenschaft, Gesundheit und Pflege und der Senatsverwaltung für Inneres und Sport die Hörsaalbesetzung durch die Polizei auflösen zu lassen und Strafanzeige wegen Hausfriedensbruch zu stellen. Gegen 18 Uhr ist der Hörsaal geräumt.

Das Abgeordnetenhaus beschließt in der 19. Wahlperiode in seiner heutigen 40. Sitzung nach über zwölfstündiger Debatte den Doppelhaushalt 2024/2025. Dieser sieht ein Haushaltsvolumen von rund 39.281 Millionen Euro für 2024 und 40.506 Millionen Euro für 2025 vor. Die Ausgabesummen stellen einen Rekord dar. Ein großer Posten sind Zuweisungen an die Bezirke (jeweils rund 11 Milliarden Euro), sowie für Personal und Investitionen.

Das Abgeordnetenhaus fasst den Beschluss, das Wahlalter bei Abstimmungen auf Landesebene auf 16 Jahre zu senken.

15. Dezember
Die Senatsverwaltung für Mobilität, Verkehr, Klimaschutz und Umwelt erteilt der landeseigenen Grün Berlin GmbH den Auftrag, den Görlitzer Park „mit einer stabilen Umfriedung" auszustatten, um die Drogen- und Gewaltkriminalität im Park einzudämmen. Dafür soll die bestehende Mauer um die Grünanlage im Bezirk Friedrichshain-Kreuzberg ertüchtigt, erweitert und ergänzt werden, zudem erhalten die vorhandenen Zugänge abschließbare Tore. Der Plan einer Einzäunung und nächtlichen Schließung des Parks geht auf den Berliner Sicherheitsgipfel vom September 2023 zurück und wird von zahlreichen Protesten von Anwohner*innen und Initiativen begleitet.

16. Dezember
Nach über vier Jahren in Berlin werden die im Zoo Berlin geborenen Panda-Zwillinge Pit und Paule vertragsgemäß an China zurückgegeben. Begleitet von einem Tierarzt des Zoos und einem chinesischen Panda-Experten fliegen sie in speziellen Transportkisten in einer Frachtmaschine direkt nach Chengdu – eigens wurde ein Air China Cargo Jet von Frankfurt nach Berlin umgeleitet, um einen Nonstop-Flug zu ermöglichen. Die Tiere

---

26 Siehe den Chronik-Eintrag vom 1. Januar 2023.

Abb. 23 *Traktoren fahren vor dem Brandenburger Tor zu einer Demonstration auf, zu der die Bauernverbände aufgerufen haben, 18. Dezember 2023.*

wurden 2019 in Berlin geboren; der Zoo Berlin war seit 2017 Heimat der einzigen Großen Pandas in Deutschland.

18. Dezember
Unter dem Motto: „Zu viel ist zu viel! Jetzt ist Schluss!" versammeln sich rund 8.000 Menschen mit Traktoren am Brandenburger Tor zu einer Demonstration und Kundgebung. Dazu aufgerufen hatte der Deutsche Bauernverband (DBV) gemeinsam mit den Landesbauernverbänden. Auslöser sind die Pläne der Bundesregierung zur Streichung von Steuersubventionen für die Landwirte, namentlich die Streichung der Agrardiesel-Subvention und der Kfz-Steuerbefreiung für die Land- und Forstwirtschaft.

Im Roten Rathaus findet eine Vorweihnachtliche Kaffeetafel mit den Stadtältesten von Berlin statt, zu der der Regierende Bürgermeister von Berlin jährlich einlädt.

19. Dezember
Vertreter*innen des Landes Berlin und der Vattenfall GmbH unterzeichnen einen Vertrag zum Rückkauf sämtlicher Anteile der Vattenfall Wärme Berlin AG. Damit ist ein Schritt der Rekommunalisierung der Energieinfrastrukturen im Land Berlin erfolgt. Das Berliner Fernwärmenetz ist mit 1,4 Millionen angeschlossenen Wohneinheiten das größte in Westeuropa. Der Vertrag zum Rückerwerb der Vattenfall Wärme Berlin AG

Abb. 24 *Vorweihnachtliche Kaffeetafel mit den Stadtältesten von Berlin, 18. Dezember 2023.*

bedarf vor seinem Wirksamwerden der Zustimmung des Abgeordnetenhauses von Berlin.

26. Dezember
Der CDU-Politiker und Ehrenbürger von Berlin Dr. Wolfgang Schäuble stirbt im Alter von 81 Jahren. Er prägte die Bundespolitik über Jahrzehnte. Der promovierte Jurist war Minister, CDU-Chef, Fraktionsvorsitzender und Präsident des Deutschen Bundestages. Dem Parlament gehörte er von 1972 bis zu seinem Tod an. Unter Kanzler Helmut Kohl (CDU) handelte Schäuble 1990 nach dem Mauerfall in der DDR maßgeblich den Einigungsvertrag mit aus. Seit einem Attentat im Oktober 1990 saß er im Rollstuhl. 2017 bis 2021 war Schäuble Bundestagspräsident.

30. Dezember
Die am 14. Dezember vom Abgeordnetenhaus beschlossene Neufassung der Berliner Bauordnung tritt in Kraft. Mit der Novelle, bekannt als „Schneller-Bauen-Gesetz" (SBG), setzt die Regierungskoalition Ziele aus dem Koalitionsvertrag um. Eckpunkte sind eine verstärkte Nutzung von Holz, eine Beschleunigung und Vereinfachung von Genehmigungsverfahren, Reduzierung der Kosten, Umbauerleichterungen und Maßnahmen für den Klimaschutz. Kritisiert wird die neue Bauordnung u. a. von Oppositionsparteien und Naturschutzverbänden.

31. Dezember
2023 geht als das wärmste Jahr in Deutschland seit Beginn der Aufzeichnungen 1881 in die Geschichte ein. Der Sommer 2023 war ebenfalls weltweit der mit Abstand heißeste seit Beginn der Messungen mit einer Durchschnittstemperatur von 16,77 Grad. Berlin war in diesem Sommer das wärmste Bundesland – die Temperatur im Stadtgebiet betrug im Schnitt 19,6 Grad.

Rosanna Dorn & Eileen Klingner

Das Theaterjahr 2023

Premieren der Berliner Bühnen

Staatliche Bühnen

Stiftung Oper in Berlin
Am Wriezener Bahnhof 1, 10243 Berlin
Generaldirektion: Georg Vierthaler (seit 2013/2014)

Staatsoper Unter den Linden
Unter den Linden 5–7, 10117 Berlin(-Mitte)
Intendanz: Matthias Schulz (seit April 2018)

Daphne 19.02.2023
Bukolische Tragödie in einem Aufzug (1938)
Text von Joseph Gregor
Inszenierung, Bühne, Kostüm, Licht: Romeo Castellucci; Dramaturgie: Piersandra Di Matteo, Jana Beckmann; Mitarbeit Regie: Maxi Menja Lehmann; Choreografie: Evelin Facchini; Musik: Richard Strauss; Musikalische Leitung: Thomas Guggeis; Mitarbeit Kostüm: Clara Rosina Straßer, Theresa Wilson; Mitarbeit Bühne: Lisa Behensky, Alessio Valmori; Mitarbeit Licht: Marco Giusti
Chor (Einstudierung): Martin Wright
Mit: René Pape, Anna Kissjudit, Vera-Lotte Boecker, Magnus Dietrich, Pavel Černoch, Arttu Kataja, Florian Hoffmann, Roman Trekel, Friedrich Hamel, Evelin Novak, Natalia Skrycka

Alter Orchesterprobensaal
ROBINSON 25.02.2023
Uraufführung Kinderoper LINDEN 21
Kammeroper für Selbstspielende Klaviere, Automaten und sieben Inseln (2023)
Auftragswerk der Staatsoper Unter den Linden
Text von Sigrid Behrens

Inszenierung: Anna Bergmann; Regieassistenz und Abendspielleitung: Carlo Nevio Wilfart; Dramaturgie: Jana Beckmann, Elisabeth Kühne, Benjamin Wäntig; Musik: Oscar Strasnoy; Musikalische Leitung: Markus Syperek; Jenny Kim (Musikalische Assistenz); Kostüm: Lane Schäfer; Birgit Wentsch (Kostümdirektion); Petra Weikert (Kostümassistenz); Bühne und Video: Lugh Amber Wittig; Maske: Jean-Paul Bernau (Chefmaskenbildner*in); Lara Mauszewski, Luka Lehleiter (Maskengestaltung); Musikautomaten: Edgardo Rudnitzky; Licht: Simone Oestreicher; Irene Selka (Leitung Beleuchtung); Ton: Christoph Koch (Leitung Tontechnik), Malek Schulz (Tontechnik); Künstlerische Produktionsleitung: Xenia Hofmann
Mit: Fredrika Brillembourg, Friederike Harmsen, Stephan Klemm, Regina Koncz, Johan Krogius, Carles Pachon, Johannes Wieners

Idomeneo 19.03.2023
Dramma per musica in drei Akten (1781)
Text von Giambattista Varesco nach Antoine Danchet
Inszenierung: David McVicar; Mitarbeit Regie: Caroline Staunton, Colm Seery; Dramaturgie: Benjamin Wäntig, Elisabeth Kühne; Choreografie: Colm Seery; Musik: Wolfgang Amadeus Mozart; Musikalische Leitung: Simon Rattle; Kostüm: Gabrielle Dalton; Bühne: Vicki Mortimer; Licht: Paule Constable; Chor (Einstudierung): Martin Wright
Mit: Andrew Staples, Magdalena Kožená, Anna Prohaska, Olga Peretyatko, Linard Vrielink, Florian Hoffmann, Jan Martiník, Marie Sofie Jacob, Ekaterina Chayka-Rubinstein, Johan Krogius, Friedrich Hamel
Movement Group: Alexis Akrovatakis, Alberto Aymar, Michael Belilov, Martin Buczkó, Moritz Haase, Ole Lehmkuhl, Lucas Roque Machado, Filippo Serra, Andrea Spartà, Victor Villarreal, Po-Nien Wand

Alter Orchesterprobensaal
SEHNSUCHT.LOHENGRIN 07.05.2023
Musiktheater Werkstatt nach Richard Wagner
Konzept und Fassung von Ulrike Schwab und Uwe Sochaczewsky
Eine Produktion des Kinderopernhauses Unter den Linden
Inszenierung: Georg Schütky; Co-Regie: Adrienn Bazsó; Dramaturgie: Christoph Lang; Musikalische Leitung und Arrangement: Uwe Sochaczewsky; Bühne und Kostüm: Rebekka Dornhege Reyes; Video: Aaike Stuart; Licht: Simone Oestreicher; Chor (Einstudierung): Jonas Hagen Olejniczak; Projektleitung: Regina Lux-Hahn
Mit: Sotiris Charalampous, Adriane Queiroz, Ulf Dirk Mädler, Clara Nadeshdin

Fontane-Haus
STERNENSTAUB 18.05.2023
Ein fantastisches Musiktheaterstück
Eine Produktion des Kinderopernhaus Berlin, Staatsoper Unter den Linden und des Kinderopernhaus Reinickendorf in Kooperation mit der Musikschule Reinickendorf
Szenische Entwicklung: Tillma Meyer; Musikalische Assistenz: Martin Eckenweber; Bühne und Kostüm: Petra Weikert; Licht: Harry Steffner; Ton: Richard Dobbert; Chorleitung: Sabina vom Dorff; Gesamtleitung: Regina Lux-Hahn; Pädagogische Begleitung:

Leonie Mirow; Stimmbildung: Anne Haller; Koordination: Franziska Hansen, FSJ Kultur: Malika Keck
Mit: Sittiye Berfin Beyaz, Lia Matusch, Lovisa Krummacher, Constantin Mihai Iancu, Helene Stampe, Tracy Mensah-Rassel, Charlotte Kollerup-Nielsen, Laura Lamby, Nora Heeschen, Robert Greshake, Caroline Mewes, Julian Voetz, Maria Clara Steinbach, Obaapa Abena Tuffour
Solist*innen: Lovisa Krummacher, Maria Clara Steinbach, Obaapa Abena Tuffour, Constantin Mihai Iancu, Laura Lamby, Robert Greshake, Charlotte Kollerup- Nielsen, Helene Stampe, Nora Heeschen, Sittiye Berfin Beyaz
Musikalische Beteiligung: Caroline Mewes (Harfe), Ingmar R. Kiauka (Percussion), Martin Eckenweber (Klavier)

DIE SCHÖNE MÜLLERIN 26.05.2023
Ein Musiktheaterabend nach Franz Schubert von Musicbanda Franui
Uraufführung LINDEN 21
Konzept: Florian Boesch, Nikolaus Habjan, Musicbanda Franui; Regie und Puppenbau: Nikolaus Habjan; Dramaturgie: Christoph Lang; Komposition und musikalische Bearbeitung: Markus Kraler, Andreas Schett; Musikalische Leitung: Andreas Schett; Kostüm: Birgit Wensch (Kostümdirektion), Petra Weikert (Kostümassistenz); Leitung Requisite: Jonathan Dürr; Chefmaskenbildner*in: Jean-Paul Bernau; Künstlerische Produktionsleitung: Xenia Hofmann; Licht: Paul Grilj, Irene Selka (Leitung Beleuchtung), Thomas Schüler (Beleuchtungsmeister); Ton: Christoph Koch (Leitung Tontechnik), Stefan Schett (Tontechnik)
Mit: Florian Boesch, Nikolaus Habjan
Musikalische Begleitung (Musicbanda Franui): Johannes Eder (Klarinette, Bassklarinette); Andreas Fuetsch (Tuba); Romed Hopfgartner (Saxophon, Klarinette); Markus Kraler (Kontrabass, Akkordeon); Angelika Rainer (Harfe, Zither); Bettina Rainer (Hackbrett); Markus Rainer, Andreas Schett (Trompete); Martin Senfter (Ventilposaune); Nikolai Tunkowitsch (Violine)

Kulturforum Hellersdorf
HÖRT, HÖRT!
ODER DIE SUCHE NACH DEN VERLORENEN TÖNEN 10.06.2023
Ein fantastisches Musiktheaterstück
Eine Produktion des Kinderopernhaus Berlin, Staatsoper Unter den Linden und des Kinderopernhaus Marzahn-Hellersdorf in Kooperation mit der Hans-Werner-Henze-Musikschule mit Musik aus u. a. Giuseppe Verdis „Nabucco" und Wolfgang A. Mozarts „Die Zauberflöte"
Szenische Entwicklung: Friederike Wecker; Musikalische Assistenz: Insa Bernds; Bühne und; Kostüm: Petra Weikert; Licht: Benedikt Aufzug; Ton: Marcus Rust; Chorleitung: Veronika Pietsch; Gesamtleitung: Regina Lux-Hahn; Stimmbildung: Sheida Damghani; Koordination: Lilli Schlünz; FSJ Kultur: Malika Keck
Mit: Carlotta Fischer, Greta Hoffmann, Julian Müller, Fritzi Ebsen, Paula Härtel, Mia Kuhn, Adelphina Fitz, Imani Uther, Katharina Dornberger, Isabell Kitte, Hugo Stranz,

Ella Haberland, Lotta Witt, Julius Braun, Jonah Alsenz, Theo Stranz, Jakob Wandke, Annabel Weltrich, Veronika Kiefer
Musikalische Beteiligung: Insa Bernds (Flügel)

Alter Orchesterprobensaal
THOMAS 25.06.2023
Kammeroper (2013)
Premiere LINDEN 21
Text von Händl Klaus
Inszenierung: Barbora Horáková; Dramaturgie: Jana Beckmann, Elisabeth Kühne; Regieassistenz und Abendspielleitung: Peri Nuranikhoshkow; Musik: Georg Friedrich Haas; Musikalische Leitung: Max Renne; Yury Ilnov (Musikalische Assistenz); Bühne und Kostüm: Annemarie Bulla; Maske: Jean-Paul Bernau (Chefmaskenbilder*in); Lara Mauszewski, Janina Schmidt (Maskengestaltung); Video: Sergio Verde; Licht: Stefan Schlagbauer; Irene Selka (Leitung Beleuchtung); Ton: Christoph Koch (Leitung Tontechnik); Malek Schulz (Tontechnik); Künstlerische Produktionsleitung: Xenia Hofmann
Mit: Jaka Mihelač, Gabriel Rollinson, Elmar Hauser, Philipp Mathmann, Fermin Basterra, Ekaterina Bazhanova, Friederike Kühl, Clara Nadeshdin, Michael Wanker
Musikalische Begleitung (Instrumentalensemble): Martin Mallaun (Zither); Christian Wernicke, Seth Josel (Gitarre); Anna Viechtl (Harfe); Flavio Virzì (Mandoline); Felix Kroll (Akkordeon); Olaf Taube, Sebastian Trimolt (Schlagzeug); Yuri Ilnov (Cembalo)

AIDA 03.10.2023
Oper in vier Akten (1871)
Text von Antonio Ghislanzoni nach einem Szenario von François Auguste Ferdinand Mariette
Inszenierung: Calixto Bieito; Dramaturgie: Bettina Auer, Christoph Lang; Musik: Giuseppe Verdi; Musikalische Leitung: Nicola Luisotti; Kostüm: Ingo Krügler; Bühne: Rebecca Ringst; Videodesign: Adrià Reixach; Licht: Michael Bauer; Chor (Einstudierung): Dani Juris
Mit: Grigory Shkarupa, Elīna Garanča, Marina Rebeka, Yusif Eyvazov, René Pape, Gabriele Viviani, Victoria Randem, Gonzalo Quinchahual

Alter Orchesterprobensaal
DON'T YOU NOMI? 07.10.2023
Uraufführung LINDEN 21
Inszenierung: Julia Lwowski; Regieassistenz und Abendspielleitung: Kerem Hillel; Dramaturgie: Elisabeth Kühne; Musik: Klaus Nomi, The Kinks, Claudio Monteverdi, Henry Purcell, Camille Saint-Saëns; Musikalische Leitung: Roman Lemberg; Musikalisches Arrangement: Roman Lemberg, Alexander Iezzi; Kostüm: Lea Søvsø; Birgit Wentsch (Kostümdirektion); Petra Weikert (Kostümassistenz); Kirsten Roof (Leitung Garderobe); Bühne: Yassu Yabara; Maske: Jean-Paul Bernau (Chefmaskenbildner*in), Lukas Lehleiter (Maskengestaltung); Licht: Simone Oestreicher; Irene Selka (Leitung Beleuchtung); Ton: Christoph Koch (Leitung Tontechnik); Malek Schulz (Tontechnik); Künstlerische Produktionsleitung: Xenia Hofmann

Mit: Nils Wanderer, Gina-Lisa Maiwald, Cassie Augusta Jørgensen, Ingeborg Brüssow, Roman Lemberg, Alexander Iezzi

MÉDÉE 19.11.2023
Tragédie Mise en Musique (1693)
Text von Thomas Corneille
Barocktage
Inszenierung: Peter Sellars; Dramaturgie: Antonio Cuenca Ruiz; Musik: Marc-Antoine Charpentier; Musikalische Leitung: Simon Rattle; Kostüm: Camille Assaf; Bühne: Frank Gehry; Licht: James F. Ingalls; Chor (Einstudierung): Dani Juris; Chor: Staatsopernchor
Mit: Magdalena Kožená, Reinoud Van Mechelen, Luca Tittoto, Carolyn Sampson, Jehanne Amzal, Gyula Orendt, Markéta Cukrová, Gonzalo Quinchahual, Dionysios Avgerino
Musikalische Begleitung: Staatsopernchor, Freiburger Barockorchester

Deutsche Oper Berlin
Bismarckstraße 34, 10627 Berlin(-Charlottenburg)
Intendanz: Dietmar Schwarz (seit 2012/2013)

Simon Boccanegra 29.01.2023
von Giuseppe Verdi
Regie und Inszenierung: Vasily Barkhatov; Dramaturgie: Sebastian Hanusa; Musikalische Leitung: Jader Bignamini; Kostüm: Olga Shaishmelashvili; Bühne: Zinovy Margolin; Video: Martin Eidenberger; Licht: Alexander Sivaev; Chöre: Jeremy Bines, Chor der Deutschen Oper Berlin
Mit: George Petean, Liang Li, Maria Motolygina, Attilio Glaser, Michael Bachtadze, Padraic Rowan, Patrick Cook, Karis Tucker

Tischlerei
KARAOPER 03.03.2023
Eine Karaoke-Opernfilm-Performance für Kinder und Jugendliche ab 8 Jahren von Chez Company
Uraufführung
Komposition: Thomas Kürstner, Sebastian Vogel; Künstlerische Leitung: Gesine Danckwart, Fabian Kühlein, Sabrina Zwach
Mit: Emilia, Grace, Nele, Peter, Lily, Valentina, Jörg Schörner

Arabella 18.03.2023
von Richard Strauss
Lyrische Komödie in drei Aufzügen
Dichtung von Hugo von Hofmannsthal
Inszenierung: Tobias Kratzer; Dramaturgie: Bettina Bartz, Jörg Königsdorf; Choreografie: Jeroen Verbruggen; Musikalische Leitung: Sir Donald Runnicles; Bühne und Kostüm: Rainer Sellmaier; Clara Luisa Hertel (Kostümmitarbeit); Video: Jonas Dahl, Manuel

Braun; Licht: Stefan Woinke; Chöre: Jeremy Bines, Chor der Deutschen Oper Berlin; Orchester: Orchester der Deutschen Oper Berlin
Mit: Albert Pesendorfer, Doris Soffel, Sara Jakubiak, Elena Tsallagova, Russell Braun, Robert Watson, Thomas Blondelle, Kyle Miller, Tyler Zimmerman, Hye-Young Moon, Alexandra Hutton, Jörg Schörner, Michael Jamak, Robert Hebenstreit, Thaisen Rusch

Tischlerei
NEUE SZENEN VI: Ein Kammeropern-Triptychon:
PHYSICAL EDUCATION 21.04.2023
Uraufführung
Musiktheater in drei Teilen von Juta Pranulytė, Sina Fani Sani und Germán Alonso
Auftragswerke der Deutschen Oper Berlin und der Hochschule für Musik Hanns Eisler Berlin
Inszenierung: Dennis Krauß; Text, Dramaturgie, Konzept: Giulia Fornasier; Mentorat Regie: Prof. Claus Unzen (Projektleitung), Prof. Corinna von Rad, Sven Holm; Dramaturgie: Sebastian Hanusa, Marlene Schleicher; Komposition und Konzept: Juta Pranulytė; Choreografie: Maria O'Herce; Musik: Juta Pranulytė; Musikalische Leitung: Manuel Nawri, Minjeong Kim; Musikalische Einstudierung: Byron Knutson; Bühne und Kostüm: Zoe Leutnant
Mit: Haein Choi, Julia Debowska, Farrukh Pirov, Ádám Schiffer

Tischlerei
NEUE SZENEN VI: Ein Kammeropern-Triptychon: LÒVELEASE 21.04.2023
Uraufführung
Musiktheater in drei Teilen von Juta Pranulytė, Sina Fani Sani und Germán Alonso
Auftragswerke der Deutschen Oper Berlin und der Hochschule für Musik Hanns Eisler Berlin
Inszenierung: José Cortés; Mentorat Regie: Prof. Claus Unzen (Projektleitung), Prof. Corinna von Rad, Sven Holm; Dramaturgie: Sebastian Hanusa, Caterina Szigeth; Choreografie: Maria O'Herce; Komposition: Germán Alonso; Musikalische Leitung: Manuel Nawri, Xiao Zhuo; Musikalische Einstudierung: Byron Knutson; Bühne und Kostüm: Zoe Leutnant
Mit: Isabelle Nahrstedt, Èlia Farreras Cabero, Egor Sergeev, Rory Green

Tischlerei
NEUE SZENEN VI: Ein Kammeropern-Triptychon: D:\FACED 21.04.2023
Uraufführung
Musiktheater in drei Teilen von Juta Pranulytė, Sina Fani Sani und Germán Alonso
Auftragswerke der Deutschen Oper Berlin und der Hochschule für Musik Hanns Eisler Berlin
Inszenierung: Lea Willeke; Mentorat Regie: Prof. Claus Unzen (Projektleitung), Prof. Corinna von Rad, Sven Holm; Dramaturgie: Sebastian Hanusa, Marlene Schleicher; Komposition: Sina Fani Sani; Musikalische Leitung: Manuel Nawri, Kyungmin Park; Musikalische Einstudierung: Byron Knutson; Bühne und Kostüm: Zoe Leutnant

Mit: Youngin Lee, Anton Belyaev, Hannah Schmidt-Ott, Jüntao Ye, Charlotte Mergenthaler, Carlo Wilfart

MATTHÄUS-PASSION 05.05.2023
Johann Sebastian Bach
Inszenierung: Benedikt von Peter; Dramaturgie: Dorothea Hartmann; Musikalische Leitung: Alessandro De Marchi; Kostüm: Lene Schwind; Bühne: Natascha von Steiger; Video: Bert Zander; Licht: Roland Edrich; Chöre: Jeremy Bines, Chor der Deutschen Oper Berlin, Kinderchor der Deutschen Oper Berlin, Kinderchor des Aalto-Theaters Essen; Orchester: Orchester der Deutschen Oper Berlin
Mit: Joshua Ellicot, Michael Bachtadze, Kieran Carrel, Padraic Rowan, Joel Allison, Artur Garbas, Siobhan Stagg, Annika Schlicht, Mina Christ

Francesca da Rimini 19.05.2023
Tragedia in vier Akten und fünf Bildern von Riccardo Zandonai
Publikumspremiere
Inszenierung: Christof Loy; Dramaturgie: Dorothea Hartmann; Musikalische Leitung: Ivan Repušić; Kostüm: Klaus Bruns; Bühne: Johannes Leiacker; Licht: Olaf Winter; Chöre: Jeremy Bines
Mit: Sara Jakubiak, Lexi Hutton, Samuel Dale Johnson, Ivan Inverardi, Jonathan Tetelman, Charles Workman, Meechot Marrero, Elisa Verzier, Arianna Manganello, Karis Tucke, Irene Roberts, Thomas Cillufo, Dean Murphy, Patrick Cook, Artur Garbas

Il Teorema di Pasolini 09.06.2023
Musiktheater von Giorgio Battistelli
Uraufführung
Inszenierung: Dead Centre; Dramaturgie: Jörg Königsdorf; Musikalische Leitung: Daniel Cohen; Bühne und Kostüm: Nina Wetzel; Video: Sébastien Dupouey; Licht: Stephen Dodd; Klangdesign: Benjamin Schultz; Orchester: Orchester der Deutschen Oper Berlin
Mit: Angeles Blancas Gulín, Paula D. Koch, Meechot Marrero, Nelida Martinez, Monica Bacelli, Doris Gruner, Davide Damiani, Christoph Schlemmer, Andrei Danilov, Eric Naumann, Nikolay Borchev

Hérodiade 15.06.2023
Konzertante Premiere
von Jules Massenet
Musikalische Leitung: Enrique Mazzola
Mit: Clémentine Margaine, Nicole Car, Etienne Dupuis, Matthew Polenzani, Marko Mimica, Dean Murphy, Kyle Miller, Sua Jo, Thomas Cilluffo

Tischlerei
Bär*in 21.06.2023
Uraufführung
Musiktheater von Franziska Angerer und Arne Gieshoff (Musik)
nach der Erzählung *An das Wilde glauben* von Nastassja Martin

Inszenierung: Franziska Angerer; Dramaturgie: Carolin Müller Dohle; Komposition: Arne Gieshoff; Komposition Bären-Band: Maximilian Hirning, Tim Sarhan, Franziska Ameli Schuster; Musikalische Leitung: David Wishart; Bühne und Kostüm: Valentina Pino Reyes
Mit: Eva Hüster, Maire Therese Carmack, Daniel Nicholson, Frédéric Krauke

Tischlerei
Zeroth Law – Das nullte Gesetz 27.09.2023
Eine hybride Landschaft für 20 Musikautomaten und den RIAS Kammerchor
mit und von Gamut inc
Uraufführung
Regie, Komposition, Konzept: gamut inc/Marion Wörle, Maciej Śledziecki; Dramaturgie: Sebastian Hanusa; Choreografie: Ruben Reniers; Licht und Video: Fubbi Karlsson; Klangregie: Olivia Oyama; Chordirigat: Olaf Katzer; Chor: RIAS Kammerchor; Roboterorchester: Logos Foundation (gebaut von Dr. Godfried Willem Raes); Robotertechnik: Kristof Lauwers
Mit Tänzer*innen: TingAn Ying, Ruben Reniers
Mit (Schauspiel): Ursina Lardi

Il Trittico 30.09.2023
von Giacomo Puccini
IL TABARRO – SUOR ANGELICA – GIANNI SCHICCHI: Ein Operntriptychon von Giacomo Puccini
Inszenierung: Pinar Karabulut; Dramaturgie: Dorothea Hartmann; Musikalische Leitung: John Fiore; Kostüm: Teresa Vergho; Bühne: Michela Flück; Lichtdesign: Carsten Rüger; Chöre: Jeremy Bines, Chor der Deutschen Oper Berlin; Kinderchor: Christian Lindhorst, Kinderchor der Deutschen Oper Berlin; Orchester: Orchester der Deutschen Oper Berlin
Mit: Il tabarro: Misha Kiria, Jonathan Tetelman, Carmen Giannatasio, Ya-Chung Huang, Andrew Harris, Annika Schlicht, Andrei Danilov, Lilit Davtyan
Suor Angelica: Mané Galoyan, Violeta Urmana, Lauren Decker, Annika Schlicht, Davia Bouley, Lilit Davtyan, Stephanie Lloyd, Gyumi Park, Arianna Manganello, Rachel Pinevska, Kristina Griep, Maria Motolygina, Julie Wyma, Margarita Greiner
Gianni Schicchi: Misha Kiria, Mané Galoyan, Annika Schlicht, Andrei Danilov, Burkhard Ulrich, Karola Pavone, Michael Bachtadze, Andrew Harris, Dean Murphy, Arianna Manganello, Jörg Schörner, Markus Brück, Christian Simmons, Gerard Farreras, Derrick Amanatidis

Anna Bolena 15.12.2023
von Gaetano Donizetti
Eine Produktion des Opernhaus Zürich
Berliner Premiere
Inszenierung: David Alden; Dramaturgie: Michael Küster, Jörg Königsdorf; Musikalische Leitung: Enrique Mazzola; Bühne und Kostüm: Gideon Davey; Video: Robi Voigt;

Licht: Elfried Roller; Chöre: Jeremy Bines, Chor der Deutschen Oper Berlin; Orchester: Orchester der Deutschen Oper Berlin
Mit: Riccardo Fassi, Federica Lombardi, Vasilisa Berzhanskaya, Padraic Rowan, René Barbera, Karis Tucker, Chance Jonas-O'Toole

Komische Oper Berlin
Behrenstraße 55–57, 10117 Berlin(-Mitte)
Intendanz: Barrie Kosky (2012/2013 bis 2021/2022),
Susanne Moser & Philip Bröking (seit 2022/2023)

La Cage aux Folles 28.01.2023
von Jerry Herman
Musical in zwei Akten [1983]
Musik und Songtexte von Jerry Herman
Buch von Harvey Fierstein, nach dem Stück „La Cage aux Folles" von Jean Poiret
Deutsche Textfassung von Martin G. Berger unter Verwendung der Übersetzung von Erika Gesell und Christian Severin
Inszenierung: Barrie Kosky; Dramaturgie: Johanna Wall; Choreografie: Otto Pichler; Musik: Jean-Christophe Charron (Chöre); Musikalische Leitung: Koen Schoots; Kostüm: Klaus Bruns; Bühne: Rufus Didwiszus; Licht: Franck Evin
Mit: Maria-Danaé Bansen, Helmut Baumann, Rebekka Burckhardt, Stefan Kurt, Tom Erik Lie, Tilo Nest, Daniel Ojeda Yrureta, Paulina Plucinski, Peter Renz, Andreja Schneider, Christoph Späth, Nicky Wuchinger; Komparserie der Komischen Oper Berlin Tänzer*innen und musikalische Beteiligung: Chorsolist*innen und Tanzensemble der Komischen Oper Berlin u. a.

Die Rache der Fledermaus 10.02.2023
nach „Die Fledermaus" von Johann Strauss
in einer Bearbeitung von Stefan Huber und Kai Tietje [1874/2018]
Gastspiel des Casinotheaters Winterthur
Inszenierung: Stefan Huber; Choreografie: Danny Costello; Musikalische Leitung: Kai Tietje; Kostüm und Bühne: Heike Seidler
Mit: Tobias Bonn, Katja Brauneis, Francesco Carpino, Stefanie Dietrich, Franz Frickel, Max Gertsch, Alen Hodzovic, Stefan Kurt, Christoph Marti, Gabriela Ryffel, Zucchini Sistaz (Sinje Schnittker, Jule Balandat, Tina Werzinger)

Tom Sawyer 18.02.2023
von Kurt Weill
Kinderoper in zwei Akten [1950/2020]
Eingerichtet und arrangiert von Kai Tietje
Text von John von Düffel, in einer Regiefassung von Tobias Ribitzki
Uraufführung

Inszenierung: Tobias Ribitzki; Dramaturgie: Katie Campbell, Johanna Wall; Musik: Dagmar Fiebach (Kinderchor); Musikalische Leitung: Kai Tietje; Kostüm und Bühne: Stefan Rieckhoff; Licht: Olaf Freese
Mit: Kai-Uwe Fahnert, Michael Heller, Ferdinand Keller, Alexandra Lachmann, Josefine Mindus, Carsten Sabrowski, Tom Schimon, Christoph Späth, Caren von Oijen, Theo Rüster, Nikita Voronchenko, Elisabeth Wrede; Komparserie der Komischen Oper Berlin
Musikalische Beteiligung: Kinderchor der Komischen Oper Berlin u. a.

Così fan tutte 11.03.2023
von Wolfgang Amadeus Mozart
Dramma giocoso in zwei Akten [1790]
Libretto von Lorenzo Da Ponte
Koproduktion mit dem Opernhaus Zürich
Inszenierung: Kirill Serebrennikov; Dramaturgie: Beate Breidenbach, Maximilian Hagemeyer; Musikalische Leitung: Erina Yashima; Kostüm: Kirill Serebrennikov, Tatjana Dolmatovskaya; Bühne: Kirill Serebrennikov; Nikolay Simonov (Mitarbeit Bühne); Video: Ilya Shagalov; Licht: Franck Evin; Chöre: Jean-Christophe Charron
Mit: Tansel Akzeybek, Dominik Köninger, Nadja Mchantaf, Günter Papendell, Alma Sadé, Caspar Singh, Penny Sofroniadou, Deniz Uzun, Hubert Zapiór, Susan Zarrabi; Komparserie der Komischen Oper Berlin
Musikalische Beteiligung: Chorsolist*innen der Komischen Oper Berlin u. a.

… und mit Morgen könnt ihr mich! 26.03.2023
Ein Berlin-Abend mit Songs von Kurt Weill [2003]
Dramaturgie: Maximilian Hagemeyer; Musikalische Leitung: Kai Tietje; Kostüm: Victoria Behr; Bühne: Klaus Grünberg; Barrie Kosky (Szenische Einrichtung); Anne Kuhn (Mitarbeit Bühne); Licht: Klaus Grünberg
Mit: Katharine Mehrling, Komparserie der Komischen Oper Berlin u. a.
Musikalische Begleitung: Orchester der Komischen Oper Berlin u. a.

Hamlet 16.04.2023
von Ambroise Thomas
Oper in fünf Akten [1868]
Libretto von Michel Carré und Jules Barbier
Inszenierung: Nadja Loschky; Dramaturgie: Yvonne Gebauer, Julia Jordà Stoppelhaar; Choreografie: Thomas Wilhelm; Musik: Jean-Christophe Charron (Chöre); Musikalische Leitung: Marie Jacquot, Erina Yashima; Kostüm: Irina Spreckelmeyer; Bühne: Etienne Pluss; Licht: Olaf Freese
Mit: Ferhat Baday, Stephen Bronk, Kjell Brudscheid, Johannes Dunz, Tijl Faveyts, Karolina Gumos, Ferdinand Keller, Frederic Jost, Jens Larsen, Liv Redpath, José Simerilla Romero, Huw Montague Rendall, Caspar Singh; Komparserie der Komischen Oper Berlin; Tänzer*innen
Musikalische Beteiligung: Chorsolist*innen der Komischen Oper Berlin u. a.

Abb. 1 *Komische Oper Berlin: „Das Floß der Medusa".*

Jephtha 07.05.2023, konzertant
von Georg Friedrich Händel
Dramatisches Oratorium in drei Teilen [1752]
Libretto von Thomas Morell
Musik: David Cavelius (Chöre); Musikalische Leitung: Christian Curnyn
Mit: Alexandra Hutton, Ezgi Kutlu, Philipp Meierhöfer, Key'mon Murrah, Andrew Staples, Solisten des Tölzer Knabenchores, Pablo Brandes
Musikalische Beteiligung: Chorsolist*innen der Komischen Oper Berlin u. a.

Saul 27.05.2023
von Georg Friedrich Händel
Inszenierung: Axel Ranisch; Dramaturgie: Johanna Wall; Musik: David Cavelius (Chöre); Musikalische Leitung: David Bates; Kostüm: Alfred Mayerhofer; Bühne: Falko Herold; Licht: Michael Bauer
Mit: Tansel Akzeybek, Ferhat Baday, Stephen Bronk, Rupert Charlesworth, Ferdinand Keller, Nadja Mchantaf, Aryeh Nussbaum Cohen, Penny Sofroniadou, Luca Tittoto, Ivan Turšić
Musikalische Beteiligung: Chorsolist*innen der Komischen Oper Berlin u. a.

Flughafen Tempelhof/Hangar 1
Das Floß der Medusa 16.09.2023
von Hans Werner Henze

Dichtung von Ernst Schnabel
Oratorium in zwei Teilen [1968]
Inszenierung: Tobias Kratzer; Dramaturgie: Julia Jordà Stoppelhaar; Musik: David Cavelius (Chöre); Musikalische Leitung: Titus Engel; Kostüm und Bühne: Rainer Sellmaier; Licht: Olaf Freese
Mit: Idunnu Münch, Gloria Rehm, Günter Papendell; Komparserie und Bewegungschor der Komischen Oper Berlin
Musikalische Beteiligung: Chorsolist*innen der Komischen Oper Berlin, Staats- und Domchor Berlin und Vocalconsort Berlin

Schillertheater Berlin-Charlottenburg
Chicago 28.10.2023
Ein Musical–Vaudeville [1975]
Buch von Fred Ebb und Bob Fosse
Musik von John Kander
Songtexte von Fred Ebb (nach dem Stück *Chicago* von Maurine Dallas Watkins)
Deutsch von Erika Gesell und Helmut Baumann
Koproduktion mit der Volksoper Wien
Inszenierung und Co-Regie: Barrie Kosky; Dramaturgie: Johanna Wall; Choreografie: Barrie Kosky; Musik: Jean-Christophe Charron (Chöre); Musikalische Leitung: Adam Benzwi; Kostüm: Victoria Behr; Bühne: Michael Levine; Licht: Olaf Freese
Mit: Jörn-Felix Alt, Maria-Danaé Bansen, Ruth Brauer-Kvam, Hagen Matzeit, Katharine Mehrling, Philipp Meierhöfer, Andreja Schneider, Ivan Turšić, Nils Wanderer, Nicky Wuchinger; Komparserie der Komischen Oper Berlin
Tänzer*innen und musikalische Beteiligung: Chorsolist*innen der Komischen Oper Berlin und Tänzer*innen

Schillertheater Berlin-Charlottenburg
Nils Holgerssons wundersame Abenteuer 12.11.2023
von Elena Kats-Chernin
nach dem Roman von Selma Lagerlöf
Libretto von Susanne Felicitas Wolf
Kinderoper in zwei Akten [2023]
Inszenierung: Ruth Brauer-Kvam; Dramaturgie: Maximilian Hagemeyer; Choreografie: Martina Borroni; Musik: Dagmar Fiebach (Kinderchor); Musikalische Leitung: Erina Yashima; Kostüm: Alfred Mayerhofer; Bühne: Alfred Peter; Licht: Johannes Scherfling
Mit: Ferhat Baday, Karolina Gumos, Johannes Dunz, Ferdinand Keller, Caspar Krieger, Philipp Meierhöfer, Carsten Sabrowski, Alma Sadé, Timo Schabel, Mirka Wagner, Elisabeth Wrede, Susan Zarrabi
Musikalische Beteiligung: Kinderchor der Komischen Oper Berlin, Vocalconsort Berlin

Schillertheater Berlin-Charlottenburg
Die Banditen 17.12.2023
von Jacques Offenbach
Opéra bouffe in drei Akten [1869]

Libretto von Henri Meilhac und Ludovic Halévy
Dramaturgie: Julia Jordà Stoppelhaar; Musik: David Cavelius (Chor); Musikalische Leitung: Adrien Perruchon; Kostüm: Katrin Kath-Bösel; Szenische Einrichtung: Max Hopp; Licht: Johannes Scherfling
Mit: Alexander Kaimbacher, Nadja Mchantaf, Johannes Dunz, Ferdinand Keller, Noam Heinz, Elisabeth Wrede, Christoph Späth, Ivan Turšić, Tom Erik Lie, Julia Schaffenrath, Ferhat Baday, Friedemann Büttner, Martin Fehr, Pedro Matos, Simon Wallfisch, Sarah Papadopoulou, Agnes Dasch, Antje Bornemeier, Maria Schlestein, Christoph Eder
Musikalische Beteiligung: Vocalconsort Berlin

Staatsballett Berlin
Richard-Wagner-Straße 10, 10585 Berlin(-Charlottenburg)
Intendanz: Christiane Theobald (seit 2020/2021)

Deutsche Oper Berlin
Ek | EKMAN 16.02.2023
Choreografien von Mats Ek und Alexander Ekman

A sort of...
Musik von Henryk M. Górecki
Inszenierung und Choreografie: Mats Ek; Kostüm und Bühne: Maria Geber; Licht: Ellen Ruge
Mit: Solist*innen und Corps de ballet des Staatsballetts Berlin

Cacti
Musik von Joseph Haydn, Ludwig van Beethoven und Franz Schubert
Text von Spenser Theberge
Choreografie, Kostüm, Bühne: Alexander Ekman; Licht: Alexander Ekman; Tom Visser (Umsetzung)
Mit: Streichquartett des Orchesters der Deutschen Oper Berlin, Solist*innen und Corps de ballet des Staatsballetts Berlin

Deutsche Oper Berlin
Messa da Requiem 14.04.2023
Musik von Giuseppe Verdi
Koproduktion des Staatsballetts Berlin mit dem Rundfunkchor Berlin
Inszenierung und Choreografie: Christian Spuck; Musikalische Leitung: Nicholas Carter, Dominic Limburg; Kostüm: Emma Ryott; Bühne: Christian Schmidt; Licht: Martin Gebhardt; Choreinstudierung: Justus Barleben
Mit: Olesya Golovneva (Sopran), Annika Schlicht, Karis Tucker (Mezzosopran), Andrei Danilov, Attilio Glaser (Tenor), Lawson Anderson (Bass); Solist*innen und Corps de ballet des Staatsballetts Berlin, Rundfunkchor Berlin, Orchester der Deutschen Oper Berlin

Staatsoper Unter den Linden
Strawinsky 10.06.2023
Igor-Strawinsky-Ballettabend

Petruschka
Dramaturgie: Michael Küster; Choreografie: Marco Goecke; Kostüm und Bühne: Michaela Springer; Licht: Udo Haberland
Mit: Tänzer*innen des Staatsballetts Berlin

Das Frühlingsopfer
Koproduktion des Staatsballetts Berlin und der Pina Bausch Foundation
Inszenierung und Choreografie: Pina Bausch; Musikalische Leitung: Ido Arad, Krzysztof Urbánski; Kostüm und Bühne: Rolf Borzik; Mitarbeit: Hans Pop
Mit: Tänzer*innen des Staatsballetts Berlin, Staatskapelle Berlin

Deutsche Oper Berlin
Bovary 20.10.2023
Tanzstück von Christian Spuck
nach dem Roman *Madame Bovary* von Gustave Flaubert
Musik von Camille Saint-Saëns, Thierry Pécou, György Ligeti u. a.
Uraufführung
Inszenierung und Choreografie: Christian Spuck; Dramaturgie und Libretto: Claus Spahn; Musikalische Leitung: Jonathan Stockhammer; Kostüm: Emma Ryott; Bühne: Rufus Didwiszus; Licht: Martin Gebhardt; Video: Tieni Burckhalter
Mit: Tänzer*innen des Staatsballetts Berlin, Orchester der Deutschen Oper Berlin

Staatsoper Unter den Linden
2 Chapters Love 09.12.2023
Choreografien von Sol León und Sharon Eyal
Uraufführung

Stars like Moths
Choreografie: Sol León; Musik: Jóhann Jóhansson, Marco Rosano und Olaf Arnalds; Kostüm: Joke Visser, Hermien Hollander; Bühne: Sol León, Paul Lightfoot; Licht: Jolanda De Kleine
Mit: Tänzer*innen des Staatsballetts Berlin

2 Chapters Love
Choreografie: Sharon Eyal; Gai Behar (Co-Choreografie); Musik: Ori Lichtik; Kostüm: Sharon Eyal; Kostümentwicklung: Isabel Theissen; Licht: Alon Cohen
Mit: Tänzer*innen des Staatsballetts Berlin

Deutsches Theater Berlin
Schumannstraße 13a, 10117 Berlin(-Mitte)
Intendanz: Ulrich Khuon (2009/2010–2023), Iris Laufenberg (seit 2023/24)

Leonce und Lena 20.01.2023
von Georg Büchner
Eine Produktion von DT Jung*
Regie: Ulrich Rasche; Dramaturgie: David Heiligers; Choreografie: Jefta van Dinther; Komposition und Musikalische Leitung: Nico van Wersch; Jonathan Heck (Mitarbeit); Kostüm: Romy Springsguth; Bühne: Ulrich Rasche; Licht: Cornelia Gloth; Chorleitung: Toni Jessen
Mit: Zazie Cayla, Toni Jessen, Marcel Kohler, Philipp Lehfeldt, Linda Pöppel, Yannik Stöbener, Ingraban von Stolzmann, Alida Stricker, Enno Trebs, Julia Windischbauer, Almut Zilcher
Live-Musik: Carsten Brocker, Katelyn Rose King, Špela Mastnak, Thomsen Merkel

Kammerspiele
Nathan 06.02.2023
von Gotthold Ephraim Lessing in einer Überschreibung von Joanna Praml und Dorle Trachternach
Eine Produktion von DT Jung*
Regie: Joanna Praml; Text: Joanna Praml, Dorle Trachternach; Dramaturgie: Maura Meyer, Dorle Trachternach; Musik: Hajo Wiesemann; Raissa Mehner, Tobias Schütte (Mitarbeit); Kostüm und Bühne: Inga Timm; Licht: Marco Scherle
Mit: Susan Ali-Saleha, Stella Gröszer, Dai Igutchi, Diane Kimbonen, Dennis Kramp, Kareem Musa, Lilian Musch, Julien Neisius, Mariella Pierza, Levin Tosun, Mathilda Tzitzi, Johnny Zimmermann

Eine Frau flieht vor einer Nachricht 19.02.2023
nach dem gleichnamigen Roman von David Grossman in einer Bearbeitung von Armin Petras
Regie: Armin Petras; Dramaturgie: Juliane Koepp; Musik: Micha Kaplan; Kostüm: Annette Riedel; Bühne: Peta Schickart; Maske: Andreas Müller, Franziska Becker, Mike Schmiedel; Video: Rebecca Riedel; Videomitarbeit und Live-Kamera: Rafael Ossami Saidy; Licht: Robert Grauel
Mit: Julischka Eichel, Kaspar Locher, Anja Schneider, Natali Seelig, Max Simonischek, Tamer Tahan

Kammerspiele
Am Strand der weiten Welt 24.02.2023
von Simon Stephens, Deutsch von Barbara Christ
Regie: Daniela Löffner; Dramaturgie: Franziska Trinkaus; Musik: Matthias Erhard; Kostüm: Daniela Selig; Bühne: Wolfgang Menardi; Maske: Meike Hildebrand, Heike Küpper, Andreas Müller; Licht: Thomas Langguth

Abb. 2 *Deutsches Theater Berlin: „Weltall Erde Mensch"*.

Mit: Jona Gaensslen, Alexander Khuon, Wassilissa List, Peter René Lüdicke, Agnes Mann, Kathleen Morgeneyer, Barbara Schnitzler, Niklas Wetzel, Katrin Wichmann

Box
Space Queers 04.03.2023
Ein Sci-Fi-Abenteuer von Paul Spittler und DT Jung*
Uraufführung
Regie: Paul Spittler; Dramaturgie: Christiane Lehmann; Musik: Zooey Agro; Kostüm: Sabine Reinfeldt; Bühne: Tom Unthan; Licht: Peter Grahn
Mit: Giu(lia) Bauer, Dennis Beltchikov, Cutter Dendl, Nike-Felice Reindl, Rita Schwedler, Jojo Streb, Ali Wessel, Lotte Ziegler

Kammerspiele
Forever Yin, Forever Young 31.03.2023
Die Welt des Funny van Dannen
Regie: Tom Kühnel, Jürgen Kuttner; Dramaturgie: Claus Caesar; Musikalische Leitung: Matthias Trippner; Kostüm: Daniela Selig; Bühne und Video: Jo Schramm; Video: Robert Hanisch, Peter Stoltz; Licht: Krista Jedelski
Mit: Maren Eggert, Felix Goeser, Jürgen Kuttner, Ole Lagerpusch, Jörg Pose, Kotbong Yang
Live-Band: Lukas Fröhlich (Cello, Trompete und E-Bass), Jan Stolterfoht aka Jan Pelao (E-Gitarre Und Akustikgitarre), Matthias Trippner (Drums, Bass Und Keyboards)

Weltall Erde Mensch 16.09.2023
Eine unwahrscheinliche Reise von Alexander Eisenach und Ensemble
Uraufführung
Regie: Alexander Eisenach; Dramaturgie: Karla Mäder, Johann Otten; Musik: Niklas Craft, Sven Michelson; Niklas Craft, Sven Michelson (Live-Musik); Nikita Betekhtin (Tonangel); Kostüm: Claudia Irro; Bühne: Daniel Wollenzin; Live-Video: Oliver Rossol; Licht: Robert Grauel
Mit: Julischka Eichel, Sarah Franke, Felix Goeser, Julia Gräfner, Lorena Handschin, Florian Köhler, Alexej Lochmann, Peter René Lüdicke, Anja Schneider, Caner Sunar

Kammerspiele
Prima Facie 17.09.2023
von Suzie Miller
aus dem Englischen von Anne Rabe
Deutsche Erstaufführung
Regie: András Dömötör; Dramaturgie: Jasmin Maghames; Musik: Tamás Matkó; Kostüm und Bühne: Moïra Gilliéron; Video: Jens Knuffel, Peter Stoltz; Licht: Thomas Langguth
Mit: Mercy Dorcas Otieno

Mobil (Premiere: Fritz-Karsen-Schule)
Sneaker oder Was bleibt uns übrig 19.09.2023
von Hannah Zufall
Eine Produktion von DT Jung*
Uraufführung
Regie: Damian Popp; Dramaturgie: Lilly Busch, Maura Meyer; Ausstattung: Anna Weidemann; Theaterpädagogik und Regieassistenz: Caroline Ader
Mit: Leon Rüttinger, Lucy Blasche / Anouk Elias (ab Spielzeit 2024/25)

Baracke 22.09.2023
von Rainald Goetz
Uraufführung
Regie: Claudia Bossard; Dramaturgie: Daniel Richter; Kostüm: Andy Besuch; Bühne: Elisabeth Weiß; Video und Sound: Annalena Fröhlich; Video: Roman Kuskowski, Max Hohendahl, Robert Hanisch; Licht: Cornelia Gloth
Mit: Mareike Beykirch, Frieder Langenberger, Daria von Loewenich, Janek Maudrich, Jeremy Mockridge, Evamaria Salcher, Natali Seelig, Mio Jurek Lane Südhoff

Kammerspiele
Die kahle Sängerin 30.09.2023
Anti-Stück von Eugène Ionesco
aus dem Französischen von Serge Stauffer
Regie: Anita Vulesica; Dramaturgie: Karla Mäder; Choreografie: Mirjam Klebel; Musik: Camill Jammal; Kostüm: Janina Brinkmann; Bühne: Henrieke Engel; Video: Robert Hanisch, Jens Kuffel; Licht: Kristina Jedelsky

Mit: Beatrice Frey, Moritz Grove, Katrija Lehmann, Frieder Langenberger, Evamaria Salcher, Raphael Muff, Lars Lehmann

Box
Edward II. Die Liebe bin ich 05.10.2023
von Ewald Palmetshofer
nach Christopher Marlowe
Regie: Jessica Weisskirchen; Dramaturgie: Christopher-Fares Köhler; Choreografie: Hannes-Michael Bronczkowski; Bühne und Kostüm: Günter Hans Wolf Lemke; Maske: Kim Epes, Monika Stahl; Licht: Peter Grahn
Mit: Jens Koch, Lenz Moretti, Mathilda Switala, Max Krause, Katrija Lehmann, Jonas Hien, Cai Cohrs, Capsar Nekrasov, Ilja van Urk

Box
HATE ME, TENDER_ REVISITED 14.10.2023
von und mit Teresa Vittucci
Regie, Konzept, Text, Performance: Teresa Vittuci; Dramaturgie und Text: Benjamin Egger, Johann Otten; Musik: Bully Fae Collins; Ausstattung: Moïra Gilliéron, Jasmin Wiesli; Maske: Eglé Ščiukaitė; Licht: Heiko Thomas
Mit: Teresa Vittucci

Kammer
Der geflügelte Froschgott. Eine Neuberechnung der Unsterblichkeit 19.10.2024
Ein Monolog von Ingrid Lausund
Uraufführung
Regie: FX Mayr; Regieassistenz und Abendspielleitung: Elisabeth Schrödter; Dramaturgie: Bernd Isele; Musik: Matija Schellander; Bühne und Kostüm: Korbinian Schmidt; Licht: Thomas Langguth
Mit: Bernd Moss, Regine Zimmermann
Mit Tänzer*innen: Johanna Baader, Lisa Birke Balzer, Jean Chaize, Diane Kimbonen

Der Auftrag / Psyche 17 28.10.2023
von Heiner Müller / von Elemawusi Agbédjidji
aus dem Französischen von Annette Bühler-Dietrich
Uraufführung
Regie: Jan-Christoph Gockel; Dramaturgie: Karla Mäder; Musik und Hörspiel: Matthias Grübel; Kostüm: Sophie du Vinage; Bühne: Julia Kurzweg; Video: Roman Kuskowski, Peter Stoltz; Licht: Robert Hanisch, Cornelia Gloth, Matthias Vogel; Puppenbau: Michael Pietsch; Maskenbau: Claude Bwendua; Design und Herstellung Skullies: Claude Bwendua; Design und Herstellung Weltraumkostüm Adeju Thompson
Mit: Julia Gräfner, Florian Köhler, Komi Mizraijm Togbonou, Raphael Muff / Michael Pietsch, Evamaria Salcher, Claude Bwendua, Julia Gräfner, Florian Köhler, Isabelle Redfern

Box
Identitti Rezeptionista 29.10.2023
nach dem Roman *Identitti* von Mithu Sanyal
Regie: Simone Dede Ayivi; Dramaturgie: Hannah Mey; Musik und Sound: Katharina Pelosi; Kostüm: Mariama Sow; Bühne: Lani Tran-Duc; Licht: Peter Grahn
Mit: Vernesa Berbo, Katrija Lehmann, Alexej Lochmann, Iman Tekle, Chen Emilie Yan

Kammerspiele
Bunbury. Ernst sein *is everything!* 04.11.2023
von Oscar Wilde
aus dem Englischen von Claudia Bossard
Regie: Claudia Bossard; Dramaturgie: Daniel Richter, Elisabeth Tropper; Choreografie: Marta Navaridas; Musik: Annalena Fröhlich; Bühne und Kostüm: Elisabeth Weiß; Matthias Dielacher (Kostümmitarbeit); Licht: Kristina Jedelsky, Viktor Felligi; Sounddesign: Annalena Fröhlich
Mit: Lisa Birke Balzer, Felix Goeser, Maximiliane Haß, Frieder Langenberger, Katrija Lehmann, Alexej Lochmann, Evamaria Salcher, Andri Schenardi

Kammerspiele
Mein Herz dein Bunker – 290 BPM 25.11.2023
von Paula Thielecke
Uraufführung
Eine Produktion von DT Jung*
Regie und Text: Paula Thielecke; Dramaturgie: Jasmin Maghames, Maura Meyer; Choreografie: Wibke Storkan; Kostüm: Slavna Martinovic; Bühne: Demian Wohler; Video und Artwork: Maša Stanić; Licht: Marco Scherle; DJ-Mix und Sounddesign: Paula Schopf (Chica Paula)
Mit Sprecherensemble: Isaak Antwi, Giulia Bauer, Moritz Busch, Piere Maliek Buz, Theresa Kaplick, Tommy Lehmpuhl, Louis Eberhardt Nguelemo, Linka Richter, Ayleen Tunçer, Lotta von Polheim
Mit Ensemble der Kinder- und Jugentanzcompany von Sasha Waltz und Guests: Anais Sakka Camelin, Frida Gabriel, Hannah Pirot, Jasper Frank, Lou Czaia, Mira Antonina Campo Jastrzębski, Nika Brovot, Noomi Amelie Aldinger, Rosa Vasila, Noémie Staab, Ophelia Maria Onyeukwu, Toni Ben Yaron Lehnert, Jonathan Walker, Tim Luther
Mit Ensemble Street University Berlin: Frida Jährling, Franz Jährling, Myasar Kheder Kasem
Mit Artist*innen Cabuwazi: Yamin Al Salamt, Viviejen Bauer, Lina Jahn

Box
Männerphantasien 01.12.2023
auf Grundlage von Klaus Theweleits gleichnamigem Buch mit neuen Texten von Svenja Viola Bungarten, Ivana Sokola und Gerhild Steinbuch
Regie: Theresa Thomasberger; Dramaturgie: Lilly Busch; Musik: Oskar Mayböck; Bühne und Kostüm: Mirjam Schaal; Licht: Peter Grahn

Mit: Svenja Liesau, Daria von Loewenich, Abak Safaei-Rad, Caner Sunar, Steve Katona (Gesang)

Die Katze auf dem heißen Blechdach 08.12.2023
von Tennessee Williams
Deutsch von Jörn van Dyck, Fassung des Deutschen Theaters Berlin 2023
Regie: Anne Lenk; Dramaturgie: David Heiligers; Musik: Ingo Schröder; Kostüm: Sibylle Wallum; Bühne: Judith Oswald; Licht: Cornelia Gloth
Mit: Lorena Handschin, Jeremy Mockridge, Julischka Eichel, Jonas Hien, Miriam Maertens, Ulrich Matthes, Andri Schenardi, Frieder Langenberger, Anna Amalia Dettmeyer / Caspar Steinbeck, Kyra Liana Haratischwili / Luana Mello Wagner, Elise Koncsek / Livia Mello Wagner, Elisabeth Dettmeyer / Zita Theresa Poll, Charlotte Koncsek / Ylvie Wolff

Die Ursonate [Wir spielen, bis uns der Tod abholt] 16.12.2023
Eine dadaistische Sprechoper
von Kurt Schwitters
Regie: Claudia Bauer; Dramaturgie: Daniel Richter; Komposition: Peer Baierlein; Kostüm: Vanessa Rust; Bühne: Patricia Talacko; Video: Jan Isaak Voges; Live-Kamera: Dorian Sorg; Licht: Cornelia Gloth
Mit: Mareike Beykirch, Moritz Kienemann, Jens Koch, Vanessa Loibl, Janek Maudrich, Lenz Moretti, Mathilda Switala, Anita Vulesica; Yannick Wittmann (Dirigent)
Musiker*innen: Maria Schneider, Lih Qun Wong

Berliner Ensemble
Bertolt-Brecht-Platz 1, 10117 Berlin(-Mitte)
Intendanz: Oliver Reese (seit 2017/2018)

Großes Haus
Katharina Thalbach Liest: Käsebier erobert den Kurfürstendamm 06.01.2023
von Gabriele Tergit
Szenische Einrichtung: Oliver Reese
Fassung: Sibylle Baschung
Musik: Jörg Gollasch; Ausstattung: Katja Pech; Licht: Steffen Heinke
Mit: Katharina Thalbach

Neues Haus
Clockwork Orange 14.01.2023
von Anthony Burgess
aus dem Englischen von Ulrich Blumenbach, für die Bühne bearbeitet von Johannes Nölting
in Kooperation mit der HfS Ernst Busch

Regie: Tilo Nest; Dramaturgie: Johannes Nölting; Musik: Michael Haves; Kostüm: Esther von der Decken; Bühne: Bernhard Siegl; Licht: Benjamin Schwigon, Rainer Casper
Mit: Marc Benner, Anna Köllner, Maeve Metelka, Leonard Pfeiffer, Laura Talenti

Großes Haus
Iwanow 21.01.2023
frei nach Anton Tschechow
aus dem Russischen von Elina Finkel in einer Bearbeitung von Yana Ross
Regie: Yana Ross; Dramaturgie: Karolin Trachte; Samuel Petit (Mitarbeit Dramaturgie); Musik: Knut Jensen; Bühne und Kostüm: Bettina Meyer; Licht: Rainer Casper
Mit: Peter Moltzen, Constanze Becker, Veit Schubert, Maximilian Diehle, Paul Herwig, Claude De Demo, Amelie Willberg, Zoë Valks, Jonathan Kempf, Paul Zichner

Neues Haus
Das Ereignis 18.02.2023
von Annie Ernaux
aus dem Französischen von Sonja Finck, in einer Bühnenfassung von Laura Linnenbaum und Amely Joana Haag
Regie: Laura Linnenbaum; Dramaturgie: Amely Joana Haag; Musik: David Rimsky-Korsakow; Kostüm: Michaela Kratzer; Bühne: Daniel Roskamp; Licht: Rainer Casper
Mit: Nina Bruns, Pauline Knof, Kathrin Wehlisch

Großes Haus
Totentanz 25.02.2303
von August Strindberg
nach einer Bearbeitung von John von Düffel
Regie: Kay Voges; Nicholas Zöckler (Regieassistenz); Dramaturgie: Sibylle Baschung; Musik: Tommy Fincke; Kostüm: Mona Ulrich; Bühne: Daniel Roskamp; Licht: Steffen Heinke
Mit: Claude De Demo, Marc Oliver Schulze, Gerrit Jansen

Werkraum
Alias Anastasius (WORX) 10.03.2023
von MATTER*VERSE
Inspiriert von Angela Steideles Buch *In Männerkleidern. Das verwegene Leben der Catharina Margaretha Linck alias Anastasius Lagrantinus Rosenstengel, hingerichtet 1721*
Uraufführung
Regie: Fritzi Wartenberg; Dramaturgie: Clara Topic-Matutin; Musik: Fabian Kuss; Ausstattung: Rosa Wallbrecher; Licht: Leonard Nickel
Mit: Max Gindorff, Via Jikeli

Großes Haus
Ich hab die Nacht geträumet 16.03.2023
Ein Schauspiel mit Musik von Andrea Breth

Uraufführung
Regie: Andrea Breth; Dramaturgie: Sibylle Baschung; Musikalische Leitung: Adam Benzwi; Kostüm: Jens Kilian; Bühne: Raimund Orfeo Voigt; Licht: Alexander Koppelmann; Sounddesign: Christoph Mateka; Chor: Irina Fedorova, Catriona Gallo, Birgit Heinecke, Dennis Jankowiak, Frank Michael Jork, Tomoya Kawamura, Ahmet Özer, Heidrun Schug, Sonia Wagemans, Günther Weidmann
Mit: Adam Benzwi, Corinna Kirchhoff, Peter Luppa, Martin Rentzsch, Alexander Simon, Johanna Wokalek

Großes Haus
Herr Puntila und sein Knecht Matti 22.04.2023
von Bertolt Brecht
Regie: Christina Tscharyiski; Dramaturgie: Johannes Nölting; Musikalische Leitung: Johannes David Wolf; Kostüm: Jelena Miletić; Bühne: Thilo Ullrich; Licht: Rainer Casper; Chorleitung: Johannes David Wolff, Jérôme Queron; Chor: Stefanie Adam, Moritz Bachmann, Fabian Bam, Lisa Annika Braun, Justyna Chaberek, Zuzana Cuker, Tilman Eicke, Anna Fechner, Kirsten Gatemann, Alina Greis, Michael Gugel, Laurens Heintze, Michael Hoffmann, Andrea Johns, Sven Johns, Naima Middendorf, Umut Özer, Adalina Rühl, Silvia Schmidt, Philipp Schubert, Annika Schwerdt, Carina Schwertner, Ned Stuart-Smith, Guiseppe Tuzzolo, Benedikt Vogel, Xenia Wenzel, Yann Weyer
Mit: Sascha Nathan, Peter Moltzen, Nora Quest, Dela Dabulamanzi, Pauline Knof, Nina Bruns, Nora Moltzen

Werkraum
[Blank] 10.05.2023
von Alice Birch
Deutsch Von Corinna Brocher
Regie: Uršulė Barto; Dramaturgie: Clara Topic-Matutin; Musik: Micha Kaplan; Kostüm: Liucija Kvašytė; Bühne: Simona Bieksaite; Licht: Leonard Nickel
Mit: Nico Holonics, Bettina Hoppe, Maeve Metelka, Tilo Nest

Neues Haus
Phädra, in Flammen 02.06.2023
von Nino Haratischwili
Uraufführung
Entstanden im Rahmen des BE-Dramatiker*innen-Fonds
Regie: Nanouk Leopold; Dramaturgie: Amely Joana Haag; Musik: Donato Wharton; Kostüm: Wojciech Dziedzic; Bühne: Elsje de Bruijn; Video: Daan Emmen; Licht: Rainer Casper
Mit: Constanze Becker, Oliver Kraushaar, Maximilian Diehle, Paul Zichner, Lili Epply, Paul Herwig

Probebühne
Felix's Room 28.06.2023
von Adam Ganz und ScanLAB Projects

Koproduktion mit der Komischen Oper Berlin
Uraufführung
Text von Adam Ganz
Konzept/Regie: Adam Ganz, ScanLAB Projects; Creative Director: Matt Shaw (ScanLAB Projects); Executive Producer und Associate Director: meriko borogove (ScanLAB Projects); Associate; Director: James Yeatman (ScanLAB Projects); Mitarbeit Regie: Max Lindemann; Creative; Producer: Anetta Jones (ScanLAB Projects); Lead Visual Artist: James White (ScanLAB Projects); Sound Designer: Benjamin Grant; Dramaturgie: Julia Jordà Stoppelhaar (Komische Oper Berlin), Karolin Trachte; Musikalische Leitung und Komposition: Christoph Breidler (Komische Oper Berlin), Tonia Ko (Supported By Storyfutures) (Komposition)
Ausstattungsmitarbeit und Kostüm: Noemi Baumblatt; Licht: Hans Fründt
Mit: Veit Schubert, Alma Sadé, Adam Ganz, Julia Domke, Johannes Dunz
Musikalische Beteiligung: Tjadina Wake-Walker und Ryoichi Masaka (Oboe), Alexander Glücksmann und Tilo Morgner (Es-Klarinette mit B-Klarinette), Carsten Meyer und Daniel Holthaus (Bassposaune), Stefan Adam und Freia Schubert (1.Violinen), Melinda Watzel und Volker Friedrich (2. Violinen), Anton Loginovund Julia Lindner De Azevedo Conte (Viola), Felix Nickel und Christian Tränkner (Cello), Jörg Lorenz und Frank Lässig (Kontrabass), Christoph Breidler (Klavier)

Großes Haus
Fremder als der Mond 26.08.2023
Texte von Bertolt Brecht mit Musik von Hanns Eisler u. a.
Fassung von Adam Benzwi, Oliver Reese und Lucien Strauch
Regie: Oliver Reese; Dramaturgie: Lucien Strauch; Choreografie: Leslie Unger; Musikalische Leitung: Adam Benzwi; Kostüm: Elina Schnizler; Bühne: Hansjörg Hartung; Video: Andreas Deinert; Licht: Steffen Heinke
Mit: Paul Herwig, Katharine Mehrling
Live-Musik: Adam Benzwi und Karola Elßner, Ralf Templin, Otwin Zipp

Großes Haus
Es kann doch nur noch besser werden 21.09.2023
Ein Stück mit Musik für diverse Leute
von Sibylle Berg
Uraufführung
Regie: Max Lindemann; Dramaturgie: Karolin Trachte; Musik: Olan!; Ausstattung: Sita Messer; Maske: Rebekka Noppeney, Trixie Stenger; Video: Jo Jakob Hübner; Licht: Steffen Heinke; Ton: Ivan Murad Ismail
Mit: Nina Bruns, Lili Epply, Perra Inmunda, Jonathan Kempf, Amelie Willberg, Meo Wulf
Live-Musik: Olan!

Großes Haus
Woyzeck 23.09.2023
von Georg Büchner
Berlin-Premiere

Regie: Ersan Mondtag; Dramaturgie: Clara Topic-Matutin; Musik: Tristan Brusch; Kostüm: Ari Schruth; Bühne: Ersan Mondtag; Alexander Naumann (Mitarbeit Bühne); Licht: Rainer Casper, Hans Fründt
Mit: Maximilian Diehle, Max Gindorff, Gabriel Schneider, Gerrit Jansen, Marc Oliver Schulze, Martin Rentzsch, Peter Luppa, Maxim Loginovskih/Lukas Amaru Runkewitz
Live-Musik: Damian Dalla Torre, Paul-Jakob Dinkelacker, Max Kraft, Jan Landowski, Felix Römer, Felix Weigt

Werkraum
Insomnia 06.10.2023
von Sonja Ferdinand und Ensemble
Deutsch von Johannes Nölting
Uraufführung
Regie: Heiki Riipinen; Dramaturgie: Johannes Nölting; Choreografie: Armin Hokmi; Musik: Dragongirl; Kostüm: Esther von der Decken; Bühne: Heiki Riipinen; Sara Midtskogen Haave (Mitarbeit Bühne); Licht: Robert Matysiak
Mit: Paul Grill, Pauline Knof, Heiki Riipinen
Live-Musik: Óluva Tvørfoss, Anna Jane Utermohl Lund, William Wittrup Fock und Dragongirl

Neues Haus
Love Boulevard 13.10.2023
Eine Stückentwicklung von Lies Pauwels
Regie: Lies Pauwels; Dramaturgie: Amely Joana Haag; Choreografie: Lisi Estaras; Musik: Dag Taeldeman, Andrew Van Ostade; Bühne und Kostüm: Johanna Trudzinski; Licht: Sebastian Scheinig
Mit: Violet Black, Mare D'Angosto, Golden Gai, Ivy Grey, Kathleen Morgeneyer, Josefin Platt, Philine Schmölzer

Neues Haus
Fremd 26.10.2023
von Michel Friedman
Inszenierte Lesung mit Sibel Kekilli
Regie: Max Lindemann; Dramaturgie: Johannes Nölting; Bühne: Janina Kuhlmann; Video: Luna Zscharnt; Licht: Hans Fründt
Mit: Sibel Kekilli

Großes Haus
1984 18.11.2023
von George Orwell
Neuübersetzung aus dem Englischen von Frank Heibert
in einer Bearbeitung von Luk Perceval
Regie: Luk Perceval; Dramaturgie: Sibylle Baschung; Choreografie: Ted Stoffer; Musik: Rainer Süßmilch; Kostüm: Ilse Vandenbussche; Bühne: Philip Bußmann; Licht: Rainer Casper

Abb. 3 *Berliner Ensemble: „1984".*

Mit: Paul Herwig, Gerrit Jansen, Oliver Kraushaar, Veit Schubert, Pauline Knof und Ella Kastner, Hannah Rogler, Franziska Winkler/ Annunziata Matteucci, Philippa Otto (Chor)

Neues Haus
Mutti, was machst du da? 02.12.2023
von Axel Ranisch und Paul Zacher
Uraufführung
Regie: Axel Ranisch; Dramaturgie: Johannes Nölting; Musik: Martina Eisenreich; Ausstattung: Saskia Wunsch; Video: Axel Ranisch; Licht: Hans Fründt
Mit: Stefanie Reinsperger, Constanze Becker, Tilo Nest, Max Gindorff, Kathleen Morgeneyer, Jonathan Kempf, Martin Rentzsch

Werkraum
Chronik der Revolution 03.12.2023
von Alireza Daryanavard und Mahsa Ghafari
Regie: Alireza Daryanavard; Dramaturgie: Daniel Grünauer; Lukas Nowak (Mitarbeit Dramaturgie); Musik: Mona Matbou Riahi; Kostüm: Anneke Goertz; Bühne: Katja Pech; Video: Reza Majdodin; Licht: Leonard Nickel
Mit: Nina Bruns, Gabriel Schneider, Amelie Willberg, Corinna Kirchhoff (im Video)

Volksbühne Berlin
Rosa-Luxemburg-Platz, 10178 Berlin(-Mitte)
Intendanz: René Pollesch † (seit 2021/2022)

Bühne
DRAMA 19.01.2023
von Constanza Macras
Koproduktion mit Constanza Macras | DorkyPark
Uraufführung
Regie und Choreografie: Constanza Macras; Dramaturgie: Carmen Mehnert, Sabine Zielke; Musik: Robert Lippok; Kostüm: Eleonore Carrière; Bühne: Simon Lesemann; Licht: Hans-Hermann Schulze
Mit: Candaş Bas, Alexandra Bódi, Emil Bordás, Campbell Caspary, Woo Sang Jeon, Fernanda Farah, Marie Jensen, Moritz Lucht, Thulani Lord Mgidi, Knut Vikström Precht, Miki Shoji, Shiori Sumikawa
Live-Musik: Katrin Schüler-Springorum, Lucas Sofia

Bühne
Die Monosau 17.02.2023
nach einem Episodenroman on the Rocks von Jonathan Meese
Uraufführung
Regie: K.U.N.S.T.; Dramaturgie: Henning Nass; Musik: Grégoire Simon; Kostüm: Tabea Braun; Bühne: Nina von Mechow; Licht: Kevin Sock; Video: Meika Dresenkamp
Mit: Franz Beil, Susanne Bredehöft, Margarita Breitkreiz, Benny Claessens, Martin Wuttke, Kerstin Graßmann, Rosa Lembeck

Sardanapal 21.04.2023
nach Lord Byron
Regie: Fabian Hinrichs; Dramaturgie: Anna Heesen; Choreografie: Christine Bach, Jeff Jimenez; Musikalische Leitung und Einstudierung Orchester: Knut Andreas, Heike Scharffenberg; Musikalische Leitung: Fabian Hinrichs; Kostüm: Tabea Braun, Martha Lange; Bühne: Ann-Christine Müller, Fabian Hinrichs; Licht: Frank Novak; Stunttraining: Pat Pertz
Mit: Fabian Hinrichs, Lilith Stangenberg, Sir Henry
Mit Tänzer*innen: Christine Bach, Marten Baum, Davide de Biasi, Danielle Bezaire, Martin Buczko, Dennis Dietrich, Madlen Engelskirchen, Pauline Funke, Nele Hermann, Bianca Hüchtebrock, Iga Kowalczyk, Roman Lukyanchenko, Christine Wunderlich, Tänzer*innen des Flying Steps Diploma Programms
Musikalische Beteiligung: Preda Bâzga, Jugendsinfonieorchester Berlin am Georg-Friedrich-Händel-Gymnasium

Bühne
Mein Gott, Herr Pfarrer! 03.06.2023
von René Pollesch †
Uraufführung

Regie: René Pollesch †; Dramaturgie: Leonie Hahn; Kostüm: Sabin Fleck; Bühne: Hartmut Meyer; Licht: Kevin Sock; Chorleitung: Friederike Stahmer
Mit: Inga Busch, Benny Claessens, Christine Groß, Sophie Rois
Musikalische Beteiligung: Mädchenchor der Sing-Akademie zu Berlin, Fabian Haag (Gitarrenbegleitung)

Videothek
SAD GIRLS 01.07.2023
von Ann Göbel, Paul Hirsch, Anna Zrenner
Uraufführung
Regie: Anna Zrenner; Dramaturgie: Paul Hirsch; Kostüm: Mina Bonakdar; Künstlerische Gestaltung: Julia Rosenstock
Mit: Ann Göbel
Live-Musik: Sodomland
VIDEOTHEK am Rosa-Luxemburg-Platz: Nina von Mechow, Leonard Neumann

Bühne
EXTINCTION 07.09.2023
von Julien Gosselin
mit Texten von Thomas Bernhard, Arthur Schnitzler und Hugo von Hofmannsthal
Eine Produktion der Volksbühne am Rosa-Luxemburg-Platz und Si vous pouviez lécher mon cœur
Regie: Julien Gosselin; Dramaturgie: Eddy d´Aranjo, Johanna Höhmann; Musik: Guillaume Bachelé, Maxence Vandevelde; Kostüm: Caroline Tavernier; Bühne: Lisetta Buccellato
Videodesign: Jérémie Bernaert, Pïerre Martin Oriol; Kamera: Richard Klemm, Gian Suhner, Jérémie Bernaert, Baudouin Rencurel
Mit: Guillaume Bachelé, Joseph Drouet, Denis Eyriey, Carine Goron, Zarah Kofler, Rosa Lembeck, Katja Bürkle, Marie Rosa Tietjen, Maxence Vandevelde, Max von Mechow

3. Stock
FASIA – das letzte Jahr 20.09.2023
von Elisabeth Gers
gefördert von der Kunststiftung NRW und vom Fachbereich Kunst, Kultur und Geschichte des Bezirksamtes Mitte von Berlin
Regie und Kostüm: Elisabeth Gers; Bühne: Elisabeth Gers; Video: Kleber Nascimento; Live-Kamera: Kleber Nascimento
Mit: Samia Dauenhauer, Denise M'Baye, Mia Lu Selka de Paiva, June Shaw
Im Video: Maryam Abu Khaled, Edmundo Barros Francisco, Katharina Budde, Nadine Da Cruz Oliveira, Jasmin Eding, Tamara Jankowski, Margit Laue, Katrin Lompscher, Emma Petzet, Ilona Sachs, Asad Schwarz-Msesilamba, June Shaw, Rosa Shaw, Amadou Zehe, Katharina Zehe, Berliner Volkstanzkreis, Institut für Tanz, Kultur und Tradition InTaKt Berlin

Grundraum 3. Stock: Lina Eberle, Lukas Kötz, Selma Maria Lindgren, Laura Schroeder, Julius Leon Seiler im Rahmen eines Studienprojektes der Bühnenbildklasse, Nina von Mechow, Akademie der Bildenden Künste Wien
Live-Musik: Jarita Freydank

Bühne
Fantômas 11.10.2023
von René Pollesch †
Uraufführung
Regie: René Pollesch †; Dramaturgie: Anna Heesen; Kostüm: Tabea Braun; Bühne: Leonard Neumann; Video: Jan Speckenbach; Kamera: Marlene Blumert, Jan Speckenbach; Licht: Frank Novak
Mit: Kathrin Angerer, Campbell Caspary, Benny Claessens, Sonja Weißer, Martin Wuttke

Bühne
DEATH DRIVE – EVERYTHING EVERYONE EVER DID 23.11.2023
von Benjamin Abel Meirhaeghe
Uraufführung
Regie: Benjamin Abel Meirhaeghe; Dramaturgie: Leonie Hahn; Kostüm: Marilena Büld; Bühne: Bart Van Merode, Zaza Dupont; Licht: Bart Van Merode, Zaza Dupont; Sounddesign: Bully Fae Collins; Arrangeur: Ward Opsteyn
Mit: Kathrin Angerer, Susanne Bredehöft, Inga Busch, Benny Claessens, Steven Fast, Kyle Patrick
Beat 'n Blow: Lukas Fröhlich, Enno Kuck, Stefan Pahlke, Bernhard Ullrich, Jörg Vollerthun, Niko Zeidler

Prater Studios am Rosa-Luxemburg-Platz, Hinterbühne
Karl May 16.12.2023
von Enis Maci und Mazlum Nergiz
Uraufführung
gefördert aus Mitteln des Hauptstadtkulturfonds
Regie: Enis Maci, Mazlum Nergiz; Dramaturgie: Johanna Höhmann; Kostüm: Martha Lange; Bühne: Leonard Neumann; Video und 3D-Animation: Wassili Franko; Licht: Florian Brückner; Live-Musik und Sounddesign: Maximilian Weber
Mit: Ann Göbel, Oscar Olivo, Martin Wuttke, PRATER STUDIOS: Nina von Mechow, Leonard Neumann

Maxim Gorki Theater Berlin
Am Festungsgraben 2, 10117 Berlin(-Mitte)
Intendanz: Shermin Langhoff (seit 2013/2014)

Amerika 14.01.2023
von Franz Kafka
Fassung von Holger Kuhla, Sebastian Baumgarten, mit Auszügen aus *Amerika* von Jean Baudrillard und weiteren Texten von Franz Kafka
Regie: Sebastian Baumgarten; Dramaturgie: Holger Kuhla; Komposition: Marc Sinan; Kostüm: Christina Schmitt; Bühne: Barbara Steiner; Marcel Urlaub (Live-Fotografie); Sounddesign: Marc Sinan Company – Ilija Djordjevic, Karsten Lipp
Mit: Emre Aksızoğlu, Yanina Cerón, Tim Freudensprung, Kenda Hmeidan, Kinan Hmeidan, Flavia Lefèvre, Falilou Seck, Till Wonka, Werner Eng

Amore 28.01.2023
von Aram Tafreshian
mit Songs von Anthony Hüseyin
Regie: Aram Tafreshian; Dramaturgie: Yunus Ersoy; Komposition und Leitung: Anthony Hüseyin; Choreografie: Jasha Eliah Deppe; Bühne und Kostüm: Mara Madeleine Pieler; Post Production; Sound: Matthias Anton; Outside Eye: Holger Kuhla
Mit: Jasha Eliah Deppe, Eman Dwagy, Marie Nadja Haller, Via Jikeli, Tim Lanzinger, Jakob Emma Zeisberger

Dschinns 17.02.2023
von Fatma Aydemir
Bühnenfassung von Nurkan Erpulat, Johannes Kirsten
Regie: Nurkan Erpulat; Dramaturgie: Johannes Kirsten; Choreografie: Sofia Pintzou; Musik: Anthony Hüseyin; Matthias Anton (Post Production Sound); Kostüm: Turgut Kocaman; Bühne: Gitti Scherer; Licht: Ernst Schießl
Mit: Melek Erenay, Aysima Ergün, Doğa Gürer, Taner Şahintürk, Çiğdem Teke, Anthony Hüseyin

Schlachten 25.03.2023
3. Teil der Kriegstrilogie
mit Texten von Heiner Müller
Regie: Oliver Frljić; Dramaturgie: Simon Meienreis; Musikalische Leitung: Daniel Regenberg; Kostüme: Katrin Wolfermann; Bühne: Igor Pauška; Video Design: Stefan Bischoff
Mit: Marina Frenk, Tim Freudensprung, Vidina Popov, Mehmet Yilmaz

Antigone 16.04.2023
nach Sophokles
von Leonie Böhm & Ensemble

Textfassung von Leonie Böhm, Tarun Kade und Ensemble unter Verwendung der Übersetzungen von Peter Krumme (Verlag der Autoren), Friedrich Hölderlin/Martin Walser/Edgar Selge (Suhrkamp Theater Verlag)
Dramaturgie: Tarun Kade; Kostüm: Laura Kirst; Bühne: Zahava Rodrigo; Licht: Lutz Deppe
Mit: Julia Riedler, Çiğdem Teke, Lea Draeger, Eva Löbau
Live-Musik: Fritzi Ernst

Alles wird schön sein. Ein Mixtape von Hakan Savaş Mican 26.05.2023
Regie: Hakan Savaş Mican; Dramaturgie: Holger Kuhla; Musikalische Leitung: Peer Neumann; Kostüm: Sylvia Rieger; Bühne: Alissa Kolbusch; Video Design: Sebastian Lempe
Mit: Emre Aksızoğlu, Taner Şahintürk
Live-Musik: Merve Akyıldız, Peer Neumann

Planet B 08.06.2023
von Yael Ronen, Itai Reicher
Regie: Yael Ronen; Dramaturgie: Clara Probst, Irina Szodruch; Musik: Yaniv Fridel, Ofer Shabi; Kostüm: Amit Epstein; Bühne: Wolfgang Menardi; Video: Stefano di Buduo; Licht: Connor Dreibelbis, Wolfgang Menardi; Outside Eye: Yunus Ersoy
Mit: Maryam Abu Khaled, Niels Bormann, Jonas Dassler, Aysima Ergün, Orit Nahmias, Dimitrij Schaad, Alexandra Sinelnikova

Eine Niere hat nichts mit Politik zu tun 28.09.2023
Gespenster des Totaliautaripostkommupseudoeurasiismus
Performance von Marina Frenk und The Disappointalists
Uraufführung
Regie: Marina Frenk; Dramaturgie: Johannes Kirsten; Musikalische Leitung: Paul Brody; Marina Frenk (Musikalische Mitarbeit) ; Kostüm: Marina Frenk; Bühne: Alissa Kolbusch, Felix Remme; Licht: Gregor Roth; Outside Eye: Holger Kuhla
Mit: Marina Frenk
Live-Musik: Christian Dawid, Paul Brody, Lisa Hoppe

Im Menschen muss alles herrlich sein 27.10.2023
von Sasha Marianna Salzmann
Im Rahmen des 6. Berliner Herbstsalon 2023 *LOST – YOU GO SLAVIA*
Regie: Sebastian Nübling; Dramaturgie: Valerie Göhring; Musik: Jackie Poloni; Kostüm und Bühne: Evi Bauer; Licht: Christian Gierden
Mit: Yanina Cerón, Lea Draeger, Anastasia Gubareva, Çiğdem Teke

Mothers – A Song for Wartime 03.11.2023
Regie: Marta Górnicka; Dramaturgie: Olga Byrska, Maria Jasińska; Choreografie: Evelin Facchini; Musikalische Leitung: Marta Górnicka, Wojciech Frycz; Kostüm: Joanna Załęska; Bühne: Robert Rumas; Video: Michał Jankowski; Licht: Artur Sienicki; Libretto: Marta Górnicka und THE CHORUS OF WOMEN, Übersetzung: Olaf Kühl

Studio Я
While History writes itself 2023   27.10.2023–03.11.2023
Szenische Lesungen
gefördert durch die Kulturstiftung des Bundes und von der Beauftragten der Bundesregierung für Kultur und Medien
Im Rahmen des 6. Berliner Herbstsalon 2023 LOST – YOU GO SLAVIA

Extremist*innen (Extremists)   27./28.10.2023
von Julia Cimafiejeva
aus dem Belarussischen übersetzt von Tina Wünschmann
Regie: Sasha March
Mit: Lisa Müller, Doğa Gürer, Mathilda Maack, Jan Termin

Barbaren von der Zwiebelsorte (Barbarians of the onion variety)
von Kateryna Penkova
aus dem Ukrainischen und Polnischen von Lydia Nagel
Regie: Olena Apchel
Mit: Sema Poyraz, Mouataz Alshaltouh, Alina Kostyukova, Antonia Maercklin

Nationaltheater: Ein Stück (National Theatre: A play)
von Tanja Šljivar
aus dem Serbischen von Mascha Dabić
Regie: Bojan Djordjev
Mit: Edgar Eckert, Aylin Esener, Sarah Liebert

Wie ich mich in die Tochter eines Oligarchen verliebte (How I fell in love with an oligarch's daughter)   03./04.11.2023
von Davit Gabunia
aus dem Georgischen von Tamar Muskhelishvili
Regie: Data Tavadze
Mit: Ana Hauck, Mehmet Yilmaz

Jetzt bist du nicht mehr bloß ein Körper für mich (Now you're not just a body for me)
von Natalia Graur
aus dem Rumänischen und dem Englischen von Ciprian Marinescu und Frank Weigand
Regie: Roza Sarkisian
Mit: Flavia Lefevre

Riffenstahl.UA
von Anastasiia Kosodii
aus dem Ukrainischen von Lydia Nagel
Regie: Anastasiia Kosodii
Mit: Falilou Seck, Linda Vaher

Abb. 4 *Maxim Gorki Theater: „Der Untertan".*

This is not a performance about your beauty
Text und Performance von Ivana Sajko
aus dem Kroatischen ins Deutsche von Alida Bremer und ins Englische von Mima Simić
Regie und Video: Anna Malena Gross
Mit: Ivana Sajko

Studio Я
Muttersprache Mameloschn 07.12.2023
von Sasha Marianna Salzmann
Im Rahmen des 6. Berliner Herbstsalon 2023 LOST – YOU GO SLAVIA
Regie: Hakan Savaş Mican; Dramaturgie: Holger Kuhla, Clara Probst; Kostüm: Sylvia Rieger; Bühne: Alissa Kolbusch; Video: Sebastian Lempe
Mit: Anastasia Gubareva, Daniel Kahn, Alexandra Sinelnikova, Ursula Werner
Live-Musik: Daniel Kahn

Der Untertan 15.12.2023
von Heinrich Mann
Regie: Christian Weise; Dramaturgie: Valerie Göhring; Musik: Jens Dohle, Falk Effenberger; Kostüm: Josa Marx, Lane Schäfer; Bühne: Julia Oschatz; Licht: Ernst Schießl
Mit: Tim Freudensprung, Via Jikeli, Marta Kizyma, Fridolin Sandmeyer, Catherine Stoyan, Till Wonka

Theater an der Parkaue
Junges Staatstheater Berlin
Parkaue 29, 10367 Berlin(-Lichtenberg)
Intendanz: Christina Schulz & Alexander Riemenschneider (seit 2021/2022)

Bühne 4
Das Kind träumt 13.01.2023
Eine clowneske Tragödie von Hanoch Levin
aus dem Hebräischen von Matthias Naumann
Regie: Alexander Riemenschneider; Dramaturgie: Daniel Richter; Musik: Tobias Vethake, Karla Wenzel; Kostüm: Lili Wanner; Bühne: David Hohmann; Puppenbau-/spiel: Ulrike Langenbein; Künstlerische Vermittlung: Zaida Horstmann
Mit: Caroline Erdmann, Ulrike Langenbein, Hanni Lorenz, Ioana Nițulescu, Denis Pöpping, Andrej von Sallwitz, Nicolas Sidiropulos, Kofi Wahlen

Bühne 4
Gänsehaut 11.03.2023
Tanzstück von Modjgan Hashemian und Ensemble
Regie und Choreografie: Modjgan Hashemian; Dramaturgie: Luise Würth; Komposition und Musik: Oliver Doerell; Künstlerische Vermittlung: Trang Trān Thi Thu
Mit: Anna Athanasiou, Adamou Bance, Jessica Cuna, Kaveh Ghaemi, Elisabeth Heckel, Salome Kießling, Tenzin Chöney Kolch, Claudia Korneev

Bühne 4
Macht PAUSE (AT) 14.04.2023
Eine Produktion mit jungen Menschen
Spielleitung: Magda Korsinsky; Kostüm: Mariama Sow; Bühne: Marian Nketiah; Licht: Lutz Deppe; Sounddesign: Sky Deep; Künstlerische Vermittlung: Amrit Walia; Schreibwerkstatt und Rap-Coaching: Sookee; Schreibwerkstatt und Rap-Coaching (Gruppen Rap): Alice Dee; Beratung Relaxed Performance: Milena (Miles) Wendt, Angela Alves
Mit: Asena Ersöz, Chiamaka Ezeh, Marta Ivkić, Jasmin, Lena Sofia Lange, Liv Lauritzen, Andilath Maroufou, Elea Muna, Juli Schulz, Vanessa Semenihin, Christin Wieder (Junge Menschen im Alter von 16 bis 22 Jahren)

Bühne 3
Beautiful Thing 12.05.2023
Ein urbanes Märchen von Jonathan Harvey
Regie: Babett Grube; Dramaturgie: Alicia Agustín; Kostüm: Andrea Barba; Bühne: Camille Lacadee; Künstlerische Vermittlung: Soraya Reichl
Mit: Birgit Berthold, Salome Kießling, Claudia Korneev, Yazan Melhem, Andrej von Sallwitz

Bühne 4
Meerjungfrauen rülpsen besser 01.06.2023
Chormärchen vom zaungäste Kollektiv

Abb. 5 *Theater an der Parkaue: "Fiesta".*

Regie: Marion Schneider, Susanne Zaun, Isabelle Zinsmaier; Dramaturgie: Daniel Richter; Choreografie: Ekaterine Giorgadze; Kostüm und Bühne: Mari-Liis Tigasson; Ton: Alexandar Hadjiev; Künstlerische Vermittlung: Trang Trần Thi Thu
Mit: Tenzin Chöney Kolsch, Jakob Kraze, Ioana Nițulescu, Mira Tscherne, Kofi Wahlen

Berliner Schulen/Oberschulen
Stranger Life Fantasies 13.06.2023
Interaktive Klassenzimmerperformance für die Oberschule
Regie: PINSKER+BERNHARDT (Jana Pinsker und Wicki Bernhardt); Stückentwicklung: Wicki Bernhardt, Caroline Erdmann, Elisabeth Heckel, Janna Pinsker, Denis Pöpping; Dramaturgie und Künstlerische Vermittlung: Kristina Stang; Musik: Elischa Kaminer; Ausstattung: Martha Pinsker, Linda Sollacher; Assistenz: Josephine Tietze
Mit: Caroline Erdmann, Elisabeth Heckel, Denis Pöpping

Bühne 4
Pigs 28.06.2023
Eine interaktive Installation von Miriam Tscholl mit zwei Schauspieler*innen, 30 Expert*innen und 30 Monitoren zum Thema Schwein
Koproduktion der Münchner Kammerspiele und der Schauburg München mit dem Düsseldorfer Schauspielhaus/Junges Schauspiel, dem Nationaltheater Mannheim/

Schauspiel mit der Bundesgartenschau Mannheim 2023, dem Schauspiel Hannover, dem Schauspiel Stuttgart und dem Theater an der Parkaue, Berlin
Regie: Miriam Tscholl; Dramaturgische Begleitung am Theater an der Parkaue: Leila Etheridge; Musik: Polly Lapkovskaja; Bühne und Kostüm: Bernhard Siegl; Video: Michael Kleinhenn; Audiovisuelle Gestaltung und Programmierung: Georg Werner; Künstlerische Vermittlung am Theater an der Parkaue: Nils Erhard
Mit: Jakob Kraze, Andrej von Sallwitz

Bühne 3
Fiesta 23.09.2023
Deutsche Erstaufführung
von Gwendoline Soublin
aus dem Französischen von Corinna Popp
Regie: Ebru Tartici Borchers; Dramaturgie: Sabine Salzmann; Choreografie: Azahara Sanz Jara; Kostüm und Bühne: Sam Beklik; Künstlerische Vermittlung: Soraya Reichl, Shalün Schmidt
Mit: Tenzin Chöney Kolsch, Claudia Korneev, Yazan Melhem, Ilona Raytman

Bühne 4
Der satanarchäolügenialkohöllische Wunschpunsch 11.11.2023
von Michael Ende
Regie: Mathias Spaan; Dramaturgie: Leila Etheridge; Kostüm: Josephin Thomas; Bühne: Emilia Bongilaj; Künstlerische Vermittlung: Soraya Reichl, Shalün Schmidt
Mit: Caroline Erdmann, Elisabeth Heckel, Jakob Kraze, Ioana Nițulescu, Denis Pöpping

bat-Studiotheater der HfS „Ernst Busch"
Belforter Straße 15, 10405 Berlin(-Prenzlauer Berg)
HfS Rektorin: Anna Luise Kiss (seit 2021)
Weitere Spielstätten:
HfS Ernst Busch Unten/HfS Ernst Busch Oben
Zinnowitzer Straße 11, 10115 Berlin(-Mitte)
HZT Berlin Campus Uferstudios
Uferstraße/Badstraße, 13357 Berlin(-Wedding)

bat-Studiotheater
Szenenstudium Mensch/Klappmaul 07.02.2023
„Blitz & Bits um Frankenstein" (Die Zukunft ist fleischlos...)
Textgrundlage *Frankenstein* von Mary Shelley, *Frankenkissstein* von Jeanette Winterson, in einer verdammt frei bearbeiteten Bühnenfassung
von Rodrigo Umseher & Ensemble
Dozent*in: Rodrigo Umseher
Mit: Esti Schrader, Jago Schlingensiepen, Christine Zeides

Schneewittchens Mütter
Texte u. a. von Studentinnen, Liv Strömquist *Im Spiegelsaal* und *Ich fühls nicht*, aktuelle Zeitzeug*innenberichte
Dozent*in: Veronika Thieme; Puppen: Karin Tiefensee, Judith Mähler
Mit: Emma Meta Teichert, Cecilia eva de la Jara, Hanik Soleimani

Vielleicht hatten wir gar keine Lust uns selbst zu erkennen?
Dozent*in: Mathias Becker
Mit: Sophia Bobic, Stella Voge, Christopher Breust

bat-Studiotheater
MARSYAS. Der Wettstreit 03.03.2023
von Simon Werle / Diplominszenierung von Lena Katzer
Uraufführung
Regie: Lena Katzer; Regieassistenz: Malte Schwoch; Choreografie: Jillian Vivienne Neuberger; Bühne und Kostüm: Marc Freitag; Sounddesign: Paul S. Kemner; Digitale Umsetzung: Nils Schröder
Mit: Josephine Buchwitz, Rhys Martin

bat-Studiotheater
Der Bau 23.03.2023
nach Franz Kafka
Auftragskomposition und Live-Elektronik: Justin Lépany; Puppenbau: Karin Tiefensee, Christine Zeides; Licht: Luca Blanik; Chorleitung: Carolin Strecker; Chor: Kammerchor Cantamus Berlin; Idee und Konzept: Prof. Andree Gubisch
Mit: Christine Zeides, Hanieh Soleimani, Jago Schlingensiepen, Christopher Breust

bat-Studiotheater
Eine Zierde für den Verein 13.04.2023
Diplominszenierung
Ein Stück vom Rauchen, Sporteln, Lieben und Verkaufen
nach Marieluise Fleißer in einer Fassung von Alina Fluck und Kundry Reif
Textgrundlage: Marieluise Fleißer
Regie: Alina Fluck; Dramaturgie: Kundry Reif; Musik: Alexander Zwick; Bühne und Kostüm: Marleen Johow; Mitarbeit Bühne: Nils-Thore Grundke; Maske: Lucia Maria Schütz
Mit: Julius Gruner, Joshua Kliefert, Maurice Läbe, Philipp Lehfeldt, Dennis Svensson, Laura Talenti

bat-Studiotheater
Bambi / Kaleidoskop 05.05.2023
in Kooperation mit der ESNAM Charleville-Mézières
Objekttheater nach *Bambi: Eine Lebensgeschichte aus dem Walde* von Felix Salten

Regie: Sophie Bartels & Katy Deville; Dramaturgie: Yasmine Salimi; Choreografie: Joëlle Driguez; Klangkomposition: alpha kartsaki; Bühne und Kostüm: Neïtah Janzing; Dolmetscher*in: Vincent Simon
Mit: Studierende der ESNAM Charleville-Mézières: Elise Cornille, Raphaël Dupuy, Pierre Lac, Camille Marcon, Julie Gouverne, Gurvan Grall, Pedro Hermelin, Mathilde Peinetti
HfS Ernst Busch: Leah Wewoda, Maximilian Teschemacher, Sophia Walther, Tanja Linnekogel und Robert Richter

bat-Studiotheater
Draußen vor der Tür 16.06.2023
nach Wolfgang Borchert
Freies Diplomprojekt von Moritz Ilmer und Ahmad Manssour
Zeitgenössische Puppenspielkunst
Regie: Moritz Ilmer; Regieassistenz: Anna Köllner; Dramaturgie: Anna Köllner; Komposition: David Zipser; Musikalisches Konzept: David Zipser, Moritz Ilmer; Kostüm: Anna Köllner, Simone Pätzold, Marie Lindemann, Sonja Lüdersdorf, Amelie Köllner; Bühne: Moritz Ilmer; Requisite: Moritz Ilmer, Anna Köllner, Ilse Schmidt; Video: Matthias Lippstreu (Kamera + Beleuchtung + Schnitt), Adrian Holder (Ton) Wave-Akademie
Mit: Florian Heise, Leonie Wild, Anna Köllner, Jasha Eliah Deppe, Ahmad Manssour, Hannah Elischer, Leonard Pfeiffer, Jean Genchev, Moritz Ilmer
Musikalische Beteiligung: David Zipser, Seth Sjöström, Gustav Tornberg, Theo Altmann

bat-Studiotheater
making waves 29.06.2023
Diplominszenierung Regie von Alice Bogaerts
von und mit: Patrcia Kargbo, Elisabeth Klinck, Chiara Monteverde, Lieselot Siddiki, Alice Bogaerts und Marleen Ilg

bat-Studiotheater
Josefine die Sängerin oder das Volk der Mäuse 03.11.2023
Pablo Lawall
Diplomprojekt Regie
Ein Abend nach Franz Kafka und John Cage
Ein Stück von Sokola//Spreter
von und mit: Laura Eichten, Thea Rasche, Jona Spreter, Ivana Sokola, Danosch Maghsudi, Amos Detscher, Selma Lindgren, Ella Steinbach, Xandi Vogler und Pablo Lawall

bat-Studiotheater
Dream of a Common Language 01.12.2023
maC Abschlussarbeit von Mariana Romagnani
Regie und Choreografie: Mariana Romagnani; Kreation und Performance: Hilla Steinert, Tom Monteiro, Sheila Schlechter, Grace Schulz, Mariana Romagnani

bat-Studiotheater
Szenenstudium Profil & Vertiefung 12.12.2023
3. Studienjahr Zeitgenössische Puppenspielkunst

„WAS ZUVOR GESCHAH"
Dozent*in: Hans-Jochen Menzel
Puppen: Suse Wächter, Christian Werdin, Melanie Sowa, Hagen Tilp; Mithelfende: Kerem Hillel, Gaststudierender Regie (HfM H. Eisler)
Mit: Cecilia de la Jara, Emma Teichert, Esti Schrader, Christine Zeides, Marcin Nowicki

„MACBETT"
frei nach Eugène Ionesco
Dozent: Rodrigo Umseher
Mit: Tatjana Ochsenohr, Christopher Breust, Jago Schlingensiepen

„HAMLET!"
frei nach Motiven von William Shakespeare
Leitung und Sounds: Roscha A. Säidow
Mit: Sophia Jelena Bobić, Aleksandra Gosławska

bat-Studiotheater
Vom verachtet werden oder wir ziehen in den Krieg 21.12.2023
Diplomprojekt Regie von Lily Kuhlmann
frei nach *Orlando* von Virginia Woolf
Regie und Text: Lily Kuhlmann; Regieassistenz: Svantje Leithäuser; Dramaturgie und Text: Hannah Siecksmeier; Musikalische Leitung, Drums, Chor: Theresa Löhle; Kostüm: Kaja Busch; Kostümassistenz: Clara Santos Thomas; Bühnenbild: Marlene Kargl; Bühnenassistenz: Lena Reichl; Maske: Leo Wittkowski, Frauke Wolff; Video: Janic Bebi; Fotos: Debora Meyer
Mit: Luise von Stein, Josephine Witt, Amelie Schmidt, Mina Halide Guschke, Philipp Lehfeldt, Tim Otto Göbel, Theresa Löhle

Private Bühnen

Schaubühne am Lehniner Platz
Kurfürstendamm 153, 10709 Berlin
Direktion: Tobias Veit (seit 2012)
Künstlerische Leitung: Thomas Ostermeier (seit 2005/2006)

Studio
Zwei auf einer Bank 15.02.2023
von Alexander Gelman
aus dem Russischen von Regine Kühn, für die Schaubühne bearbeitet von Amalia Starikow und Marilena Pütt
Regie: Amalia Starikow; Dramaturgie: Marilena Pütt; Musik: Taylor Savvy; Kostüm: Maksim Chernykh; Bühne: Simon Lesemann; Licht: Luca Villa
Mit: Damir Avdic, Julia Schubert

Saal B
Die Möwe 07.03.2023
von Anton Tschechow
in einer Fassung des Ensembles unter Verwendung der Übersetzung von Ulrike Zemme
Regie: Thomas Ostermeier; Dramaturgie: Maja Zade; Musik: Nils Ostendorf; Kostüm: Nehle Balkhausen; Bühne: Jan Pappelbaum, Thomas Ostermeier; Ulla Willis (Mitarbeit Bühne); Licht: Erich Schneider
Mit: Thomas Bading, İlknur Bahadır, Stephanie Eidt, Laurenz Laufenberg, Joachim Meyerhoff, David Ruland, Renato Schuch, Alina Vimbai Strähler, Hêvîn Tekin, Axel Wandtke

Globe
House of Dance 19.04.2023
von Tina Satter
aus dem Englischen von Gerhild Steinbuch
Deutschsprachige Erstaufführung
Regie: Tina Satter; Dramaturgie: Bettina Ehrlich; Musik und Sounddesign: Chris Giarmo; Kostüm: Enver Chakartash; Bühne: Parker Lutz; Licht: Erich Schneider
Mit: Holger Bülow, Henri Maximilian Jakobs, Genija Rykova, Hêvîn Tekin

Studio
In Memory of Doris Bither 26.09.2023
von Yana Thönnes
Uraufführung
Regie: Yana Thönnes; Dramaturgie: Elisa Leroy, Martín Valdés-Stauber; Musik: Ville Haimala; Bühne und Kostüm: Katharina Pia Schütz
Mit: Heinrich Horwitz, Ruth Rosenfeld, Kate Strong

Studio
Berliner Affären 07.11.2023
von Berliner*innen und Ensemble
Texte vom Ensemble und Team
Regie: İlknur Bahadır; Regieassistenz und Soufflage: Marie-Christin Janssen; Dramaturgie: Elisa Leroy; Musik: Sven Poser; Kostüm: Christina Halbfas, Bühne: Ulla Willis; Licht: Deniz Uysal
Mit: İlknur Bahadır, Christoph Gawenda, Julia Schubert

Saal A
Prinz Friedrich von Homburg 14.11.2023
von Heinrich von Kleist
Regie: Jette Steckel; Dramaturgie: Bettina Ehrlich; Choreografie: Dominika Knapik; Musik: Mark Badur; Kostüm: Pauline Hüners; Bühne: Florian Lösche; Video: Zaza Rusadze; Licht: Erich Schneider
Mit: Jule Böwe, Holger Bülow, Stephanie Eidt, Bastian Reiber, Renato Schuch, Alina Vimbai Strähler, Axel Wandtke

Globe
The Silence 19.11.2023
von Falk Richter
Deutschsprachige Erstaufführung
Regie: Falk Richter; Dramaturgie: Nils Haarmann, Jens Hillje; Musik: Daniel Freitag; Bühne und Kostüm: Katrin Hoffmann; Video: Lion Bischof; Licht: Carsten Sander
Mit: Dimitrij Schaad
Im Video: Falk Richter, Doris Waltraud Richter

Studio
Genesis 30.11.2023
von Bastian Reiber und Team
Uraufführung
Regie und Konzept: Bastian Reiber; Dramaturgie: Bettina Ehrlich, Elisa Leroy; Künstlerische; Mitarbeit: Christina Deinsberger; Musik: Thomas Witte; Bühne, Kostüm, Konzept: Marina Stefan
Mit: Bastian Reiber, Axel Wandtke, Thomas Witte

Saal B
Bucket List 09.12.2023
von Yael Ronen & Shlomi Shaban
Uraufführung
Regie: Yael Ronen; Dramaturgie: Irina Szodruch, Martín Valdés-Stauber; Komposition und Musikalische Leitung: Yaniv Fridel, Ofer (OJ) Shabi; Komposition und Songwriting: Shlomi Shaban; Kostüm: Amit Epstein; Bühne: Magda Willi; Video: Stefano Di Buduo; Licht: Erich Schneider; Vocalcoach: Till Josa Paar

Abb. 6 *Komödie am Kurfürstendamm: „Stolz und Vorurteil *oder so".*

Mit: Moritz Gottwald, Carolin Haupt, Damian Rebgetz, Ruth Rosenfeld
Live-Musik: Thomas Moked Blum, Amir Bresler, Hila Kulik

Komödie am Kurfürstendamm
Bismarckstraße 110, 10625 Berlin(-Charlottenburg)
Leitung: Martin Woelffer (Direktor und künstlerische Leitung),
Michael Forner (Direktor und kaufmännische Geschäftsführung)

Komödie am Kurfürstendamm im Theater am Potsdamer Platz
Stolz und Vorurteil *oder so 23.04.2023
nach Jane Austen
von Isobel McArthur
Deutsch von Silke Pfeiffer
Regie: Christopher Tölle; Musikalische Einstudierung und Gitarre: Robert Keßler; Kostüm und Bühne: Heike Seidler
Mit: Anna Maria Mühe, Johanna Asch, Mackie Heilmann, Nadine Schori, Birthe Wolter

Komödie am Kurfürstendamm im Ernst-Reuter-Saal
Ulrich Tukur & Die Rhythmus Boys – Es leuchten die Sterne 03.09.2023
Musiker*innen: Ulrich Tukur (Gesang, Klavier, Akkordeon), Ulrich Mayer (Gitarre,

Ukulele, Gesang), Günter Märtens (Kontrabass, Gesang), Karl-Friedrich Mews (Schlagzeug, Gesang, Imitationen)

Komödie am Kurfürstendamm im Ernst-Reuter-Saal
Und wer nimmt den Hund? 13.10.2023
nach dem Filmdrehbuch von Martin Rauhaus
in einer Bühnenbearbeitung von Marcus Grube
Regie: Martin Woelffer; Kostüm: Nicole von Graevenitz; Bühne: Tom Presting
Mit: Marion Kracht, Michael Roll, Dominique Siassia, Sandrine Guiraud, Hartmut Lehnert und Simone Ritscher

Komödie am Kurfürstendamm im Theater am Potsdamer Platz
Das perfekte Geheimnis 29.10.2023
nach dem italienischen Originalfilm von Paolo Genovese *Perfetti Sconosciuti*
Deutsch von Sabine Heymann
Regie: Martin Woelffer; Kostüm: Nicole von Graevenitz; Bühne: Tom Presting
Mit: Henriette Richter-Röhl, Tommaso Cacciapuoti, Karim Cherif, Oliver Dupont, Nica Heru, Tobias Licht, Jenny Löffler, Tessa Mittelstaedt

Neuköllner Oper
Karl-Marx-Straße 131–133, 12043 Berlin(-Neukölln)
Leitung: Andreas Altenhof (Marketing), Bernhard Glocksin (künstlerische Leitung), Laura Hörold (Geschäftsführung)

Radioland. Die meistens wahre, aber immer unglaubliche Geschichte des Fürstentums Sealand 26.01.2023
von Fabian Gerhardt, Lars Werner, Christopher Verworner und Misha Cvijović
Uraufführung
Regie: Fabian Gerhardt; Dramaturgie: Bernhard Glocksin; Choreografie: Chris Jäger; Komposition und Arrangement: Christopher Verworner, Misha Cvijovic; Musikalische Leitung: Christopher Verworner; Kostüm: Sophie Peters; Bühne: Sabrina Rossetto
Mit: Steffi Dietrich, Sophia Euskirchen, Owen Read, Meik van Severen, Mathilda Switala, Armin Wahedi Yeganeh
Musiker*innen: Philip Dornbusch, Sven Holscher, Sabrina Ma, Jakob Roters, Fabian Sackis, Christopher Verworner

Bésame Mucho. Leben, Liebe und Musik des Enrique Granados und der Consuelo Velázquez 17.02.2023
Musiktheater von Albert Tola, Bernhard Glocksin und Malte Giesen
Buch von Constanze Behrends und Franziska Kuropka
Uraufführung
Inszenierung: Ana Cuéllar; Komposition und Arrangement: Malte Giesen; Dramaturgie: Giulia Fornasier; Musikalische Leitung: Danai Vritsiou (Klavier); Bühne: Elionor Sintes

Mit: Christian Camino, Ana Schwedhelm
Musiker*innen: Danai Vritsiou (Klavier u. a.), Lukas Fröhlich (Trompete u. a.)

Wüst*innen 22.04.2023
Ein musikalischer Roadtrip zwischen Barock, Romantik und Indie-Pop von Sommer Ulrickson und Richard Schwennicke
mit Kompositionen von Barbara Strozzi, Francesca Caccini, Maria Theresia Paradis, Florence Price und Ethel Smyth in neuen Arrangements und mit Musik von Richard Schwennicke
Text von Sommer Ulrickson und Ensemble
Uraufführung
Regie: Sommer Ulrickson; Dramaturgie: Änne-Marthe Kühn; Komposition und Arrangement: Richard Schwennicke; Kostüm: Ulrike Plehn; Bühne: Halina Kratochwil
Mit: Tilla Kratochwil, Florian Küppers, Brie Pasko, Caroline Schnitzer, Isabel Wamig
Musiker*innen: Björg Brjánsdóttir, Sólveig Vaka Eyflórsdóttir, Norma Regis, Nadezda Tseluykina, Irina Yudaeva

Bis keiner weint 08.06.2023
Ein Meinungsmärchen mit Musik von Constanze Behrends, Franziska Kuropka und Lukas Nimscheck
Buch von Constanze Behrends und Franziska Kuropka
Songtexte von Franziska Kuropka
Regie: Mathias Noack; Komposition und Arrangement: Lukas Nimscheck; Choreografie: Sabine Hack; Musikalische Leitung: Tobias Bartholmeß, Markus Syperek; Musikalische Arrangements: Markus Syperek; Bühne: Lukas Wassmann
Mit: Tara Friese, Laura Goblirsch, Nathan Johns, Fabio Kopf, Anna-Sophie Weidinger
Musiker*innen: Tobias Bartholmeß, Oliver Busch, Lorraine Buzea, Jo Gehlmann, Jessica Ling, Markus Syperek, Leonardo von Papp

Frau ohne Schatten 25.08.2023
Ein Musiktheaterabend nach Richard Strauss und Hugo von Hofmannsthal
von Ulrike Schwab und Tobias Schwencke
Uraufführung
Regie: Ulrike Schwab; Dramaturgie: Marion Meyer; Komposition, Arrangement und Musikalische Leitung: Tobias Schwencke; Kostüm und Bühne: Pia Dederichs, Marina Stefan
Mit: Hrund Ósk Árnadóttir, Joa Helgesson, Franziska Junge, Catrin Kirchner, David Ristau, Chunho You
Musiker*innen: Valentin Butt, Horia Dumitrache, Martin Knoerzer, Till Kuenkler, Luiza Labouriau, Christoph Lindner, Johannes Ragg, Nikolaus Schlierf, Tobias Schwencke, Simon Strasser

Der Teufel im Lift 14.10.2023
Musiktheater von J. S. Bach, John von Düffel und der Lauten Compagney Berlin
Text von John von Düffel

Inszenierung: Ansgar Weigner; Dramaturgie: Bernhard Glocksin; Komposition und Arrangement: Wolfgang Katschner; Musikalische Leitung: Wolfgang Katschner; Bühne und Kostüm: Jürgen Kirner; Video: Martin Mallon
Mit: Elias Arranz, Frieda Jolande Barck, Johannes Wieners, Christian Pohlers und Claudia Renner
Musiker*innen: Laute Compagney Berlin mit Javier Aguilar (Violine II), Helen Barsby (Trompete), Ulrike Becker (Violoncello), Sabina Chukorova (Cembalo/Orgel), Thor Harald Johnsen (Laute), Ulrike Ködding (Traverso), Axel Meier (Percussion), Ulrike Paetz (Viola), Andreas Pfaff (Violine I), Annette Rheinfurth (Kontrabass), Eduard Wesly (Oboe)

Eigentlich bin ich glücklich 10.11.2023
Musiktheater der jungen NKO
von Yuval Halpern, Vera Schindler und Bjørn de Wildt
Uraufführung
Regie: Bjørn de Wildt; Musikalische Leitung: Yuval Halpern; Kostüm: Federica Fugazzi; Licht: Christian Maith; Produktionsleitung: Kamil Ahmad, Lena Wetzel; Skript: Vera Schindler
Mit: Kamil Ahmad, Sarah Awad, Leopold Bernstorff, Marlene Boschmann, Luise Döring, Asena Ersöz, Maxim Komarchuk, Anaise Klieman, Helena Marte, Katherina Schmidt, Alexander Weiglin, Lena Wetzel

Schlosspark Theater Berlin
Schloßstraße 48, 12165 Berlin(-Steglitz-Zehlendorf)
Intendanz: Dieter Hallervorden (seit 2009/2010)

Eines langen Tages Reise in die Nacht 07.01.2023
Schauspiel in 4 Akten von Eugene O'Neill
Deutsch von Michael Walter
Regie: Torsten Fischer; Bühne und Kostüm: Herbert Schäfer, Vasilis Triantafillopoulos
Mit: Peter Kremer, Judith Rosmair, Igor Karbus, Fabian Stromberger

Biedermann und die Brandstifter 18.03.2023
Ein Lehrstück ohne Lehre von Max Frisch
Regie: Philip Tiedemann; Musik: Henrik Kairies; Bühne und Kostüm: Alexander Martynow
Mit: Dieter Hallervorden, Christiane Zander, Dagmar Biener, Georgios Tsivanoglou, Mario Ramos, Oliver Seidel

Love Letters 27.05.2023
Theaterstück von A. R. Gurney
Deutsch von Inge Greiffenhagen und Daniel Karasek

Regie: Philip Tiedemann; Regieassistenz: Niklas Korff; Kostüm: Viola Matthies; Bühne: Philip Tiedemann
Mit: Dieter Hallervorden, Dagmar Biener

Onkel Wanja 02.09.2023
Ein Leben in vier Augenblicken
von Anton Pawlowitsch Tschechow
Deutsch von Ekaterina Bezghina und Anatol Preissler
Regie: Anatol Preissler; Kostüm: Jasper Krafft; Bühne: Anatol Preissler
Mit: Boris Aljinovic, Helen Barke, Dagmar Bernhard, Dagmar Biener, Tilmar Kuhn, Mario Ramos, Mark Weigel

Die Maria & der Mohamed 11.11.2023
Eine Gesellschaftskomödie von Folke Braband
Regie: Folke Braband; Regieassistenz: Niklas Korff; Kostüm: Viola Matthies; Bühne: Tom Presting
Mit: Peggy Lukac, Mohamed El-Asmer, Julia Bremermann, Marie Schöneburg

Kleines Theater am Südwestkorso
Südwestkorso 64, 12161 Berlin(-Friedenau)
Geschäftsführung/künstlerische Leitung: Karin Bares (seit 2006)

Der Sittich 13.01.2023
von Audrey Schebat
Berliner Erstaufführung
Regie: Karin Bares
Mit: Eva Mannschott, Matthias Freihof

Vermisst! Was geschah mit Agatha Christie? 14.04.2023
Musical-Krimi von Paul Graham Brown und James Edward Lyons
Berliner Erstaufführung
Regie: James Edward Lyons; Choreografie: Daniela Thiele; Musikalische Leitung: Paul Graham Brown; Bühne und Kostüm: Dietrich von Grebmer
Mit: Barbara Felsenstein, Melanie Starkl, Björn-Ole Blunck, Holger Hauer

Schöner Scheitern mit Ringelnatz 26.10.2023
von Heike Feist
Berliner Erstaufführung
Mit: Heike Feist, Andreas Nickl

So ein Theater 17.11.2023
von Matthias Schönsee
Berliner Erstaufführung

Regie: Mathias Schönsee
Mit: Boris Freytag, Dominik Raneburger, Saskia von Winterfeld, Lennie Gottberg, Barbara Felsenstein

Berliner Kriminal Theater
Palisadenstraße 48, 10243 Berlin(-Friedrichshain)
Direktion: Wolfgang Rumpf & Oliver Gabbert

Der Tag, an dem der Papst gekidnappt wurde 30.03.2024
Komödie von João Bethencourt
Regie: Thomas Wingrich; Inszenierung: Wolfgang Rumpf; Komposition und Interpretation: Peter Wingrich; Bühne und Kostüm: Erwin Bode
Mit: Silvio Hildebrandt, Jean Maesér, Gundula Piepenbring, Henning Wolff, Nicole Bunge, Hartmut Kühn, Karl-Heinz Barthelmeus, Matti Wien, Thomas Wingrich
Live-Musik: Anke Wingrich (Violine), Peter Wingrich (Klavier)

Zeugin der Anklage 05.10.2023
Krimi-Klassiker von Agatha Christie
Regie: Wolfgang Rumpf; Regieassistenz: Gerhard Suppus; Kostümbildassistenz: Sabine Puppe; Ausstattung: Erwin Bode; Maske: Erika Löffler; Technische Leitung: Frank Pahnke
Mit: Gert Melzer, Conrad Waligura, André Zimmermann, Mathias Kusche, Kira Lina Klemm, Pablo Toculescu, Vincent Lyssewski, Kristin Schulze, Alexandra Johannknecht, Karl-Heinz Barthelmeus, Kai-Peter Gläser, Thomas Linke, Vera Müller, Charlotte Neef, Dieter Wien, Claus J. Frankl

Renaissance-Theater Berlin
Knesebeckstraße 100/Ecke Hardenbergstraße, Berlin(-Charlottenburg)
Intendanz und Geschäftsführung: Guntbert Warns (seit 2020/2021)

Oblomow 24.02.2023
von Iwan Alexandrowitsch Gontscharow
Bühnenadaption von Volodia Serre und André Markowicz
Deutsch von Noemie Causse und Dagmar Jacobsen
Regie: Volodia Serre; Kostüm: Hanna Sjödin; Bühne: Marc Lainé; Aurelie Lemaignen (Set-Design Mitarbeit)
Mit: Susanne Bormann, Claudia Graue, Felix Lüke, Matthias Mosbach, Karla Sengteller, Julian Sinclair Jäckel, Axel Werner

Einszweiundzwanzig vor dem Ende 04.06.2023
von Matthieu Delaporte

Deutsch von Georg Holzer
Regie: Sebastian Sommer; Kostüm: Wicke Naujoks; Bühne: Alexander Grüner
Mit: Julia Jäger, Harald Schrott, Aljoscha Stadelmann

Marlene 08.10.2023
Originalfassung von Pam Gems
Bearbeitung des Renaissance-Theaters Berlin mit zwei Monologen von Connie Palmen
Deutsch von Angela Kingsford Röhl
Regie: Guntbert Warns; Dramaturgie: Wenka V. Mikulicz; Kostüm: Designed by Max Mara under the artistic direction of Mr. Ian Griffiths; Bühne: Ezio Toffolutti; Arrangements: Jetse de Jong, Sven Ratzke
Mit: Sven Ratzke, Johanna Asch
Am Flügel: Jetse de Jong

Die Weihnachtsfeier – In der Filiale brennt noch Licht 20.11.2023
von Peter Jordan, durchgesehen und ergänzt von Leonhard Koppelmann
Uraufführung
Regie: Leonhard Koppelmann, Peter Jordan; Kostüm: Barbara Aigner; Bühne: Momme Röhrbein
Mit: Gesine Cukrowski, Heikko Deutschmann, Inka Friedrich, Noëlle Haeseling, Harald Schrott, Daniel Warland

Vaganten Bühne
Kantstraße 12a, 10623 Berlin(-Charlottenburg)
Leitung: Lars Georg Vogel (seit 2020)

Die verlorene Ehre der Katharina Blum 14.02.2023
Schauspiel nach Heinrich Böll
Fassung von Clemens Mädge
Regie: Kathrin Mayr; Regieassistenz und Abendspielleitung: Alexander Schatte; Dramaturgie: Fabienne Dür; Kostüm: Amelie Müller; Bühne: Kathrin Mayr, Amelie Müller; Licht: Henry Mampe; Sound: Clemens Mädge; Technische Leitung: Malte Hurtig; Janis Willhausen (Assistenz Technik); Henry Mampe (Bühnentechnik)
Mit: Magdalene Artelt, Daniel-František Kamen, Nils Malten

Woyzeck 23.05.2023
Schauspiel nach Georg Büchner
Regie: Brian Bell; Regieassistenz und Abendspielleitung: Lisa Schiefelbein; Dramaturgie: Lea Mantel; Kostüm und Bühne: Daniel Unge; Video: Clemens Walter; Licht und Ton: Malte Hurig, Technische Leitung: Malte Hurtig; Janis Willhausen (Assistenz Technik); Henry Mampe (Bühnentechnik)
Mit: Thomas Georgi, Andreas Klopp, Hannah von Peinen, Julian Trostorf

Nur drei Worte 14.09.2023
Eine Gesellschaftskomödie von Joanna Murray-Smith
Regie: Lars Georg Vogel; Regieassistenz und Abendspielleitung: Alexander Schatte; Dramaturgie: Fabienne Dür; Kostüm: Lars Georg Vogel; Bühne: Lars Georg Vogel (Bühnentechnik); Licht und Ton: Malte Hurtig; Technische Leitung: Malte Hurtig; Janis Willhausen (Assistenz Technik), Henry Mampe
Mit: Stella Denis-Winkler, Natalie Mukherjee, Melissa Anna Schmidt, Urs Stämpfli

Schwemmholz 13.12.2023
Schauspiel von Andreas Sauter
Uraufführung
Regie: Bettina Rehm; Regieassistenz und Abendspielleitung: Alexander Schatte; Dramaturgie: Lea Mante; Kostüm: Johanna Bajohr; Bühne und Video: Johanna Bajohr; Licht: Henry Mampe, Janis Willhausen; Technische Leitung: Malte Hurtig, Henry Mampe; Janis Willhausen (Bühnentechnik)
Mit: Marie-Thérèse Fontheim, Natalie Mukherjee, Hannah von Peinen

Personenverzeichnis

Abass, Amal 214
Abbado, Claudio 232
Abbruzzese, Giacomo 211
Abels-Avellis, Lucy 33, 36f., 45, 49
Akinbiyi, Akinbode 238
Albrecht, Michal 166
Alighieri, Dante 21
Altın, Özlem 238
Aly, Götz 234
Arndt, Ernst Moritz 31
Assefa, Tigst 243
Avignon, Jim 217
Baden, Prinz Max von 59
Badt, Samuel 106
Ballard, Olivia 205
Bange, Ernst 172
Banneitz, Hugo 113
Barenboim, Daniel 202, 221, 225, 240
Bas, Bärbel 255
Bäumer, Gertrud 44
Baumgartner, Eugen 70
Becker Albrecht 18, 21, 26
Becker, Gottlieb Wilhelm 20
Becker, Gustav Adolf 21
Beer, Rosa 172f., 176
Behrendt, Gerhard 215
Beljajew, Pawel Iwanowitsch 142, 153, 155–157
Ben Yishai, Sivan 225
Berghausen, Björn 169
Bernheim, Theresa 68
Bieber, Tamara 117, 121f.
Biermann, Wolf 201
Biewald, Dieter 211
Bloch, Ivan 172f., 176
Blumenfeld, Kurt 64
Bodenschatz, Harald 127
Böhler, Bettina 217
Boidas 29
Boje, Claus 237
Bondy, Luc 208
Bonn, Aletta 252
Born, Max 59–61
Böß, Gustav 220

Bozkurt, Aziz 249
Braun, Otto 87, 89
Brecht, Bertolt 206
Breitz, Candice 241
Brüning, Heinrich 56, 88f., 99
Brunow, Ludwig 26
Buchrucker, Bruno Ernst 78
Buck, Detlev 237
Büdenbender, Elke 219, 240
Bueck, Otto 57
Bykowski, Valerie 149, 156
Caifaz, Cassius de 204
Camilla, Königin des Vereinigten Königreichs 219
Canijo, Joao 211
Cauer, Minna 45
Charles III., König des Vereinigten Königreichs 218f.
Chruschtschow, Nikita 144, 146, 148f.
Chuba, Nina 253
Colah, Zasha 229
Cornelius, Peter von 29
Curie, Marie 65
Czernichowski, Fanny 101–103, 119
Czernichowski, Salomon 109, 111
Dallwitz, Stephanie von 207
Daluege, Kurt 83, 91–95
Dams, Carsten 71, 73, 87, 98
Danneberg, Thomas 243
Degano Kieser, Luciana 202
Delattre, François 218
Demmer, Ulrike 239
Demnig, Gunter 244
Dempsey, Jack 108
Deschan, André 127
Devora, Dorothea 176
Diepgen, Eberhard 203
Dierksmeyer, Theodor 132
Doell, Friedrich Wilhelm 31
Dohm, Hedwig 44f.
Donndorf, Adolf 30
Drake, Johann Friedrich 29
Dryander, Ernst 9

Dülffer, Jost 125
Dumont, Louise 34
Duve, Gebhard 173
Ebert, Frank 210
Ebert, Friedrich 59f.
Ebner-Eschenbach, Marie von 52
Eggers, Friedrich 9–30
Eggers, Gustav 18
Eggers, Heinrich 31
Eggers, Karl 9, 11, 24
Eggers, Mathilde 12
Eggers, Wilhelm 18
Ehre, Thea 211
Ehrenfest, Paul 65
Eichler, Gustav 31
Einstein, Albert 55–70
Einstein, Elsa 58, 61, 66, 68
Einstein, Fanny 61, 101
Einstein, Hermann 64
Einstein, Pauline 64
Encke, Fedor 26
Ende, Amelia von 35
Erdogan, Recep Tayyip 252
Ernst, Karl 96
Ernst, Katharina 238
Erzberger, Matthias 77
Eschenbach, Christoph 238
Essmann, Chaja 103, 119
Essmann, Nathan 108, 121f.
Essmann, Nessanel 101, 103, 111f., 114–116
Essmann, Poline 109
Essmann, Sara 112
Estler-Ziegler, Tania 169
Ettinger, Fanny 103, 111
Ettinger, Leo 103, 111, 116f.
Evers, Stefan 223
Fabisch, Joseph-Hugues 32
Faden, Eberhard 190
Falk, Adalbert 26
Farge, Arlette 173
Feldmann, Klaus 225
Fischer, Günther 201
Flierl, Bruno 235
Flimm, Jürgen 208

Flockemann, August 26
Fölsing, Albrecht 56, 65
Fontane, Theodor 9, 11f. 14–16, 18f., 23, 28, 31
Förster, Wilhelm 57
Försterling, Otto 26
Franke, Klau 220
Friedländer, Margot 207, 250
Friedman, Michel 255
Friedrich der Große 15
Friedrich III., Kaiser des Deutschen Reiches, König von Preußen 26
Gagarin, Juri 141–143, 147–154
Gallinowski, Robert 218
Ganserer, Tessa 225
Garrel, Philippe 211
Gehrke, Ernst 61
Geist, Jonas [Johann Friedrich] 125, 136
Gepner, Faywel 101, 107
Giebel, Wieland 213
Giffey, Franziska 202–204, 206f., 214, 216, 218, 220–223, 233
Gildisch, Kurt 85, 95
Glaser, Robert 255
Goebbels, Josef 82, 83, 96, 114
Goehrke, Fritz 86, 89, 93
Goldberg, Max 106f.
Goldschmidt, Siegbert 106
Goldstein, Moritz 36
Göring, Hermann 91f.
Gosch, Jürgen 208
Gourary, Bertha 104, 118
Gourary, Lea 119
Gournay, Vincent de 163
Graf, Christoph 74
Graupe, Paul 176f.
Gregorek, Karin 221
Großherzog Friedrich Franz IV. von Mecklenburg-Vorpommern 61
Grote, Ulrike 214
Grzesinski, Albert 87–90
Gumbel, Emil 69f.
Gumpertz, Ludwig 61
Gutmann, Amy 231, 237, 251
Haakon Magnus von Norwegen, Kronprinz 250
Haase, Hugo 60
Hauck, Jenny 51
Hauschner, Auguste 43

Heil, Hubertus 255
Heimannsberg, Magnus 89
Hein, Birgit 212
Heinrich, Prinz von Preußen 15
Henke, Josef 125
Henze, Hans Werner 240
Hepner, Abraham 107f., 112f., 119
Hepner, Benno 104, 121
Hepner, Berta
Hepner, Daniel 103, 117
Hepner, Georg/George 103, 118f., 121
Hepner, Gerszon 101f.
Hepner, Ilia 101–110, 112, 114, 117–120, 123
Hepner, Joel 101–104, 109–112, 114–117, 119, 121, 123
Hepner, Paul 101, 103, 107–110, 112f., 117f., 121
Hepner, Salomon 101, 103f., 109–111, 114–118, 121f.
Hepner, Sonja Sophia 109
Herbst, Herbert 83
Heyden, August von 25
Heyse, Paul 12, 32
Hill, Terence 244
Hindenburg, Paul von 68
Hirschfeld, Friederike 33
Hirschfeld, Hermann 33
Hirschfeld, Magnus 33, 36, 40
Hitler, Adolf 55, 81, 83, 85, 88, 90, 92, 99, 208, 235
Hochhäusler, Christoph 211
Hoechstetter, Sophie 45
Hoffmann, Adelheid 20, 23
Hoiman, Sibylle 219
Holzinger, Florentina 238
Hong, Seokwon 246
Huggele, Marco 55
Hüller, Sandra 227
Hunziger, Ingeborg 213
Hus, Jan 19
Huxtable, Juliana 241
Israel, Nathan 35
Jähn, Siegmund 141, 149, 156
Jebens, Willi 138f.
Jens, Walter 215
Kaeber, Ernst 187–190, 194
Kämper, Jutta 244, 248
Kareski, Georg 113
Kaulbach, Wilhelm von 18–20, 31

Kempner, Robert 87, 90, 100
Kennedy, John F. 155, 231
Key, Ellen 36f., 41, 44f., 52
Kharon Rebekka 104
Kharon, Salomon 104, 111, 116
Khuon, Ulrich 233
Kienitz, Hans 113
Kipchoge, Eliud 243
Király, Zsuzsanna 217
Kirchner, Ernst Ludwig 222
Kiziltepe, Cansel 234, 255
Klausener, Erich 86
Kluckert, Jürgen 237
Kluge, Roger 208
Knape, Michael 242
Knauer, Alexandra 244
Kohl, Helmut 182, 203, 258
Kolbe, Georg 253
Kollwitz, Käthe 69, 203
König, Heidemarie 166
Kotzbau, Margarete 119
Kowarik, Ingo 252
Kracauer, Siegfried 109
Krajewski, Markus 164
Kreutzmüller, Christoph 169, 172, 174
Krug, Manfred 201
Krüger, Franz 26
Kube, Wilhelm 94f.
Kugler, Franz 17, 30
Kühn, Hermann 26,
Kulischer, Eugen 110f.
Kummer, Karl Wilhelm 31
Kürvers, Klaus 125, 136
Kutzsch, Gerhard 195
Lachmann, Joachim 196
Lafontant, Houngan Jean-Daniel 228
Lagerlöf, Selma 249
Lange, Helene 44, 220
Larsson, Lars Olof 125
Laufenberg, Iris 233
Lazarus, Moritz 13
Lederer, Klaus 202, 225
Ledermann, Frieda 36
Lehning-Fricke, Elke 244
Lenard, Philipp 61, 63
Lenze, Enno 213
Leo, Maxim 225
Leonow, Alexej Archipowitsch 142, 153, 155–157
Lewin-Funcke, Arthur 49

Liebknecht, Karl 60, 204
Lindemann, Till 235
Lindenberg, Udo 214
Lindner, Claus 215
Lindner, Tobias 224
Lippert, Julius 95,
Loeske, Albert 172f., 175f.
Loeske, Leo 172
Lorch, Herbert 112
Löttgen, Dagmar 238
Louvart, Hélène 211
Lübke, Wilhelm 15f., 19, 28, 30
Lucae, Richard 16, 18, 26, 29
Luxemburg, Rosa 204
Makejew, Oleksij 224
Makower, Gunther 104, 108, 113
Makower, Helene 103
Mallwitz, Joana 238
Malsack-Winkemann, Birgit 215
Mann, Franziska 33–53
Mann, Moritz 33
Margraf, Karl 172
Maric, Mileva 61 Dumont
Marin, Udo 206
Marquardt, Fritz 206
Mathilde, Königin von Belgien 254
Meinecke, Friedrich 69
Melcher, Kurt 89, 90
Mengs, Anton Raphael 31
Menke-Schwinghammer, Annemarie 19
Mensch, Ella 44
Menzel, Adolph 9, 15, 22f., 30
Merckel, Wilhelm von 32
Messel, Alfred 229
Mette-Marit, norwegische Kronpinzessin 250
Meyer, Erich 83, 85
Michaelis, Karin 43
Michelangelo Buonarotti 12
Mielke, Erich 147f., 153f.
Miller, Rebecca 210
Modrow, Hans 210
Mosse, Emilie 41, 46f.
Mosse, Rudolf 41
Mühlhausen, Walter 55
Müller, Arthur 209
Müller, Werner 138
Müller-Wieland, Willy 135
Munch, Edvard 247

Mundt, Alfred 95f.
Nebe, Arthur 83
Neikes, Hans 138
Netanjahu, Benjamin 216
Neubauer, Luisa 241
Nicolai, Georg Friedrich 57
Nielsen, Astrid 14
Niess, Wolfgang 58
Nietzel, Benno 172, 174
Nölting, Ernst 109, 120
Oesterle, Oskar 80
Ohlhoff, Johanna 179
Ono, Yoko 240
Oppenheimer Rosa 172f., 176
Oppenheimer, Jakob S. 172, 175f.
Oppenheimer, Jakob 172, 175f.
Otero, Sofia 211
Ott, Edgar 237
Palitzsch, Peter 206
Papen, Franz von 89f.
Park, Clara Cahill 40
Patzschke, Jürgen 223
Patzschke, Rüdiger 223
Paus, Lisa 236
Pechstein, Max 69, 222
Pecht, Friedrich 18
Pelosi, Nancy 251
Perikles 19f.
Peschel-Gutzeit, Lore Maria 239
Petros, Amanal 243
Petsch, Joachim 125
Petzold, Christian 211, 217
Pfeil, Adalbert 127
Philibert, Nicolas 210
Philippe, König von Belgien 254
Piscator, Erwin 69, 219
Pistorius, Boris 235
Plothow, Anna 33, 36, 41–45, 48, 51–53
Pogliani, Angelo 110–112
Pries, Clara 20, 21
Prinz Edward, Duke of Edinburgh 225f.
Prinzler, Hans Helmut 230
Prosor, Ron 227, 251
Puhl, Dieter 244f.
Puttkamer, Heinrich von 25
Quaid, Dennis 244
Rachwalsky, Ernst 107f.
Raffaello Santi 29, 32

Randow, Luise 11, 16–18, 20, 23
Rasch, Walter 237
Rathenau, Walther 56, 64f., 77
Rauch, Christian Daniel 9, 25
Reichhardt, Hans Joachim 125f.
Reinhardt, Theo 208
Reiss, Erich Caesar 249
Rembrandt van Rijn 32
Renft, Klaus 201
Repke, Kristin 166
Reuter, Ernst 100, 253
Reuter, Fritz 15
Reuter, Gabriele 43
Reuter, Gregorek 221
Richter, Philipp Jose 204
Richthofen, Bolko Freiherr von 172
Riemann, Werner 206
Rietschel, Ernst 30
Riggs, Fred 164
Rolland, Romain 58
Roth, Claudia 225
Rothgiesser, Gertrud 239
Röttcher, Hugo 132
Rühle, Otto 48
Ruto, William 240
Salomon, Alice 44
Salzberger, Cyrus 148
Sand, Georg 78f.
Saturne, Claude 228
Savoy, Bénédicte 223f.
Schäche, Wolfgang 125f., 130
Schanelec, Angela 211
Scharff, Alfred 107, 113, 120
Schäuble, Wolfgang 207, 258
Scheidemann, Philipp 58f.
Schievelbein, Hermann 29
Schiller, Friedrich von 9
Schimek, Josef 186
Schindler, Max 89
Schlebrügge 120
Schleef, Einar 206
Schlesinger, Patricia 249
Schlimper, Gabriele 245
Schmeling, Max 108
Schmidt, Berndt 244, 245
Schneider, Stefan 238
Schoch, Hans Joachim 80, 87, 89
Schöddert, Wolfgang 169
Scholz, Olaf 216, 225, 235, 251f.

Schopenhauer, Arthur 20
Schreiner, Manja 233
Schulz, Paul 79
Schulze, Berthold 195
Schumann, Edith 248
Schwabe, Toni 45
Schwartz, Werner 113, 120
Schwarzenegger, Arnold 244
Schwarzschild, Jacob Alfred 109, 111, 121
Schwarzschild, Sonia, Sophia 121
Sebaldt, Maria 219
Seibeld, Cornelia 216
Seidel, Heinrich 9f., 15, 26, 28, 32
Seiler, Lutz 242f.
Seitz, Gustav 203
Selenskyj, Wolodymyr 225
Severing, Carl 86
Shakespeare, William 21
Shields, Robert Boris 121
Shyx, Kayla 253
Sickert, Walter 211
Silbergleit, Arthur 36
Simonischek, Peter 227
Skarbina, Franz 26
Soh Bejeng Ndikung, Bonaventure 228
Soubirous, Bernadette 32
Speer, Albert 113f., 125–128, 130f., 133–136, 138
Spranger, Iris 201
Springer, Anton 13f.
Stallone, Sylvester 244
Stark, Johannes 63
Steinmeier, Frank Walter 58, 216, 219, 225, 230, 240, 247, 251f.
Stenzel, Hermann 82, 96
Stewart, Kristin 210
Stoltenberg, Jens 251f.
Stölzl, Christoph 203

Strachowitz, Ludwig, Graf von 113
Strack, Heinrich 32
Streletzki, Ekkehard 220
Stresemann, Gustav 56
Ströhlau, Georg 172
Stumm, Johannes 71–83, 85–100
Swillms, Ulrich 232
Tekka, Düzen 245
Tereschkowa, Valentina 142, 147, 149–152, 154, 157
Theobald-Gabler, Christiane 245
Thiele, Johannes 90
Thies, Jochen 125
Thümmler, Sabine 219
Tiburtius, Franziska 44
Titow, German Stepanowitsch 142–150, 152f.
Tober, Andrea 234f.
Toberentz, Robert 26
Toller, Ernst 219
Tragelehn, B.K. 206
Traninger, Anita 215
Travolta, John 244
Treidler, Adolph 26
Trier, Joachim 217
Triet, Justine 255
Tscherkas, Tamara 144
Tucholsky, Kurt 68
Turner, Julius Collen 62f.
Ufholz, Christiane 201
Ulbricht, Walter 143–148, 150, 152, 154, 156
Ullmann, Micha 225
Urresola Solaguren, Estibaliz 211
Usedom, Guido von 26
Vernau, Katrin 239
Vogel, Johannes 244f.
Voigt, Markus 244f.
Wachsmann, Konrad 61

Wagemans, Anja Maria 223
Wagenknecht, Sahra 213
Wallner, Julia 253
Wasbutzki, Berta 49
Weber, Max 163, 178, 180
Wedl-Wilson, Sarah 235, 243
Wegner, Kai 210, 222–224, 227, 230f., 233f., 236f., 243f., 248f., 250–252, 254f.
Weigel, Helene 206
Weiß, Bernhard 87–89, 94, 100
Wekwerth, Manfred 206
Welzien, Paul 110
Wendt, Otto 21
Wenjie, Du 240
Werth, Sabine 220
Wertheimer, Max 59
Wieland, Wolfgang 254
Wilbrandt, Adolph 17f., 27f., 30, 32
Willems, Susanne 125, 134
Wilson, Robert 208
Winckelmann, Johann Joachim 22, 31
Winkler, Heinrich August 59
Wittner, Doris 36
Woidke, Dietmar 249
Wolf, Christa 209
Wolf, Gerhard 209
Wolfert, Raimund 24, 37, 52
Wolff, Theodor 58
Wolffsohn, Michael 244f.
Wolffsohn, Rita 245
Wolschke, Elen 166
Wolters, Rudolf 138
Wörner, Natalia 225
Wowereit, Klaus 248
Wright, Gebrüder 209
Zander, Johann Friedrich 185
Zeller, Anna 48
Zetkin, Clara 215
Zille, Heinrich 203

Bildnachweis

Cover
Landesarchiv Berlin, F Rep. 290-11-01 003-4 Nr. 003-4, Foto: André Wunstorf.

Beitrag Seiler
Abb. 1, S. 12: Zitiert nach Marie Ursula Riemann-Reyer, Friedrich Eggers und Menzel, in: Jahrbuch der Berliner Museen 41 (1999), Beiheft: Adolph Menzel im Labyrinth der Wahrnehmung, Berlin 2002, S. 245–271, hier S. 260.
Abb. 2, 14: Zitiert nach Marie Ursula Riemann-Reyer, Friedrich Eggers und Menzel, in: Jahrbuch der Berliner Museen 41 (1999), Beiheft: Adolph Menzel im Labyrinth der Wahrnehmung, Berlin 2002, S. 245–271, hier S. S. 261.
Abb. 3, S. 15: Theodor Fontane, Der Stechlin, in: Über Land und Meer 40 (1897) 1, S. 1.
Abb. 4, S. 19: Zitiert nach Marie Ursula Riemann-Reyer, Friedrich Eggers und Menzel, in: Jahrbuch der Berliner Museen 41 (1999), Beiheft: Adolph Menzel im Labyrinth der Wahrnehmung, Berlin 2002, S. 245–271, hier S. 264.
Abb. 5, S. 19: Zitiert nach Annemarie Menke-Schwinghammer, Weltgeschichte als „Nationalepos": Wilhelm von Kaulbachs kulturhistorischer Zyklus im Treppenhaus des Neuen Museums in Berlin, Berlin 1994. S. 33.
Abb. 6, S. 22: Zitiert nach Marie Ursula Riemann-Reyer, Friedrich Eggers und Menzel, in: Jahrbuch der Berliner Museen 41 (1999), Beiheft: Adolph Menzel im Labyrinth der Wahrnehmung, Berlin 2002, S. 245–271, hier S. 265.
Abb. 7, S. 24: Peter Wallé, Aus der Geschichte der Technischen Hochschule in Berlin, in: Centralblatt der Bauverwaltung (1899) 19, S. 236–238, hier S. 237.

Beitrag Jank
Abb. 1, S. 34: Franziska Mann, Kinder, Stuttgart 1906, Foto: Margarete Schurgast.
Abb. 2, S. 42: Archiv der Magnus-Hirschfeld-Gesellschaft, Berlin, Teilnachlass Franziska Mann.
Abb. 3, S. 47: Landesarchiv Berlin, E Rep. 061-16 Nr. 1921.
Abb. 4, S. 50: ullstein bild, Nr. 00269567.

Beitrag Rieber
Abb. 1, S. 62: Julius Collen Turner, © Sammlung Sebastian Murken, Mainz.
Abb. 2, S. 66: Süddeutsche Zeitung, München.
Abb. 3, S. 67: Theresa Bernheim: Albert Einstein, 1921, © Sammlung Sebastian Murken, Mainz.

Beitrag Steger
Abb. 1, S. 72: ullstein bild, Nr. 06532599, Foto: Scherl.
Abb. 2, S. 76 und 2a, S. 77: Landesarchiv Berlin, E Rep. 200-25 Nr. 875.

Abb. 3, S. 84: Hans Roden, Polizei greift ein: Bilddokumente der Schutzpolizei, Leipzig 1934, S. 166.
Abb. 4, S. 84: Hans Roden, Polizei greift ein: Bilddokumente der Schutzpolizei, Leipzig 1934, S. 166.
Abb. 5, S. 91: ullstein bild, Nr. 00317834, Foto: Heinrich Hoffmann.
Abb. 6, S. 99: Polizeihistorische Sammlung Berlin.

Beitrag Fischer
Abb. 1, S. 102: Amtsgericht Charlottenburg, Grundbuch Stadt Charlottenburg, Bd. 192, Bl. 6580, Foto: Jutta Fischer.
Abb. 2, S. 105: Zeichnung Harald Juch, basierend auf https://histomapberlin.de/de/index.html (letzter Zugriff 12.05.2024).
Abb. 3, S. 107: Landesarchiv Berlin, F Rep. 290-07-01 Nr. 1459 / Fotograf: k. A.
Abb. 4, S. 110: Amtsgericht Charlottenburg, Grundbuch Wilmersdorf, Bd. 151, Bl. 4537, Vol. IV, Foto: Jutta Fischer.
Abb. 5, S. 115: Amtsgericht Charlottenburg, Grundbuch Wilmersdorf, Bd. 151, Bl. 4537, Vol. IV, Foto: Jutta Fischer.
Abb. 6, S: 118: Landesarchiv Berlin, B Rep 025-01 Nr. 415/51 Bd. 1.
Abb. 7, S. 122: LABO Berlin, BEG-Akte, Reg. Nr. # 338 689 (Georg Hepner), Foto: Jutta Fischer.

Beitrag Haben
Abb. 1, S. 126: Landesarchiv Berlin, A Pr. Br. Rep. 107 Nr. 227.
Abb. 2, S. 128: Kriegs-Mitteilungen (1941) 8/9 (Aug. u. Sept.), S. 2, © Michael Haben 2023.
Abb. 3, S. 129: Landesarchiv Berlin, A Pr. Br. Rep. 057 Nr. 420, Bl. 119.
Abb. 4, S. 130: Landesarchiv Berlin, F Rep 270 A 2000, Bl. 4233_50_M.
Abb. 5, S. 131: Landesarchiv Berlin, F Rep 270 A 2000, Bl. 4233_50_M.
Abb. 6, S. 132: Landesarchiv Berlin, F Rep 270 A 2000, Bl. 4233_51_M.
Abb. 7, S. 132: Bildarchiv Preußischer Kulturbesitz, BPK 30009709.
Abb. 8, S. 133: Berliner Adressbuch 1942, Teil IV, Haushaltungsvorstände, handelsgerichtlich eingetragene Firmen und Gewerbebetriebe nach Straße geordnet.
Abb. 9, S. 137: Bundesarchiv (BArch), R 4606/3084.
Abb. 10, S: 137: Bundesarchiv (BArch), R 4606/3084.

Beitrag Schmerbauch
Abb. 1, S. 145: Kosmos, Moskau, Berlin. Ein Bildband vom Besuch German Titows in der DDR, Berlin 1961, S. 23.
Abb. 2, S. 147: Bundesarchiv, Stasiunterlagenarchiv, Akte MfS - BdL-Dok Nr. 004018.
Abb. 3, S. 151: DDR-Tageszeitung Neues Deutschland, 6. Oktober 1963.

Beitrag Bärnighausen
Abb. 1, S. 160: Landesarchiv Berlin, A Rep. 342-02 Nr. 23000; A Rep. 342-02: 60384; B. Rep. 042 Nr. 43516; B. Rep. 025-02 13991-92/59, B Rep. 025-06 3345/55, B. Rep. 025-07 21847/59 & 2024/65; Foto: André Wunstorf.
Abb. 2, S. 161: Landesarchiv Berlin, Magazin A Rep. 342-02, Foto: André Wunstorf.
Abb. 3, S. 166: Landesarchiv Berlin, B Rep. 042-02 Nr. 43516, Foto: André Wunstorf.

Abb. 4, S. 171: Landesarchiv Berlin, B Rep. 042-02 Nr. 43516, Foto: André Wunstorf.
Abb. 5, S. 175: Landesarchiv Berlin, Magazin P Rep. 804 Nr. 155, Foto: André Wunstorf.
Abb. 6, S. 177: Landesarchiv Berlin, A Rep. 243-04 Nr. 2691, Film-Nr. 49, Foto: André Wunstorf.
Abb. 7, S. 178: German Sales Institutions (GSI), https://sempub.ub.uni-heidelberg.de/gsi/wisski/navigate/19876/view, Stand 12.06.2024, Open Access (CC).

Beitrag Bürger
Abb. 1, S. 184: Public Domain Mark 1.0; Bibliothek: Zt 0045 Mikrofilm 1918–1945, April, Digitalisiert von Microfilm.
Abb. 2, S. 185: Landesarchiv Berlin, A Rep. 001-02 Nr. 3276.
Abb. 3, S. 186: Landesarchiv Berlin, A Rep. 000-02-01 Nr. 1234.
Abb. 4a und 4b, S. 193: Landesarchiv Berlin, C Rep. 104-02, Nr. 1298.
Abb. 5, S. 198: Screenshot, Internetseite des Landesarchivs Berlin, Juli 2004.

Stadtchronik
Abb. 1, S. 204: Landesarchiv Berlin, F Rep. 290-11-01 Nr. 079, Foto: André Wunstorf.
Abb. 2, S. 205: Landesarchiv Berlin, F Rep. 290-11-01 Nr. 159-2-2, Foto: André Wunstorf.
Abb. 3, S. 206: Landesarchiv Berlin, F Rep. 290-11-01 Nr. 198, Foto: André Wunstorf.
Abb. 4, S. 209: Landesarchiv Berlin, F Rep. 290-11-01 Nr. 315, Foto: André Wunstorf.
Abb. 5, S. 212: Landesarchiv Berlin, F Rep. 290-11-01 Nr. 003-4, Foto: André Wunstorf.
Abb. 6, S. 216: Landesarchiv Berlin, F Rep. 290-11-01 Nr. 468, Foto: André Wunstorf.
Abb. 7, S. 218: Landesarchiv Berlin, F Rep. 290-11-01 Nr. 067, Foto: André Wunstorf.
Abb. 8, S. 222: Landesarchiv Berlin, F Rep. 290-11-01 Nr. WU107073, Foto: André Wunstorf.
Abb. 9, S. 224: Landesarchiv Berlin, F Rep. 290-11-01 Nr. WU207799, Foto: André Wunstorf.
Abb. 10, S. 226: Landesarchiv Berlin, F Rep. 290-11-01 Nr. WU100312, Foto: André Wunstorf.
Abb. 11, S. 227: Landesarchiv Berlin, F Rep. 290-11-03 Nr. P2_05075, Foto: Paul-Heinrich Grönboldt.
Abb. 12 , S. 228: Landesarchiv Berlin, F Rep. 290-11-01 Nr. WU101733, Foto: André Wunstorf.
Abb. 13, S. 230: Landesarchiv Berlin, F Rep. 290-11-03 Nr. WU204236, Foto: Paul-Heinrich Grönboldt.
Abb. 14, S. 232: Landesarchiv Berlin, F Rep. 290-11-03 Nr. WU106462, Foto: Paul-Heinrich Grönboldt.
Abb. 15, S. 236: Landesarchiv Berlin, F Rep. 290-11-03 Nr. P1_02846, Foto: Paul-Heinrich Grönboldt.
Abb. 16, S. 241: Landesarchiv Berlin, F Rep. 290-11-03 Nr. P2_09875, Foto: Paul-Heinrich Grönboldt.
Abb. 17, S. 242: Landesarchiv Berlin, F Rep. 290-11-01 Nr. WU109171, Foto: André Wunstorf.
Abb. 18, S. 244: Landesarchiv Berlin, F Rep. 290-11-01 Nr. WU100515, Foto: André Wunstorf.
Abb. 19, S. 247: Landesarchiv Berlin, F Rep. 290-11-03 Nr. P1_07770, Foto: Paul-Heinrich Grönboldt.
Abb. 20, S. 250: Landesarchiv Berlin, F Rep. 290-11-03 Nr. P2_01202, Foto: Paul-Heinrich Grönboldt.
Abb. 21, S. 251: Landesarchiv Berlin, F Rep. 290-11-03 Nr. P2_01918, Foto: Paul-Heinrich Grönboldt.

Abb. 22, S. 254: Landesarchiv Berlin, F Rep. 290-11-01 Nr. WU100842, Foto: André Wunstorf.
Abb. 23, S. 257: Landesarchiv Berlin, F Rep. 290-11-03 Nr. P2_05166, Foto: Paul-Heinrich Grönboldt.
Abb. 24, S. 258: Landesarchiv Berlin, F Rep. 290-11-03 Nr. P1_06197, Foto: Paul-Heinrich Grönboldt.

Theaterchronik
Abb. 1, S. 271: Landesarchiv Berlin, F Rep. 290-11-01 Nr. WU108716, Foto: André Wunstorf.
Abb. 2, S. 276: ullstein bild, Nr. 10819466, Foto: Lieberenz.
Abb. 3, S. 285: ullstein bild, Nr. 10887827, Foto: Lieberenz.
Abb. 4, S. 292: ullstein bild, Nr. 11159470, Foto: Baltzer.
Abb. 5, S. 294: ullstein bild, Nr. 10827140, Foto: Kielhorn.
Abb. 6, S. 301: ullstein bild, Nr. 4.02619735, Foto: United Archives.

Autorinnen und Autoren

Julia Bärnighausen
Studium der Kunstwissenschaft und Geschichte in Berlin und London. Berufliche Stationen umfassen das Kunsthistorische Institut in Florenz – Max-Planck-Institut und die Alfred Ehrhardt Stiftung in Berlin. Seit 2023 wissenschaftliche Mitarbeiterin in dem DFG-Projekt „German Sales. Primary Market" an der Berlinischen Galerie – Landesmuseum für Moderne Kunst, Fotografie und Architektur. Ihre laufende Doktorarbeit an der Humboldt-Universität zu Berlin, die eine Bildgeschichte des Kunsthandels um 1900 schreibt, wurde unter anderem vom Getty Research Institute gefördert. Forschung und Publikationen zu Sammlungs- und Kunstmarktforschung, Wissensgeschichte und Geschichte der Fotografie.

Björn Bürger
Geb. 1988 in Marburg, Bachelorstudium der Archivwissenschaften an der Fachhochschule Potsdam, wissenschaftliche Hilfskraft im Digitalisierungslabor der Fachhochschule und studentischer Mitarbeiter bei einem Archivdienstleister. Masterabschluss im Fach Informationswissenschaften an der Fachhochschule Potsdam. Seit 2021 Archivar im Landesarchiv Berlin, ab 2023 als Referatsleiter für die Bereiche Überlieferungsbildung, Behörden- und Archivberatung.

Rosanna Dorn
Geb. 1998 in Frankfurt a. M., Bachelorstudium der Kulturwissenschaft und Gender Studies mit einer Bachelorarbeit über filmische Darstellungen von Schwangerschaftsabbrüchen und kulturgeschichtliche Dimensionen weiblicher (Ohn-)Macht. Seit 2021 Masterstudium der Kulturwissenschaft an der Humboldt-Universität zu Berlin und dort Tutorin für die Einführung in das wissenschaftliche Arbeiten sowie 2021–2023 Studentische Mitarbeiterin. 2023 Studentische Mitarbeiterin am Leibniz-Zentrum für Literatur- und Kulturforschung im Forschungsprojekt „Stadt, Land, Kiez. Nachbarschaften in der Berliner Gegenwartsliteratur". Im Sommersemester 2024 Auslandsstudium an der Universität Kopenhagen. Forschungsinteressen: Geschichte feministischer Theorie und Bewegungen in Deutschland; Filmtheorie; Theorie- und Zeitgeschichte des 20. Jahrhunderts, insb. der Bundesrepublik nach 1945.

Jutta Fischer
Geb. 1952 in München, Studium der Klassischen Archäologie, Alten Geschichte und Ur- und Frühgeschichte an der Ludwig-Maximilian-Universität München und der Freien Universität Berlin. 1981 Promotion, anschließend Wissenschaftliche Mitarbeiterin am Landesmuseum Württemberg sowie an der Eberhard-Karls-Universität Tübingen. Von 1994 bis 2008 Kustodin der Archäologischen Sammlung der Universität Greifswald,

von 2008 bis 2017 in derselben Position an der Universität Rostock. Wissenschaftliche Schwerpunkte: griechisch-römische Terrakottafiguren und das ptolemäische Ägypten, dazu hat sie u. a. herausgegeben: Echt Antik. Terrakotten für Salon und Museum aus der Kunsthandlung Fitz Gurlitt. Berlin 1881–1886. Katalog zur Sonderausstellung im Deutschen Bernsteinmuseum Ribnitz-Damgarten, 2016.

Michael Haben
Geb. 1957, Promotion 2016 an der Technischen Universität Dortmund, Fakultät Architektur und Bauingenieurwesen, zum Berliner Wohnungsbau 1933–1945. Veröffentlichungen u. a.: Berliner Wohnungsbau 1933–1945. Mehrfamilienhäuser, Wohnanlagen und Siedlungsvorhaben, hg. von Landesdenkmalamt Berlin (= Die Bauwerke und Kunstdenkmäler von Berlin, Beiheft 39), Berlin 2017; Wohnungswirtschaft: Trägerschaft und Finanzierung, in: Die Unabhängige Historikerkommission, (Hg.): Planen und Bauen im Nationalsozialismus. Voraussetzungen, Institutionen, Wirkungen, Bd. II, München 2023, S. 478–531.

Dagmar Jank
Geb. 1954, Studium der Geschichte und Germanistik an der Universität Saarbrücken und 1. Staatsexamen für das Lehramt an Gymnasien von 1972 bis 1977, anschließend 1977–1982 Wissenschaftliche Mitarbeiterin an den Universitäten Saarbrücken und Tübingen, 1982 Promotion, 1982–1984 Ausbildung und Prüfung für den höheren Bibliotheksdienst an der Universitätsbibliothek Heidelberg und der Fachhochschule für Bibliotheks- und Dokumentationswesen Köln. 1984 bis 1993 Fachreferentin für Geschichtswissenschaft und Referentin für Öffentlichkeitsarbeit an der Universitätsbibliothek der Freien Universität Berlin, 1993–2016 Professorin für Bibliothekswissenschaft an der Fachhochschule Potsdam, von 1994 bis 1996 Dekanin sowie 1998 bis 2003 Prorektorin für Forschung und Weiterbildung. Forschungsschwerpunkte: Die Rolle der Frau in der Bibliotheksgeschichte, Informationsarbeit für Frauen, Frauenrechtlerinnen im Kaiserreich und in der Weimarer Republik.

Eileen Klingner
Geb. 1994 in Bietigheim-Bissingen, Studium der Kulturwissenschaft, Regionalstudien Asien/Afrika und Anthropologie an der Humboldt-Universität zu Berlin sowie an der Seoul National University in Seoul, Südkorea. Von 2018–2024 Studentische Mitarbeiterin am Institut für Kulturwissenschaft (HU Berlin), u. a. am Lehrstuhl für „Kulturtechniken und Wissensgeschichte" (2018–2023), „Wissens- und Kulturgeschichte" (2023–2024) sowie als Assistenz der Erasmus+-Koordination (2022–2024). Seit Juli 2025 tätig am Zentrum für Kulturtechnik und im Humboldt Labor des Humboldt Forums. Forschungsschwerpunkte im Bereich der Human-Animal-Studies, Natur-Kultur-Verhältnisse und Wissensgeschichte der Kryonik/Kryobiologie. Publikationen zu toten Heimtieren in Berlin (2021) und AR-gestützten Kochbüchern („Interactive Recipe Book", hg. von ACM, Windhoek (Namibia), 2018).

Christof Rieber
Geb. 1949 in Ulm, Studium der Geschichte und Germanistik in Tübingen, anschließend Promotion zum Dr. phil. sowie 1982 bis 2016 Gymnasiallehrer in Metzingen, Tübingen, Mengen und Ulm. Von 1992 bis 2014 in der Lehrerfortbildung für die Landeszentrale für politische Bildung Baden-Württemberg tätig, zuletzt mit dem Schwerpunkt Kriminalromane als Modell der Gesellschaftskritik. Forschung und Veröffentlichungen zur deutschen Demokratiegeschichte des 19. und 20. Jahrhunderts, zu Kaiser Sigismund und zur Klostergeschichte in Oberschwaben sowie zu Albert Einstein, zur jüdischen Geschichte in Württemberg, Frankfurt am Main und in der Schweiz. Zuletzt erschien: Albert Einstein. Biografie eines Nonkonformisten, Ostfildern 2018.

Maik Schmerbauch
Geb. 1979, Studium der Geschichte, Theologie, Archivwissenschaften, Informationswissenschaften u. a. in Frankfurt, Potsdam und Berlin. Promotion zum Dr. theol. und Dr. phil. Seit vielen Jahren Arbeit im Archivdienst und derzeit Leitung eines kirchlichen Archivs in Berlin sowie Tätigkeit als Dozent u. a. für Archivwissenschaften an der FH Potsdam, (Kirchen-)Geschichte und Astronomiegeschichte an der Universität Hildesheim. Zahlreiche Fachpublikationen zu diesen Gebieten, zuletzt: Die Kirchenbücher und die nationalsozialistische „Sippenforschung" im Bistum Hildesheim. Eine Studie zum kirchlichen Archivwesen im „Dritten Reich" 1933–1945 (= Zivilisationen und Geschichte, Bd. 78), Berlin 2023; Der deutsche Astronom Hans Kienle (1895–1975) als Student und Dozent an der Ludwig-Maximilians-Universität München 1915 bis 1924, in: Beiträge zur Astronomiegeschichte 16 (2024), S. 245–260.

Bernd W. Seiler
Geb. 1939 in Ostpreußen, Abitur 1958 in Dresden, anschließend Studium der Germanistik und Geschichte in Kiel, München und Hamburg. Nach Staatsexamen und Promotion 1969 in Hamburg Tätigkeit als Gymnasiallehrer, von 1974 an Akademischer Rat an der Universität Bielefeld. 1985 dort Professor für Neuere deutsche Literatur und ihre Didaktik bis 2005. Veröffentlichung zahlreicher Schriften zur Realismus-Thematik und Autoren wie Theodor Fontane, Thomas Mann, Uwe Johnson oder Franz Kafka. Jüngere Publikationen: Beiderseits. Eine ost-west-deutsche Jugend, Berlin 2016; Fontanes Sommerfrischen, Berlin 2018; Dresdner Literatur-Geschichten, Markkleeberg 2023.

Sascha Steger
Geb. 1992 in Zwiesel, Studium der Zeitgeschichte, Geschichte, Anglistik und Amerikanistik an der Universität Potsdam von 2011 bis 2018, zudem studentischer Mitarbeiter an der Professur für Militärgeschichte/Kulturgeschichte der Gewalt. Promotion 2024 ebenfalls an der Universität Potsdam mit einer biographischen und organisationsgeschichtlichen Studie über Kurt Daluege und die Ordnungspolizei im NS-Staat. Die Veröffentlichung der Dissertationsschrift wird derzeit vorbereitet. Nach Forschungsprojekten am Landesarchiv Berlin, für die Stiftung Ernst-Reuter-Archiv und den BeBra Verlag seit 2023 wissenschaftlicher Volontär der Stiftung Topographie des Terrors. Letzte Veröffent-

lichung: Kurt Daluege, die Stennes-Revolten 1930/31 und der Aufstieg der SS, in: Vierteljahrshefte für Zeitgeschichte 69 (2021), S. 609–613.

Mareike Vennen
Geb. 1982, Studium der Kultur- und Theaterwissenschaft sowie Romanistik in Berlin und Paris. 2016 Promotion an der Bauhaus-Universität Weimar zur Dr. phil mit der Dissertation „Das Aquarium – Praktiken, Techniken und Medien der Wissensproduktion (1840–1910)", Göttingen 2018) ausgezeichnet mit dem Opus Primum-Preis der VolkswagenStiftung für die beste Nachwuchspublikation des Jahres 2018. Anschließend Forschungsprojekte an der Technischen Universität Berlin über die Kolonialgeschichte der Naturkunde und der Humboldt-Universität zu Berlin über Tiere als Objekte; seit 2023 Mitarbeiterin des Landesarchivs Berlin im Bereich Publikationen und Öffentlichkeitsarbeit.